Collection Certifications

Préparation à la Certification **LPIC-3**

LINUX

2ième édition

EXAMEN LPI 300

30 Travaux pratiques
168 Questions-réponses

ISBN : 978-2-7460-9152-8
Imprimé en France

Editions ENI

ZAC du Moulin Neuf
Rue Benjamin Franklin
44800 St HERBLAIN

Tél. 02.51.80.15.15
Fax 02.51.80.15.16

e-mail : editions@ediENI.com
http://www.editions-eni.com

Auteur : Issam MEJRI
Collection **Certifications** dirigée par Joëlle MUSSET

Les éléments à télécharger sont disponibles à l'adresse suivante :
http://www.editions-eni.fr
Saisissez la référence ENI du livre CE2C3LIN dans la zone de recherche et validez.
Cliquez sur le titre du livre puis sur le bouton de téléchargement.

Avant-propos

Chapitre 1 **Les annuaires X.500 et le protocole LDAP**

Chapitre 3 **Gestion des données et exploitation de l'annuaire**

Chapitre 4 **Annuaire pages blanches**

Chapitre 5 **Sécuriser l'annuaire**

Chapitre 6 **Réplication LDAP**

Chapitre 7 **Migration de NIS vers LDAP**

Chapitre 8 Intégration des applications avec LDAP

Chapitre 10 Samba et environnements hétérogènes

Chapitre 11 Installation et configuration de Samba

Chapitre 12 **Mise en place d'un domaine Samba**

Chapitre 13 Contrôleur de domaine Samba 4

Chapitre 14 — La sécurité du système de fichiers Linux

Avant-propos

A. Introduction

La certification **LPIC-3** est le dernier niveau de certification dans le cursus LPI (*Linux Professional Institute*). Les deux premiers niveaux LPIC-1 et LPIC-2 permettent d'obtenir respectivement la certification « Junior Level Linux Professional » et « Advanced Level Linux Professional ».

Ces deux premiers niveaux sont couverts par les deux ouvrages suivants des Éditions ENI : Préparation à la certification LPIC-1 (examens LPI 101 et LPI 102) et Préparation à la certification LPIC-2 (examens LPI 201 et LPI 202).

Ce troisième niveau de certification LPIC-3 (examen LPI-300) traite l'implémentation d'un annuaire LDAP pour l'authentification, la réplication ainsi que la sécurité et l'optimisation de l'annuaire OpenLDAP, il traite également l'intégration de Samba 3 et Samba 4 (l'implémentation libre d'Active Directory) dans un environnement hétérogène et permet d'obtenir la certification **Senior Level Linux Certification**. La certification LPIC-3 est le point culminant du programme de certifications du LPI. Elle valide les compétences nécessaires pour la gestion d'une structure informatique d'entreprise. Elle a été développée à partir de contributions de centaines de professionnels du monde entier ainsi que de celles d'entreprises parmi les plus importantes du secteur des technologies. Il s'agit de la certification indépendante de la distribution Linux du plus haut niveau dans le monde de l'entreprise.

L'examen LPI-300 est la mise à jour de l'examen LPI-301. En effet, cet examen est le regroupement d'une partie de l'ancien examen LPI-301 et l'examen de spécialité LPI-302 mais pas seulement ceci, car ce nouveau programme de certification ajoute d'autres notions telles que la nouvelle mouture de Samba (Samba 4). L'examen de spécialité LPI-302 a donc disparu.

La bonne nouvelle est que la réussite à l'examen LPI-300 permet d'obtenir la certification LPIC-3 et ne nécessite pas le passage d'un examen de spécialité.

Les spécialités sont :

- LPI-303 : sécurité.
- LPI-304 : virtualisation et haute disponibilité.
- LPI-305 : web intranet (pas encore disponible).
- LPI-306 : mail et messagerie.

B. Les objectifs

La certification LPI-300 est répartie sur huit sujets différents :

Sujet 390 : Configuration d'OpenLDAP

- 390.1 : Réplication avec OpenLDAP (pondération 3).
- 390.2 : Sécurité de l'annuaire (pondération 2).
- 390.3 : Paramétrage des performances du serveur OpenLDAP (pondération 3).

Sujet 391 : OpenLDAP en tant que base d'authentification

- 391.1 : Intégration de LDAP avec PAM et NSS (pondération 3).
- 391.2 : Intégration de LDAP avec Active Directory et Kerberos (pondération 1).

Sujet 392 : Fondamentaux sur Samba

- 392.1 : Architecture et concepts de Samba (pondération 2).
- 392.2 : Configuration de Samba (pondération 5).
- 392.3 : Maintenance courante de Samba (pondération 4).
- 392.4 : Résolution de problèmes avec Samba (pondération 2).
- 392.5 : Internationalisation (pondération 2).

Sujet 393 : Configuration des partages Samba

- 393.1 : Partages de fichiers (pondération 2).
- 393.2 : Permissions sur le système de fichiers Linux et les partages (pondération 4).
- 393.3 : Services d'impression (pondération 1).

Sujet 394 : Gestion des utilisateurs et des groupes Samba

- 394.1 : Gestion des comptes utilisateurs et des groupes (pondération 2).
- 394.2 : Authentification, autorisation et Winbind (pondération 1).

Sujet 395 : Samba et domaines Windows

- 395.1 : Samba en tant que contrôleur de domaine principal ou contrôleur de domaine secondaire (pondération 1).
- 395.2 : Contrôleur de domaine compatible AD avec Samba 4 (pondération 4).
- 395.3 : Configuration de Samba en tant que serveur membre de domaine (pondération 2).

Sujet 396 : Service de nom Samba

- 396.1 : NetBIOS et WINS (pondération 3)
- 396.2 : Résolution de nom Active Directory (pondération 2)

Sujet 397 : Travail avec les clients Linux et Windows

- 397.1 : Intégration CIFS (pondération 3)
- 397.2 : Travail avec les clients Windows (pondération 2)

C. Contenu du livre

L'ouvrage Préparation à la certification LPIC-3 est composé de deux parties : la première partie est dédiée à la maîtrise de l'architecture d'OpenLDAP en abordant des notions avancées telles que la réplication et la sécurité du serveur d'annuaire OpenLDAP ainsi que l'intégration avec la plupart des services de base de Linux sans pour autant oublier la partie configuration et implémentation d'un service d'annuaire dans une infrastructure hétérogène. La seconde partie, qui est la plus concernée par cette mise à jour, est dédiée à l'installation et la configuration de Samba 3 et Samba 4 et à la mise en œuvre des solutions comportant des serveurs Windows, particulièrement l'annuaire Active Directory.

Cet ouvrage explique en détail la nouvelle version de Samba, qui remplacera l'annuaire Active Directory, et c'est l'unique ouvrage en langue française qui a précipité le traitement de ce sujet.

☞ *La plupart des fichiers LDIF utilisés au cours des chapitres pour l'implémentation de l'annuaire sont disponibles en téléchargement sur le site des Éditions ENI.*

Le tableau des objectifs donné en fin d'ouvrage indique la correspondance entre les objectifs de l'examen et les parties du livre dans lesquelles ils ont été abordés. Tous les objectifs sont traités à la fois théoriquement et par des travaux pratiques. Cependant, le livre va souvent plus loin pour couvrir quelques aspects plus avancés permettant au lecteur d'acquérir non seulement les connaissances nécessaires pour se certifier mais aussi avoir sous la main un livre de référence pour l'administration de l'annuaire OpenLDAP d'une part et de Samba version 3 et 4 d'autre part.

Les chapitres ont été organisés de telle sorte que le lecteur puisse appréhender progressivement les notions techniques du protocole LDAP jusqu'à l'implémentation de ce protocole dans le serveur OpenLDAP et ainsi s'assurer que les parties théoriques ont été bien acquises en même temps que la partie pratique.

L'ouvrage est composé de quinze chapitres qui couvrent les sujets suivants :

1. Les annuaires X.500 et le protocole LDAP : notions approfondies sur le protocole X.500 et les modèles LDAP.

2. Installation et configuration d'OpenLDAP : installation d'OpenLDAP à partir des sources et des binaires, défaits sur les outils clients et serveurs d'OpenLDAP, première configuration du serveur slapd.

3. Gestion des données et exploitation de l'annuaire : définition du format LDIF, ajout des données dans l'annuaire, gestion des index et administration graphique du serveur OpenLDAP.

4. Pages blanches d'entreprise : définition de la classe d'objet inetOrgPerson, mise en place d'un annuaire pages blanches d'entreprise.

5. Sécurisation de l'annuaire : mise en place de LDAPS, authentification SASL par Kerberos, ACL et politique des mots de passe.

6. Réplication LDAP : réplication CIR et SIR, démon slurpd, réplication synrepl, architecture multimaître.

7. Migration de NIS vers LDAP : migration des comptes UNIX vers un annuaire OpenLDAP, pam_nss et pam_ldap, passerelle NIS-LDAP, migration des hôtes et de Netgroup.

8. Intégration des applications avec LDAP : intégration des principaux services UNIX avec LDAP (SSH, Apache, FTP, Postfix), authentification unique basée sur le backend LDAP (websso).

9. Optimisation OpenLDAP et surveillance système : monitoring des ressources système (CPU, mémoire, espace de stockage), optimisation du système et du serveur OpenLDAP, gestion des besoins futurs.

10. Samba et environnements hétérogènes : une introduction à Samba et aux différents composants ainsi que les services offerts par le protocole SMB.

11. Installation et configuration de Samba : l'installation de Samba et l'exploitation du fichier de configuration et la mise en place d'un serveur de partage.

12. Mise en place d'un domaine Samba : implémentation de Samba en tant que serveur de domaine Windows NT et serveur membre de domaine.

13. Contrôleur de domaine Samba 4 : la mise en œuvre d'un domaine Samba Active Directory et exploitation des tâches d'administration.

14. La sécurité du système de fichiers Linux : implémentation des ACL et des attributs étendus d'un FS Linux et conséquences sur les partages Samba.

15. Dépannage de Samba : les outils nécessaires pour le dépannage, la sauvegarde et la restauration de Samba dans un environnement de production.

Chaque chapitre est accompagné d'une section questions/réponses et des travaux pratiques sont proposés pour les chapitres nécessitant des manipulations pour appréhender l'ensemble des notions abordées.

Chapitre 1

Pré-requis

- ☒Une bonne connaissance des différentes couches du modèle OSI.
- ☒Maîtrise du protocole TCP/IP.
- ☒Avoir des notions de base sur la sécurité des systèmes d'information.

Objectifs

À la fin de ce chapitre, vous serez en mesure de :

- ☒Identifier l'utilité des annuaires dans un système d'information.
- ☒Comprendre les annuaires X.500.
- ☒Appréhender le protocole LDAP et son rôle dans une infrastructure réseau.
- ☒Connaître les différents modèles LDAP.
- ☒Maîtriser les notions de classes d'objets et de schémas LDAP.
- ☒Identifier les principaux serveurs LDAP du marché.
- ☒Connaître sommairement le logiciel OpenLDAP.

A. Généralités sur les annuaires

Dans cette première partie, nous expliquerons la notion d'annuaire, nous verrons quelle est son utilité et les avantages qu'il présente aujourd'hui dans les infrastructures informatiques.

Les annuaires électroniques, les annuaires système (intégrés au cœur des systèmes d'exploitation) sont considérés comme un élément primordial pour toute entreprise souhaitant améliorer la gestion de ses ressources (humaines, informatiques, clientèles, etc.) et améliorer sa productivité sur le marché.

1. Définition des annuaires

Le Petit Robert donne la définition suivante du mot annuaire :

« Recueil publié annuellement et qui contient des renseignements variables d'une année à l'autre ».

En effet, les annuaires et particulièrement les annuaires téléphoniques sont publiés régulièrement et sont bien évidemment mis à jour annuellement.

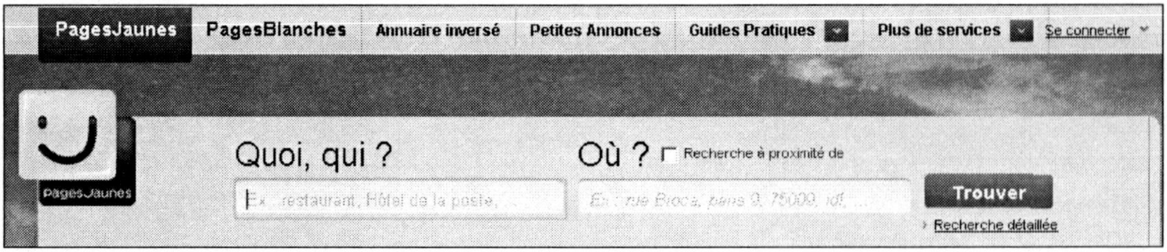

Aujourd'hui les annuaires téléphoniques sont très utilisés pour rechercher les coordonnées des personnes ou des entreprises (pages blanches et pages jaunes). Ces annuaires permettent de faire des recherches suivant plusieurs critères (filtres de recherche) : l'ordre alphabétique, le code postal, le secteur d'activité, etc., et de trouver l'information désirée d'une manière précise et rapide. Et c'est bien là l'objectif principal d'un annuaire électronique.

2. Qu'est-ce qu'un annuaire électronique ?

Un annuaire électronique dispose des mêmes caractéristiques que celles d'un annuaire papier, mais il diffère de ce dernier par le fait qu'il est dématérialisé (informatisé).

Le fait qu'il soit informatisé présente l'avantage que les données qu'il gère soient mises à jour en cas de besoin. Il n'est donc plus nécessaire d'attendre une année (cas des annuaires papier) pour avoir une nouvelle version.

Suite à la publication sur le web, l'accessibilité à l'annuaire est devenue plus simple et de plus, un grand nombre de personnes peut y avoir accès.

Dans le cas d'un annuaire d'entreprise regroupant l'ensemble de ses informations (personnes, matériels, applications, clients), n'importe quel membre du personnel peut procéder à une mise à jour des informations qui le concerne, selon les privilèges et les rôles affectés à chaque employé par l'administrateur système. Par exemple, le service commercial peut éventuellement modifier, ajouter ou mettre à jour les données des clients. Le responsable des ressources humaines peut ajouter des données personnelles d'un nouvel employé, indiquer son matricule de sécurité sociale, son adresse, sa responsabilité ou encore son numéro de téléphone personnel. L'attribution de privilèges pour les utilisateurs d'annuaire (personnes et applications) est très importante pour la sécurité et l'intégrité des données stockées dans celui-ci.

Un annuaire peut non seulement être exploité pour stocker des informations relatives à des entités actives dans l'entreprise telles que les applications de messageries ou l'intranet mais il permet aussi d'enregistrer la configuration des services critiques dans l'infrastructure informatique. Par exemple, les comptes des utilisateurs système peuvent être stockés dans l'annuaire pour pouvoir être authentifiés.

3. À quoi sert un annuaire ?

La réponse à cette question est déduite de la définition d'un annuaire donnée plus haut.

Le principal objectif d'un annuaire est de centraliser les informations de toutes les ressources dans un seul endroit.

Chaque information de l'annuaire est un objet de l'annuaire et chaque objet dispose de caractéristiques et de propriétés qui permettent de l'identifier. Un client est repéré par son adresse de messagerie électronique ; une imprimante réseau est identifiée par son adresse IP. Un utilisateur aura besoin d'un identifiant et d'un mot de passe pour accéder au portail de l'entreprise. L'utilisateur se voit attribuer des règles de contrôle d'accès qui lui confèrent des droits par rapport aux applications auxquelles il accède.

L'implémentation d'un annuaire permet d'aider considérablement l'administrateur système à gérer l'ensemble des ressources de l'entreprise (logique et physique) d'une manière transparente, efficace, rapide et sécurisée.

Pour être plus concret, voici l'exemple d'annuaire que nous utilisons quotidiennement sans le savoir au cours de nos surfs sur le net : le DNS (*Domain Name System*) ou serveur de noms en français.

Le DNS est l'un des meilleurs services d'annuaire mis en place sur Internet.

L'annuaire DNS est un annuaire à échelle mondiale. Celui-ci est organisé hiérarchiquement. Il comporte des serveurs racines au plus haut niveau de la hiérarchie. Des branches (nœuds) de l'arbre sont réparties à l'échelle des pays et sont administrables au niveau local.

Bien évidemment, un annuaire DNS stocke des informations. Celles-ci sont sous forme d'enregistrements. Ces enregistrements sont de plusieurs types mais principalement de type A et de type PTR. Le premier permet de résoudre un nom d'hôte en adresse IP et le second réalise l'opération inverse.

Chaque requête est accomplie en interrogeant un serveur DNS.

Dans le cas de l'annuaire DNS, les données sont réparties (**distribuées**) sur plusieurs serveurs ; c'est une particularité intéressante des annuaires sur laquelle nous nous arrêterons dans le chapitre Réplication LDAP.

Des copies des données sont aussi faites sur un ou plusieurs serveurs responsables d'un domaine particulier. On appelle ce mécanisme la **réplication**. Pour les serveurs de noms, cette fonctionnalité est connue sous le nom de "transfert de zone" : un serveur DNS secondaire (slave) interroge (**recherche**) périodiquement un serveur DNS maître (master) pour vérifier s'il n'y a pas eu des modifications au niveau des zones pour effectuer ses mises à jour.

Le service d'annuaire que nous étudions présente les mêmes caractéristiques que celles du serveur de noms, c'est-à-dire :

- Un annuaire est dédié en grande partie à la lecture.
- Il peut être distribué sur plusieurs serveurs physiques même éloignés géographiquement.
- Il permet d'effectuer des recherches avec des critères complexes.
- Il dispose d'un ou de plusieurs modes de réplication pour réaliser des sauvegardes ou équilibrer la charge entre les serveurs hébergeant l'annuaire.

Ces propriétés sont celles des annuaires X.500 et LDAP qui seront étudiés dans la section Annuaires X.500.

4. Quelles sont les particularités des annuaires ?

Avant d'implémenter un annuaire au niveau de votre infrastructure réseau, posez-vous la question : cette implémentation répond-elle à ses besoins tant techniques que structurels ? Et cela afin d'écarter toutes les contraintes qui pourraient affecter le bon fonctionnement du système.

La bonne compréhension des particularités des annuaires et des services qu'ils peuvent offrir est donc indispensable.

- Un annuaire n'est pas une base de données relationnelle. En effet, un annuaire est sollicité le plus souvent en lecture. Et pour cause, un annuaire est destiné à exécuter des mises à jour et ajouter des informations qui concernent une entité précise de l'annuaire.
- Un annuaire n'est pas un serveur de stockage : les entrées qu'il héberge sont de petite taille.
- Un annuaire a l'avantage de réaliser des recherches multicritères et les mises à jour sont plus faciles à accomplir.
- Dans un annuaire, il est possible de faire évoluer la structure de données.
- Les données sont classées hiérarchiquement, la navigation au niveau de l'arborescence est ainsi aisée.

- Un annuaire reflète généralement l'organigramme d'une entreprise, mais ce n'est pas une règle systématique (voir figure ci-dessous).
- Au sein d'un annuaire, on peut mettre en place des règles d'accès pour l'attribution des droits et des rôles pour l'ensemble des entités de l'annuaire.

Organigramme simplifié d'une entreprise

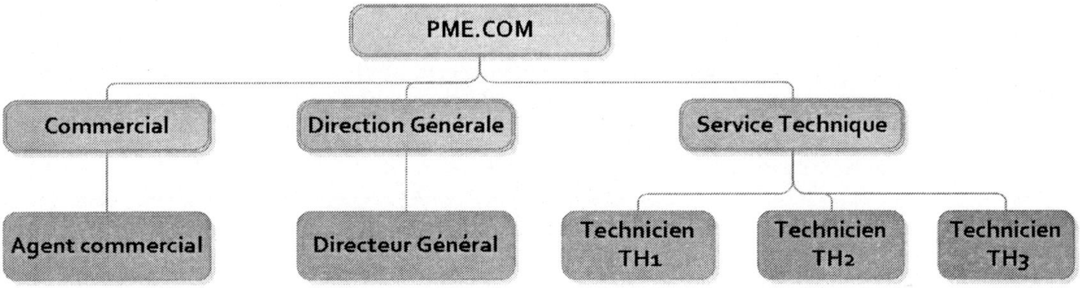

Dans la figure précédente, le directeur général dispose éventuellement du droit de lecture de toutes les données de l'annuaire.

Le technicien support (TH1) n'a pas le droit de lire le mot de passe de TH2, par contre TH1 peut logiquement modifier son propre mot de passe. Les droits sont principalement basés sur les ACL (*Access Control List*) qui sont définis suivant la politique de sécurité de l'organisation.

Autre particularité des annuaires : ils doivent communiquer entre eux, que ce soit au sein d'un réseau local ou lorsqu'ils sont éloignés géographiquement.

Tous ces critères doivent bien entendu reposer sur un standard qui décrit la façon dont les données sont stockées et quelles règles syntaxiques seront utilisées.

Ce standard, le protocole **X.500**, existe depuis 1988, date de l'apparition des annuaires électroniques. **X.500** a évolué au cours du temps et a donné naissance en 1997 à **LDAPv3** (*Lightweight Directory Access Protocol version 3*).

B. Annuaires X.500

1. Le standard X.500

Afin de normaliser l'accès aux annuaires, il a été nécessaire de développer un service d'annuaire dédié aux annuaires électroniques. C'est l'**UIT-T** (*International Telecommunication Union*) anciennement **CCITT** (Comité Consultatif International de Télégraphie et de Téléphonie) qui a relevé le défi et créé le standard X.500 version 1 en 1988. Ont suivi en 1993 X.500 version 2, en 1997 la version 3 et la version 4 est née en 2001.

Le standard X.500 a pour objectifs de faire cohabiter plusieurs annuaires en un annuaire universel, et de permettre une interrogation ainsi qu'une mise à jour de ces annuaires indépendamment des applications ou du service interrogé.

Le standard X.500 définit :

- Un modèle de nommage des objets.
- Plusieurs protocoles de communications.
- Un mécanisme d'authentification.

2. La normalisation X.500

La norme X.500 implémente diverses fonctionnalités pour l'exploitation des annuaires électroniques ; l'ouverture de ce standard assure une interconnexion des annuaires, un modèle distribué permettant la réplication et la répartition des données sur un ensemble de serveurs, l'extensibilité autorisant la modification de la structure des données sans pour autant influencer la structure d'origine.

À cet effet, la norme X.500 comporte d'autres standards. Chacun possède son propre domaine d'application. Le tableau ci-dessous résume ces principaux standards :

Numéro UIT-T du standard	Description et spécification
X.500	Vue d'ensemble sur les concepts, les modèles et les services.
X.501	Description des différents modèles des annuaires X.500.
X.509	Définition des modes d'authentification entre client et serveur et principalement l'authentification à l'aide des clés publiques dans une architecture PKI (*Public Key Infrastructure*).
X.512	Information sur les différents services offerts par un annuaire X.500 tels que la recherche, l'ajout ou la suppression des données.
X.518	Procédures pour les opérations distribuées.
X.519	Spécification des protocoles de communication entre plusieurs serveurs d'annuaires ou encore entre client et serveur pour la manipulation des requêtes et des réponses.
X.520	Définition d'un certain nombre de types d'attributs qui seront prédéfinis et universels pour assurer une compatibilité entre annuaires différents.
X.521	Définition d'un certain nombre de classes d'objets prédéfinies à l'instar de la classe d'objets "organizationalUnit" pour assurer une interopérabilité entre annuaires issus de constructeurs différents.
X.525	Définition des modes et les spécifications de la réplication entre serveurs d'annuaires.
X.530	Description des exigences pour l'administration de l'annuaire.

3. Les composants d'un annuaire X.500

Un annuaire X.500 définit différents composants :

- Le composant client.
- Le composant serveur.
- Le protocole de communication client-serveur.
- Le protocole de communication serveur-serveur.
- Le protocole de réplication entre serveurs d'annuaire.

Le composant client

Le DUA (*Directory User Agent*) effectue des requêtes au serveur d'annuaire pour rechercher des informations ou encore pour les mettre à jour. Il est implémenté sous forme d'application client (interface d'accès à l'annuaire intégrant le protocole X.500).

Le composant serveur

Nommé DSA (*Directory System Agent*), ce composant n'est autre que le serveur d'annuaire lui-même hébergeant les données sous forme d'une base de données appelé DIB (*Directory Information Base*).

C'est ce composant qui est responsable de la réponse des requêtes clients (les DUA). Il peut aussi communiquer avec d'autres DSA hébergeant d'autres bases de données.

Le protocole de communication client-serveur

Le protocole DAP (*Directory Access Protocol*) est le protocole de communication entre un DUA et un DSA. Ce protocole décrit comment les requêtes, l'affichage du résultat sont échangés entre un client et un serveur X.500.

Ce protocole impose au client et au serveur de communiquer en utilisant la pile de protocoles OSI (*Open System Interface*).

C'est pour cette raison que DAP est qualifié de lourd. C'est ce qui a incité l'**IETF** (*Internet Engineering Task Force*) à simplifier ce protocole pour donner naissance à LDAP (*Lightweight DAP*), un DAP léger qui fonctionne sur TCP/IP et qui n'est composé que de quelques spécifications de X.500.

Le protocole de communication serveur-serveur

Le protocole DSP (*Directory System Protocol*) assure la communication entre deux serveurs X.500. Autrement dit, un serveur DSA peut lancer une requête de recherche ou de mise à jour à un autre serveur DSA. Ce mécanisme est connu sous le nom : chaînage des requêtes.

Autre mécanisme de communications entre serveurs, le renvoi de référence. Celui-ci consiste à renvoyer au client (DUA) les adresses d'un autre DSA capable de répondre à ces requêtes.

Le protocole de réplication entre DSA

Le protocole DISP (*Directory Information Shadowing Protocol*) est le protocole de réplication entre annuaires X.500. C'est grâce à ce protocole que la base de données d'un annuaire X.500 peut être répliquée sur un ou plusieurs serveurs. Un serveur maître (le provider) réplique une partie ou la totalité de ses données vers un serveur consommateur (consumer) permettant ainsi d'avoir des annuaires hautement disponibles, en disposant des DSA en miroir.

La figure ci-dessous résume tous ces composants.

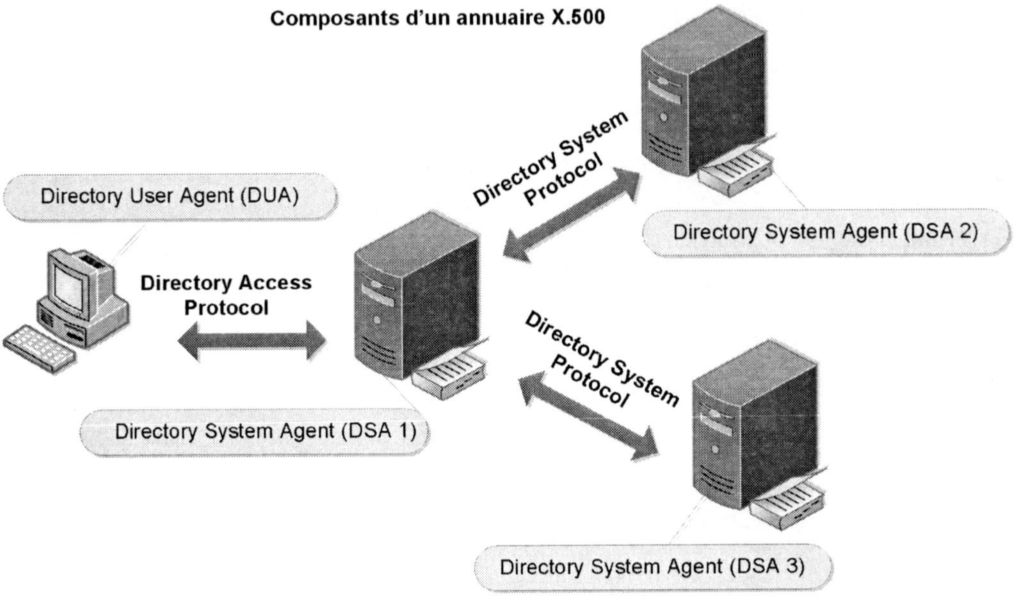

4. Les points forts de X.500

Bien évidemment, le standard X.500 présente de nombreux avantages. En premier lieu, celui de la définition de normes universelles pour le déploiement des annuaires électroniques, ce qui favorise une interopérabilité entre les annuaires indépendamment de leurs éditeurs.

Autres avantages, sa conception et sa modélisation. En effet, la mise en œuvre de l'approche objet pour la description des données le rend adaptable à la plupart des entreprises et aux applications souhaitant implémenter ce standard. Cette approche fait que les données sont décrites à l'aide de classes d'objets (ObjectClass). Les classes possèdent des attributs. Ceux-ci décrivent les données de l'annuaire, appelées des entrées de l'annuaire. Une classe d'objets peut hériter d'autres classes d'objets ainsi que de sa classe parente.

L'organisation hiérarchique dans un annuaire X.500 est l'un des points assurant son extensibilité.

C'est grâce à sa conception et à sa standardisation que X.500 est à l'origine du standard LDAP que nous détaillons dans la section Introduction à LDAP.

5. Les points faibles de X.500

Malgré tous ses avantages, la norme X.500 n'est pas exempte de faiblesses. Tout d'abord, sa mise en place dans sa totalité était très coûteuse pour les petites et moyennes entreprises car elle exigeait des équipements réseau spécifiques. Ensuite, le protocole client-serveur DAP obligeait le passage des messages à travers les sept couches du modèle OSI. Sachant que chaque couche ajoute des en-têtes au paquet avant que celui-ci ne soit émis sur le réseau, par conséquent DAP transportait beaucoup d'informations au cours d'une session entre DUA et DSA. Cet inconvénient a encouragé les organismes de standardisation à migrer vers LDAP.

C. Introduction à LDAP

Afin de pallier les insuffisances et les limites du standard X.500, il était nécessaire de simplifier ce standard et de le remplacer par un autre plus souple à mettre en œuvre sans pour autant perdre les avantages et les points forts du X.500.

Le protocole remplaçant le DAP (*Directory Access Protocol*) est né suite aux travaux communs de l'IETF et de l'organisme OSI-DS (*Open System Interconnection Directory Service*). Leurs travaux ont permis d'alléger au sens protocolaire et accès réseau le standard X.500 pour l'adapter au monde Internet. Le résultat est le standard LDAP (*Lightweight Directory Access Protocol*).

1. Le protocole LDAP

a. Le protocole

C'est un protocole permettant l'interrogation et la modification des services d'annuaires, il a été initialement conçu pour accéder de manière légère aux annuaires X.500.

Le L de LDAP est l'initiale de Lightweight (léger). Pourquoi LDAP est-il qualifié de léger ? LDAP est léger parce qu'il encapsule des messages appelés aussi éléments de protocoles contenant peu d'informations en plus des données et parce qu'il est directement transmis à la couche TCP de la pile de protocoles TCP/IP, alors que X.500 transmettait les messages aux 7 couches du modèle OSI.

LDAP a abandonné également de nombreuses opérations X.500 qui étaient rarement utilisées.

☞ *Aujourd'hui LDAP est à sa version 3.*

X.500 sur OSI et LDAP sur TCP/IP

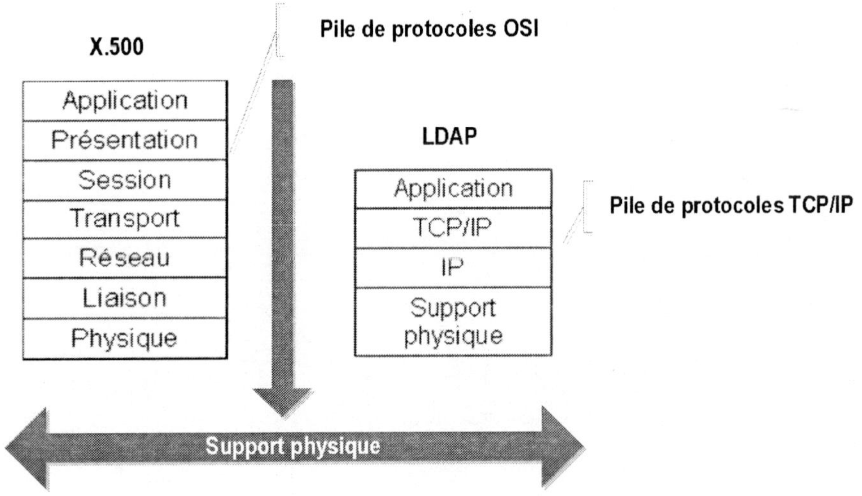

b. Le standard LDAP

LDAP normalise l'interface d'accès des annuaires. C'est la raison pour laquelle LDAP a été adopté par la majorité des acteurs du marché : Microsoft, IBM, Novell, RedHat.

Le standard LDAP définit un protocole d'échange entre un client et un serveur d'annuaire, d'une part, et la nature des données, d'autre part. Le type des données échangées en plus de leurs descriptions est défini dans quatre modèles distincts. Ce sont des modèles abstraits qui décrivent les facettes multiples d'un annuaire LDAP.

- Le modèle d'information fournit les structures et types de données manipulées par l'annuaire.
- Le modèle de nommage ou de désignation définit comment les entrées et les objets de l'annuaire sont référencés et organisés.
- Le modèle fonctionnel décrit le protocole LDAP lui-même, fournit les moyens d'accéder aux données et spécifie comment les mises à jour seront effectuées.
- Le modèle de sécurité décrit les modes d'authentification et de protection des données sensibles.

☞*Ces modèles seront détaillés par la suite.*

Le standard LDAP définit également le format avec lequel les données de l'annuaire seront gérées (import et export). Ce format nommé **LDIF** (*LDAP Data Interchange Format*), défini dans la RFC 2849, est un format de fichier texte normalisé pour le stockage d'informations de configuration et de contenu des annuaires LDAP. Le standard LDAP fournit aussi une interface de programmation en langage C. Il s'agit d'une API facilitant la charge des développeurs des applications interrogeant un serveur LDAP via ce langage. D'autres API sont aussi disponibles dans d'autres langages de programmation telles que l'interface de développement en Java JNDI (*Java Naming and Directory Interfaces*), Perl, PHP, etc.).

Le tableau ci-dessous liste ces spécifications.

Les RFC 2251, 2252, 2253, 2254, 2255, 2256, 2829 (Authentication Methods for LDAP), 2830, 3377, 3771 sont obsolètes et sont remplacées par de nouvelles RFC.

Tableau des RFC

Identifiant RFC	Sujet de la RFC
4510	LDAP: Technical Specification Road Map
4511	LDAP: The Protocol
4512	LDAP: Directory Information Models
4513	LDAP: Authentication Methods and Security Mechanisms
4514	LDAP: String Representation of Distinguished Names
4515	LDAP: String Representation of Search Filters
4516	LDAP: Uniform Resource Locator
4517	LDAP: Syntaxes and Matching Rules
4518	LDAP: Internationalized String Preparation
4519	LDAP: Schema for User Applications

c. Le modèle client-serveur

La communication (requête + réponse) entre un client et un annuaire LDAP se fait suivant une architecture client/serveur. Cette communication est basée sur le protocole LDAP, s'exécutant au-dessus de TCP. L'IANA a assigné les ports TCP 389 et 636 respectivement à LDAP et à LDAP au-dessus de TLS/SSL.

Le protocole standardise l'échange des messages entre client et serveur dans un mode asynchrone. Et de fait, si un client émet plusieurs requêtes, les réponses à celles-ci peuvent arriver dans un ordre différent de leur ordre d'émission. Un numéro de message est affecté à chaque requête et à chaque réponse, permettant de les relier entre elles. Les requêtes peuvent être également exécutées en mode synchrone. Dans ce cas, le client en attente de la réponse ne peut exécuter d'autres tâches (nouvelles requêtes, mises à jour) jusqu'à la réception de celle-ci.

La figure suivante illustre une requête synchrone entre un client et un serveur LDAP :

Requêtes client-serveur

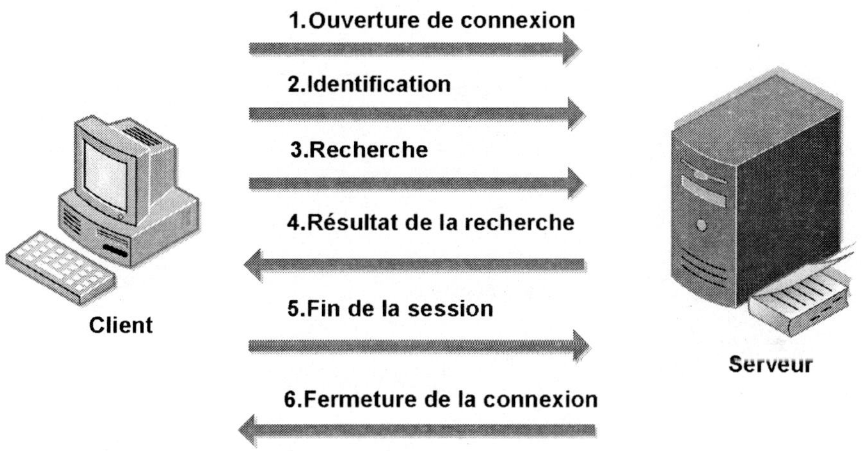

Les messages du protocole sont codés en BER (*Basic Encoding Rules*), un sous-ensemble de ASN 1 (*Abstract Syntax Notation One*).

L'avantage de ce type de codage est qu'il est indépendant du système d'exploitation, des applications clientes et de l'architecture des serveurs.

Les messages ou éléments de protocole contiennent un code désignant la nature de la requête à l'instar d'une recherche ou d'une demande de modification.

Voici la description des principaux messages de requêtes et de réponses via le protocole LDAP :

Message	Signification
bindRequest	Demande la connexion (authentifiée ou anonyme) à un annuaire.
bindResponse	Réponse à la demande d'authentification.
unbindRequest	Demande de déconnexion/fin de session.
searchRequest	Demande d'exécution d'une recherche.
searchResEntry	Réponse à une recherche.
searchResDone	Réponse affirmative de fin de recherche.
StartTLSRequest	Demande d'exécution d'une recherche dans un tunnel chiffré par TLS.
StartTLSResponse	Réponse de la demande de création d'une connexion TLS.
TLS closure alert	Accusé de réception de fin de session TLS.
addRequest	Demande d'ajout d'une entrée dans l'annuaire.
modifyRequest	Demande de modification d'une entrée dans l'annuaire.
modifyDNRequest	Demande de modification d'un DN de l'annuaire.

Le protocole LDAP définit neuf opérations de base classées en trois catégories : l'accès au service, l'interrogation et la mise à jour.

1. Accès au service : bind, unbind, abandon.
2. Interrogation : search, compare.
3. Mise à jour : add, delete, modify, modifyDN.

2. Versions du protocole LDAP

Avant d'arriver à la version 3 de LDAP, le protocole est passé par deux versions intermédiaires.

a. LDAP V1

La version 1 du protocole LDAP avait pour objectif la simplification du protocole pour offrir la possibilité à des clients légers d'accéder à un annuaire X.500.

Les premiers essais de normalisation ont été décrits dans la RFC 1202 (Directory Assistance Service) et dans la RFC 1249 qui définit les mécanismes permettant d'accéder à des annuaires X.500 et donc qui implémente la pile des couches OSI, par des clients basés sur TCP/IP. Ce RFC décrit aussi quelques niveaux d'authentification. Les premières normes de LDAP sont entérinées en 1993 par l'IETF dans la RFC 1487.

b. LDAP V2

En 1995, le protocole devient un service d'annuaire. Les spécifications de cette version ont été enregistrées en 1994 dans la RFC 1777 (Lightweight Directory Access Protocol).

D'autres RFC découlent de cette deuxième version :

- RFC 1778 : The String Representation of Standard Attribute Syntaxes.

- RFC 1779 : A String Representation of Distinguished Names.
- RFC 1959 : An LDAP URL Format.
- RFC 1960 : A String Representation of LDAP Search Filters.

Plusieurs éléments ont été introduits par rapport à la version 1, tels que les règles de nommage des classes d'objets et des attributs, le mécanisme de réplication et les méthodes d'authentification.

c. LDAP V3

C'est la version actuelle du protocole LDAP.

En 1997 les spécifications ont été finalisées dans les documents RFC 2251 à 2256 qui ont été mises à jour par les RFC 4510 à 4519.

Les nouveautés par rapport à la version 2 sont les suivantes :

- Les referrals (mécanismes de chaînage des requêtes par renvoi de référence) assurant le lien entre annuaires.
- Le durcissement du niveau de sécurité tant pour l'authentification que pour les transferts réseau, en ajoutant le support de SSL/TLS et SASL (voir chapitre Sécuriser l'annuaire).
- L'extensibilité qui renferme des opérations et des contrôles étendus au niveau du serveur LDAP.
- La possibilité de parcourir le schéma de l'annuaire, de l'interroger et de le mettre à jour pour des besoins spécifiques à l'entreprise ou à l'organisation.

Ces innovations ont séduit bon nombre des acteurs du marché des technologies de l'information, qui l'ont adopté. C'est le cas de Microsoft à travers son service d'annuaire Active Directory, ou encore IBM à travers Tivoli Directory Server (ITDS). Ce standard dans sa version 3 a simplifié aussi le développement des clients LDAP et a permis d'avoir des clients légers à l'instar d'Apache Directory Studio, ou encore des clients web supportant LDAP, comme phpLDAPAdmin facilitant l'administration d'un annuaire LDAP.

3. Les modèles LDAP

Les modèles LDAP représentent les services offerts par un serveur d'annuaire tels qu'ils sont perçus par le client.

LDAP est réparti en quatre modèles. Chaque modèle définit des fonctionnalités et des structures d'un annuaire LDAP qui doivent être implémentées dans n'importe quel annuaire supportant le standard LDAP.

a. Le modèle d'information

Le modèle d'information définit les structures ainsi que les types de données gérées par un annuaire LDAP. Chaque information de l'annuaire est représentée par une entrée. L'entrée est un nœud de l'arbre de l'annuaire. Cet arbre est le DIT (*Directory Information Tree)*. Chaque entrée contient une liste d'attributs, et les données sont des valeurs stockées dans les attributs.

Chaque entrée représente une instance d'une classe d'objets particulière, elle-même composée d'attributs. Parmi eux, il y a ceux qui sont obligatoires et d'autres qui sont facultatifs.

Les types d'attributs ont des règles de codage et de correspondance qui déterminent le type de données que peut contenir l'attribut, et les règles de comparaison à appliquer lors d'une recherche.

Un OID (*Object Identifer*) est affecté à chaque attribut et à chaque classe d'objets pour garantir leur unicité. Nous expliquerons en détail la notion d'OID par la suite.

Un numéro permet de rendre interopérables les annuaires LDAP issus de différents éditeurs.

Définition d'un attribut

Un attribut est le conteneur principal des données de l'annuaire. Tout attribut est décrit par un ensemble d'informations.

- Un ou plusieurs noms (telephone number).
- Des règles de comparaison (EQUALITY, ORDERING, SUBSTR).
- Une syntaxe (elle-même possède un OID).
- Un indicateur de multivaluation (SINGLE-VALUE).
- Un indicateur pour la modification par l'utilisateur (NO-USER-MODIFICATION).
- Un indicateur d'usage (USAGE) indiquant la nature de l'attribut (attribut utilisateur ou opérationnel).

Qu'est-ce qu'un OID ?

Un OID est une chaîne de numéros séparés par des points, c'est un identifiant unique associé à chaque attribut (syntaxes et classes d'objets aussi).

L'attribution des numéros OID est confiée à l'IANA (*Internet Assigned Numbers Authority*).

Le standard LDAP dispose des OID suivants :

- Pour les attributs utilisateurs : 2.5.4
- Pour les attributs opérationnels : 2.5.18
- Pour la syntaxe des attributs : 1.3.6.1.4.1.1466.115.121.1
- Pour les classes d'objets : 2.5.6

Attributs utilisateurs et attributs opérationnels

Les attributs utilisateurs sont ceux qui peuvent être modifiés par les utilisateurs de l'annuaire ayant le droit d'écriture.

Les attributs opérationnels stockent l'information sur le statut de l'annuaire et sur chaque entrée qu'il contient (par exemple, l'attribut CreatorName a pour valeur le DN de l'utilisateur qui a créé l'entrée).

Les règles de comparaison

Les règles de comparaison définissent la manière selon laquelle le serveur LDAP effectue une comparaison entre deux entrées, ainsi que des règles de correspondances. Le tableau ci-dessous liste ces règles.

Règle	Description
CaseIgnoreMatch	Compare deux chaînes de caractères en ignorant la casse.
CaseExactMatch	Compare en tenant compte de la casse.
TelephoneNumberMatch	Idem CaseIgnoreMatch, de plus les virgules et les espaces sont ignorés lors d'une recherche.
IntegerMatch	Compare deux entiers.

Règle	Description
BooleanMatch	Compare deux attributs booléens.
distinguishedNameMatch	Compare deux DN.
objectIdentifierMatch	Compare deux OID.

Chaque règle est également associée à un OID.

L'OID 2.5.13.0 est associé à la règle ObjectIdentifierMatch.

Et pour en finir avec les attributs, en voici quelques-uns issus du standard LDAP :

Attribut	Description
cn	Common Name
dc	Domaine Component (nom du domaine)
sn	Surname (surnom)
dn	Distinguished Name (nom unique)
mail	Adresse de messagerie
ou	Unité d'organisation
uid	Identifiant utilisateur
userpassword	Mot de passe utilisateur
description	Description d'un objet

Définition du type d'attribut telephoneNumber :

```
attributetype ( 2.5.4.20          Name        'telephoneNumber'
     EQUALITY        telephoneNumberMatch
     SUBSTR          telephoneNumberSubstringsMatch
     SYNTAX          1.3.6.1.4.1.1466.115.121.1.50 {32} )
```

Définition d'une classe d'objets

C'est la classe d'objets qui contient les attributs. Chaque classe d'objets possède ses propres attributs mais aussi, comme dit précédemment, une classe d'objets peut dériver d'une autre classe supérieure. Une classe d'objets fille hérite des attributs de toutes ses classes supérieures.

Toutes les entrées d'un annuaire LDAP doivent être munies d'un attribut ObjectClass. Chaque valeur de cet attribut se comporte comme un modèle pour les données que contient une entrée.

Une classe d'objets est caractérisée par :

- Un OID.
- Un nom.
- Une hiérarchie de classes d'objets supérieurs.
- Un type (Abstract, Structural, Auxiliary).
- Une liste d'attributs obligatoires.

- Une liste d'attributs facultatifs.

Exemple de classe d'objets : schéma de la classe d'objets OrganisationalPerson.

Types de classes d'objets

- Abstract : désigne une classe abstraite dont d'autres classes vont pouvoir hériter.
- Structural : représente un objet réel, tel qu'une personne (**person**) ou une unité d'organisation (**OrganizationalUnit**). Chaque entrée de l'annuaire est dotée d'une seule classe d'objets structurelle.
- Auxiliary : désigne une classe auxiliaire, ce qui permet de rajouter le même type d'organisation à des entrées de classes structurelles différentes. Ces classes ne peuvent être employées seules, elles servent à compléter un objet structurel existant.

Deux classes d'objets ont une importance particulière dans un annuaire LDAP : la classe **extensibleObject** et la classe **subschema**.

- La classe extensibleObject est de type auxiliaire et ne possède aucun attribut obligatoire. Au contraire, les attributs facultatifs sont tous les attributs définis dans le schéma de l'annuaire. Elle a pour objectif d'introduire des attributs pour une entrée pour des besoins particuliers.
- La classe subschema est le conteneur principal de la structure de l'annuaire LDAP. En effet, elle comprend l'ensemble des classes d'objets prises en charge par l'annuaire, les règles de comparaison, les attributs et les syntaxes. La classe est de type auxiliaire et ne possède aucun attribut obligatoire. Son existence est primordiale dans un annuaire LDAP.

L'héritage entre classes

Une classe peut avoir plusieurs sous-classes ou classes filles qui dérivent d'une seule classe. La figure ci-dessous décrit le principe d'héritage entre classes.

Héritage entre les classes d'objets

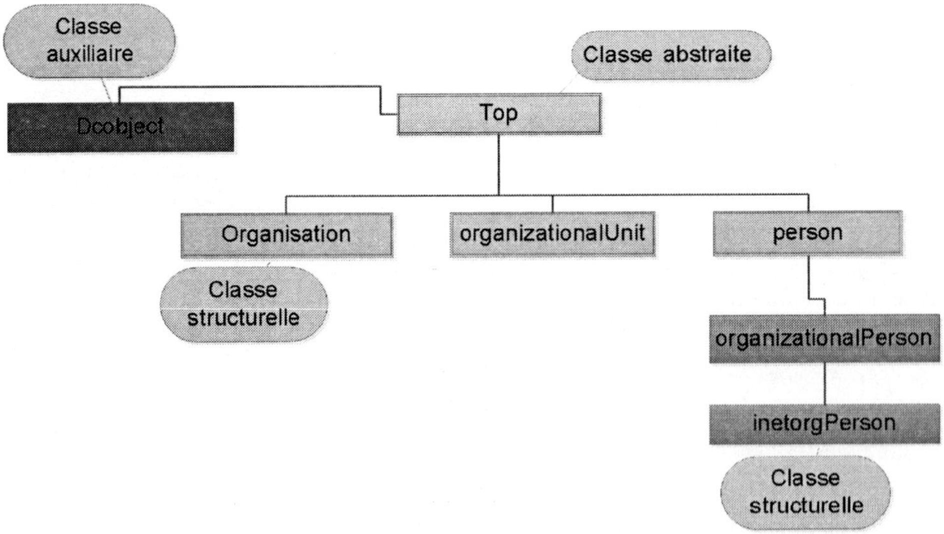

Le tableau suivant liste les principales classes d'objets, leurs attributs obligatoires et quelques attributs facultatifs :

Classe	Type	Attributs obligatoires	Attributs facultatifs
top	Abstrait		
person	Structurelle	ObjectClass, cn, sn	description, telephoneNumber...
domain	Structurelle	ObjectClass, dc	registeredAddress, postalCode...
dcobject	Auxiliaire	dc	Pas d'attributs facultatifs
inetOrgPerson	Structurelle	ObjectClass, cn, sn	displayName, CarLicense...
OrganizationalPerson	Structurelle	ObjectClass, cn, sn	postalCode, street...
OrganizationalUnit	Structurelle	ou	description, seealso.
referral	Structurelle	ref	Pas d'attributs facultatifs
posixAccount	Auxiliaire	cn, uid	uidNumber, gidNumber, homeDirectory, loginShell
shadowAccount	Auxiliaire	uid	shadowLastChange, shadowMin, shadowMax…
account	Auxiliaire	uid	ou, o, localityName, host...
nisNetGroup	Auxiliaire	cn	nisNetgroupTriple, memberNisNetgroup, description
SambaAccount	Auxiliaire	uid, sambaSID	cn, lmPassword, ntPassword, pwdLastSet...

Attributs obligatoires et attributs facultatifs

Une classe d'objets peut avoir un ou plusieurs attributs obligatoires. La liste des attributs est constituée des attributs obligatoires de la classe elle-même augmentés des attributs obligatoires de toutes les classes supérieures et auxiliaires.

Chaque attribut obligatoire doit posséder au moins une valeur.

Les attributs facultatifs sont ceux dont la présence est facultative dans une instance d'objet.

Pour chaque attribut facultatif, une entrée peut avoir une ou plusieurs valeurs, ou bien, pas de valeur du tout.

Schémas de l'annuaire

Les classes d'objets, les attributs associés à ces classes, la syntaxe des attributs et les règles de comparaison constituent le schéma de l'annuaire.

Pour stocker des informations dans un annuaire LDAP, il faut avoir recours à un schéma particulier qui englobe toutes les informations (attributs et classes d'objets) dont on aura besoin pour mettre en place le serveur d'annuaire. Ce schéma doit être pris en charge par le serveur LDAP. Le schéma d'un annuaire permet de garantir la cohérence et l'intégrité des données stockées dans celui-ci.

Un serveur LDAP peut manipuler plusieurs schémas qui peuvent être exploités par des utilisateurs ou par des applications, tout dépend du besoin et des objectifs à atteindre lors de l'installation du serveur LDAP.

Il faut donc bien réfléchir à la nature des données que l'on veut stocker dans l'annuaire afin de pouvoir identifier le(s) schéma(s) nécessaire(s).

☞ *Nous parlerons du schéma dans le chapitre Installation et configuration d'OpenLDAP lors de la configuration du serveur OpenLDAP.*

b. Le modèle de nommage

Le modèle de nommage définit comment les entrées et les données de l'annuaire sont référencées de manière unique.

Ce modèle est décrit par deux concepts :

- Un espace de noms homogène.
- L'organisation hiérarchique des données.

En effet, les entrées sont réparties au sein de l'annuaire selon une structure logique hiérarchique appelée DIT (*Directory Information Tree*).

Chaque entrée possède un attribut unique qui la distingue des entrées issues d'un même parent. Cet attribut est dénommé RDN (*Relative Distinguished Name*).

Le RDN est constitué d'un couple composé d'un attribut et d'une valeur.

Exemple : ***mail=info@eni.fr***

Un RDN peut avoir plusieurs couples attributs-valeurs, on dit qu'il est multivalué.

Exemple : ***mail=info@eni.fr+cn=issam***

Dans un RDN multivalué, le signe + sépare les valeurs des deux attributs formant le RDN.

Le nom absolu d'une entrée est le DN (*Distinguished Name*). C'est le référencement de l'entrée au niveau de l'arborescence de l'annuaire ; le DN est l'ensemble des RDN des nœuds supérieurs.

Pour identifier le DN d'une entrée, il faut parcourir l'arbre de l'annuaire en partant du RDN de l'entrée elle-même jusqu'à la racine de l'arbre séparée par des virgules comme indiqué dans la figure ci-dessous.

Arbre d'un annuaire LDAP

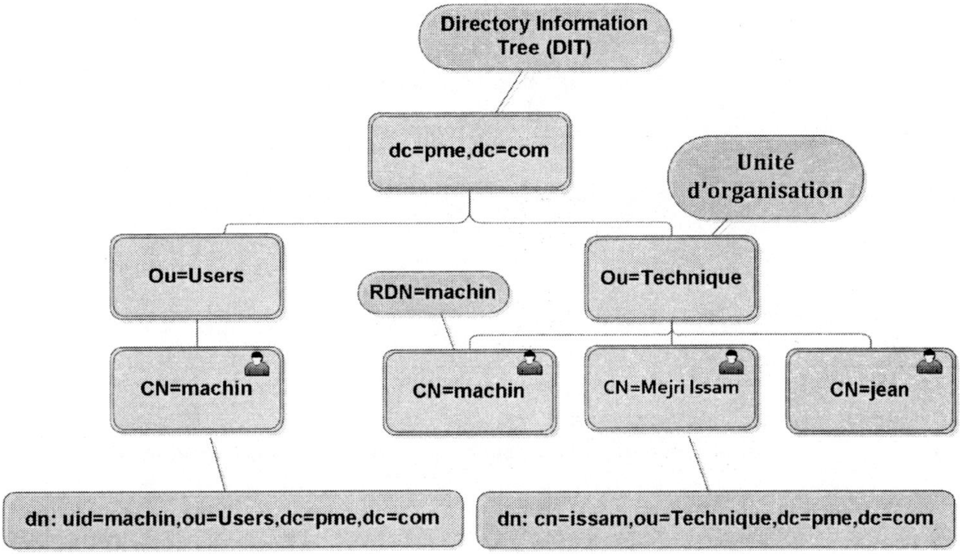

Ainsi le DN de l'entrée cn=Mejri Issam est :

cn=Mejri Issam, ou=technique,dc=pme,dc=com

☞ *Le format des valeurs des attributs ne doit pas contenir : d'espace ou un dièse (#) au début de la chaîne de caractère, un espace en fin de la chaîne de caractère, la virgule (,), le plus (+), les guillemets ("), l'antislash (\), les caractères inférieur et supérieur (< et >) et le point-virgule (;). Si les valeurs contiennent l'un de ces caractères spéciaux, il faut l'échapper à l'aide d'un antislash (\).*

Le contexte de nommage

Le contexte de nommage d'un annuaire est le DN de son entrée de plus haut niveau.

Ce contexte de nommage est le plus souvent le nom du domaine DNS de l'organisation.

Si par exemple, une entreprise possède le nom de domaine pme.com, alors le contexte de nommage est dc=pme,dc=com. Le nom de domaine DNS est divisé en attributs élémentaires **dc** (*domain component*).

c. Le modèle fonctionnel

Le modèle fonctionnel définit les opérations et les services offerts par le protocole LDAP. Il définit aussi la possibilité d'avoir des opérations étendues (extended) et des contrôles étendus appliqués aux opérations de base prises en charge par un annuaire LDAP.

Ce modèle comprend neuf opérations de base : **bind**, **unbind**, **abandon**, **compare**, **add**, **delete**, **modify** et **modifyDN**.

L'opération de connexion (bind)

Ce service permet à un utilisateur ou à une application cliente de s'authentifier auprès de l'annuaire. Trois modes d'authentification existent ; simple, anonyme, ou via SASL (*Simple Authentication and Security Layer*). Dans le premier mode, un DN et un mot de passe doivent être fournis. Le mode anonyme permet de s'authentifier par un DN vide (pas de nom d'utilisateur et mot de passe). L'authentification SASL offre un mécanisme de sécurité extensible qui peut être exploité pour servir de nouvelles fonctionnalités d'authentification.

Le service de déconnexion (unbind)

L'opération de déconnexion donne fin à une session établie, cette opération est obligatoire lorsqu'on veut terminer une session.

L'opération abandon

Elle permet d'abandonner une opération asynchrone en cours.

Le service de recherche

L'opération search permet d'exécuter une requête de recherche au sein de l'annuaire. Pour aboutir à un résultat positif, la recherche nécessite quelques paramètres :

- La base de recherche indiquant à partir de quel endroit la recherche va commencer.
- La profondeur de la recherche, qui consiste à définir le parcours de cette recherche.
- Le filtre de recherche qui est basé sur les valeurs des attributs et comporte une syntaxe bien définie.
- Les attributs à récupérer à l'issue d'une recherche.
- Le nombre maximal d'entrées à retourner.
- La durée maximale de la recherche.
- La manière de traiter les alias et les referrals.

L'opération d'ajout (add)

Cette opération permet d'ajouter une entrée dans l'annuaire.

Pour le succès de cette opération, il faut que l'entrée ajoutée et ses attributs correspondants respectent le schéma de l'annuaire et que son DN soit unique.

L'opération de suppression (delete)

Cette opération supprime une entrée de l'annuaire, il faut indiquer dans ce cas le DN de l'entrée à supprimer.

Il faut s'assurer que l'entrée à supprimer ne possède pas des objets fils qu'il faudra supprimer avant de procéder à la suppression de l'entrée parente.

L'opération de modification (modify)

Permet de modifier une entrée existante dans l'annuaire LDAP. Tous les attributs associés à l'entrée peuvent être affectés par cette opération à l'exception du DN.

La modification implique l'ajout (add), la suppression (delete), ou le remplacement (replace) des attributs de l'entrée.

De même que l'opération d'ajout, modify doit respecter le schéma de l'annuaire.

L'opération modifyDN

Permet de renommer une entrée de l'annuaire. Par défaut l'ancienne valeur du RDN est conservée dans l'entrée. Dans ce cas, il faut positionner l'indicateur de suppression de l'ancien RDN à Vrai ou Faux respectivement si la suppression est effectuée ou l'ancien RDN est gardé.

L'opération de comparaison (compare)

Cette opération prend en argument un DN, un nom d'attribut et une valeur d'attribut, puis vérifie si l'entrée correspondante contient bien un attribut ayant cette valeur.

Le DN de l'objet à comparer doit bien évidemment exister en tant qu'une entrée de l'annuaire. Si on compare avec un attribut qui n'existe pas, l'opération de comparaison renvoie un code de retour signalant que l'attribut n'existe pas.

Si le contexte de l'entrée ne correspond pas à celui de l'annuaire, alors l'opération peut être renvoyée vers un autre serveur d'annuaire par le mécanisme de renvoi de référence.

d. Le modèle de sécurité

Le modèle de sécurité définit les mécanismes d'authentification et les méthodes de protection des données implémentés dans la version 3 du protocole LDAP.

La sécurité comprend, notamment, les fonctionnalités pour la confidentialité des échanges, le chiffrement des données, l'intégrité des données et les habilitations.

Le standard LDAPv3 prend en charge les opérations d'authentification et de confidentialité.

L'authentification supporte deux modes :

- L'authentification simple et l'authentification simple sur SSL/TLS.
- L'authentification SASL.

☞ *Ces modes d'authentification seront étudiés en détail dans le chapitre Sécuriser l'annuaire.*

La gestion des habilitations pour l'accès aux données de l'annuaire sont réalisées à l'aide des ACL (*Access Control Lists*) qui désignent quel utilisateur a le droit sur quel attribut ou entrée et quelles sont les opérations autorisées.

Pour assurer la confidentialité des données, il faut chiffrer les flux entre le client et le serveur ou entre deux serveurs par la création d'un tunnel SSL ou à l'aide de l'opération étendue StartTLS.

e. Le modèle de réplication

Ce modèle décrit les méthodes de répartition des données de l'annuaire entre différents serveurs LDAP.

Ce modèle permet également de créer une sauvegarde de la base de données, de distribuer les informations stockées dans l'annuaire entre deux ou plusieurs serveurs, ce qui garantit une continuité de service en cas de panne ainsi qu'une répartition de la charge.

- Distribution de l'annuaire :

  Dans un annuaire distribué, l'arbre de l'annuaire est divisé en plusieurs morceaux, chaque morceau est géré par un serveur distinct.

  Les liens entre ces serveurs sont assurés par des liens de références supérieures et subordonnées (les referrals).

- Réplication de la base de données :

  La réplication est utilisée principalement pour effectuer une copie de la totalité de l'annuaire ou uniquement une branche de celui-ci, vers un autre serveur d'annuaire.

  Dans le cas où l'annuaire maître réplique vers les esclaves, la réplication est dite "push-based" ou SIR (*Server Initiated Replication*).

  Lorsque les esclaves établissent les requêtes vers l'annuaire maître, on parle alors de la réplication "pull-based" ou CIR (*Consumer Initiated Replication*).

  Il existe aussi la réplication dite multimaître ou la réplication est bidirectionnelle ; chaque serveur d'annuaire se synchronise avec son homologue pour avoir une copie similaire entre eux.

  Cette dernière catégorie de réplication permet d'avoir plusieurs annuaires qui peuvent recevoir les écritures, alors que dans les deux premières catégories, la mise à jour se fait uniquement sur le maître, et les esclaves sont accessibles en lecture seule.

☞ *La réplication et la distribution d'un annuaire LDAP seront étudiées dans le chapitre Réplication LDAP.*

D. OpenLDAP et annuaires propriétaires

Le protocole LDAP a été implémenté dans la plupart des produits exploitant les annuaires électroniques, ceci grâce à sa fiabilité et à la souplesse de sa mise en œuvre. Parmi ces produits, on trouve les annuaires généralistes qui ne sont pas dédiés à des applications particulières et qui peuvent être exploités indépendamment de tout programme complémentaire, les annuaires intégrés au noyau du système d'exploitation font partie de la catégorie des annuaires système, et les annuaires développés pour être déployés au cœur des applications informatiques.

Le logiciel OpenLDAP fait partie de la catégorie des annuaires généralistes.

1. Le serveur OpenLDAP

OpenLDAP est l'implémentation libre du protocole LDAP. C'est un logiciel libre (open source) maintenu par le « OpenLDAP Project », il est publié sous sa propre licence : « OpenLDAP Public License version 2.8, August 2003 ».

Le projet OpenLDAP est issu du serveur LDAP de l'Université de Michigan, dont dérivent les serveurs LDAP Sun Directory Server et Fedora Directory Server.

À la date de l'écriture de ce livre OpenLDAP est à sa version 2.4.32. La version 2 du serveur est conforme à la norme LDAP V3 et supporte également LDAP V2.

Le code source d'OpenLDAP est téléchargeable à partir de son site officiel : http://www.openldap.org

La plupart des distributions GNU Linux mettent à disposition la version binaire du serveur OpenLDAP, il est possible notamment de l'installer à l'aide du gestionnaire de paquetage propre à chaque distribution.

L'avantage du serveur OpenLDAP est qu'il est multiplateforme et indépendant du système d'exploitation, il peut donc être porté aussi bien sur les UNIX que sur Windows.

☞*La certification LPI 301 est principalement dédiée à la maîtrise du serveur OpenLDAP.*

2. Les annuaires propriétaires

Le terme propriétaire désigne les annuaires spécifiques à un produit bien déterminé et qui font l'objet de quelques modifications par rapport au standard LDAP. Au niveau de ces annuaires, on constate qu'ils implémentent leurs propres schémas, ou encore leur propre mode de réplication. L'un de ses annuaires est Active Directory de Microsoft. Active Directory est le composant de base des systèmes d'exploitation Windows Server 2003/2008 pour les infrastructures récentes. Le standard LDAP est adopté par Active Directory, néanmoins ce dernier intègre des mécanismes internes propriétaires.

E. Validation des acquis : questions/réponses

Questions

1 Dans quel cas est-il préférable d'utiliser un annuaire au sein d'une infrastructure informatique ?

2 Quelle est la différence principale entre un annuaire électronique et une base de données ?

3 Citer trois standards issus de X.500.

4 Quel protocole permet de transmettre des requêtes d'un client X.500 vers un serveur X.500 ?

5 Donnez les raisons pour lesquelles le protocole LDAP est qualifié de léger par rapport au protocole X.500.

6 Citer trois RFC issues du standard LDAP V3.

7 Quelle est la différence entre un DN et un RDN ?

8 Par quel moyen peut-on créer des RDN multivalués ?

9 Quel attribut doit exister dans n'importe quelle entrée de l'annuaire LDAP ?

10 Combien de classes structurelles une entrée d'un annuaire LDAP peut-elle avoir ?

11 Quelles sont les neuf opérations du protocole LDAP ?

12 Dans quel cas une entreprise envisage-t-elle de créer son propre OID (OID privé) ?

13 Quel modèle LDAP décrit les règles de désignation des objets dans un annuaire LDAP ?

14 De quel type est la classe d'objets PosixAcount ? Listez les attributs obligatoires de cette classe.

15 Dans quel cas utiliser une classe d'objets de type auxiliaire ?

16 Donnez un exemple d'un serveur d'annuaire généraliste et d'un serveur d'annuaire système. Quelle différence existe entre les deux ?

Résultats

Référez-vous aux pages suivantes pour contrôler vos réponses. Pour chacune de vos bonnes réponses, comptez un point.

Nombre de points /16

Pour ce chapitre, votre score minimum doit être de 12 sur 16.

Réponses

1 Dans quel cas est-il préférable d'utiliser un annuaire au sein d'une infrastructure informatique ?

Lorsque l'on gère un nombre important de ressources (applications, utilisateurs, périphériques, etc.) il est préférable de mettre en place un annuaire (serveur d'annuaire) pour stocker toutes ces informations d'une manière centralisée. Il en résulte l'élimination de la redondance d'informations et de la synchronisation des données. Ainsi l'ajout ou la suppression d'une information sont réalisés à l'aide d'une simple opération élémentaire et on garantit l'intégrité et la cohérence de la base de données de l'annuaire.

2 Quelle est la différence principale entre un annuaire électronique et une base de données ?

Un annuaire électronique est optimisé pour les opérations de lecture alors qu'une base de données est dédiée principalement à des opérations d'écritures fréquentes. Les données d'un annuaire sont rarement modifiées, alors que celles d'une base de données sont exposées à des mises à jour régulières, voire un nombre important de modifications journalières.

3 Citer trois standards issus de X.500.

La norme X.500 comprend plusieurs standards. En voici trois :

X.509 : décrit les mécanismes d'authentification par clés publiques.

X.511 : décrit les services offerts par X.500 tels que la recherche et la modification des entrées de l'annuaire.

X.519 : définit les protocoles de communication entre deux serveurs X.500 et entre un client et un serveur d'annuaire X.500.

4 Quel protocole permet de transmettre des requêtes d'un client X.500 vers un serveur X.500 ?

Le protocole DAP (Directory Access Protocol) est le protocole de communication entre un client et un serveur X.500. Il est décrit dans le standard X.519.

5 Donnez les raisons pour lesquelles le protocole LDAP est qualifié de léger par rapport au protocole X.500

Le protocole LDAP est qualifié de léger parce qu'il agit au niveau de la couche TCP/IP alors que dans X.500 les messages parcourent l'ensemble des sept couches du modèle OSI.

6 Citer trois RFC issues du standard LDAP V3.

Les RFC suivantes sont issues du standard LDAP V3 :

RFC 4510 (LDAP : Technical Specification Road Map) qui remplace l'ancienne RFC 3377.

RFC 4511 (LDAP : Authentication Methods and Security Mechanisms) qui remplace les RFC 2829 et 2830.

7 Quelle est la différence entre un DN et un RDN ?

Un DN (Distinguished Name) est unique au sein de l'annuaire alors qu'un RDN est relatif. On peut disposer de deux RDN identiques dans deux unités d'organisation différentes.

Un DN est calculé en regroupant les RDN de toutes les entrées entre l'élément considéré et la racine de l'annuaire (DIT).

8 Par quel moyen peut-on créer des RDN multivalués ?

Dans un RDN multivalué, le signe plus (+) sépare les valeurs de deux attributs formant le RDN.

9 Quel attribut doit exister dans n'importe quelle entrée de l'annuaire LDAP ?

Toutes les entrées d'un annuaire LDAP doivent être munies d'un attribut ObjectClass.

10 Combien de classes structurelles une entrée d'un annuaire LDAP peut-elle avoir ?

Une entrée de l'annuaire ne peut avoir qu'une seule classe d'objets structurelle. Cependant, elle peut avoir plus d'une classe structurelle dans le cas où ces classes sont liées entre elles par une relation de mère-fille. Par exemple, une entrée peut disposer de la classe person qui est structurelle mais aussi de OrganizationalPerson, puisque la première est la classe parente alors que la seconde est la classe fille. Par contre, l'entrée ne peut pas contenir la classe d'objets OrganizationalUnit.

11 Quelles sont les neuf opérations du protocole LDAP ?

Le protocole LDAP définit neuf opérations de base classées en trois catégories distinctes :

- *Accès à l'annuaire : bind, unbind, abandon.*
- *Interrogation : search, compare.*
- *Mise à jour : add, delete, mofify, modifyDN.*

12 Dans quel cas une entreprise envisage-t-elle de créer son propre OID (OID privé) ?

Lorsqu'une entreprise souhaite stocker des informations dans son annuaire et que ces informations nécessitent la présence d'attributs personnalisés ou la création de fichiers de schémas d'annuaire, elle doit créer son propre OID (Object Identifier). Elle doit donc soumettre une requête à l'IANA (Internet Assigned Numbers Authority) pour l'obtention d'un OID unique. À partir de ce moment, une branche est allouée à l'entreprise pour créer ses propres schémas.

Noter que les affectations des OID par l'IANA sont uniques à travers le monde.

13 Quel modèle LDAP décrit les règles de désignation des objets dans un annuaire LDAP ?

Le modèle de nommage, ou encore de désignation décrit la façon de nommer et d'organiser les objets d'un annuaire LDAP.

14 De quel type est la classe d'objets PosixAcount ? Listez les attributs obligatoires de cette classe.

La classe d'objets PosixAccount est auxiliaire et elle contient deux attributs obligatoires : cn et uid.

15 Dans quel cas utiliser une classe d'objets de type auxiliaire ?

Lorsque l'on veut ajouter certaines caractéristiques à une classe structurelle, par exemple, des attributs particuliers qui complètent la création d'une entrée, on se sert des classes d'objets de type auxiliaires.

16 Donnez un exemple d'un serveur d'annuaire généraliste et d'un serveur d'annuaire système. Quelle différence existe entre les deux ?

Le serveur OpenLDAP est un annuaire généraliste. Active Directory est un annuaire système, fourni avec les systèmes d'exploitation Microsoft Windows Server 2003/2008.

Chapitre 2

Pré-requis

Les connaissances acquises lors de la certification LPIC2 et principalement :

☒La compilation des applications.

☒La configuration de la compilation.

☒Les gestionnaires de paquetages Debian et RedHat.

☒L'éditeur vi.

Objectifs

À la fin de ce chapitre, vous serez en mesure de :

☒Installer le logiciel OpenLDAP à partir des sources.

☒Configurer les différents modules liés à l'installation d'OpenLDAP.

☒Installer Oracle Berkeley DB à partir des sources.

☒Installer OpenLDAP à partir des binaires.

☒Connaître les outils clients et serveur du logiciel OpenLDAP.

☒Identifier les principales directives du fichier de configuration d'OpenLDAP.

☒Configurer le démon slapd.

☒Démarrer le serveur LDAP avec différents niveaux de débogage.

☒Ajouter des données à l'annuaire.

A. Installation d'OpenLDAP à partir des sources

Dans le chapitre Les annuaires X.500 et le protocole LDAP, nous avons brièvement évoqué le logiciel libre OpenLDAP. Dans ce chapitre, nous approfondirons l'étude d'OpenLDAP. Mais pourquoi s'intéresser à ce serveur LDAP plutôt qu'à d'autres ?

À cela, deux raisons principales ; d'une part, la certification LPI 301 est fondée majoritairement sur ce logiciel et d'autre part, OpenLDAP est actuellement le serveur LDAP le plus populaire dans le monde des logiciels libres en tant que produit open source. Plusieurs progiciels (messagerie, GroupWare, WebSSO, gestion des identités, etc.) intègrent en natif OpenLDAP parmi d'autres briques de logiciels libres.

Nous commencerons par l'installation d'OpenLDAP, suivra une première configuration ; cette configuration évoluera au fil des chapitres.

1. Pré-requis logiciels

OpenLDAP est dépendant de quelques librairies et fonctionnalités qui doivent exister sur le système avant que ce dernier soit installé :

- Obtenir l'archive OpenLDAP :

  Le « OpenLDAP Project » ne propose aucune version binaire d'OpenLDAP, c'est uniquement le code source (une archive compressée) de ce logiciel qui est publié. Sur la page officielle du projet (http://www.openldap.org), on trouve la dernière version du produit, ainsi que l'archive des anciennes versions.

  Plusieurs distributions GNU Linux livrent des versions pré-compilées d'OpenLDAP, mais rien ne certifie qu'il s'agit de la plus récente. Si vous envisagez d'installer la dernière version d'OpenLDAP, il faut passer par la compilation du code source.

  Le lien de téléchargement d'OpenLDAP est : http://www.openldap.org/software/download/, choisir un miroir et commencer le téléchargement. La version d'OpenLDAP utilisée pour ce livre est **openldap-2.4.32.tgz**.

☞ *OpenLDAP est aussi disponible sous la forme des RPM (RPM Package Manager) pour les distributions CentOS 6 et RedHat EL6 sur le site du projet LDAP ToolBox à l'adresse : http://ltb-project.org/wiki/download.*

- Les bibliothèques SSL/TLS :

  Un client et un serveur OpenLDAP ont besoin de librairies de sécurité pour chiffrer les communications, négocier une session TLS ou encore pour supporter l'opération étendue StartTLS (cf. Sécuriser l'annuaire - Le chiffrement SSL/TLS - StarTLS).

  Pour que le serveur LDAP prenne en charge ces fonctionnalités, il faut installer Openssl, GNUTLS ou MozNSS.

  OpenSSL est l'implémentation de la couche protocolaire SSL V2/V3. Il comprend également plusieurs outils pour la cryptographie et pour la gestion d'une infrastructure à clés publiques (Gestions des certificats numériques et de la signature électronique).

  Si OpenSSL n'est pas déjà présent dans votre distribution Linux, alors téléchargez le paquetage depuis http://www.openssl.org.

  Nous utiliserons, par la suite, la librairie de sécurité OpenSSL avec OpenLDAP.

☞ *La distribution GNU Linux Debian s'appuie sur GNUTLS à la place d'OpenSSL*

- Bibliothèques SASL :

  Les clients et serveurs OpenLDAP exigent la librairie cyrus SASL pour intégrer le mécanisme d'authentification SASL (*Simple Authentication and Security Layer*). SASL implémente l'un des modes d'authentification LDAP, dans la plupart des cas ce mécanisme est couplé avec l'utilisation de Kerberos.

  Cyrus SASL est disponible à l'adresse suivante : http://asg.web.cmu.edu/sasl/sasl-library.html

- Le service d'authentification Kerberos :

  Kerberos est un protocole cryptographique (RFC 4120 : The Kerberos Network Authentication Service) conçu pour garantir une authentification fiable et bidirectionnelle dans un environnement non sécurisé. Il est fondé sur la notion de tickets d'authentification (*Ticket-Granting Ticket*, ou TGT) ainsi que la conception des solutions de Single Sign-On (SSO).

OpenLDAP supporte l'authentification Kerberos à l'aide du mécanisme GSSAPI.

Pour implémenter cette solution, les bibliothèques SASL sont indispensables en plus du paquetage Kerberos 5. Deux catégories de ce paquetage sont disponibles, celle du MIT (*Massachusetts Institute of Technology*), au nom de l'université dans laquelle Kerberos a été développé (http://web.mit.edu/kerberos), et celle de Heimdal (http://www.h5l.org).

La deuxième catégorie est la plus réputée grâce à la lisibilité de son code et à sa robustesse.

Kerberos du MIT pose le problème de l'exportation des méthodes de chiffrement fortes mise en vigueur aux États-Unis, c'est pour cette raison que Kerberos Heimdal a vu le jour au sein de l'institut royal de technologie de Suède.

Actuellement ces restrictions légales ont disparu.

☞ *Kerberos est au cœur du serveur LDAP de Microsoft Active Directory disponible nativement dans les versions Windows 2003/2008, il s'appuie sur un code source différent de celui du MIT.*

- Module de gestion de base de données :

  Pour le stockage et la gestion des données, il faut fournir à OpenLDAP une bibliothèque de gestion de base de données. Historiquement OpenLDAP supporte back-ldbm, c'est le premier module de stockage. LDBM est basé sur une API DBM (Database Manager) supportant gdbm (base de données GNU de la Free Software Foundation), et Berkeley DB. Ce type de backend est aujourd'hui devenu obsolète.

  Actuellement, OpenLDAP (le serveur slapd) prend en charge comme base de données Berkeley DB d'Oracle Corporation qui fournit les deux backend BDB et HDB.

  La page de téléchargement :
  http://www.oracle.com/technetwork/database/database-technologies/berkeleydb/downloads/index.html

  Il faut s'inscrire avant la phase de téléchargement.

☞ *Nous travaillons ensuite avec BDB comme backend de base de données. Dans la section suivante, on détaille les étapes d'installation de Berkeley DB à partir des fichiers sources.*

- Les bibliothèques de threads :

  Ces librairies sont nécessaires pour le support des threads Posix. OpenLDAP supporte les threads Posix (pthreads) ainsi que d'autres variétés de threads.

  Il est aussi possible de désactiver le support des threads dans OpenLDAP lors de l'étape de compilation.

- Les Tcp_Wrappers :

  Tcp_Wrappers permet de créer un pare-feu local de type applicatif. Elle se présente sous forme d'un démon ou sous forme d'une bibliothèque. Cette bibliothèque permettant d'assurer un contrôle d'accès au serveur basé sur l'adresse IP gérée par le super démon Xinetd. On aura besoin du fichier d'en-tête tcpd.h et la bibliothèque libwrap.a.

2. Installation de Berkeley DB

La version de Berkeley DB à installer est la 4.8, le nom du fichier est **db-4.8.30.tar.gz**. La distribution Berkeley DB utilise les deux utilitaires de la Free Software Foundation, autoconf et libtool pour une installation sur les systèmes UNIX et Linux.

☞ *Les versions recommandées par le projet OpenLDAP pour l'installation de Berkeley DB sont : 4.4, 4.5, 4.6, 4.7, 4.8, 5.0, 5.1. Il est également fortement recommandé d'exécuter les mises à jour associées à chaque version depuis le site d'Oracle Corporation.*

L'installation se réalisera sur la distribution GNU Linux Ubuntu version 10.04 LTS (*Long Term Support*) surnommée Lucid Lynx, version sortie en avril 2010 et prise en charge par Canonical jusqu'en avril 2013.

Les étapes de l'installation :

```
$ tar xvzf db-4.8.30.tar.gz
$ cd db-4.8.30/build_unix
$ ../dist/configure --prefix=/usr/local
$ make
# Le répertoire /usr/local est le répertoire d'installation par défaut
$ make install
```

Après la fin de l'installation, les binaires de la base de données se trouveront dans le répertoire /usr/local/BerkeleyDB.4.8/bin.

Les librairies de Berkeley sont indispensables lors de l'installation d'OpenLDAP, il faut vérifier que la bibliothèque **libdb-4.8.so** est présente dans le répertoire /usr/local/BerkeleyDB/lib.

Les utilitaires de la base de données sont :

- db_archive
- db_checkpoint
- db_deadlock
- db_dump
- db_load
- db_recover
- db_sql
- db_stat
- db_upgrade
- db_verify

3. Compilation et installation d'OpenLDAP

Lorsque toutes les dépendances requises sont mises en place, on peut commencer la compilation et l'installation d'OpenLDAP.

Le script **configure** permet de vérifier les options de compilation disponibles :

```
# tar xvzf openldap-version
# cd openldap-version
# ./configure  --help
```

Parmi les options, on note :

- --prefix : le répertoire d'installation de paquetage (par défaut /usr/local).
- --enable-spasswd : active la vérification SASL des mots de passe.

- --enable-modules : active le support des modules dynamiques.
- --enable-bdb : activation du backend Berkeley DB (par défaut cette option est à yes).
- --enable-monitor : activation du backend monitor (par défaut est à yes).
- --enable-syncprov : activation de la réplication syncrepl.
- --with-cyrus-sasl : activation de l'authentification SASL.
- --with-threads : prise en charge des threads.
- --with-tls : prise en charge du chiffrement TLS/SSL pour la confidentialité des échanges.

Une fois, les options de compilation fixées, on passe à l'étape de la configuration de la compilation.

```
# ./configure  --prefix=/usr/local/
```

L'étape de la compilation :

```
// Création des dépendances
# make depend
# make

// Vérifiez le bon déroulement de la compilation avec les options
// et les fonctionnalités choisies pendant l'étape de configuration.
# make test
// L'installation proprement dite
# make install
```

Vérifiez la sortie de la dernière commande pour vous assurer que l'installation est réussie, et qu'il n'y a pas de messages d'erreurs.

OpenLDAP est désormais installé dans le répertoire **/usr/local/openldap/**.

4. Erreurs de compilation et dépannage

L'installation d'OpenLDAP à partir des sources risque dans la plupart des cas de générer des erreurs, et particulièrement pendant la phase de compilation. Ceci à cause de la nature même de ce logiciel, qui nécessite plusieurs librairies qui doivent non seulement exister, mais aussi être présentes au bon endroit. Pour remédier à ce problème, des variables d'environnement CPPFLAGS, LDFLAGS et LD_LIBRARY_PATH doivent être définies lors de l'étape de pré-compilation.

Prenons l'exemple de l'erreur suivante :

configure:error:BDB/HDB:BerkeleyDB not availalable

La cause de cette erreur est que la bibliothèque Berkeley DB et les fichiers d'en-tête (header *.h) sont introuvables. Pour cela, il faut créer les variables d'environnements correspondants pour guider le script configure à localiser ses fichiers en suivant les étapes ci-dessous :

```
# CPPFLAGS="-I /usr/local/lib  -L /usr/local/BerkeleyDB.4.8/include"
# export  CPPFLAGS
#  LDFLAGS="-L /usr/local/lib  -L  /usr/local/BerkeleyDB.4.8/lib/ \
-R/usr/local/BerkeleyDB.4.8/lib/"
# export LDFLAGS
# LD_LIBRARY_PATH="/usr/local/BerkeleyDB.4.8/lib/"
# export  LD_LIBRARY_PATH
```

L'outil **ldd** permet de vérifier que les liens du fichier binaire correspondant au serveur LDAP ont été édités avec les bonnes bibliothèques partagées.

Consultez le fichier **/etc/ld.so.conf** pour vous assurer que les chemins vers les bibliothèques partagées existent parmi la liste des répertoires présents, sinon ajoutez les chemins correspondants et mettez à jour cette liste par la commande :

```
# ldconfig  -v
```

B. Installation d'OpenLDAP à partir des binaires

La plupart des distributions GNU Linux intègrent un gestionnaire de paquetage permettant d'installer facilement des logiciels sans se soucier des contraintes de dépendances. L'installation d'OpenLDAP n'échappe pas à cette règle.

1. Choix d'une distribution GNU Linux

- Cas de la distribution Debian/Ubuntu : l'installation d'OpenLDAP sous Debian se résume à l'installation du package **slapd**.

```
// en tant que root
// Installation du serveur LDAP
# apt-get  install slapd
// Installation des outils clients en ligne de commandes
# apt-get install ldap-utils
```

- Cas de la distribution Fedora et CentOS : le gestionnaire de paquetage **yum** permet d'installer slapd depuis les dépôts disponibles.

```
// Installation des paquetages serveurs
# yum install openldap-servers
// Installation des paquetages clients
# yum install openldap-clients
```

- Cas de la distribution Mandriva : l'utilitaire **urpmi** sous Mandriva suffit pour installer OpenLDAP.

```
// Installation du serveur LDAP
# urpmi  openldap-mandriva-dit
// Installation des utilitaires clients LDAP
# urpmi  openldap-clients
```

2. Installation sous OpenSuse

OpenSuse est une distribution GNU Linux qui peut être installée pour l'exploitation en tant que système d'exploitation pour ordinateur de bureau ou en serveur (l'équivalent de Suse Entreprise Linux).

Le site web de la distribution la décrit comme étant adaptée à tout le monde, les débutants, les utilisateurs expérimentés et les ultras geek. OpenSuse est la base des produits primés du l'OS Suse Entreprise Linux de Novell.

C'est pour cette raison que j'utiliserai tout au long de ce livre cette distribution en parallèle avec la distribution Ubuntu 10.04 (contient une installation d'OpenLDAP à partir des sources) pour la configuration d'OpenLDAP et l'exploitation de l'annuaire, ainsi que pour la mise en place de la réplication qui se réalisera entre deux serveurs LDAP abritant OpenSuse (cf. chapitre Réplication LDAP).

On exploitera également la dernière version d'OpenSuse ; à la date de l'écriture de ce livre, c'est la version OpenSuse 12.1. Elle contient de nouvelles versions de mises à jour des applications serveurs en plus des outils bureautiques (1000 applications open source !).

a. Installation des paquetages serveurs

À l'instar des gestionnaires de paquetage apt, yum ou urpmi, OpenSuse et Suse Entreprise Linux disposent de leur propre gestionnaire de paquets.

Zypper est le gestionnaire des paquets sous OpenSuse, il permet également la désinstallation et la mise à jour.

Pour installer OpenLDAP par cet outil :

```
// Installation du serveur LDAP
# zypper  install openldap2
```

Une autre méthode d'installation est d'utiliser yast. C'est un outil d'installation et de configuration pour les distributions OpenSuse et Suse Entreprise Linux. C'est l'équivalent du panneau de configuration de Microsoft Windows, mais il va plus loin que celui-ci.

La configuration d'OpenLDAP, par exemple, peut se faire à partir de l'interface graphique YAST.

☞ *YAST est l'acronyme de Yet Another Setup Tool.*

b. Installation des paquetages clients

De la même manière que les paquets serveurs, les outils clients LDAP peuvent être installés à l'aide de zypper :

```
# zypper install openldap2-client
```

Il faut ensuite vérifier que les paquetages clients et serveurs sont présents :

```
# zypper  search  openldap2
# zypper search openldap2-client
```

c. Organisation du répertoire d'installation

Suite à l'installation d'OpenLDAP, plusieurs fichiers seront présents sur le système.

- Fichier principal de configuration du serveur LDAP :
  /etc/openldap/slapd.conf
- Fichier de configuration des clients LDAP :
  /etc/openldap/ldap.conf
- Fichier de base de données Berkeley DB :
  /var/openldap/DB_CONFIG, le répertoire /var/openldap contiendra éventuellement les fichiers de base de données de l'annuaire et les index.

- Fichiers schémas de l'annuaire LDAP :
  /etc/openldap/schema
- Les utilitaires clients sont installés sous /usr/bin/.
- Les utilitaires serveurs sont sous le répertoire /usr/sbin/.
- Script de démarrage du serveur :
  /etc/init.d/slapd

☞ *Pour une installation à partir des sources, les chemins vers ces fichiers ne seront plus les mêmes, et il faut éventuellement créer manuellement le script de démarrage et d'arrêt du serveur slapd (voir Annexe Script de démarrage du serveur LDAP).*

C. Clients et serveurs OpenLDAP

OpenLDAP est livré avec des utilitaires clients et serveurs. Les utilitaires clients permettent de manipuler les données de l'annuaire, alors que les outils serveurs, en plus de la gestion des données de l'annuaire, réalisent la maintenance et l'administration de la base de données.

1. Les utilitaires clients

Les utilitaires clients manipulent les entrées de l'annuaire tels que l'ajout, la suppression et la recherche.

Les différents composants clients sont les suivants :

- ldapadd : ajoute des entrées dans un annuaire LDAP.
- ldapdelete : supprime des entrées de l'annuaire.
- ldapmodify : modifie les entrées de l'annuaire.
- ldapmodrdn : modifie les RDN et/ou déplace les entrées.
- ldapcompare : vérifie qu'une valeur existe ou non pour un attribut particulier d'une entrée.
- ldappasswd : modifie et réinitialise les mots de passe des utilisateurs de l'annuaire.
- ldapwhoami : renvoie l'identité de l'utilisateur.

☞ *Toutes ces commandes client LDAP seront détaillées dans le chapitre Gestion des données et exploitation de l'annuaire.*

2. Les utilitaires serveurs

Les outils permettent généralement la manipulation de la base de données locale sur laquelle s'appuie le démon slapd.

Ces outils sont :

- slapadd : ajoute des entrées dans l'annuaire, sans passer par la couche réseau (s'exécute uniquement en local sur le serveur LDAP).
- slapcat : extrait le contenu de l'annuaire, permet aussi de réaliser une sauvegarde vers un fichier LDIF.
- slapindex : crée des fichiers index à partir des attributs listés dans slapd.conf (directive index).
- slappasswd : génère un mot de passe chiffré ou non.

- slapacl : vérifie la syntaxe des ACL (*Access Control List*).
- slapauth : teste les paramètres de connexion.
- slapdn : vérifie la conformité d'un DN par rapport au schéma du serveur LDAP.
- slaptest : outil très pratique pour le débogage, utilisé pour la vérification syntaxique du fichier de configuration du serveur LDAP slapd.conf.

D. Configuration du fichier slapd.conf

Le serveur OpenLDAP est configurable à l'aide de l'unique fichier de configuration slapd.conf. Pour une installation à partir des sources, ce fichier est dans le répertoire **/usr/local/etc/openldap/**. Dans le cas d'une installation sous OpenSuse, ce fichier est classiquement dans /etc/openldap.

slapd.conf contient des paramètres par défaut qui ne nécessitent pas de modification. Ces paramètres sont principalement dédiés à la configuration des options globales du serveur affectant le comportement de démon slapd ainsi que d'autres options liées à la gestion de la base de données.

1. Sections du fichier de configuration slapd.conf

Le fichier slapd.conf est structuré en deux sections :

- La section globale comportant des directives générales, à savoir, l'inclusion des fichiers schémas, les directives de sécurité, les contrôles d'accès (ACL), les paramètres d'exécution du démon slapd, les modules externes à charger nécessaires pour des fonctionnalités complémentaires.
- La section des bases de données ; il s'agit d'une section répétable car on peut multiplier différentes bases de données. Elle comporte le type de la base de données, en plus de sa localisation, la définition de la racine de l'annuaire, une directive qui précise le contexte de nommage, le DN de l'administrateur de l'annuaire et son mot de passe, les index.

☞*Les paramètres globaux sont relatifs à toutes les bases de données gérées par l'annuaire. Cependant, toute valeur se trouvant dans la section des bases de données remplacera la valeur par défaut.*

Voici un extrait du fichier de configuration slapd.conf.

```
# See slapd.conf(5) for details on configuration options.
# This file should NOT be world readable.
Include      /usr/local/etc/openldap/schema/core.schema
include      /usr/local/etc/openldap/schema/cosine.schema
include      /usr/local/etc/openldap/schema/inetorgperson.schema
include            /usr/local/etc/openldap/schema/nis.schema
# Load dynamic backend modules:
 moduleload back_bdb.la
# Sample access control policy:
# rootdn can always read and write EVERYTHING!

access to attrs=userPassword
        by self write
        by * auth

access to *
```

```
        by * read
###################################################################
# BDB database definitions
###################################################################

database            bdb
suffix              "dc=pme,dc=com"
rootdn              "cn=manager,dc=pme,dc=com"
# Cleartext passwords, especially for the rootdn, should
# be avoid.  See slappasswd(8) and slapd.conf(5) for details.
# Use of strong authentication encouraged.
Rootpw              portos
# The database directory MUST exist prior to running slapd AND
# should only be accessible by the slapd and slap tools.
# Mode 700 recommended.
Directory    /usr/local/var/openldap-data
# Indices to maintain
index        objectClass  eq
index cn,uid,mail eq,sub
```

2. Principales directives de configuration

- **include** : directive permettant l'inclusion des schémas. C'est en fait la première étape de configuration du serveur LDAP.

  OpenLDAP est livré avec les fichiers schémas usuels, la liste de ces fichiers augmentera par rapport aux applications exploitant l'annuaire, ou pour d'autres besoins (pour inclure d'autres objets dans l'annuaire par exemple).

  Les fichiers du schéma sont dans /usr/local/etc/openldap/schema.

  L'installation par défaut d'OpenLDAP est constituée des schémas suivants :

  - core.schema : le schéma de base requis par OpenLDAP, il définit les attributions et les classes d'objets pour l'implémentation d'un annuaire minimaliste.

```
attributetype ( 2.5.4.2 NAME 'knowledgeInformation'
     DESC 'RFC2256: knowledge information'
     EQUALITY caseIgnoreMatch
     SYNTAX 1.3.6.1.4.1.1466.115.121.1.15{32768} )

attributetype ( 2.5.4.4 NAME ( 'sn' 'surname' )
     DESC 'RFC2256: last (family) name(s) for which the entity is known by'
     SUP name )

attributetype ( 2.5.4.5 NAME 'serialNumber'
     DESC 'RFC2256: serial number of the entity'
     EQUALITY caseIgnoreMatch
     SUBSTR caseIgnoreSubstringsMatch
     SYNTAX 1.3.6.1.4.1.1466.115.121.1.44{64} )

...
```

```
attributetype ( 2.5.4.7 NAME ( 'l' 'localityName' )
      DESC 'RFC2256: locality which this object resides in'
      SUP name )

attributetype ( 2.5.4.8 NAME ( 'st' 'stateOrProvinceName' )
      DESC 'RFC2256: state or province which this object resides in'
      SUP name )

...

attributetype ( 2.5.4.15 NAME 'businessCategory'
      DESC 'RFC2256: business category'
      EQUALITY caseIgnoreMatch
      SUBSTR caseIgnoreSubstringsMatch
      SYNTAX 1.3.6.1.4.1.1466.115.121.1.15{128} )

attributetype ( 2.5.4.16 NAME 'postalAddress'
      DESC 'RFC2256: postal address'
      EQUALITY caseIgnoreListMatch
      SUBSTR caseIgnoreListSubstringsMatch
      SYNTAX 1.3.6.1.4.1.1466.115.121.1.41 )

attributetype ( 2.5.4.17 NAME 'postalCode'
      DESC 'RFC2256: postal code'
      EQUALITY caseIgnoreMatch
      SUBSTR caseIgnoreSubstringsMatch
      SYNTAX 1.3.6.1.4.1.1466.115.121.1.15{40} )

attributetype ( 2.5.4.18 NAME 'postOfficeBox'
      DESC 'RFC2256: Post Office Box'
      EQUALITY caseIgnoreMatch
      SUBSTR caseIgnoreSubstringsMatch
      SYNTAX 1.3.6.1.4.1.1466.115.121.1.15{40} )

...

# system schema
#objectclass ( 2.5.6.0 NAME 'top'
#     DESC 'RFC2256: top of the superclass chain'
#     ABSTRACT
#     MUST objectClass )

# system schema
#objectclass ( 2.5.6.1 NAME 'alias'
#     DESC 'RFC2256: an alias'
#     SUP top STRUCTURAL
#     MUST aliasedObjectName )
```

```
...

objectclass ( 2.5.6.5 NAME 'organizationalUnit'
      DESC 'RFC2256: an organizational unit'
      SUP top STRUCTURAL
      MUST ou
      MAY ( userPassword $ searchGuide $ seeAlso $ businessCategory $
            x121Address $ registeredAddress $ destinationIndicator $
            preferredDeliveryMethod $ telexNumber $ teletexTerminalIdentifier $
            telephoneNumber $ internationaliSDNNumber $
            facsimileTelephoneNumber $ street $ postOfficeBox $ postalCode $
            postalAddress $ physicalDeliveryOfficeName $ st $ l $ description ))

objectclass ( 2.5.6.6 NAME 'person'
      DESC 'RFC2256: a person'
      SUP top STRUCTURAL
      MUST ( sn $ cn )
      MAY ( userPassword $ telephoneNumber $ seeAlso $ description ) )

objectclass ( 2.5.6.7 NAME 'organizationalPerson'
      DESC 'RFC2256: an organizational person'
      SUP person STRUCTURAL
      MAY ( title $ x121Address $ registeredAddress $ destinationIndicator $
            preferredDeliveryMethod $ telexNumber $ teletexTerminalIdentifier $
            telephoneNumber $ internationaliSDNNumber $
            facsimileTelephoneNumber $ street $ postOfficeBox $ postalCode $
            postalAddress $ physicalDeliveryOfficeName $ ou $ st $ l ) )
```

Pour visualiser la totalité du fichier schéma ainsi que la licence correspondante (OpenLDAP Foundation), vous pouvez vous référer au fichier $PREFIX/etc/openldap/schema/core.schema. La variable $PREFIX est le chemin d'installation du serveur OpenLDAP.

- cosine.schema : pour supporter les annuaires cosine et X.500 (RFC 1274).
- nis.schema : ce schéma définit les attributs et objets permettant de stocker et de compter les utilisateurs UNIX ainsi que les paramètres associés dans un annuaire LDAP (RFC 2307), nous étudierons en détail ce schéma de l'annuaire dans le chapitre Migration de NIS vers LDAP.
- inetorgperson.schema : schéma utilisé pour stocker l'information sur des personnes au sein d'une organisation.
- misc.schema : ce fichier contient les schémas permettant le routage des messages électroniques (mails). Ce schéma est expérimental.
- samba3.schema : définit les objets samba, pour l'intégration de samba avec LDAP (comptes utilisateurs par exemple), ce schéma sera étudié dans le chapitre Intégration des applications avec LDAP.
- corba.schema : permet de stocker les objets de type corba dans un annuaire LDAP.
- bind.schema : support des objets DNS.
- dhcp.schema : support des objets DHCP.
- openldap.schema : contient différents objets à titre d'exploitation pour le projet OpenLDAP.

Les paramètres du fichier slapd.conf sont séparés des valeurs par un espace ou une tabulation.

- **referral** : elle spécifie l'URL à suivre par les clients LDAP si le serveur ne trouve pas la base locale pour répondre aux requêtes.
- **pidfile** : fichier contenant le numéro de processus (PID) de processus slapd en cours d'exécution.
- **argfile** : ce paramètre définit le chemin vers les fichiers contenant les paramètres en ligne de commande passés lors du lancement du slapd.
- **Modulepath** : le chemin contenant les modules à charger dynamiquement ; moduleload : spécifie le nom du module (backend) à charger dynamiquement.
- **Loglevel** : définit le niveau de débogage associé au serveur OpenLDAP, elle prend en paramètre un entier qui représente les types d'informations à enregistrer.

  Le tableau suivant recense les différents niveaux de journalisation d'OpenLDAP :

Niveau	Informations journalisées
-1	Toutes les informations de journalisation.
0	Aucune information de journalisation.
1	Trace les appels aux fonctions.
2	Information de débogage liée aux traitements des paquets.
4	Débogage verbeux.
8	Gestion des connexions.
16	Paquets émis et reçus.
32	Traitement des filtres de recherche (permet de gérer les index).
64	Traitement du fichier de configuration.
128	Traitement des listes de contrôle d'accès.
256	Statistiques sur les connexions, les opérations et les résultats.
512	Statistiques sur les informations renvoyées aux clients.
1024	Communication avec les bases de données de type shell.
2048	Affichage des informations de débogage sur le traitement des entrées.

- **access to** : cette directive permet de configurer les différents accès à l'annuaire par des ACI (*Access Control Item*) dans des ACL. À titre d'exemple, cette directive permet d'autoriser l'accès à l'ensemble de l'annuaire en lecture seule (option par défaut) de la façon suivante :

```
access          to   *
            by   *   read
```

Cette directive sera étudiée en détail dans le chapitre Sécuriser l'annuaire.

- **database** : c'est la première directive dans la section des bases de données. Chaque directive database définit une partition de l'annuaire, puisque OpenLDAP peut gérer plusieurs bases de données simultanément. Ce paramètre peut prendre plusieurs valeurs :
  - **bdb** : c'est le gestionnaire de base de données Berkeley DB qui existe depuis sa version 4. C'est un backend transactionnel permettant le verrouillage d'une page de la base de données lors d'une opération de modification. Ce backend s'appuie sur de nombreuses opérations d'indexation et de mise en mémoire cache pour augmenter la performance du serveur. Il peut aussi stocker les historiques des changements permettant la reconstruction de la base en cas de défaillance.
  - **ldbm** (lightweight DBM) : c'est le premier backend de stockage, son développement et sa maintenance sont stoppés. Il est aujourd'hui obsolète.
  - **hdb** : c'est un backend dérivé de back-bdb.
  - **ldap** : permet la mise en place d'un mandataire, il supporte l'équivalence entre les attributs.
  - **monitor** : base virtuelle ne contenant pas de données, sert uniquement à l'enregistrement de statistiques de l'utilisateur du serveur OpenLDAP.
  - **shell** : permet d'utiliser des bases de données complémentaires à l'aide de scripts (shell ou perl par exemple). Ces scripts seront appelés pour exécuter des opérations élémentaires au niveau de l'annuaire (modif, ajout, suppression).
  - **sql** : backend offrant une interface LDAP aux bases de données.
  - **meta** : permet de regrouper plusieurs autres annuaires LDAP en un seul et donc de constituer un méta-annuaire.
- **suffix** : définit le contexte de nommage de l'annuaire correspondant à la partition database. Ce contexte est généralement le nom de domaine local.
- **Rootdn** : chaque annuaire doit posséder un rootdn permettant l'administration du serveur. En effet, le rootdn dispose de tous les privilèges sur un accès à l'annuaire.
- **rootpw** : c'est le mot de passe associé à rootdn. Ce mot de passe peut être stocké en clair ou chiffré par une opération de hachage. L'outil serveur slappasswd permet de créer des mots de passe chiffrés en CRYPT, MD5, SHA ou SSHA. Le dernier algorithme de hachage est recommandé.
- **lastmod.{on/off}** : indique au démon slapd de maintenir les attributs opérationnels (modifiersname, modifytimestamp, creatorname, creatortimestamp). Si cette directive est fixée à off, alors le client ne peut plus conserver les informations en cache car il ne peut plus s'appuyer sur un horodatage pour déterminer si une entrée a été mise à jour.
- **readonly {on/off}** : permet de désactiver les mises à jour au niveau du serveur, même par l'administrateur, si cette directive est positionnée à on. Cette option est pratique lorsqu'on procède à une sauvegarde complète de l'annuaire.
- **index** : comme pour les bases de données relationnelles, l'existence des index augmente les performances du serveur LDAP lors des opérations de lecture et de recherche des informations au sein de l'annuaire.

  Ce paramètre détermine alors les attributs pour lesquels le démon slapd doit gérer un index.

  Chaque type d'index correspond à l'une des règles de correspondance définies dans le schéma de l'annuaire.

La syntaxe est la suivante :

index <attrlist> [pres, eq, approx, sub]

- **pres** (presente) permet de savoir si un attribut existe dans l'annuaire pour éviter des recherches inutiles.
- **eq** (égalité) indexe les informations pour optimiser les recherches exactes sur les valeurs des attributs.
- **approx** (approximatif) indexe l'information pour effectuer une recherche approximative sur les valeurs des attributs.
- **sub** (sous-chaîne) indexe les informations pour l'optimisation des recherches par sous-chaîne sur les valeurs des attributs.

  Une même ligne peut contenir plus qu'une définition d'index, tout dépend des objets utilisés dans l'annuaire.

  Un exemple d'index :

  index uid,cn,sn eq,pres

  permet de définir l'index de présence et d'égalité pour les attributs uid,cn,sn.

☞ *OpenLDAP recommande fortement la définition d'un index d'égalité pour l'attribut ObjectClass de la façon suivante : **index objectclass eq***

- La directive **cachesize** : détermine le nombre d'entrées maintenues en mémoire du process slapd. cachesize 500 place 500 entrées en mémoire cache. Par défaut, 1000 entrées sont placées en mémoire.
- La directive **checkpoint** : sa syntaxe est la suivante : checkpoint <kilobit> <minute>. Le point d'écriture du fichier journal est effectué lorsque la taille de ce fichier dépasse le volume <kilobit> ou lorsque <minute> minutes se sont écoulées.
- La directive **sizelimit** : définit le nombre d'entrées maximum à retourner lors d'une opération de recherche. Très pratique lorsque l'annuaire comporte un nombre important d'objets.
- La directive **timelimit** (en secondes) : spécifie le temps maximal à partir duquel le démon slapd stoppe une requête.
- La directive **directory** : indique le chemin absolu du répertoire de la base de données y compris les index.

3. Première configuration de slapd.conf

Les directives décrites dans les paragraphes précédents suffisent pour une configuration basique du démon slapd.

Le contexte de nommage utilisé (suffix) sera **dc=pme, dc=com**.

```
# paramètres globaux du serveur.
# inclusion des schémas nécessaires.
Include /usr/local/etc/openldap/schema/core.schema
# ajout des paramètres de débogage

loglevel  296
pidefile   /usr/local/var/slapd.pid
```

```
argsfile    /usr/local/var/slapd.args

# paramètres relatifs à toutes les bases de données
cachesize   2000
sizelimit       300
timelimit       120
checkpoint    512    30

# des ACL basiques (accès à l'annuaire par tout le monde en lecture seule)
access        to       *
                   by       *     read
# Section de la base de données
database   bdb
suffix          "dc=pme,dc=com"
rootdn        "cn=manager,dc=pme,dc=com"
rootpw         portos
directory      /usr/local/var/openldap-data
#  liste des index
index    objectclass    eq
index     cn                        eq,sub
```

☞ *Lors de l'édition du fichier slapd.conf, les lignes vierges et les lignes commençant par un dièse (commentaires) ne sont pas prises en compte. Les paramètres sont séparés des valeurs qui leur sont associées par des caractères espace ou tabulation.*

4. Démarrage du serveur slapd

Afin de rendre notre serveur opérationnel, il faut tout d'abord construire l'arbre de l'annuaire.

Pour cela, nous avons besoin d'un schéma pour ajouter des informations sur des personnes. Le schéma inetOrgPerson que nous détaillerons dans les chapitres suivants. Les seuls attributs obligatoires pour un objet inetOrgPerson sont les attributs cn et sn qui dérivent de la classe d'objet person (voir chapitre Les annuaires X.500 et le protocole LDAP).

Un fichier LDIF (*LDAP Data Interchange Format*) pour l'importation des données de l'annuaire est également nécessaire.

Le fichier de configuration de slapd devient :

```
# inclusion des schémas inetorgperson qui dépend de cosine.schema
# inclusion des schémas inetorgperson qui dépend de core.schema
    include  /usr/local/etc/openldap/schema/cosine.schema
    include /usr/local/etc/openldap/schema/inetorgperson.schema
# paramètres globaux du serveur.
# inclusion des schémas nécessaires.
Include /usr/local/tec/openldap/schema/core.schema
# ajout des paramètres de débogage
            loglevel  296
pidefile   /usr/local/var/slapd.pid
argsfile    /usr/local/vard/slapd.args
```

```
# paramètres relatifs à toutes les bases de données
cachesize   2000
# des ACL basiques (accès à l'annuaire par tout le monde en lecture seule)
access       to       *
                  by       *      read
#   section base de données
# Section de la base de données
database                  bdb
suffix                 "dc=pme,dc=com"
rootdn                      "cn=manager,dc=pme,dc=com"
## A présent le mot de passe est stocké en clair !
rootpw                 portos

## Répertoire contenant la base de données et les index créés
directory     /usr/local/var/openldap-data

#   indexation des attributs mail,sn
     index      cn,sn,mail     eq,sub
     index      employeeNumber    eq
```

À présent, voici le fichier LDIF suivant permettant d'ajouter des entrées à notre annuaire. Tout d'abord, nous ajoutons l'entrée qui correspond à la racine de l'annuaire : l'entrée de plus haut niveau de l'arbre.

Dans le même fichier LDIF, on ajoute l'entrée correspondant à l'unité d'organisation *users* et dans laquelle nous intégrons les coordonnées de l'utilisateur *issam*, en plus d'une deuxième unité d'organisation *lpi*.

Premières entrées de l'annuaire

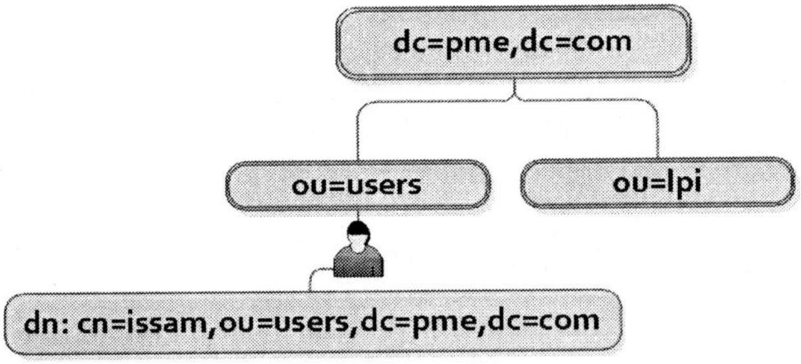


```
#  contenu LDIF de l'entrée   dc=pme, dc=com
dn : dc=pme, dc=com
objectclass: top
objectclass : domain
dc : pme

# contenu LDIF de l'entrée ou=users, dc=pme, dc=com
dn : ou=users, dc=pme, dc=com
objectclass : top
```

```
objectclass : organizationalUnit
ou : users
description : unité d'organisation dédiée aux employés de pme.

# contenu LDIF de l'entrée ou=users, dc=pme, dc=com
dn : ou=lpi, dc=pme, dc=com
objectclass : top
objectclass : organizationalUnit
ou : lpi
description : unité d'organisation dédiée aux candidats.

# ajout de l'entrée de l'employé issam
dn : cn=issam, ou=users, dc=pme, dc=com
objectclass : top
objectclass : person
objectclass:inetorgperson
cn:     issam
sn :    mejri
telephoneNumber :    0033  26  45  21  10
mail :  issam.mejri@pme.com
description: utilisateur particulier
employeeNumber : 3045
```

À présent, nous disposons d'un fichier LDIF que l'on peut importer dans l'annuaire à l'aide de la commande serveur slapadd, qui permet de manipuler l'annuaire lorsqu'il est hors ligne :

```
# slapadd  -v -f pme-ldif
LDAP Password   *****
adding entry "dc=pm, dc=com"
adding entry "ou=users, dc=pme, dc=com"
adding entry "ou=lpi, dc=pme, dc=com"
adding entry "cn=issam, ou=users, dc=pme, dc=com"
```

Les informations affichées indiquent que les entrées ont été ajoutées correctement.

☞ *La structure et la manipulation des fichiers LDIF ainsi que la commande slapadd seront étudiées dans le prochain chapitre.*

Jusqu'ici, notre annuaire comporte quelques entrées de base servant à ajouter d'autres données dans celui-ci (unité d'organisation, des utilisateurs, des machines, des comptes d'authentification, etc.). Il est désormais opérationnel.

Deux possibilités existent pour le démarrage du serveur slapd. La première est à partir du chemin de l'exécutable, la seconde nécessite un script d'initialisation. En effet, aucun script d'initialisation n'est fourni par défaut dans OpenLDAP. Chaque distribution Linux contient ses propres scripts.

Dans les annexes, un script d'initialisation vous est présenté. Son rôle est de :

- Lancer le démon après une vérification s'il n'est pas déjà en cours d'exécution.
- S'assurer que les droits de lancement sont suffisants.
- Vérifier que la configuration est correcte avant le lancement.

Il permet également l'arrêt du processus slapd en envoyant un signal d'arrêt, et éventuellement de forcer l'arrêt si nécessaire.

En tant que root :

```
#/usr/local/libexec/slapd
```

Le démarrage du démon slapd en ligne de commande peut s'exécuter avec plusieurs paramètres. Le tableau ci-dessous recense les options en ligne de commande pour le serveur slapd.

Option	Description
-d entier	Définit le niveau de journalisation à utiliser pour enregistrer les événements.
-f nomfichier	Utilise un fichier de configuration différent du fichier par défaut (slapd.conf).
-h liste_d_URI	Définit une liste d'URI LDAP servis par le serveur. Les URI sont séparés par des espaces. Les URI les plus courants sont ldap:/// (LDAP sur port 389, la valeur par défaut), ldaps:/// (LDAP sur SSL sur port 636) et ldapi:/// (LDAP sur IPC).
-l utilisateur	Définit l'utilisateur local du service syslog. La valeur par défaut est LOCAL4. Les valeurs possibles s'étendent de LOCAL0 à LOCAL7.
-n nom	Définit le nom du service utilisé lorsque les messages sont envoyés à syslog. Cette option est proposée pour des raisons de commodité ; sa valeur par défaut est la chaîne de caractères slapd.
-u nom-utilisateur -g nom-groupe	Définit l'UID ou le GID effectif de slapd.

Vérifions dès lors le bon fonctionnement du serveur :

```
root@ubuntu:~# ps -ef|grep slapd|grep -v grep
ldap      5864     1  0 13:46 ?        00:00:00
/usr/local/libexec/slapd -h ldap://*:389 ldaps://*:636 -f
/usr/local/etc/openldap/slapd.conf -u ldap -g grpldap
```

Effectuons une simple inspection du contenu de l'annuaire à l'aide de la commande ldapsearch :

```
root@ubuntu:/usr/local/etc/openldap# ldapsearch -x -D
"cn=manager,dc=pme,dc=com" -W cn=issam
Enter LDAP Password:
# extended LDIF
#
# LDAPv3
# base <dc=pme,dc=com> (default) with scope subtree
# filter: cn=issam
# requesting: ALL
#

# issam, users, pme.com
dn: cn=issam,ou=users,dc=pme,dc=com
objectClass: top
```

```
objectClass: person
cn: issam
sn: Mejri Issam
employeeNumber: 3045
description: Utilisateur particulier

# search result
search: 2
result: 0 Success

# numResponses: 2
# numEntries: 1
```

E. Fichier de configuration client LDAP (ldap.conf)

À la fin du paragraphe précédent, nous avons utilisé la commande ldapsearch, c'est un outil client en ligne de commande. Le succès de cette commande suppose que la configuration du client LDAP est effectuée correctement dans /usr/local/etc/openldap/ldap.conf.

1. Directives de ldap.conf

Voyons ce que l'on peut introduire dans ce fichier qui est localisé dans le répertoire /usr/local/etc/openldap/.

- host : indique le nom d'hôte ou l'adresse IP du serveur LDAP.
- base : indique le suffixe de base de l'annuaire.
- ldap_version : spécifie la version du protocole (2 ou 3).
- binddn : indique le DN de l'utilisateur effectuant les opérations sur l'annuaire.
- bindpui : indique le mot de passe associé au DN précédent.
- scope : précise la profondeur de recherche dans l'annuaire.
- URI : spécifie l'URI d'un serveur LDAP.
- Port : spécifie le port par défaut utilisé pour se connecter au serveur LDAP.
- REFERRALS : spécifie si le client est autorisé à suivre les referrals retournés par un serveur LDAP. Les valeurs sont on/off, yes/no, true/false. La commande ldapsearch aura besoin de ce paramètre lors des opérations de recherche.
- Sizelimit : définit le nombre des entrées retournées lors d'une recherche dans l'annuaire.
- SASL-MECH <mécanisme> : spécifie le mécanisme SASL utilisé par le client LDAP.
- SASL_REALM : spécifie le nom du royaume (éventuellement un royaume kerberos).
- SASL_SECPROPS : définit les options touchant aux propriétés de sécurité SASL.
- TLS_CACERT : spécifie le nom du fichier qui contient toutes les autorités de certifications, que le client reconnaît.
- TLS_CACERTDIR : spécifie le répertoire contenant les fichiers d'autorités de certification.
- TLS_CERT spécifie le certificat client.

- TLS_KEY : spécifie la clé privée du certificat définie dans l'opération TLS_CERT.
- TLS_REQCERT : spécifie comment le client effectue le contrôle sur les certificats du serveur hors d'une session.
- TLS_CIPHER_suite : spécifie les algorithmes utilisés pour négocier les paramètres d'une connexion SSL/TLS.

2. Configuration d'un client LDAP

Pour nos premiers tests, nous utilisons un fichier de configuration client basique favorisant la manipulation de l'annuaire à travers les outils en ligne de commande.

En voici l'extrait :

```
#
# LDAP Defaults
#

# See ldap.conf(5) for details
# This file should be world readable but not world writable.
Host 127.0.0.1
BASE          dc=pme,dc=com
#URI          ldap://ldap.example.com ldap://ldap-master.example.com:666
#URI          ldap://localhost
#TLS_REQCERT allow
SIZELIMIT          500
TIMELIMIT          3600
#DEREF                   never
```

F. Validation des acquis : questions/réponses

Questions

1 Quels sont les avantages du serveur d'annuaire OpenLDAP ?

2 Comment peut-on installer une version récente du logiciel OpenLDAP ?

3 Quels sont les outils nécessaires à la compilation d'OpenLDAP sous les distributions GNU Linux ?

4 Quel paramètre du script configure permet la compilation d'OpenLDAP avec prise en charge de TLS/SSL ?

5 Quel est le chemin d'installation par défaut lorsque OpenLDAP est installé à partir des sources ?

6 Quel est le nom du binaire du serveur OpenLDAP et dans quel répertoire se trouve-t-il ?

7 Donnez la commande permettant de démarrer le démon slapd avec un niveau de journalisation permettant de tracer les contrôles d'accès à l'annuaire et s'exécutant avec l'utilisateur ldap et le groupe ldap.

8 Quel outil client LDAP permet d'effectuer des recherches au niveau de l'annuaire ?

9 Quelle commande vérifie la configuration du démon slapd ?

10 Quelle directive dans le fichier de configuration de slapd permet de positionner les index ?

Résultats

Référez-vous aux pages suivantes pour contrôler vos réponses. Pour chacune de vos bonnes réponses, comptez un point.

Nombre de points /10

Pour ce chapitre, votre score minimum doit être de 8 sur 10.

Réponses

1 Quels sont les avantages du serveur d'annuaire OpenLDAP ?

Le principal avantage d'OpenLDAP est qu'il est open source, en effet son code est disponible sur Internet, il est également publié sous sa propre licence : OpenLDAP Public License.

L'ouverture de son code contribue pleinement à ses performances et à la personnalisation de sa mise en œuvre.

De plus, OpenLDAP 2 est conforme à la norme LDAP V3, et il peut être installé sous diverses plates-formes ; Linux bien sûr, Microsoft Windows, et même Mac OS X dans sa version serveur (Mac OS X est à la base un noyau UNIX).

Actuellement, OpenLDAP offre des fonctionnalités avancées lui permettant d'intégrer des infrastructures informatiques complexes. La haute disponibilité, le chiffrement, les méthodes d'authentification diverses, incitent les industriels à l'intégrer nativement dans leurs produits.

2 Comment peut-on installer une version récente du logiciel OpenLDAP ?

Le site de projet OpenLDAP (http://www.openldap.org) publie régulièrement les dernières versions du logiciel. OpenLDAP est disponible uniquement en code source, cependant plusieurs distributions GNU Linux contiennent des versions pré-compilées.

3 Quels sont les outils nécessaires à la compilation d'OpenLDAP sous les distributions GNU Linux ?

Pour compiler OpenLDAP, on aura besoin :

- *Du compilateur gcc.*
- *De l'outil make et des outils tar et gunzip.*
- *Des bibliothèques SSL-TLS disponibles dans le paquet OpenSSL.*
- *D'une bibliothèque de gestion de base de données (Berkeley DB par exemple).*
- *De la bibliothèque SASL (cyrus-sasl).*

4 Quel paramètre du script configure permet la compilation d'OpenLDAP avec prise en charge de TLS/SSL ?

L'option ***--with-tls*** *donnée en paramètre au script* ***configure*** *permet de bénéficier du chiffrement SSL-TLS dans OpenLDAP.*

5 Quel est le chemin d'installation par défaut lorsque OpenLDAP est installé à partir des sources ?

Lorsque OpenLDAP est installé à partir des sources, le répertoire par défaut (à moins qu'on ne précise pas un autre répertoire avec l'option ***--prefix****) contenant le chemin vers les binaires du serveur ainsi que les fichiers de configurations et la base de données, est* ***/usr/local****.*

6 Quel est le nom du binaire du serveur OpenLDAP et dans quel répertoire se trouve-t-il ?

slapd *est le nom du serveur OpenLDAP, installé sous* ***/usr/local/libexec/****.*

7 Donnez la commande permettant de démarrer le démon slapd avec un niveau de journalisation permettant de tracer les contrôles d'accès à l'annuaire et s'exécutant avec l'utilisateur ldap et le groupe ldap.

```
/usr/local/libexec/slapd -d 128 -u ldap -g ldap
```

8 Quel outil client LDAP permet d'effectuer des recherches au niveau de l'annuaire ?

ldapsearch.

9 Quelle commande vérifie la configuration du démon slapd ?

slaptest.

10 Quelle directive dans le fichier de configuration de slapd permet de positionner les index ?

Index.

G. Travaux pratiques

1. Installation de Berkeley DB

Commandes utiles

- tar
- cd
- make
- make install

Manipulations

1. Téléchargez le paquetage Berkeley DB version 4.8.
2. Installez le paquetage.
3. Localisez les binaires et les librairies correspondantes.
4. Quelle est la fonction de la commande db_stat ?

Résumé des commandes et résultats à l'écran

1. Le téléchargement de Berkeley DB se fait à partir du site d'Oracle : http://www.oracle.com
2. En tant que root :

```
# tar xvzf db-4.8.30.tar.gz
# cd db-4.8.30/
# cd build_unix
# ../dist/configure
# make
# make install
```

3. Les binaires Berkeley DB :

```
mejri@ubuntu:/usr/local/BerkeleyDB.4.8/bin$ ls -l
total 356
-r-xr-xr-x 1 mejri mejri   9652 2011-08-27 01:54 db_archive
-r-xr-xr-x 1 mejri mejri   9688 2011-08-27 01:54 db_checkpoint
-r-xr-xr-x 1 mejri mejri   9692 2011-08-27 01:54 db_deadlock
-r-xr-xr-x 1 mejri mejri  13768 2011-08-27 01:54 db_dump
-r-xr-xr-x 1 mejri mejri  17928 2011-08-27 01:54 db_hotbackup
-r-xr-xr-x 1 mejri mejri  30192 2011-08-27 01:54 db_load
-r-xr-xr-x 1 mejri mejri  71412 2011-08-27 01:54 db_printlog
-r-xr-xr-x 1 mejri mejri   9672 2011-08-27 01:54 db_recover
-r-xr-xr-x 1 mejri mejri 124828 2011-08-27 01:54 db_sql
-r-xr-xr-x 1 mejri mejri   9656 2011-08-27 01:54 db_stat
-r-xr-xr-x 1 mejri mejri   9656 2011-08-27 01:54 db_upgrade
-r-xr-xr-x 1 mejri mejri   9656 2011-08-27 01:54 db_verify
```

Les librairies Berkeley DB :

```
mejri@ubuntu:/usr/local/BerkeleyDB.4.8/lib$ ls -l
total 5408
-rw-r--r-- 1 mejri mejri 1954604 2011-08-27 01:54 libdb-4.8.a
-rw-r--r-- 1 mejri mejri     948 2011-08-03 19:39 libdb-4.8.la
-rwxr-xr-x 1 mejri mejri 1603836 2011-08-03 19:39 libdb-4.8.so
lrwxrwxrwx 1 root  root      12 2011-08-27 01:54 libdb-4.so -> libdb-4.8.so
-rw-r--r-- 1 mejri mejri 1954604 2011-08-27 01:54 libdb.a
lrwxrwxrwx 1 root  root       12 2011-08-27 01:54 libdb.so -> libdb-4.8.so
```

4. La commande **db_stat** permet de superviser les statistiques sur l'utilisation de la base de données, comme la volumétrie des données et le nombre de pages ouvertes dans le cache.

Voici la sortie de la commande **db_stat** inspectant **objectClass.bdb** :

```
mejri@ubuntu:/usr/local/BerkeleyDB.4.8/bin$ sudo ./db_stat -d \
/usr/local/var/openldap-data/objectClass.bdb
[sudo] password for mejri:
Thu Aug 30 09:45:56 2012        Local time
53162    Btree magic number
9        Btree version number
         Little-endian        Byte order
         duplicates, sorted duplicates        Flags
2        Minimum keys per-page
4096     Underlying database page size
1007     Overflow key/data size
1        Number of levels in the tree
9        Number of unique keys in the tree
144      Number of data items in the tree
0        Number of tree internal pages
0        Number of bytes free in tree internal pages (0% ff)
1        Number of tree leaf pages
```

```
2270      Number of bytes free in tree leaf pages (44% ff)
0         Number of tree duplicate pages
0         Number of bytes free in tree duplicate pages (0% ff)
0         Number of tree overflow pages
0         Number of bytes free in tree overflow pages (0% ff)
0         Number of empty pages
0         Number of pages on the free list
```

2. Installation d'OpenLDAP (sous Ubuntu 10.0.4 LTS)

Commandes utiles

- make
- make install
- apt-get install
- tar
- cd
- ls
- vi

Manipulations

1. Téléchargez les sources d'OpenLDAP.
2. Installez OpenLDAP avec prise en charge de l'authentification SASL et du chiffrement SSL-TLS.
3. Installez les outils clients OpenLDAP.
4. Localisez l'emplacement du fichier de configuration et le serveur slapd.
5. Configurez l'annuaire avec le suffixe "dc=livres,dc=net ".

Résumé des commandes et résultats à l'écran

1. Téléchargez l'archive OpenLDAP à partir de l'adresse http://www.openldap.org.
2. Installation :

```
#  tar xvzf  openldap-2.4.26.tgz
# cd  openldap-2.4.26
# ./configure  --with-cyrus-sasl
# make
--------------------- En tant que root ------------------------
# make install
```

3. Installation des outils clients LDAP :

```
# apt-get install ldap-utils
```

4. Le fichier de configuration d' OpenLDAP est sous **/usr/local/etc/openldap**.

5. Fichier de configuration de l'annuaire :

```
include       /usr/local/etc/openldap/schema/core.schema
include       /usr/local/etc/openldap/schema/cosine.schema
include       /usr/local/etc/openldap/schema/inetorgperson.schema

# Define global ACLs to disable default read access.

# Do not enable referrals until AFTER you have a working directory
# service AND an understanding of referrals.
#referral        ldap://root.openldap.org

pidfile          /usr/local/var/run/slapd.pid
argsfile         /usr/local/var/run/slapd.args

# Load dynamic backend modules:
# modulepath        /usr/local/libexec/openldap
  moduleload        back_bdb.la
# moduleload        back_hdb.la
# moduleload        back_ldap.la

# Sample security restrictions
#     Require integrity protection (prevent hijacking)
#     Require 112-bit (3DES or better) encryption for updates
#     Require 63-bit encryption for simple bind
# security ssf=1 update_ssf=112 simple_bind=64

# Sample access control policy:
#     Root DSE: allow anyone to read it
#     Subschema (sub)entry DSE: allow anyone to read it
#     Other DSEs:
#           Allow self write access
#           Allow authenticated users read access
#           Allow anonymous users to authenticate
#     Directives needed to implement policy:
# access to dn.base="" by * read
# access to dn.base="cn=Subschema" by * read
# access to *
#     by self write
#     by users read
#     by anonymous auth
#
# if no access controls are present, the default policy
# allows anyone and everyone to read anything but restricts
# updates to rootdn.  (e.g., "access to * by * read")
#
```

```
# rootdn can always read and write EVERYTHING!

#######################################################################
# BDB database definitions
#######################################################################
######### Base de données du suffix dc=livres,dc=net ########
      database    bdb
      suffix "dc=livres,dc=net"
      rootdn "cn=manager,dc=livres,dc=net"
      rootpw       secret
      directory    /usr/local/var/openldap-data/livres
      index objectclass  eq
      index cn      eq,sub
```

3. Peuplement de l'annuaire

Commandes utiles

- slapadd
- ldapsearch
- ls
- tail

Manipulations

1. Ajoutez les entrées correspondantes dans l'annuaire en vous basant sur l'arborescence de la figure ci-dessous.
2. Après avoir configuré le client LDAP, vérifiez que le serveur slapd répond aux requêtes des clients.
3. Inspectez le log du serveur slapd.

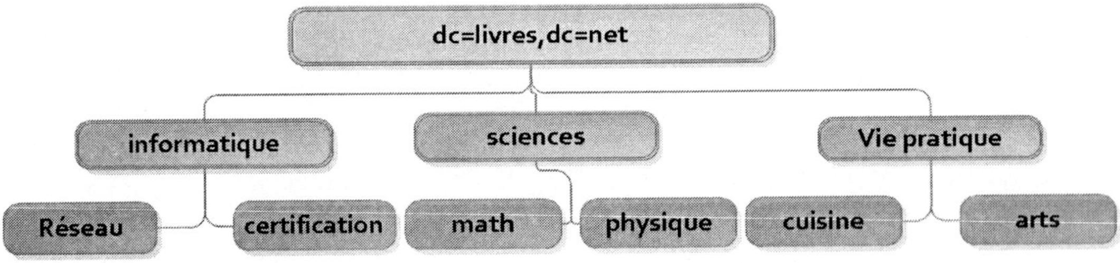

Résumé des commandes et résultats à l'écran

1. Le fichier LDIF permettant l'ajout des entrées dans l'annuaire :

```
dn: dc=livres,dc=net
objectclass: top
objectclass: domain
```

```
dc: livres
description: Bibliotheques des livres

dn: ou=informatique,dc=livres,dc=net
objectclass: top
objectclass: organizationalUnit
ou: informatique
description: livres en informatique

dn: ou=sciences,dc=livres,dc=net
objectclass: top
objectclass: organizationalUnit
ou: sciences
description: livres scientifiques

dn: ou=vie pratique,dc=livres,dc=net
objectclass: top
objectclass: organizationalUnit
ou: vie pratique
description: livres divers

dn: cn=Réseau,ou=informatique,dc=livres,dc=net
objectclass: top
objectclass: person
objectclass: inetorgperson
cn: Réseau
sn: livres en réseau informatique

dn: cn=certification,ou=informatique,dc=livres,dc=net
objectclass: top
objectclass: person
objectclass: inetorgperson
cn: certification
sn: livres de la collection certification

dn: cn=math,ou=sciences,dc=livres,dc=net
objectclass: top
objectclass: person
objectclass: inetorgperson
cn: math
sn: livres de mathematiques

dn: cn=physique,ou=sciences,dc=livres,dc=net
objectclass: top
objectclass: person
objectclass: inetorgperson
```

```
cn: physique
sn: livres de physique

dn: cn=cuisine,ou=vie pratique,dc=livres,dc=net
objectclass: top
objectclass: person
objectclass: inetorgperson
cn: cuisine
sn: livres de cuisine

dn: cn=arts,ou=vie pratique,dc=livres,dc=net
objectclass: top
objectclass: person
objectclass: inetorgperson
cn: arts
sn: livres d'arts
```

Ajout des données au sein du serveur LDAP :

```
root@ubuntu# slapadd -v -n 2 -l livres.ldif
bdb_db_open: warning - no DB_CONFIG file found in directory
/usr/local/var/openldap-data/livres: (2).
Expect poor performance for suffix "dc=livres,dc=net".
bdb_monitor_db_open: monitoring disabled; configure monitor database
to enable
added: "dc=livres,dc=net" (00000001)
added: "ou=informatique,dc=livres,dc=net" (00000002)
added: "ou=sciences,dc=livres,dc=net" (00000003)
added: "ou=vie pratique,dc=livres,dc=net" (00000004)
added: "cn=Réseau,ou=informatique,dc=livres,dc=net" (00000005)
added: "cn=certification,ou=informatique,dc=livres,dc=net" (00000006)
added: "cn=math,ou=sciences,dc=livres,dc=net" (00000007)
added: "cn=physique,ou=sciences,dc=livres,dc=net" (00000008)
added: "cn=cuisine,ou=vie pratique,dc=livres,dc=net" (00000009)
added: "cn=arts,ou=vie pratique,dc=livres,dc=net" (0000000a)
_#################### 100.00% eta   none elapsed            none fast!
```

Visualisez la liste des fichiers crées dans le répertoire de la base de données :

```
root@ubuntu:/usr/local/var/openldap-data/livres# ls -l
total 880
-rw-r--r-- 1 ldap ldap     2048 2012-08-25 23:07 alock
-rw------- 1 ldap ldap    24576 2012-08-25 23:07 __db.001
-rw------- 1 ldap ldap   180224 2012-08-25 23:07 __db.002
-rw------- 1 ldap ldap   270336 2012-08-25 23:07 __db.003
-rw------- 1 ldap ldap   163840 2012-08-25 23:07 __db.004
-rw------- 1 ldap ldap   540672 2012-08-25 23:07 __db.005
-rw------- 1 ldap ldap    32768 2012-08-25 23:07 __db.006
-rw------- 1 ldap ldap     8192 2012-08-25 23:07 dn2id.bdb
```

```
-rw------- 1 ldap ldap    32768 2012-08-25 23:07 id2entry.bdb
-rw------- 1 ldap ldap 10485760 2012-08-25 23:07 log.0000000001
-rw------- 1 ldap ldap      8192 2012-08-25 23:07 objectClass.bdb
```

2. Configurez le client LDAP :

```
######## fichier ldap.conf #######
#
# LDAP Defaults
# See ldap.conf(5) for details
# This file should be world readable but not world writable.

BASE        dc=livres,dc=net
#URI        ldap://ldap.example.com ldap://ldap-master.example.com:666
URI        ldap://localhost
#TLS_REQCERT allow
SIZELIMIT       12
TIMELIMIT       15
DEREF                never
```

Interrogez l'annuaire :

```
mejri@ubuntu:~$ ldapsearch -x -b "dc=livres,dc=net" -s sub cn=certification
# extended LDIF
#
# LDAPv3
# base <dc=livres,dc=net> with scope subtree
# filter: cn=certification
# requesting: ALL
#

# certification, informatique, livres.net
dn: cn=certification,ou=informatique,dc=livres,dc=net
objectClass: top
objectClass: person
objectClass: inetOrgPerson
cn: certification
sn: livres de la collection certification

# search result
search: 2
result: 0 Success

# numResponses: 2
# numEntries: 1
```

3. Le log du serveur slapd :

```
mejri@ubuntu:~$ tail /var/log/slapd.log
Aug 25 23:39:20 ubuntu slapd[30675]: conn=1007 op=1 SEARCH RESULT
tag=101 err=0 nentries=1 text=
Aug 25 23:39:20 ubuntu slapd[30675]: conn=1007 op=2 UNBIND
Aug 25 23:39:20 ubuntu slapd[30675]: conn=1007 fd=18 closed
Aug 25 23:39:25 ubuntu slapd[30675]: conn=1008 fd=18 ACCEPT from
IP=127.0.0.1:45459 (IP=0.0.0.0:389)
Aug 25 23:39:25 ubuntu slapd[30675]: conn=1008 op=0 BIND dn="" method=128
Aug 25 23:39:25 ubuntu slapd[30675]: conn=1008 op=0 RESULT tag=97 err=0 text=
Aug 25 23:39:25 ubuntu slapd[30675]: conn=1008 op=1 SRCH
base="dc=livres,dc=net" scope=2 deref=0 filter="(cn=certification)"
Aug 25 23:39:25 ubuntu slapd[30675]: conn=1008 op=1 SEARCH RESULT tag=101
err=0 nentries=1 text=
Aug 25 23:39:25 ubuntu slapd[30675]: conn=1008 op=2 UNBIND
Aug 25 23:39:25 ubuntu slapd[30675]: conn=1008 fd=18 closed
```

On constate depuis le fichier journal du démon slapd qu'il s'agit bien d'une requête au niveau de l'annuaire (**SRCH**) et que la base de recherche est "**dc=livres,dc=net**", la recherche se fait sur l'attribut **cn=certification**.

Après affichage des résultats (**SEARCH RESULT**), la session est terminée (**UNBIND**).

Chapitre 3

Pré-requis

- ☒Bien assimiler les chapitres Les annuaires X.500 et le protocole LDAP et Installation et configuration d'OpenLDAP.
- ☒Connaissance de base sur les langages de programmation.
- ☒Notion de base sur la syntaxe du langage XML.

Objectifs

À la fin de ce chapitre, vous serez en mesure de :

- ☒Créer des fichiers au format LDIF selon le besoin.
- ☒Importer et exporter des données d'un annuaire LDAP d'un format LDIF vers DSML et inversement.
- ☒Manipuler efficacement les entrées de l'annuaire LDAP en ligne de commande.
- ☒Réaliser des sauvegardes personnalisées de l'annuaire.
- ☒Optimiser l'exploitation de l'annuaire LDAP à l'aide des index.
- ☒Écrire des scripts Perl simples pour l'interrogation de l'annuaire LDAP.

A. Peuplement de l'annuaire

Un annuaire électronique ne sert à rien s'il ne répond pas aux besoins de l'entreprise et s'il ne facilite pas l'administration de l'infrastructure informatique. En effet, la centralisation des ressources, telles que le compte d'ouverture de session des utilisateurs ou la configuration des applications et des services réseau, contribue pleinement à une meilleure gestion des données. Elle permet aussi d'éviter une redondance d'informations qui seront difficiles à mettre à jour par la suite. À titre d'exemple, un employé qui quitte l'entreprise nécessite uniquement une opération à effectuer par l'administrateur au sein du serveur LDAP, au lieu de parcourir plusieurs bases de données pour supprimer les informations le concernant. Au niveau du serveur LDAP, la suppression de l'entrée correspondante à cet employé supprime en même temps toutes les données relatives à son identification par rapport au service des ressources humaines ainsi que les comptes d'authentification qu'il possède.

Une bonne maîtrise de l'exploitation de l'annuaire LDAP est nécessaire pour assurer la stabilité et la cohérence des données stockées et une maintenance aisée en cas de mises à jour d'un lot d'informations.

L'ajout, la suppression et la mise à jour des entrées de l'annuaire constituent les opérations de base pour la manipulation et la gestion des données. Toutes ces opérations sont réalisées par l'intermédiaire des fichiers LDIF en se basant sur les clients LDAP en ligne de commande qui seront détaillés dans ce chapitre.

1. Le format LDIF

Les fichiers LDIF ont été utilisés au cours du précédent chapitre. Nous détaillons dans cette section la syntaxe et l'utilité de ce format de fichier.

Le format LDIF (*LDAP Data Interchange Format*) est décrit dans la RFC 2849. C'est un format de fichier texte dédié au stockage d'informations dans les annuaires LDAP.

Basé sur un format texte ASCII, les fichiers LDIF permettent notamment la sauvegarde et la réplication des bases de données LDAP.

Dans la pratique et dans la plupart des cas, ce format est utilisé pour l'ajout, la suppression et la modification des entrées à l'aide des commandes LDIF, qui se divisent en deux types distincts ; celles qui permettent l'ajout, la modification et la suppression des entrées et celles assurant la modification des attributs de ses mêmes entrées.

Un fichier LDIF doit respecter les critères suivants :

- Les entrées doivent être séparées par une ligne blanche et chaque entrée de l'annuaire est représentée par une entrée dans le fichier LDIF.
- Chaque entrée comporte plusieurs lignes de type attribut : valeur.
- Les valeurs d'un attribut non ASCII doivent être codées en base 64.
- Le caractère espace, lorsqu'il est mis au début d'une ligne, marque la suite de la ligne précédente.
- Les commentaires doivent être précédés par le caractère dièse (#).

Prenons l'exemple du fichier LDIF du chapitre précédent permettant l'ajout de l'unité d'organisation **dn : ou=lpi,dc=pme,dc=com** et de l'entrée **dn : cn=issam, ou=users, dc=pme, dc=com**.

```
# contenu LDIF de l'entrée ou=users, dc=pme, dc=com
dn : ou=lpi, dc=pme, dc=com
objectclass : top
objectclass : organizationalUnit
ou : lpi
description : unité d'organisation dédiée aux candidats.

# ajout de l'entrée de l'employé issam
dn : cn=issam, ou=users, dc=pme, dc=com
objectclass : top
objectclass : person
objectclass:inetorgperson
cn:     issam
sn :    mejri
telephoneNumber :    0033  26  45  21  10
mail :  issam.mejri@pme.com
mail : admin.mejri@pme.com
description: utilisateur particulier
employeeNumber : 3045
```

Dans cet exemple le fichier commence par le DN de l'entrée, puis une succession de noms d'attributs et de valeurs séparés par deux points. Un attribut peut avoir plusieurs valeurs, comme l'attribut ObjectClass possédant respectivement les valeurs top et organizationalUnit dans la première entrée du fichier ou encore l'attribut mail (un utilisateur peut avoir plusieurs mails) possédant également deux valeurs distinctes.

Les deux entrées du fichier sont séparées par une ligne blanche et chacune d'elles commence par un commentaire précédé par le caractère dièse, permettant de l'identifier ou de donner une description à l'instar des commentaires dans les scripts bash ou dans les langages de programmation.

Dans cet exemple le fichier LDIF permet d'ajouter l'entrée ou=lpi,dc=pme,dc=com à l'annuaire LDAP. Pour supprimer ou modifier des objets, la syntaxe est quasiment la même à quelques mots-clés près, qu'il faut indiquer pour préciser le type d'opération à réaliser. Nous reviendrons sur ce cas dans les sections qui suivent.

☞ *Les commentaires dans les fichiers LDIF ne sont pas obligatoires et ils sont utiles uniquement pour décrire une entrée LDIF.*

2. Le langage DSML

Le Directory Service Markup Language (DSML) est une représentation du contenu d'un annuaire LDAP, permettant l'interrogation et la modification des services d'annuaire LDAP. Ce standard est basé sur le format de document XML.

DSML est aujourd'hui à sa deuxième version, elle a été standardisée par l'OASIS (*Organization of the Advancement of Structural Information Standard*). L'OASIS est un consortium mondial qui travaille pour la standardisation de formats de fichiers ouverts basés sur XML.

Le standard DSML facilite énormément les transferts de contenu entre les annuaires de fournisseurs différents et entre des applications ne prenant pas en charge le standard LDAP, assurant ainsi une interopérabilité entre plusieurs technologies implémentant le protocole LDAP.

DSML représente d'autres avantages, comme par exemple la sauvegarde d'un annuaire LDAP dans un fichier XML.

XML peut s'appuyer sur d'autres protocoles pour être transféré sur le réseau, c'est le cas de HTTP, assurant l'interrogation d'un annuaire par l'intermédiaire d'un navigateur Web. DSML permet également le transport des données sur différents protocoles tels que SMTP et FTP alors que LDAP ne fonctionne qu'au niveau de TCP/IP.

Contrairement à LDAP, DSML autorise l'exécution d'un lot d'opérations en une seule fois, en effet il est possible de réaliser une mise à jour des entrées en même temps qu'une recherche au sein de l'annuaire, le tout regroupé dans un seul document XML.

Ci-dessous un exemple d'un fichier DSML permettant l'ajout de l'arborescence **"dc=livres,dc=net"** issue du TP Peuplement de l'annuaire du chapitre Installation et configuration d'OpenLDAP.

```
<?xml version="1.0" encoding="UTF-8"?>
<batchRequest xmlns:xsd="http://www.w3c.org/2001/XMLSchema"
xmlns:xsi="http://www.w3c.org/2001/XMLSchema-instance">

 <addRequest dn="dc=livres,dc=net">
      <attr name="dc">
```

```
            <value>livres</value>
         </attr>
         <attr name="description">
            <value>Bibliotheques des livres</value>
         </attr>
         <attr name="objectclass">
            <value>top</value>
            <value>domain</value>
         </attr>
      </addRequest>

   <addRequest dn="ou=informatique,dc=livres,dc=net">
         <attr name="ou">
            <value>informatique</value>
         </attr>
         <attr name="description">
            <value>livres en informatiques</value>
         </attr>
         <attr name="objectclass">
            <value>top</value>
            <value>organizationalUnit</value>
         </attr>
      </addRequest>

   <addRequest dn="ou=sciences,dc=livres,dc=net">
         <attr name="ou">
            <value>sciences</value>
         </attr>
         <attr name="description">
            <value>livres scientifiques</value>
         </attr>
         <attr name="objectclass">
            <value>top</value>
            <value>organizationalUnit</value>
         </attr>
      </addRequest>

   <addRequest dn="ou=vie pratique,dc=livres,dc=net">
         <attr name="ou">
            <value>vie pratique</value>
         </attr>
         <attr name="description">
            <value>livres divers</value>
         </attr>
         <attr name="objectclass">
            <value>top</value>
```

```
        <value>organizationalUnit</value>
      </attr>
   </addRequest>

 <addRequest dn="cn=Réseau,ou=informatique,dc=livres,dc=net">
      <attr name="sn">
         <value xsi:type="xsd:base64Binary">bGl2cmVzIGVuIHLDqXNlYXUgaW5mb
3JtYXRpcXVlcw==</value>
      </attr>
      <attr name="cn">
         <value xsi:type="xsd:base64Binary">UsOpc2VhdQ==</value>
      </attr>
      <attr name="objectclass">
         <value>top</value>
         <value>person</value>
         <value>inetOrgPerson</value>
      </attr>
   </addRequest>

 <addRequest dn="cn=certification,ou=informatique,dc=livres,dc=net">
      <attr name="sn">
         <value>livres de la collection certification</value>
      </attr>
      <attr name="cn">
         <value>certification</value>
      </attr>
      <attr name="objectclass">
        <value>top</value>
         <value>person</value>
         <value>inetOrgPerson</value>
      </attr>
   </addRequest>

 <addRequest dn="cn=math,ou=sciences,dc=livres,dc=net">
      <attr name="sn">
         <value>livres de mathematiques</value>
      </attr>
      <attr name="cn">
         <value>math</value>
      </attr>
      <attr name="objectclass">
         <value>top</value>
         <value>person</value>
         <value>inetOrgPerson</value>
      </attr>
   </addRequest>
```

```
<addRequest dn="cn=physique,ou=sciences,dc=livres,dc=net">
     <attr name="sn">
        <value>livres de physique</value>
     </attr>
     <attr name="cn">
        <value>physique</value>
     </attr>
     <attr name="objectclass">
        <value>top</value>
        <value>person</value>
        <value>inetOrgPerson</value>
     </attr>
  </addRequest>

<addRequest dn="cn=cuisine,ou=vie pratique,dc=livres,dc=net">
     <attr name="sn">
        <value>livres de cuisine</value>
     </attr>
     <attr name="cn">
        <value>cuisine</value>
     </attr>
     <attr name="objectclass">
        <value>top</value>
        <value>person</value>
        <value>inetOrgPerson</value>
     </attr>
  </addRequest>

<addRequest dn="cn=arts,ou=vie pratique,dc=livres,dc=net">
     <attr name="sn">
        <value>livres d'arts</value>
     </attr>
     <attr name="cn">
        <value>arts</value>
     </attr>
     <attr name="objectclass">
        <value>top</value>
        <value>person</value>
        <value>inetOrgPerson</value>
     </attr>
  </addRequest>

</batchRequest>
```

Explications

Le document XML commence par la balise <batchRequest> indiquant que le document décrit une requête. La balise qui suit <addRequest> indique le type de l'opération ; ici un ajout de l'entrée parente "dn: dc=livres,dc=net" et de ses sous-entrées correspondantes. À l'instar des balises HTML, les deux balises précédentes doivent être délimitées respectivement par </batchRequest> et </addRequest>.

Pour chaque document DSML définissant une requête, correspondant un deuxième type de document décrivant la réponse à celle-ci.

Le document ci-dessous décrit une réponse à la requête précédente.

```
<?xml version="1.0" encoding="UTF-8"?>
<batchResponse xmlns:xsd="http://www.w3c.org/2001/XMLSchema"
xmlns:xsi="http://www.w3c.org/2001/XMLSchema-instance">
   <searchResponse>
      <searchResultEntry dn="dc=livres,dc=net">
         <attr name="dc">
            <value>livres</value>
         </attr>
         <attr name="description">
            <value>Bibliotheques des livres</value>
         </attr>
         <attr name="objectclass">
            <value>top</value>
            <value>domain</value>
         </attr>
      </searchResultEntry>

<searchResultEntry dn="ou=informatique,dc=livres,dc=net">
         <attr name="ou">
            <value>informatique</value>
         </attr>
         <attr name="description">
            <value>livres en informatiques</value>
         </attr>
         <attr name="objectclass">
            <value>top</value>
            <value>organizationalUnit</value>
         </attr>
      </searchResultEntry>

 <searchResultEntry dn="ou=sciences,dc=livres,dc=net">
         <attr name="ou">
            <value>sciences</value>
          </attr>
         <attr name="description">
            <value>livres scientifiques</value>
         </attr>
```

```
          <attr name="objectclass">
             <value>top</value>
             <value>organizationalUnit</value>
          </attr>
       </searchResultEntry>

 <searchResultEntry dn="ou=vie pratique,dc=livres,dc=net">
          <attr name="ou">
             <value>vie pratique</value>
          </attr>
          <attr name="description">
             <value>livres divers</value>
          </attr>
          <attr name="objectclass">
             <value>top</value>
             <value>organizationalUnit</value>
          </attr>
       </searchResultEntry>

<searchResultEntry dn="cn=Réseau,ou=informatique,dc=livres,dc=net">
          <attr name="sn">
             <value
xsi:type="xsd:base64Binary">bGl2cmVzIGVuIHLDqXNlYXUgaW5mb3JtYXRpcX
Vlcw==</value>
          </attr>
          <attr name="cn">
             <value xsi:type="xsd:base64Binary">UsOpc2VhdQ==</value>
          </attr>
          <attr name="objectclass">
             <value>top</value>
             <value>person</value>
             <value>inetOrgPerson</value>
          </attr>
       </searchResultEntry>

<searchResultEntry dn="cn=certification,ou=informatique,dc=livres,dc=net">
          <attr name="sn">
             <value>livres de la collection certification</value>
          </attr>
          <attr name="cn">
             <value>certification</value>
          </attr>
          <attr name="objectclass">
             <value>top</value>
             <value>person</value>
             <value>inetOrgPerson</value>
```

```
        </attr>
    </searchResultEntry>

<searchResultEntry dn="cn=math,ou=sciences,dc=livres,dc=net">
        <attr name="sn">
          <value>livres de mathematiques</value>
        </attr>
        <attr name="cn">
          <value>math</value>
        </attr>
        <attr name="objectclass">
          <value>top</value>
          <value>person</value>
          <value>inetOrgPerson</value>
        </attr>
    </searchResultEntry>

<searchResultEntry dn="cn=physique,ou=sciences,dc=livres,dc=net">
        <attr name="sn">
          <value>livres de physique</value>
        </attr>
        <attr name="cn">
          <value>physique</value>
        </attr>
        <attr name="objectclass">
          <value>top</value>
          <value>person</value>
          <value>inetOrgPerson</value>
        </attr>
    </searchResultEntry>

<searchResultEntry dn="cn=cuisine,ou=vie pratique,dc=livres,dc=net">
        <attr name="sn">
          <value>livres de cuisine</value>
        </attr>
        <attr name="cn">
          <value>cuisine</value>
        </attr>
        <attr name="objectclass">
          <value>top</value>
          <value>person</value>
          <value>inetOrgPerson</value>
        </attr>
    </searchResultEntry>

 <searchResultEntry dn="cn=arts,ou=vie pratique,dc=livres,dc=net">
```

```
            <attr name="sn">
               <value>livres d'arts</value>
            </attr>
            <attr name="cn">
               <value>arts</value>
            </attr>
            <attr name="objectclass">
               <value>top</value>
               <value>person</value>
               <value>inetOrgPerson</value>
            </attr>
         </searchResultEntry>

<searchResultDone>
            <resultCode code="0" descr="success"/>
         </searchResultDone>
      </searchResponse>
</batchResponse>
```

Explication

Le document XML commence par la balise **<batchResponse>** indiquant qu'il s'agit d'une réponse à une requête antécédente. La balise qui suit immédiatement est **<searchResponse>** décrivant une réponse à une recherche. Les balises **<searchResultEntry>**, en gras dans le document, sont des balises imbriquées dans <searchResponse> qui précisent les résultats de la recherche.

☞*La connaissance du standard DSML n'est pas requise pour la certification LPI 3.*

3. Ajout des entrées dans l'annuaire

Suivant le besoin, un annuaire peut être peuplé de différentes manières. Si des applications informatiques s'interfacent avec l'annuaire, ce sont elles qui vont permettre d'ajouter des informations et de les mettre à jour. Un formulaire d'authentification faisant partie d'une application web, donne la possibilité aux utilisateurs de réinitialiser leur mot de passe stocké dans une branche dédié du serveur LDAP.

Cependant une telle application, pour pouvoir accéder aux différents services offerts par l'annuaire LDAP doit disposer d'une interface de programmation (API : *Application Programming Interface*) lui permettant de réaliser les opérations LDAP, telles que l'ouverture d'une session ainsi que sa fermeture en plus des opérations d'authentifications, de mise à jour et de recherche.

Le langage Perl, par exemple, dispose d'une API lui permettant l'accès à un serveur LDAP, permettant la réalisation d'applications Web qui interagissent avec un annuaire LDAP. Donnons, à titre d'exemple, l'application Web SSO **LemonLDAP::NG** qui est développée entièrement en Perl.

Il existe bien sûr d'autres interfaces de programmation telles que l'API de LDAP en langage C utilisé entre autres par le projet OpenLDAP.

Une autre manière d'ajouter des données dans l'annuaire est d'utiliser un fichier LDIF, décrit dans la section Peuplement de l'annuaire - Le format LDIF.

Si un administrateur souhaite insérer un lot d'informations, comme les comptes utilisateurs système, à l'aide d'une seule commande, il lui suffit de préparer le fichier LDIF correspondant et se servir des commandes clients adéquates pour importer les données vers le serveur LDAP.

La famille d'outils clients LDAP d'OpenLDAP est très utile lorsqu'on veut manipuler les informations de l'annuaire à travers le réseau, ou lorsqu'on délègue à quelqu'un d'autre l'administration d'une partie ou de la totalité de l'annuaire. Elle permet également de mettre en place un contrôle d'accès et une authentification lors d'une opération LDAP et en particulier l'ajout et la mise à jour des entrées.

Dans le chapitre Installation et configuration d'OpenLDAP, la commande serveur **slapadd** a été utilisée pour importer des données dans l'annuaire à partir d'un fichier LDIF, cette commande opère directement sur la base de données, et il est préférable de l'utiliser lorsque l'annuaire est hors-ligne (le démon slapd arrêté) au risque d'avoir une vision incohérente de l'annuaire.

La commande **ldapadd** permet d'ajouter des entrées à notre serveur LDAP par le biais d'un fichier LDIF.

Les options en ligne de commande de ldapadd sont :

- -a : ajoute des entrées. Cette option est activée par défaut.
- -r : remplace ou modifie des entrées et des valeurs.
- -H : définit l'URI LDAP à utiliser pour la requête de connexion.
- -d : spécifie les informations de débogage à journaliser.
- -D : définit le DN utilisé pour s'authentifier auprès du serveur LDAP, accompagné de l'option -w ou -W.
- -f : précise le fichier LDIF contenant les entrées à ajouter.
- -v : active le mode verbeux.
- -W : indique au client qu'il doit demander le mot de passe.
- -x : active l'authentification simple. Si cette option n'est pas précisée, alors l'authentification SASL est utilisée par défaut.
- -w : le mot de passe doit être indiqué sur la ligne de commande (déconseillé).

☞ *Les modes d'authentification seront expliqués en détail au chapitre Sécuriser l'annuaire lors de la découverte de l'aspect sécurité du protocole LDAP. Dans l'immédiat, nous utiliserons uniquement l'authentification simple.*

- -Y : définit le mécanisme SASL à utiliser. Le serveur LDAP doit obligatoirement supporter le mécanisme choisi.
- -Z : permet de lancer une requête StartTLS.

En se basant sur le suffixe dc=pme,dc=com ; nous allons ajouter des entrées à notre base de données, en éditant un fichier LDIF.

Nous allons créer deux unités d'organisation, ou=technique et ou=commercial et à chacune d'elles nous ajouterons des entités représentant des employés dans ses deux branches.

Voici un schéma représentatif de ce que nous obtiendrons :

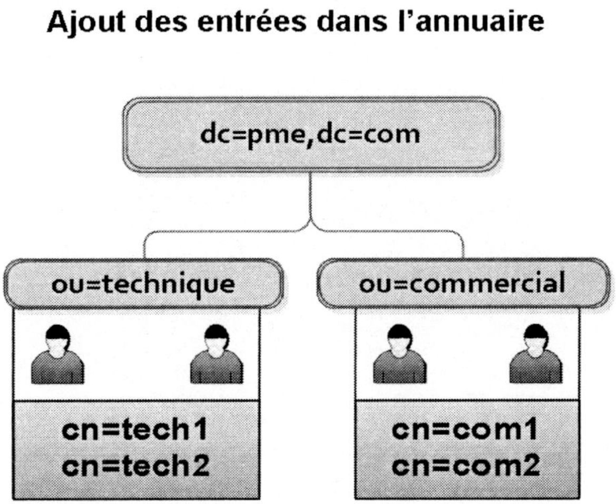

Le fichier LDIF correspondant sera :

```
dn: ou=technique,dc=pme,dc=com
objectclass: top
objectclass: organizationalUnit
ou: technique
postalCode: 36300
telephoneNumber: 0033 02 42 32 66 55
telexNumber: 0033 02 42 32 66 54
description: unité d'organisation contenant les techniciens et les ingénieurs

dn: ou=commercial,dc=pme,dc=com
objectclass: top
objectclass: organizationalUnit
ou: commercial
postalCode: 37000
telephoneNumber: 0033 02 42 32 66 23
telexNumber: 0033 02 42 32 66 20
description: unité d'organisation contenant les membres du service commercial

dn: cn=tech1,ou=technique,dc=pme,dc=com
objectclass: top
objectclass: person
cn: tech1
sn: machin1
telephoneNumber: 0033 02 42 32 66 23
description: technicien support

dn: cn=tech2,ou=technique,dc=pme,dc=com
objectclass: top
```

```
objectclass: person
cn: tech2
sn: machin2
telephoneNumber: 0033 02 42 32 66 23
description: technicien support

dn: cn=com1,ou=commercial,dc=pme,dc=com
objectclass: top
objectclass: person
cn: com1
sn: com1
telephoneNumber: 0033 02 42 32 66 23
description: agent commercial

dn: cn=com2,ou=commercial,dc=pme,dc=com
objectclass: top
objectclass: person
cn: com2
sn: com2
telephoneNumber: 0033 02 42 32 66 23
description: agent commercial
```

La commande insérant le contenu LDIF dans l'annuaire :

```
root@ubuntu:~# ldapadd -x -D "cn=manager,dc=pme,dc=com" -W -f \
entreprise.ldif
Enter LDAP Password:
adding new entry "ou=technique,dc=pme,dc=com"

adding new entry "ou=commercial,dc=pme,dc=com"

adding new entry "cn=tech1,ou=technique,dc=pme,dc=com"

adding new entry "cn=tech2,ou=technique,dc=pme,dc=com"

adding new entry "cn=com1,ou=commercial,dc=pme,dc=com"

adding new entry "cn=com2,ou=commercial,dc=pme,dc=com"
```

L'option **-x** permet de s'authentifier simplement par un nom d'utilisateur et un mot de passe en interactif avec l'option -W. On s'authentifie avec le DN du **rootdn** mentionné dans slapd.conf et avec son mot de passe associé à la directive **rootpw**.

N'importe quel utilisateur ayant le droit d'écriture sur une branche de l'annuaire peut exécuter cette commande, néanmoins nous effectuerons toutes les manipulations avec l'identité de l'administrateur de l'annuaire, à savoir **cn=manager,dc=pme,dc=com**.

4. Mise à jour des entrées de l'annuaire

Bien que les annuaires ne soient pas conçus pour être mis à jour régulièrement, vous serez amené quelquefois, et tout dépend des besoins de l'environnement système et applicatif exploitant l'annuaire LDAP, à modifier les entrées d'une ou de plusieurs branches de l'arborescence du serveur LDAP.

Des applications s'authentifiant auprès d'un serveur OpenLDAP exécutent le plus souvent des requêtes de mises à jour de compte d'accès, et principalement la modification des mots de passe des utilisateurs.

De même que l'ajout des entrées dans l'annuaire, la modification est réalisée à l'aide des fonctionnalités des fichiers LDIF.

Les modifications sont composées de plusieurs opérations. En effet une mise à jour peut ajouter un objet ou lui ajouter un nouvel attribut, les modifications incluent aussi la suppression des entrées, le changement des RDN et les DN des entrées de l'annuaire.

La syntaxe du fichier comportera un mot clé indiquant le type de l'opération à réaliser. Ce mot clé comportera également différentes valeurs précisant le type de l'opération.

Ce mot clé accepte les valeurs suivantes :

- add : ajoute une entrée dans l'annuaire.
- delete : supprime une entrée de l'annuaire.
- modify : modifie un ou plusieurs attributs de l'annuaire.
- modrdn : modifie le RDN de l'entrée.
- moddn : modifie le DN d'une entrée.

Ajout d'une entrée

L'outil client **ldapmodify** effectue les mises à jour de l'annuaire. Le nom de la commande donne l'impression qu'elle exécute uniquement des modifications, alors qu'elle permet aussi d'ajouter des nouvelles entrées à l'arborescence LDAP, dans ce cas elle sera équivalente à la commande ldapadd.

L'outil ldapmodify admet les mêmes options en ligne de commande que ldapadd spécifiquement :

- -a : ajoute des entrées.
- -r : remplace des entrées et les valeurs des attributs.
- -f *fichier* : récupère les entrées à ajouter à partir du fichier indiqué en paramètre.
- -v : active le mode verbeux, utile en cas d'échec de la commande.

Le fichier LDIF suivant définit une entrée à ajouter à l'annuaire LDAP. Nous ajoutons un stagiaire à l'unité d'organisation technique.

```
### Fichier stage.ldif
dn: cn=stagiaire,ou=technique,dc=pme,dc=com
changetype: add
objectClass: person
objectClass: top
sn: stagiaire
cn: stagiaire
```

Nous exécutons la commande ldapmodify en nous authentifiant avec les paramètres de l'utilisateur (**rootdn** et **rootpw**) ayant le droit de modifier les entrées de l'annuaire.

```
# ldapmodify -x -D "cn=manager,dc=pme,dc=com" -W -a -f stage.ldif
```

Modification d'une entrée

En suivant la même logique que l'ajout d'une entrée, on crée un fichier LDIF contenant le code pour la modification, que l'on passe en paramètre pour la commande ldapmodify. Le fichier LDIF qui suit ajoute un deuxième attribut telephoneNumber à l'objet **tech1**.

```
## Fichier tech1.ldif
dn: cn=tech1,ou=technique,dc=pme,dc=com
changetype: modify
add: telephoneNumber
telephoneNumber: 0033 02 42 32 66 20
```

```
# ldapmodify -x -D "cn=manager,dc=pme,dc=com" -W -f tech1.ldif
```

☞ *Ici l'option* ***-a*** *n'est pas nécessaire car il s'agit d'une modification d'une entrée et non pas un ajout d'un nouvel objet.*

Suppression d'une entrée

Le fichier LDIF ci-dessous contient les lignes de suppression de l'entrée **cn=tech2,ou=technique,dc=pme,dc=com**.

```
## Fichier tech2.ldif
dn: cn=tech2,ou=technique,dc=pme,dc=com
changetype: delete
```

```
# ldapmodify -x -D "cn=manager,dc=pme,dc=com" -W -f tech2.ldif
```

La commande **ldapdelete** peut aussi supprimer des entrées. Pour arriver au même résultat que la précedente, on procède comme suit :

```
# ldapdelete -x -D "cn=manager,dc=pme,dc=com" -W \
"cn=tech2,ou=technique,dc=pme,dc=com"
```

La modification du RDN

Le fichier LDIF ci-dessous contient les lignes de modification du RDN **cn=tech1** par le nouveau RDN **cn=tech2** déjà supprimé dans la manipulation précédente.

```
## Fichier new_tech2.ldif
dn: cn=tech1,ou=technique,dc=pme,dc=com
changetype: moddn
newrdn: cn=tech2
deleteoldrdn: 1
newsuperior: ou=technique,dc=pme,dc=com
```

La ligne **deleteoldrdn** qui prend la valeur de 1 indique que l'ancien RDN doit disparaître définitivement.

```
# ldapmodify -x -D "cn=manager,dc=pme,dc=com" -W   -f  new_tech2.ldif
```

L'outil **ldapmodrdn** peut réaliser la même opération :

```
# ldapmodrdn -x -r -D "cn=manager,dc=pme,dc=com"  -W \
"cn=tech1,ou=technique,dc=pme,dc=com" "cn=tech2"
```

Voici les options en ligne de commande de ldapmodrdn :

- **-r** : supprime l'ancienne valeur de RDN, par défaut ldapmodrdn ajoute une nouvelle valeur de RDN et garde l'ancienne.
- **-c** : permet de poursuivre l'opération en cas d'éventuelles erreurs.
- **-s** : indique la nouvelle entrée supérieure, ou parent, sous laquelle placer le nouveau RDN.

ldapmodrdn hérite également des options communes aux autres outils client OpenLDAP.

5. Recherche dans l'annuaire

Les applications exploitant l'annuaire effectuent dans la plupart des cas des requêtes pour récupérer des données du serveur LDAP.

Les clients de messagerie par exemple effectueront des requêtes pour récupérer les adresses mail.

Si une application Web basée sur le serveur HTTP Apache authentifie les utilisateurs, dont les comptes sont stockés dans l'annuaire LDAP, alors Apache a besoin d'exécuter des requêtes pour vérifier le login et le mot de passe de l'utilisateur souhaitant l'accès à l'application.

☞ *Nous parlerons de l'intégration Apache dans le chapitre Intégration des applications avec LDAP.*

L'outil en ligne de commande **ldapsearch** permet d'effectuer des recherches au sein de l'arborescence LDAP avec des options de recherche avancées.

Dans la pratique, une requête ldapsearch est constituée des éléments suivants :

- L'URL LDAP du serveur ou son adresse IP ainsi que le port d'écoute qui est par défaut 389 ou 636 dans le cas d'une connexion SSL.
- Les paramètres d'authentification et principalement le DN et le mot de passe de l'entité traitant la requête de recherche.
- Le DN de la racine de la recherche.
- La profondeur de la recherche
- Une liste d'attributs à renvoyer.

Cette commande possède également d'autres options affinant la recherche :

- -x : authentification simple sans SASL.
- -D *binddn* : précise le DN de connexion.
- -W *bindpw* : le mot de passe à la requête par l'entrée standard.
- -p : précise le port de connexion, par défaut 389.
- -v : active le mode verbeux.
- -b : spécifie à partir de quel nœud de l'arbre LDAP commencer la recherche.
- -d *debuglevel* : définit un niveau de débogage.
- -f *fichier* : lit le fichier ligne par ligne et effectue les requêtes de chaque ligne à part.
- -H *ldapuri* : définit l'URI LDAP à utiliser pour la requête de connexion.
- -s {*base*|*one*|*sub*|*children*} : spécifie la profondeur de la recherche.
- -a {*never*|*always*|*search*|*find*} : définit comment les alias seront accessibles. La valeur par défaut est « never ».

- -P {*2,3*} : définit la version du protocole LDAP à utiliser.
- -l *timelimit* : définit la durée maximale en secondes pour une recherche.
- -z *sizelimit* : définit le nombre d'entrées maximales à renvoyer.
- -I : active le mode SASL interactif.
- -U *authcid* : spécifie l'ID d'authentification pour la connexion SASL.
- -R *realm* : spécifie un domaine (kerberos) lors d'une authentification SASL.
- -Y *mech* : définit le mécanisme SASL à utiliser durant la phase de l'authentification.
- -Z : effectue une requête à l'aide de l'opération étendue StartTLS.
- -ZZ : nécessite le succès de l'opération étendue StartTLS.

Le résultat d'une recherche ldapsearch est affiché sur la sortie standard sous format LDIF.

Exemples

1. Recherche dans l'annuaire de toutes les entrées ayant une valeur pour l'attribut ObjectClass à partir du nœud "ou=technique,dc=pme,dc=com" :

```
root@ubuntu:~# ldapsearch -x -b ou=technique,dc=pme,dc=com -D \
"cn=manager,dc=pme,dc=com" -W "(objectclass=*)"
Enter LDAP Password:
# extended LDIF
#
# LDAPv3
# base <ou=technique,dc=pme,dc=com> with scope subtree
# filter: (objectclass=*)
# requesting: ALL
# technique, pme.com
dn: ou=technique,dc=pme,dc=com
objectClass: top
objectClass: organizationalUnit
ou: technique
postalCode: 36300
telephoneNumber: 0033 02 42 32 66 55
telexNumber: 0033 02 42 32 66 54

# tech2, technique, pme.com
dn: cn=tech2,ou=technique,dc=pme,dc=com
objectClass: top
objectClass: person
sn: machin1
telephoneNumber: 0033 02 42 32 66 23
telephoneNumber: 0033 02 42 32 66 20
description: technicien support
cn: tech2

# stagiaire, technique, pme.com
```

```
dn: cn=stagiaire,ou=technique,dc=pme,dc=com
objectClass: person
objectClass: top
sn: stagiaire
sn: geeko
cn: stagiaire

# search result
search: 2
result: 0 Success

# numResponses: 4
# numEntries: 3
```

2. Recherche d'une ou plusieurs entrées de l'annuaire ayant la valeur de l'attribut TelephoneNumber= 0033 02 42 32 66 23 à partir du nœud "ou=technique,dc=pme,dc=com" :

```
root@ubuntu:~# ldapsearch -x -b ou=technique,dc=pme,dc=com -D \
"cn=manager,dc=pme,dc=com" -W "(telephonenumber=0033 02 42 32 66 23)"
Enter LDAP Password:
# extended LDIF
#
# LDAPv3
# base <ou=technique,dc=pme,dc=com> with scope subtree
# filter: (telephonenumber=0033 02 42 32 66 23)
# requesting: ALL
#

# tech2, technique, pme.com
dn: cn=tech2,ou=technique,dc=pme,dc=com
objectClass: top
objectClass: person
sn: machin1
telephoneNumber: 0033 02 42 32 66 23
telephoneNumber: 0033 02 42 32 66 20
description: technicien support
cn: tech2

# search result
search: 2
result: 0 Success

# numResponses: 2
# numEntries: 1
```

3. Recherche de tous les attributs opérationnels de l'entrée "cn=com3,ou=commercial,dc=pme,dc=com" :

```
root@ubuntu:~# ldapsearch -x -b ou=commercial,dc=pme,dc=com -D
"cn=manager,dc=pme,dc=com" -W "(cn=com3)" +
Enter LDAP Password:
# extended LDIF
#
# LDAPv3
# base <ou=commercial,dc=pme,dc=com> with scope subtree
# filter: (cn=com3)
# requesting: +
#
# com3, commercial, pme.com
dn: cn=com3,ou=commercial,dc=pme,dc=com
structuralObjectClass: person
entryUUID: b6df1ec8-8cab-1031-8347-e5dfaca2d888
creatorsName: cn=manager,dc=pme,dc=com
createTimestamp: 20120906201806Z
entryCSN: 20120906201806.919401Z#000000#000#000000
modifiersName: cn=manager,dc=pme,dc=com
modifyTimestamp: 20120906201806Z
entryDN: cn=com3,ou=commercial,dc=pme,dc=com
subschemaSubentry: cn=Subschema
hasSubordinates: FALSE

# search result
search: 2
result: 0 Success

# numResponses: 2
# numEntries: 1
```

6. Les filtres de recherche

Pour effectuer des requêtes complexes au sein de l'annuaire, nous aurons besoin des filtres de recherche. Par analogie à la recherche dans une base de données à l'aide du langage SQL, la recherche dans un annuaire LDAP se fait en combinant des opérateurs logiques et booléens.

Dans sa forme la plus simple, un filtre est caractérisé par la syntaxe suivante :

```
(attribut opérateur valeur)
```

- **Attribut** : c'est le nom du type d'attribut, il doit appartenir à la liste des attributs pris en charge par le serveur LDAP. Il est aussi possible de désigner un attribut par son identifiant unique OID dans une requête. Un attribut peut être aussi le nom d'une classe d'objets.

- **Opérateur** : peut être un opérateur de comparaison et/ou un opérateur booléen.
  Les opérateurs de comparaison :

=	Opérateur d'égalité, pour la comparaison d'égalité.
~=	Opérateur d'approximation pour les comparaisons approximatives.
>=	Opérateur pour les comparaisons de type supérieur ou égal.
<=	Opérateur pour les comparaisons de type inférieur ou égal.

  Les opérateurs booléens :

!	Opérateur de négation.
&	Opérateur ET.
|	Opérateur OU.

☞ *Dans une requête on peut associer à un filtre plusieurs types d'opérateurs.*

- **Valeur** : la valeur peut être soit une valeur connue d'avance, telle que le cn d'une entrée, ou une expression contenant le caractère * (astérisque) afin de faire des recherches sur des parties de chaînes de caractères.
  Voici des exemples avec des astérisques :
  - (attribut=*valeur) : le filtre (cn=*com) trouve toutes les entrées dont le cn se termine par com.
  - (attribut=valeur1*valeur2) : le filtre (cn=mejri*issam) permet de trouver toutes les entrées dont le cn commence par mejri et se termine par issam.
  - (attribut=valeur*) : le filtre (telephoneNumber= 0033*) permet de trouver tous les numéros de téléphone commençant par 0033.
  - (attribut=*valeur*) : le filtre (mail=*com*) permet de trouver toutes les entrées dont le mail contient le mot com.
  - (attribut=*) : le filtre (ObjectClass=*) permet de trouver toutes les entrées ayant une valeur pour l'attribut ObjectClass, donc toutes les entrées.

☞ *Si une valeur contient un caractère faisant partie du filtre de recherche, il faut remplacer le caractère par le code hexadécimal associé précédé du caractère d'échappement "\".*

<u>Exemples</u>

1. Filtre de recherche pour trouver les entrées dont les "cn=tech2" ou les "cn=stagiaire" et qui n'ont pas d'adresse de messagerie.

(|(cn=tech2)(cn=stagiaire)(!(mail=)))*

```
root@ubuntu:~# ldapsearch -x -b ou=technique,dc=pme,dc=com -D \
"cn=manager,dc=pme,dc=com" -W "(|(cn=tech2)(cn=stagiaire)(!(mail=*)))"
Enter LDAP Password:
# extended LDIF
#
# LDAPv3
# base <ou=technique,dc=pme,dc=com> with scope subtree
```

```
# filter: (|(cn=tech2)(cn=stagiaire)(!(mail=*)))
# requesting: ALL
#

# technique, pme.com
dn: ou=technique,dc=pme,dc=com
objectClass: top
objectClass: organizationalUnit
ou: technique
postalCode: 36300
telephoneNumber: 0033 02 42 32 66 55
telexNumber: 0033 02 42 32 66 54
description::
dW5pdMOpIGQnb3JnYW5pc2F0aW9uIGNvbnRlbmFudCBsZXMgdGVjaG5pY2llbnMg
 ZXQgbGVzIGluZ8OpbmlldXJz

# tech2, technique, pme.com
dn: cn=tech2,ou=technique,dc=pme,dc=com
objectClass: top
objectClass: person
sn: machin1
telephoneNumber: 0033 02 42 32 66 23
telephoneNumber: 0033 02 42 32 66 20
description: technicien support
cn: tech2

# stagiaire, technique, pme.com
dn: cn=stagiaire,ou=technique,dc=pme,dc=com
objectClass: person
objectClass: top
sn: stagiaire
sn: geeko
cn: stagiaire

# search result
search: 2
result: 0 Success

# numResponses: 4
# numEntries: 3
```

2. Filtre de recherche pour trouver toutes les personnes ayant un sn commençant par Agent. (&(objectclass=person)(sn=Agent)).*

```
root@ubuntu:~# ldapsearch -x -b ou=commercial,dc=pme,dc=com -D \
"cn=manager,dc=pme,dc=com" -W "(&(objectclass=person)(sn=Agent*))"
Enter LDAP Password:
# extended LDIF
#
# LDAPv3
# base <ou=commercial,dc=pme,dc=com> with scope subtree
# filter: (&(objectclass=person)(sn=Agent*))
# requesting: ALL
#

# com3, commercial, pme.com
dn: cn=com3,ou=commercial,dc=pme,dc=com
objectClass: person
objectClass: top
sn: Agent commercial 3
cn: com3

# search result
search: 2
result: 0 Success

# numResponses: 2
# numEntries: 1
Filtre de recherche pour trouver une personne dont le nom ressemble à "staq"
(&(objectclass=person)(cn~=staq))
```

3. Filtre de recherche de toutes les entrées avec leurs attributs opérationnels : (objectclass=) +*

☞*La valeur* **+** *à la fin de la requête autorise la recherche des attributs opérationnels.*

```
root@ubuntu:~# ldapsearch -x -b ou=technique,dc=pme,dc=com -D \
"cn=manager,dc=pme,dc=com" -W "(objectclass=*)" +
Enter LDAP Password:
# extended LDIF
#
# LDAPv3
# base <ou=technique,dc=pme,dc=com> with scope subtree
# filter: (objectclass=*)
# requesting: +
#

# technique, pme.com
dn: ou=technique,dc=pme,dc=com
structuralObjectClass: organizationalUnit
```

```
entryUUID: aa8651be-8ca6-1031-8341-e5dfaca2d888
creatorsName: cn=manager,dc=pme,dc=com
createTimestamp: 20120906194158Z
entryCSN: 20120906194158.721047Z#000000#000#000000
modifiersName: cn=manager,dc=pme,dc=com
modifyTimestamp: 20120906194158Z
entryDN: ou=technique,dc=pme,dc=com
subschemaSubentry: cn=Subschema
hasSubordinates: TRUE

# tech2, technique, pme.com
dn: cn=tech2,ou=technique,dc=pme,dc=com
structuralObjectClass: person
entryUUID: aaa57170-8ca6-1031-8343-e5dfaca2d888
creatorsName: cn=manager,dc=pme,dc=com
createTimestamp: 20120906194158Z
entryCSN: 20120909085727.335816Z#000000#000#000000
modifiersName: cn=manager,dc=pme,dc=com
modifyTimestamp: 20120909085727Z
entryDN: cn=tech2,ou=technique,dc=pme,dc=com
subschemaSubentry: cn=Subschema
hasSubordinates: FALSE

# stagiaire, technique, pme.com
dn: cn=stagiaire,ou=technique,dc=pme,dc=com
structuralObjectClass: person
entryUUID: 0ee821c2-8ea6-1031-9e93-1f1a793de9dc
creatorsName: cn=manager,dc=pme,dc=com
createTimestamp: 20120909084239Z
entryCSN: 20120909085401.172372Z#000000#000#000000
modifiersName: cn=manager,dc=pme,dc=com
modifyTimestamp: 20120909085401Z
entryDN: cn=stagiaire,ou=technique,dc=pme,dc=com
subschemaSubentry: cn=Subschema
hasSubordinates: FALSE

# search result
search: 2
result: 0 Success

# numResponses: 4
# numEntries: 3
```

☞*Les caractères accentués ne sont pas interprétés par le serveur LDAP. Par exemple :*

```
dn: ou=math,dc=pme,dc=com
objectClass: top
objectClass: organizationalUnit
ou: math
description:: dW5pdMOplHBvdXlgbGVzlG1hdGhldXg=
```

Ici, l'attribut description a comme valeur "unité pour les matheux", la sortie n'est pas celle souhaitée.

7. Les modules Net::LDAP et Net::LDAP::LDIF

a. Introduction au langage Perl

Perl est un langage de programmation créé par Larry Wall en 1987. C'est un langage de script très fiable pour traiter les fichiers texte ou pour créer des rapports. Le langage dispose de plusieurs fonctionnalités avancées facilitant énormément le travail des administrateurs système, puisqu'il intègre plusieurs techniques pour la recherche avec les expressions régulières et dispose d'une bibliothèque de modules prêts à l'emploi.

Parmi ces modules, deux sont largement répandus et facilitent l'écriture des scripts en permettant d'interagir avec un annuaire LDAP : les modules **Net::LDAP** et **Net::LDAP::LDIF**. Ces modules sont téléchargeables à partir de CPAN (*Comprehensive Perl Archive Network*). La page web http://search.cpan.org est un très bon endroit pour chercher des modules personnalisés (plus de 112 000 modules à la date d'écriture de ce livre !).

Dans cette section nous ne détaillerons pas Perl, plusieurs ouvrages publiés aux Éditions ENI traitent ce sujet, mais nous évoquerons comment manipuler les données d'un serveur LDAP à l'aide des scripts Perl.

La manipulation de l'annuaire par des scripts inclut la connexion à l'annuaire, l'authentification, la recherche, l'ajout et la suppression des entrées.

b. Le module Net::LDAP

Il s'agit en fait du module **perl-ldap** dont on peut récupérer les sources à partir de l'adresse :
http://search.cpan.org/~marschap/perl-ldap-0.64/

Un module est un fichier avec l'extension .pm contenant du code Perl permettant d'exécuter des fonctionnalités particulières selon le besoin du développeur.

Après avoir téléchargé le module, les commandes suivantes lancent son installation :

```
root#gunzip perl-ldap-*.**.tar.gz
root#tar xvf perl-ldap-*.**
root#cd perl-ldap-*.**
root#perl Makefile.PL
root#make
root#make test
root#make install
```

Script de recherche LDAP

Nous allons commencer par créer un script Perl pour effectuer une requête LDAP.

Au début du script, il faut préciser à l'interpréteur qu'il s'agit d'un script au langage Perl.

```
#!/usr/bin/perl
```

Puis importer le module Net::LDAPà l'aide du pragma use.

```
use  Net::LDAP ;
```

Création d'une instance de l'objet Net::LDAP pour établir une connexion vers le serveur LDAP se trouvant sur localhost en écoute sur le port 389 et exécutant la version 3 du protocole LDAP :

```
$ldap = Net::LDAP ->new ("localhost", port => 389, version => 3) ;
```

Connexion à l'annuaire en s'authentifiant simplement sous l'identité du rootdn :

```
$resultat = $ldap -> bind ("cn=manager,dc=pme,dc=com", password => "portos") ;
```

☞*Par défaut l'authentification à l'aide de Net::LDAP se fait d'une manière anonyme.*

Utilisation de la méthode **is_error()** pour vérifier qu'aucune erreur ne s'est produite :

```
die $resultat -> error() if $resultat -> is_error() ;
```

Lancement de la recherche à l'aide de la méthode **search()** :

```
$req = $ldap -> search(
            base => "ou=technique,dc=pme,dc=com",
            scope => "sub",
            filter => "(cn=$ARGS[0])" ) ;
```

On peut définir aussi les attributs à renvoyer à l'aide du champ **attrs**, par exemple :

```
$req = $ldap -> search(
            base => "ou=technique,dc=pme,dc=com",
            scope => "sub",
            filter => "(cn=$ARGS[0])" ),
            attrs => [ "cn", "telephoneNumber"] ) ;
```

Les entrées trouvées suite à cette recherche peuvent être ensuite traitées suivant le besoin, on peut déterminer le nombre de ces entrées par la méthode **count()**.

```
If ($req -> count() > 0 {
        print  $req->count(), " entrées existantes dans l'annuaire.\n" ;
        foreach $entree ($req->all_entries()) {
                $entree -> dump() ;
        }
}
```

☞*La méthode **all_entries()** permet un affichage du résultat de la recherche sous forme d'un tableau d'objets, chaque objet représente une information associée à un nœud de l'annuaire. La méthode **dump()** permet de produire un affichage des entrées sous la forme attribut/valeur.*

À la fin de la recherche, il faut fermer la session avec le serveur.

```
$ldap -> unbind() ;
```

Voici à présent l'intégralité du script (search.pl) :

```
## Script de recherche search.pl
#!/usr/bin/perl

use  Net::LDAP ;

$ldap = Net::LDAP ->new ("localhost", port => 389, version => 3) ;

$resultat = $ldap -> bind ("cn=manager,dc=pme,dc=com", password => "portos") ;

die $resultat -> error() if $resultat -> is_error() ;

$req = $ldap -> search(
                base => "ou=technique,dc=pme,dc=com",
                scope => "sub",
                filter => "(cn=$ARGS[0])" ) ;

if ($req -> count() > 0 {
        print  $req->count(), " entrées existantes dans l'annuaire.\n" ;
        foreach $entree ($req->all_entries()) {
                $entree -> dump() ;
        }
}
$ldap -> unbind() ;
```

c. Le module Net::LDAP::LDIF

Pour manipuler les fichiers LDIF à l'aide de Perl, utile lorsqu'on veut sauvegarder les résultats d'une recherche par exemple, le module Net::LDAP::LDIF est nécessaire. Le résultat de la recherche dans la section précédente n'est pas au format LDIF et par suite l'utilisation de ce module dans le script précédent permet d'ajouter facilement cette fonctionnalité.

Les modifications à apporter au script **search.pm** seront :

- Ajout d'une seconde pragma use

```
use  Net::LDAP::LDIF;
```

- Création d'une nouvelle instance d'un objet Net::LDAP::LDIF.

```
$ldif = Net::LDAP::LDIF->new ("./rapport.ldif", "w") ;
```

☞ *La méthode **new** prend en argument un nom de fichier ainsi qu'un drapeau indiquant le droit sur ce fichier (ici **w** pour l'écriture), **r** pour la lecture et **a** pour la lecture en fin de fichier.*

- L'affichage des entrées se fait en utilisant cette fois-ci la méthode **write_entry()** à la place de dump().

```
if ($req -> count() > 0 {
        print  $req->count(), " entrées existantes dans l'annuaire.\n" ;

$ldif = Net::LDAP::LDIF->new ("./rapport.ldif", "w") ;

$ldif = write_entry($req->all_entries()) ;
}
```

- Après l'écriture du fichier, il faut procéder à sa fermeture en invoquant la méthode **done()** :

```
$ldif -> done() ;
```

- Voici à présent le script final :

```
## Script de recherche search.pl
#!/usr/bin/perl

use  Net::LDAP;
use  Net::LDAP::LDIF;
$ldap = Net::LDAP ->new ("localhost", port => 389, version => 3) ;

$resultat = $ldap -> bind ("cn=manager,dc=pme,dc=com", password => "portos") ;

die $resultat -> error() if $resultat -> is_error() ;

$req = $ldap ->search(
                base => "ou=technique,dc=pme,dc=com",
                scope => "sub",
                filter => "(cn=$ARGS[0])" ) ;
if ($req -> count() > 0 {
        print $req->count(), " entrées existantes dans l'annuaire.\n" ;

$ldif = Net::LDAP::LDIF->new ("./rapport.ldif", "w") ;

$ldif = write_entry($req->all_entries()) ;
}
        }
$ldif -> done() ;
```

8. Les fonctions LDAP du langage PHP

a. Introduction à PHP

PHP est un acronyme qui signifie "Hypertext Preprocessor", c'est un langage de script HTML, exécuté côté serveur. Sa syntaxe est héritée du langage C, Java et Perl et il est facile à apprendre. Le but de ce langage est de permettre aux développeurs Web d'écrire des pages dynamiques rapidement, mais il permet de faire beaucoup plus.

La réussite du langage PHP est due au fait qu'il est un langage de scripts généraliste et open source et qu'il peut être intégré facilement entre les balises du langage de description des pages Web HTML.

Le triplet Apache, MySQL et PHP est rapidement devenu un outil incontournable pour les développeurs des applications Web.

PHP dispose des fonctions permettant d'interagir avec un annuaire LDAP. En effet, PHP est capable de gérer les opérations suivantes :

- établir la connexion avec l'annuaire ;
- rechercher des entrées ;
- comparer les entrées ;
- modifier les entrées ;
- supprimer les entrées ;
- annuler ou abandonner une opération LDAP ;
- fermer la connexion avec l'annuaire.

Dans la section qui suit, nous détaillerons l'ensemble des fonctions PHP-LDAP avec des exemples.

b. LDAP et PHP

Pour manipuler votre annuaire à l'aide des fonctions PHP, il faut s'assurer tout d'abord que le module correspondant est déjà installé. Le nom de ce module dépend de la distribution GNU/Linux avec laquelle vous travaillez.

Sous la distribution Ubuntu, le module à installer est **php5-ldap** et sous CentOS, il s'agit de **php-ldap**.

Pour installer ce module sous Debian/Ubuntu :

```
# sudo apt-get install php5-ldap
```

Le redémarrage du serveur Web est nécessaire pour la prise en charge des modifications suite à cette installation.

La communication avec un serveur LDAP via le langage PHP se fait selon une séquence simple à travers les étapes suivantes :

1. Établissement de la connexion avec le serveur LDAP.
2. Liaison et authentification sur le serveur (opération bind).
3. Recherche d'une entrée ou autre opération (add, modify...).
4. Exploitation des résultats (dans le cas d'une recherche).
5. Fermeture de la connexion (unbind).

c. Fonctions LDAP de PHP

Avant d'exploiter les fonctions LDAP de PHP, il faut connaître à l'avance l'adresse IP ou le nom d'hôte du serveur LDAP, le port d'écoute (389 ou 636), le suffixe de base du DIT (*Directory Information Tree*), le DN et le mot de passe de l'utilisateur s'authentifiant à l'annuaire via les scripts PHP.

L'accès est possible également en mode anonyme dans le cas d'un accès en lecture à l'arborescence de l'annuaire.

Dans le cas général, les fonctions obligatoires dans un code PHP pour interagir avec l'annuaire sont :

- ldap_connect() pour l'établissement d'une connexion au serveur ;
- ldap_bind() pour la connexion anonyme ou authentifiée ;
- ldap_opération() où opération est une recherche, une modification, un ajout ou encore l'affichage du résultat ;
- ldap_close() pour la déconnexion.

Voici une liste non exhaustive des principales fonctions LDAP de PHP ;

- ldap_bind : authentification au serveur LDAP ;
- ldap_compare : compare une entrée avec des valeurs d'attributs ;
- ldap_delete : efface une entrée de l'annuaire ;
- ldap_count_entries : compte le nombre d'entrées retournées par une recherche ;
- ldap_errno : retourne le numéro d'erreur LDAP de la dernière commande exécutée ;
- ldap_error : retourne le message LDAP de la dernière commande LDAP ;
- ldap_first_attribute : retourne le premier attribut ;
- ldap_first_entry : retourne la première entrée ;
- ldap_free_result : libère la mémoire du résultat ;
- ldap_get_dn : lit le DN d'une entrée ;
- ldap_get_option : lit/écrit la valeur courante d'une option ;
- ldap_get_values : lit toutes les valeurs d'une entrée LDAP ;
- ldap_mod_add : ajoute un attribut à l'entrée courante ;
- ldap_mod_del : efface un attribut de l'entrée courante ;
- ldap_mod_replace : remplace un attribut dans l'entrée courante ;
- ldap_search : recherche dans l'annuaire LDAP ;
- ldap_read : lit une entrée ;
- ldap_sasl_bind : authentification au serveur LDAP via le mécanisme SASL ;
- ldap_unbind : déconnexion d'un serveur LDAP.

Nous exposons ci-dessous des exemples de codes détaillant quelques fonctions parmi la précédente liste.

Dans tous les exemples, le nom d'hôte du serveur LDAP est **ubuntu.pme.com**. Le port d'écoute est le 389 et 636.

Connexion au serveur LDAP

```
<?php
//LDAP variables
$ldaphost ="ubuntu.pme.com"; //votre serveur LDAP
$ldapport = 389;//votre port de serveur LDAP

//Connexion LDAP
$ldapconn= ldap_connect($ldaphost, $ldapport)
or die("Impossible de se connecter au serveur LDAP $ldaphost");
?>
```

```
<?php
//Assurez-vous que l'hôte est correct
//et que vous avez un certificat valide
$ldaphost = "ldaps://ubuntu.pme.com/";

// Connexion LDAP
$ldapconn = ldap_connect($ldaphost)
or die("Impossible de se connecter au serveur LDAP {$ldaphost}");
?>
```

Authentification au serveur LDAP

Le DN de l'utilisateur authentifié est **cn=issam,ou=users,dc=pme,dc=com**, le mot de passe est "secret".

```
<?php
// Eléments d'authentification LDAP
$ldaprdn = 'cn=issam,ou=users,dc=pme,dc=com'; //DN ou RDN LDAP
$ldappass ='secret'; //Mot de passe associé

// Connexion simple au serveur LDAP
$ldapconn = ldap_connect("ubuntu.pme.com")
or die("Impossible de se connecter au serveur LDAP.");

if($ldapconn){

//Connexion au serveur LDAP
$ldapbind = ldap_bind($ldapconn, $ldaprdn, $ldappass);

//Vérification de l'authentification
if($ldapbind) {
echo "Connexion LDAP réussie...";
} else{
echo "Connexion LDAP échouée...";
}
}
?>
```

```
<?php
// Connexion anonyme à un serveur LDAP
// Connexion au serveur LDAP
$ldapconn = ldap_connect("ubuntu.pme.com")
    or die("Impossible de se connecter au serveur LDAP.");

if ($ldapconn) {

    // Authentification anonyme
    $ldapbind = ldap_bind($ldapconn);

    if ($ldapbind) {
       echo "Connexion LDAP anonyme réussie...";
    } else {
        echo "Connexion LDAP anonyme échouée...";
    }
}
?>
```

Ajouter une entrée dans une branche LDAP

```
<?php
$ds = ldap_connect("localhost");  // on suppose que le serveur LDAP
                                  // est sur le serveur local

if ($ds) {
    // Connexion avec une identité qui permet les modifications
    $r = ldap_bind($ds, "cn=manager,ou=users,dc=pme,dc=com", "secret");

    // Prépare les données
    $info["cn"] = "Mejri Issam";
    $info["sn"] = "Issam";
    $info["mail"] = "issam.mejri@pme.com";
    $info["objectclass"] = "person";

    // Ajoute les données au dossier
    $r = ldap_add($ds, "cn=MEJRI Issam,ou=users,dc=pme,dc=com ", $info);

    ldap_close($ds);
} else {
    echo "Impossible de se connecter au serveur LDAP";
}
?>
```

Comparer la valeur du mot de passe saisi par l'utilisateur à celle de l'annuaire

```
<?php
$ds=ldap_connect("localhost");  // doit être un serveur LDAP valide!
if ($ds) {
    // Authentification
    if (ldap_bind($ds)) {
        // Préparation des données
        $dn = "cn=manager,ou=users,dc=pme,dc=com";
        $value = "secret";
        $attr = "password";

        // Comparaison des valeurs
        $r=ldap_compare($ds, $dn, $attr, $value);

        if ($r === -1) {
            echo "Error: " . ldap_error($ds);
        } elseif ($r === true) {
            echo "Password correct.";
        } elseif ($r === false) {
            echo "Mal choisi ! Mot de passe incorrect !";
        }
    } else {
        echo "Impossible de se connecter au serveur LDAP.";
    }
    ldap_close($ds);
} else {
    echo "Impossible de se connecter au serveur LDAP.";
}
?>
```

Effacer une entrée LDAP dans l'annuaire

```
// Fonction permettant la suppression d'une entrée de l'annuaire
bool myldap_delete (resource ds, string dn, bool recursive)

// Returns TRUE on success, FALSE on failure
// recursive is by default FALSE (same behaviour as ldap_delete)

function myldap_delete($ds,$dn,$recursive=false){
    if($recursive == false){
        return(ldap_delete($ds,$dn));
    }else{
        //searching for sub entries
        $sr=ldap_list($ds,$dn,"ObjectClass=*",array(""));
        $info = ldap_get_entries($ds, $sr);
        for($i=0;$i<$info['count'];$i++){
            //deleting recursively sub entries
            $result=myldap_delete($ds,$info[$i]['dn'],$recursive);
            if(!$result){
```

```
                //return result code, if delete fails
                return($result);
            }
        }
        return(ldap_delete($ds,$dn));
    }
}
```

Générer et intercepter une erreur

```
<?php
// Cet exemple contient une erreur, que nous intercepterons.
$ld = ldap_connect("ubuntu.pme.com");
$bind = ldap_bind($ld);
// erreur de syntaxe dans l'expression du filtre (errno 87),
// doit être "objectclass=*" pour fonctionner.
$res =  @ldap_search($ld, "ou=users,dc=pme,dc=com", "objectclass");
if (!$res) {
    echo "LDAP-Errno: " . ldap_errno($ld) . "<br />\n";
    echo "LDAP-Error: " . ldap_error($ld) . "<br />\n";
    die("Argh!<br />\n");
}
$info = ldap_get_entries($ld, $res);
echo $info["count"] . " entrées correspondent.<br />\n";
?>
}
```

Effectuer une recherche LDAP

```
<?php
// $ds doit être une ressource de connexion valide
// $person est un nom ou une partie de nom (par exemple, "Jean")
$dn = "dc=pme,dc=com";
$filter="(|(sn=$person*)(givenname=$person*))";
$justthese = array("ou", "sn", "givenname", "mail");
$sr=ldap_search($ds, $dn, $filter, $justthese);
$info = ldap_get_entries($ds, $sr);
echo $info["count"]." entries returned\n";
?>
```

Compter le nombre des entrées dans une recherche

```
// $ds est un identifiant valide (voir ldap_connect)
$dn        = 'ou=users,dc=pme,dc=com';
$filter    = '(|(sn=dorra*)(givenname=mej*))';
$justthese = array('ou', 'sn', 'givenname', 'mail');

$sr = ldap_search($ds, $dn, $filter, $justthese);

var_dump(ldap_count_entries($ds, $sr));
```

Récupérer le résultat d'une recherche

```
<?php

$ldap_con = ldap_connect($ldap_server) or die("Could not connect to server. Error is ".
ldap_error($ldap_con));
$ldap_bd = ldap_bind($ldap_con, $root_dn, $root_pw) or die("Could not bind to server.
Error is " .ldap_error($ldap_con));
$result = ldap_search($ldap_con, $personnel_base, "(uid=*)") or die ("Error in query");

$data = ldap_get_entries($ldap_con, $result);

for ($i=0; $i<=$data["count"];$i++) {
        for ($j=0;$j<=$data[$i]["count"];$j++){
        echo $data[$i][$j].": ".$data[$i][$data[$i][$j]][0]."\n";
        }
}
ldap_close($ldap_con);
?>
```

B. Indexation et sauvegarde des données

Pour préserver la disponibilité de l'annuaire, il est judicieux d'effectuer des copies de sauvegarde, qui permettent en cas de panne ou de défaillance de la base de données de réaliser une restauration. La disponibilité d'un serveur LDAP n'est pas la seule préoccupation de l'administrateur de l'annuaire, l'efficacité et la rapidité d'accès aux données occupent également une grande importance pour la gestion des données stockées dans l'annuaire. Dans cette section nous détaillons les commandes serveur permettant de réaliser ces deux tâches administratives.

1. Indexation des données

Dans le fichier slapd.conf, les directives de type index-attribut-règle permettent de définir les attributs pour lesquels le démon slapd doit gérer un index. L'utilisation des index est importante puisqu'elle facilite et optimise les recherches pour les entrées de l'annuaire les plus sollicitées.

Si vous rencontrez des problèmes de performance d'OpenLDAP, il est fort probable qu'il s'agit d'une mauvaise gestion des index. Il faut tout d'abord déterminer quelles sont les données les plus exploitées par les utilisateurs et les applications, pour ensuite bien choisir les attributs à indexer. Les index ne sont pas implémentés définitivement, car vous pouvez ajouter ou encore supprimer d'autres index au cours de temps.

OpenLDAP dispose de la commande **slapindex**, cette commande régénère les index d'une base de données slapd.

Voici les options en ligne de commande de slapindex :

- -c : continue à traiter les données d'entrées même si une erreur se produit.
- -b *suffixe* : sélectionne la base de données du fichier de configuration à utiliser.
- -n : sélectionne le numéro de la base de données à utiliser (la première base de données porte le numéro 0).
- -d : spécifie les informations de débogage à journaliser.

- -f *fichier* : définit le fichier de configuration à lire.
- -v : active le mode verbeux.

Pour indexer l'ensemble de la base de données, donc tous les attributs indexés dans slapd.conf, il faut d'abord arrêter le processus slapd :

```
root@ubuntu:~# /etc/init.d/slapd stop
slapd[3199]: [INFO] Using /etc/default/slapd for configuration
slapd[3207]: [INFO] Halting OpenLDAP...
slapd[3290]: [OK] OpenLDAP stopped after 1 seconds
slapd[3292]: [INFO] no data backup done
slapd[3293]: [INFO] Halting OpenLDAP replication...
slapd[3294]: [INFO] no replica found in configuration, aborting stopping slurpd
```

Lancement de la commande slapindex en mode verbeux :

```
root@ubuntu:~# slapindex -v
indexing id=00000001
indexing id=00000003
indexing id=00000004
indexing id=00000005
indexing id=00000006
indexing id=00000007
indexing id=00000008
indexing id=00000009
indexing id=0000000a
indexing id=0000000b
indexing id=0000000c
----- Sortie tronquée -------
```

Les attributs indexés seront de la forme **nom_attribut.bdb**.

Dans notre cas voici les index créés par la commande slapindex :

```
root@ubuntu:/usr/local/var/openldap-data# ls -l *.bdb
-rw------- 1 ldap grpldap 24576 2012-09-16 00:12 cn.bdb
-rw------- 1 ldap grpldap 16384 2012-09-09 12:32 dn2id.bdb
-rw------- 1 root root     8192 2012-03-21 21:40 entryCSN.bdb
-rw------- 1 root root     8192 2012-03-21 21:40 entryUUID.bdb
-rw------- 1 ldap grpldap 81920 2012-09-09 12:32 id2entry.bdb
-rw------- 1 ldap grpldap  8192 2012-09-16 00:12 mail.bdb
-rw------- 1 ldap grpldap  8192 2012-09-16 00:12 objectClass.bdb
-rw------- 1 ldap grpldap  8192 2012-09-16 00:12 sn.bdb
```

Les fichiers cn.bdb, mail.bdb, sn.bdb sont les index respectifs des attributs cn, mail et sn.

Pour indexer uniquement un attribut, il faut faire suivre la commande slapindex par l'attribut souhaité :

```
root@ubuntu:/usr/local/var/openldap-data# slapindex -v sn
indexing id=00000001
indexing id=00000003
indexing id=00000004
indexing id=00000005
indexing id=00000006
indexing id=00000007
```

```
indexing id=00000008
indexing id=00000009
indexing id=0000000a
----Sortie tronquée-------
```

2. Sauvegarde des données

La disponibilité d'une ressource est la probabilité de pouvoir mener correctement à terme une session de travail.

Pour que le serveur soit momentanément disponible, une politique de sauvegarde est essentielle. En effet, un annuaire LDAP qui contient une grande partie du système d'information de l'entreprise ne doit en aucun cas être hors service.

Avec OpenLDAP, la mise en place d'une solution de sauvegarde est simple, trois solutions peuvent être envisagées :

- La réplication de la base de données.
- La sauvegarde des fichiers DBM.
- La sauvegarde du contenu de la base de données BDB dans un fichier LDIF.

☞*Dans le chapitre Réplication LDAP, nous détaillerons la première solution.*

Dans cette section, nous effectuons une sauvegarde du contenu de l'annuaire à l'aide de la commande **slapcat**.

L'outil slapcat extrait le contenu complet de l'annuaire, y compris les attributs opérationnels, au format LDIF.

En l'absence d'options, slapcat envoie toutes les entrées sur la sortie standard.

Lorsque le fichier LDIF est prêt, on peut restaurer la totalité de l'annuaire en important ce dernier avec slapadd.

Les options en ligne de commande de l'outil slapcat sont :

- -c : continue à traiter les données d'entrée même si une erreur se produit.
- -b *suffixe* : sélectionne la base de données du fichier de configuration à utiliser, d'après le suffixe de l'annuaire (-b) ou d'après son emplacement (-n) dans le fichier slapd.conf.
- -d *entier* : spécifie les informations de débogage à journaliser.
- -a : sauvegarde uniquement les entrées en se basant sur le filtre donné en paramètre.
- -f *nom_fichier* : détermine le fichier de configuration à lire.
- -l *nom_fichier* : détermine le nom du fichier dans lequel écrire les entrées LDIF. Si cette option est absente alors slapcat affiche le contenu de l'annuaire sur la sortie standard.
- -s : sauvegarde uniquement l'arbre spécifié par son DN.
- -v : active le mode verbeux.

Sauvegarde de la totalité de l'annuaire :

```
root@ubuntu:~# slapcat -b dc=pme,dc=com -l pme.ldif
root@ubuntu:~#cat pme.ldif
dn: ou=technique,dc=pme,dc=com
objectClass: top
objectClass: organizationalUnit
ou: technique
postalCode: 36300
telephoneNumber: 0033 02 42 32 66 55
telexNumber: 0033 02 42 32 66 54
description:: dW5pdMOpIGQnb3JnYW5pc2F0aW9uIGNvbnRlbmFudCBsZXMgdGVjaG5pY2llbnMg
 ZXQgbGVzIGluZ8OpbmlldXJz
structuralObjectClass: organizationalUnit
entryUUID: aa8651be-8ca6-1031-8341-e5dfaca2d888
creatorsName: cn=manager,dc=pme,dc=com
createTimestamp: 20120906194158Z
entryCSN: 20120906194158.721047Z#000000#000#000000
modifiersName: cn=manager,dc=pme,dc=com
modifyTimestamp: 20120906194158Z

dn: cn=tech2,ou=technique,dc=pme,dc=com
objectClass: top
objectClass: person
sn: machin1
telephoneNumber: 0033 02 42 32 66 23
telephoneNumber: 0033 02 42 32 66 20
description: technicien support
structuralObjectClass: person
entryUUID: aaa57170-8ca6-1031-8343-e5dfaca2d888
creatorsName: cn=manager,dc=pme,dc=com
createTimestamp: 20120906194158Z
cn: tech2
entryCSN: 20120909085727.335816Z#000000#000#000000
modifiersName: cn=manager,dc=pme,dc=com
modifyTimestamp: 20120909085727Z

dn: ou=commercial,dc=pme,dc=com
telephoneNumber: 0033 02 42 32 66 23
postalCode: 37000
ou: commercial
objectClass: top
objectClass: organizationalUnit
description:: dW5pdMOpIGQnb3JnYW5pc2F0aW9uIGNvbnRlbmFudCBsZXMgbWVtYnJlcyBkdSBz
 ZXJ2aWNlIGNvbW1lcmNpYWw=
telexNumber: 0033 02 42 32 66 20
structuralObjectClass: organizationalUnit
entryUUID: b6d8a750-8cab-1031-8346-e5dfaca2d888
creatorsName: cn=manager,dc=pme,dc=com
```

```
createTimestamp: 20120906201806Z
entryCSN: 20120906201806.877019Z#000000#000#000000
modifiersName: cn=manager,dc=pme,dc=com
modifyTimestamp: 20120906201806Z

dn: cn=com3,ou=commercial,dc=pme,dc=com
objectClass: person
objectClass: top
sn: Agent commercial 3
cn: com3
structuralObjectClass: person
entryUUID: b6df1ec8-8cab-1031-8347-e5dfaca2d888
creatorsName: cn=manager,dc=pme,dc=com
createTimestamp: 20120906201806Z
entryCSN: 20120906201806.919401Z#000000#000#000000
modifiersName: cn=manager,dc=pme,dc=com
modifyTimestamp: 20120906201806Z

dn: cn=stagiaire,ou=technique,dc=pme,dc=com
objectClass: person
objectClass: top
sn: stagiaire
sn: geeko
cn: stagiaire
structuralObjectClass: person
entryUUID: 0ee821c2-8ea6-1031-9e93-1f1a793de9dc
creatorsName: cn=manager,dc=pme,dc=com
createTimestamp: 20120909084239Z
entryCSN: 20120909085401.172372Z#000000#000#000000
modifiersName: cn=manager,dc=pme,dc=com
modifyTimestamp: 20120909085401Z
```

Sauvegarde uniquement de l'arbre ou=technique et ses descendants en plus de l'affichage de son contenu sur la sortie standard :

```
root@ubuntu:~# slapcat -s ou=technique,dc=pme,dc=com
dn: ou=technique,dc=pme,dc=com
objectClass: top
objectClass: organizationalUnit
ou: technique
postalCode: 36300
telephoneNumber: 0033 02 42 32 66 55
telexNumber: 0033 02 42 32 66 54
description:: dW5pdMOpIGQnb3JnYW5pc2F0aW9uIGNvbnRlbmFudCBsZXMgdGVjaG5pY2llbnMg
 ZXQgbGVzIGluZ8OpbmlldXJz
structuralObjectClass: organizationalUnit
entryUUID: aa8651be-8ca6-1031-8341-e5dfaca2d888
creatorsName: cn=manager,dc=pme,dc=com
createTimestamp: 20120906194158Z
entryCSN: 20120906194158.721047Z#000000#000#000000
```

```
modifiersName: cn=manager,dc=pme,dc=com
modifyTimestamp: 20120906194158Z

dn: cn=tech2,ou=technique,dc=pme,dc=com
objectClass: top
objectClass: person
sn: machin1
telephoneNumber: 0033 02 42 32 66 23
telephoneNumber: 0033 02 42 32 66 20
description: technicien support
structuralObjectClass: person
entryUUID: aaa57170-8ca6-1031-8343-e5dfaca2d888
creatorsName: cn=manager,dc=pme,dc=com
createTimestamp: 20120906194158Z
cn: tech2
entryCSN: 20120909085727.335816Z#000000#000#000000
modifiersName: cn=manager,dc=pme,dc=com
modifyTimestamp: 20120909085727Z

dn: cn=stagiaire,ou=technique,dc=pme,dc=com
objectClass: person
objectClass: top
sn: stagiaire
sn: geeko
cn: stagiaire
structuralObjectClass: person
entryUUID: 0ee821c2-8ea6-1031-9e93-1f1a793de9dc
creatorsName: cn=manager,dc=pme,dc=com
createTimestamp: 20120909084239Z
entryCSN: 20120909085401.172372Z#000000#000#000000
modifiersName: cn=manager,dc=pme,dc=com
modifyTimestamp: 20120909085401Z
```

C. Clients graphiques pour la gestion des données

Pour manipuler l'annuaire à l'aide des clients graphiques, il existe plusieurs applications de gestion des données d'un serveur LDAP, allant de la plus simple à la plus complète.

Les distributions Suse Linux Entreprise et OpenSuse disposent en natif d'un navigateur LDAP permettant de parcourir l'arborescence LDAP et de gérer l'ensemble des entrées, en effectuant des mises à jour, la suppression et l'ajout des données.

Apache Directory Studio est une interface en Java basée sur Eclipse. Elle permet la gestion d'un annuaire LDAP, des schémas LDAP et des fichiers LDIF. Cette application facilite énormément l'administration d'un ou de plusieurs annuaires LDAP, elle accepte également plusieurs modes d'authentification aux annuaires. C'est l'outil de référence pour la gestion des serveurs LDAP.

1. Le navigateur LDAP de la distribution Suse Linux Entreprise

La fenêtre de connexion :

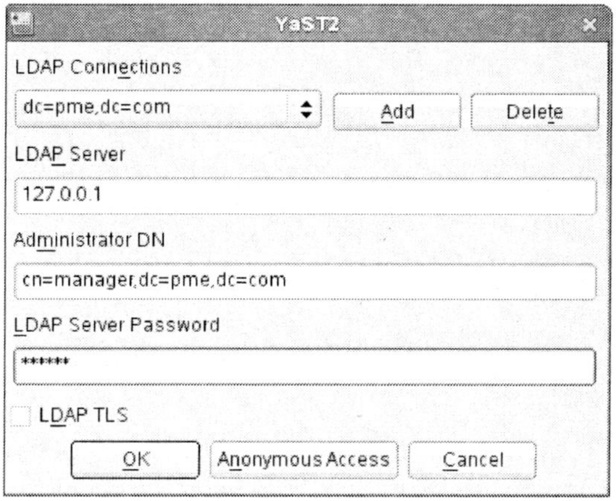

Navigation au niveau des nœuds de l'annuaire et aperçu des attributs :

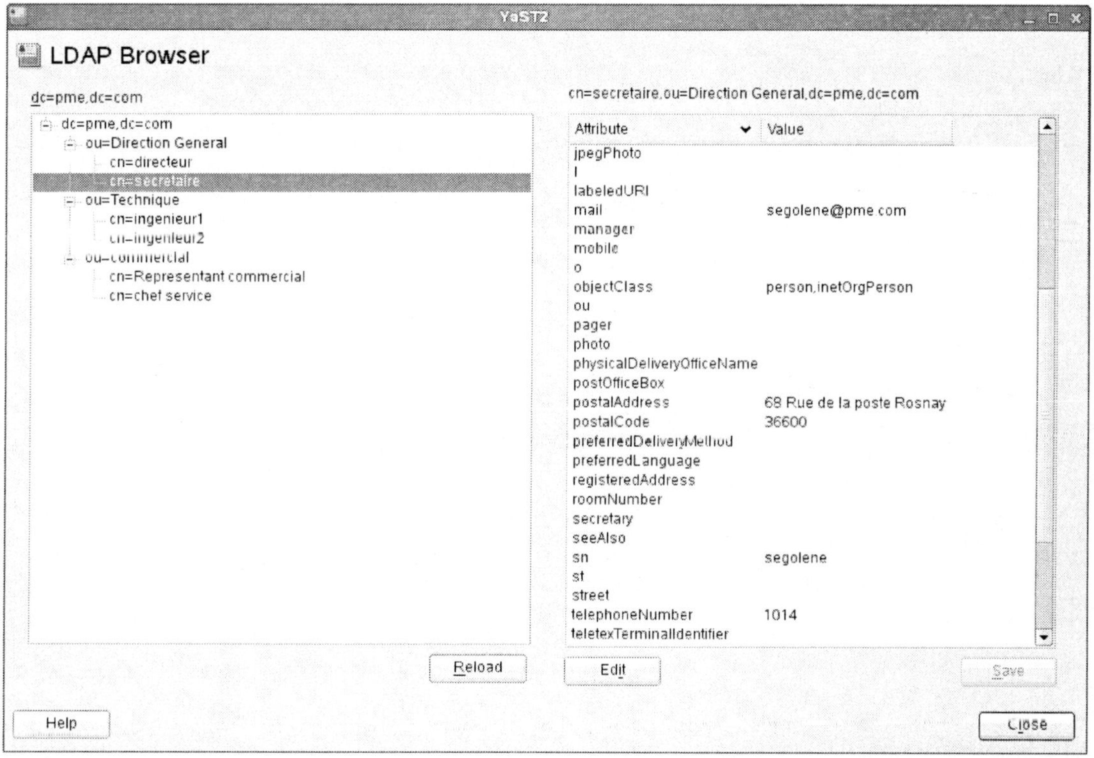

Modification d'un attribut LDAP :

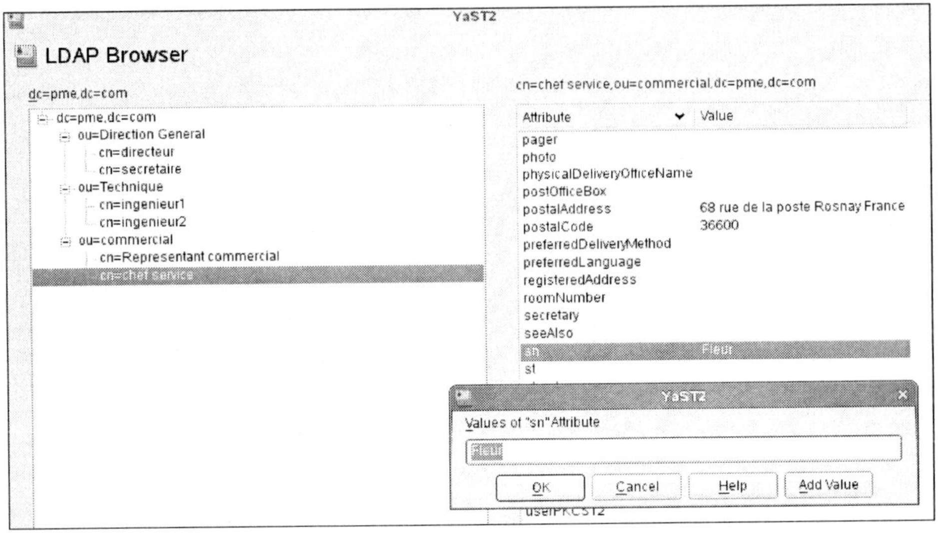

2. Le navigateur LDAP Phpldapadmin

Le navigateur LDAP Phpldapadmin, connu aussi sous le nom de PLA, est un client LDAP accessible à travers un navigateur Web.

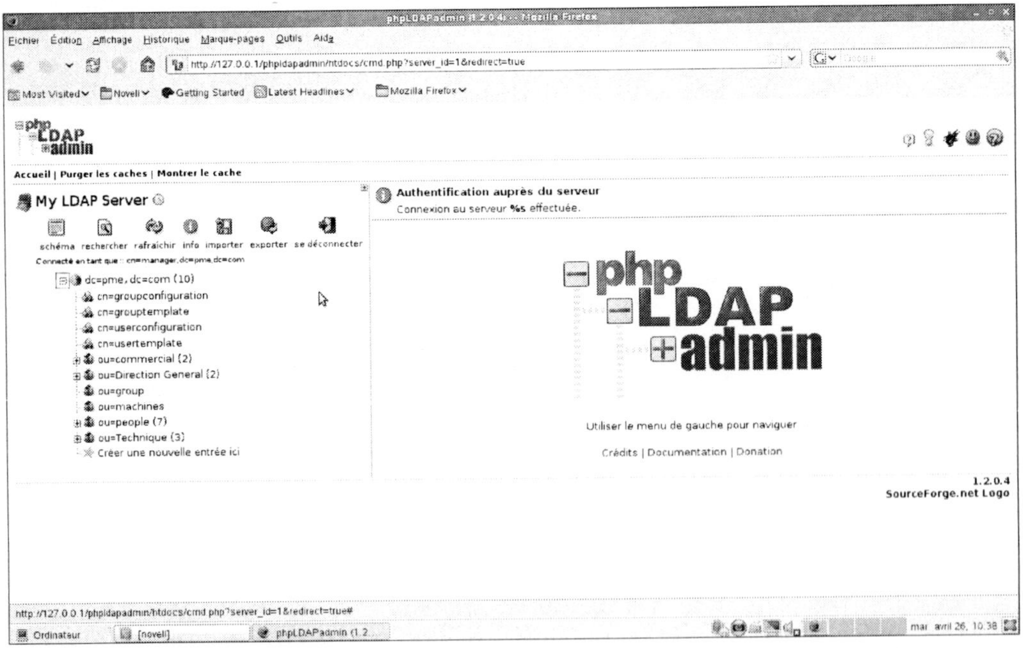

Voici ses principales caractéristiques ou fonctionnalités :

- Navigateur d'arbre LDAP.
- Édition des entrées basées sur un modèle.
- Copie des entrées LDAP (même copie entre différents serveurs).
- Récursivement, copie des arbres entiers.
- Suppression des entrées LDAP.
- Effacement récursif des arbres entiers.
- Affichage et modification des attributs de l'image (comme jpegPhoto).
- Navigation avancée dans les schémas de l'annuaire.
- Création d'entrée basée sur un modèle.
- Recherches LDAP (à la fois simple et avancé).
- Exportation LDIF et DSML.
- Importation LDIF.
- Modification du nom des entrées LDAP.
- Gestion des mots de passe utilisateur.
- Parcours de la branche de l'annuaire RootDSE.

3. Apache Directory Studio

Apache Directory Studio est une application graphique intégrant un navigateur d'annuaire LDAP, un éditeur de schémas, un éditeur LDIF et il comporte également des fonctionnalités avancées permettant l'import et l'export des données du format LDIF vers DSML et vice versa.

ADS dispose d'une zone assurant le suivi de toutes les opérations effectuées au niveau du serveur LDAP, tel que l'ajout, la suppression ou la mise à jour des données.

Toute opération effectuée graphiquement est transcrite en format LDIF dans une zone dédiée.

Ce logiciel est distribué sous licence APSL 2.0 et fonctionne sur les systèmes disposant d'un environnement d'exécution Java.

Fenêtre principale d'ADS.

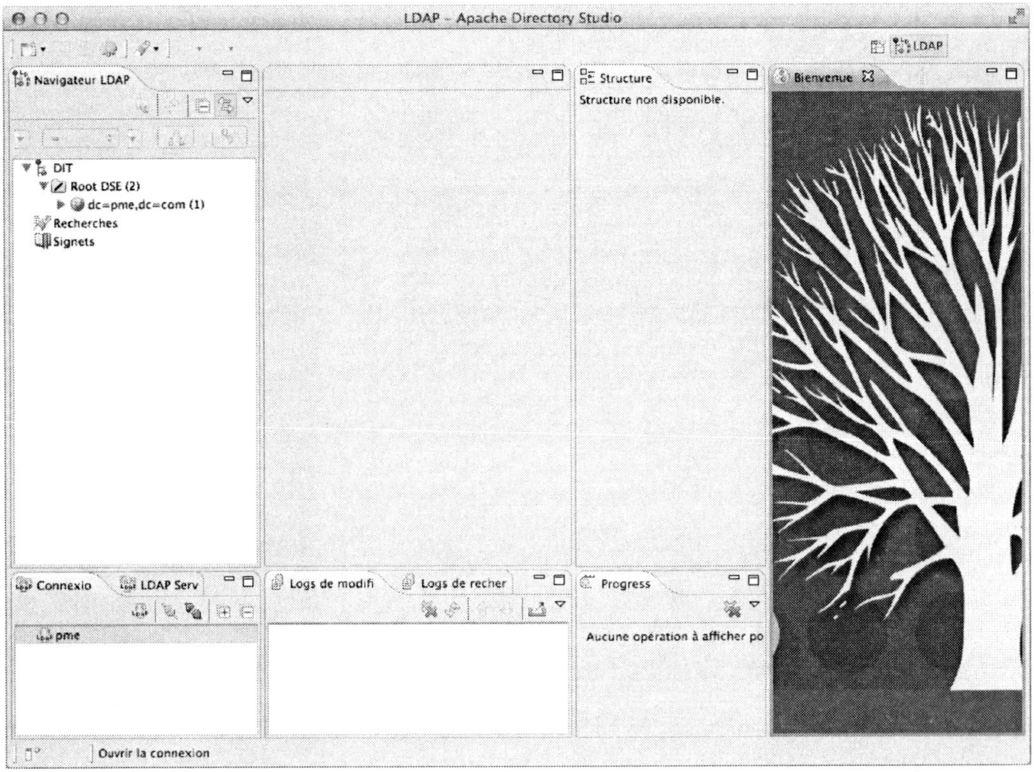

➢ Pour ajouter une entrée, cliquez sur la branche dans laquelle vous souahitez ajouter l'entrée, puis effectuez un clic droit.

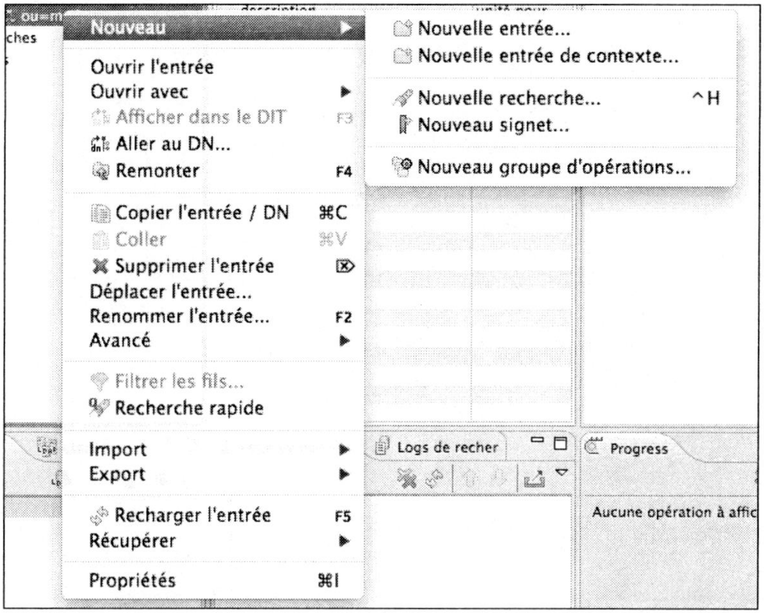

➢ Choisissez **Nouveau** - **Nouvelle entrée**.

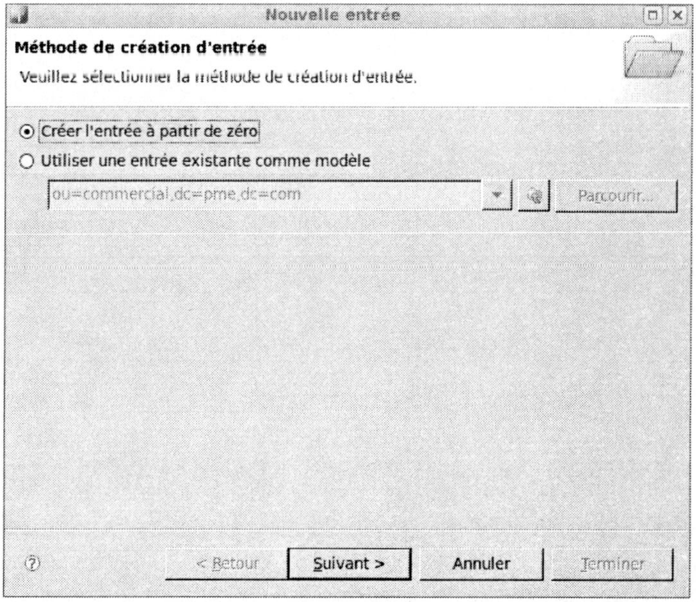

Choix d'une classe d'objets :

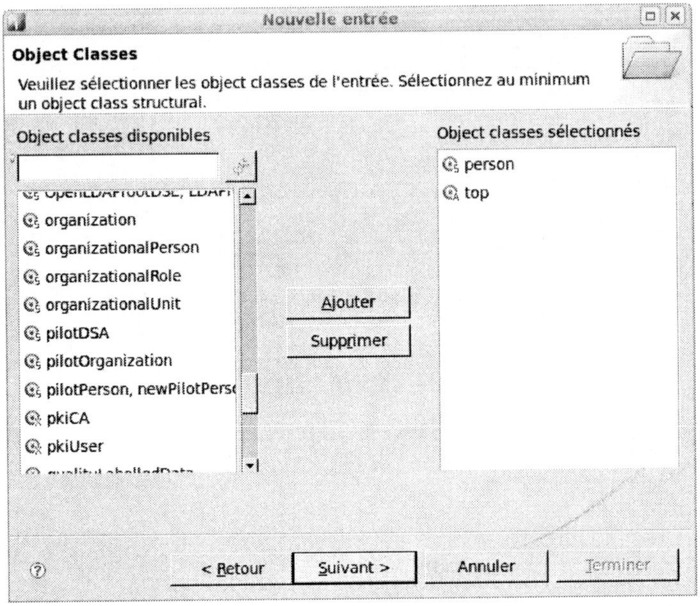

Ajout du RDN de l'entrée :

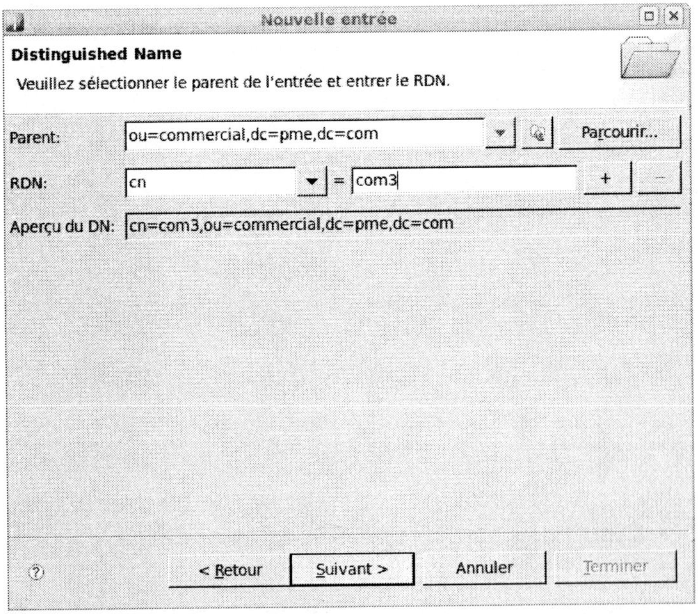

Saisie de la valeur des attributs obligatoires :

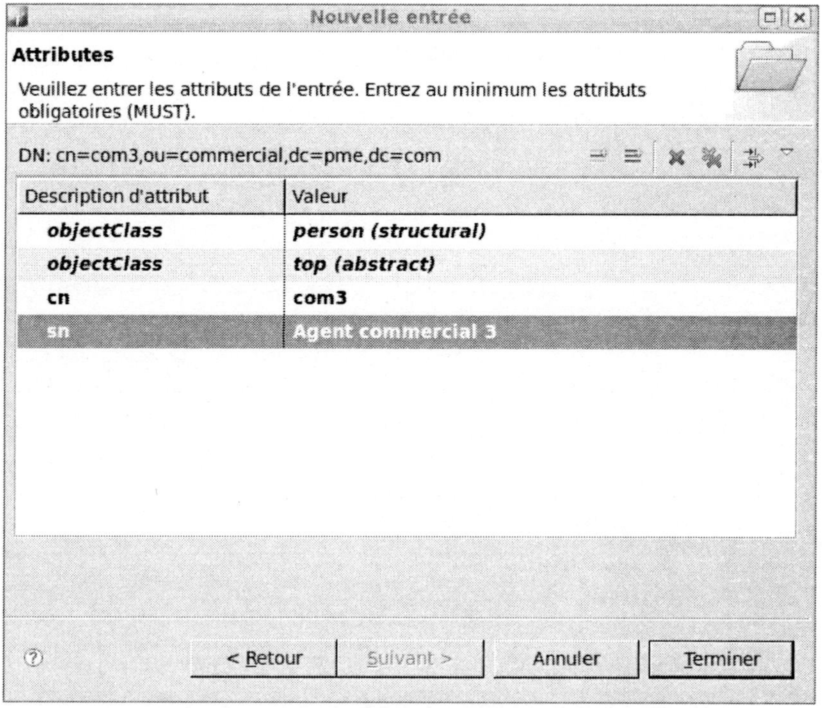

La connexion à l'annuaire se fait via le menu **LDAP** - **Nouvelle connexion**.

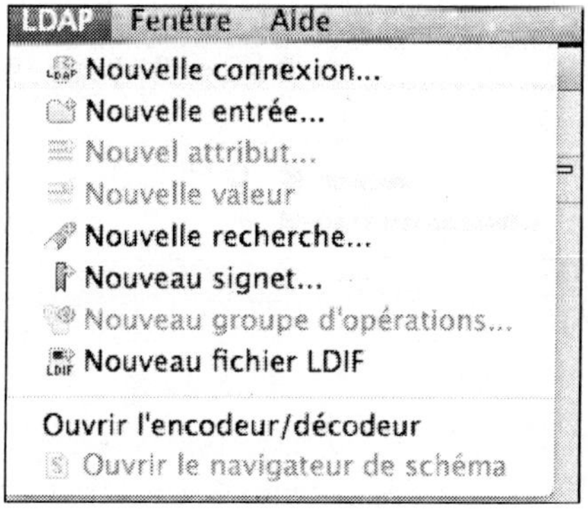

➢Donnez un nom à cette connexion et indiquez l'adresse du serveur LDAP dans le champ **Nom d'hôte** et le port d'écoute dans le champ **Port**.

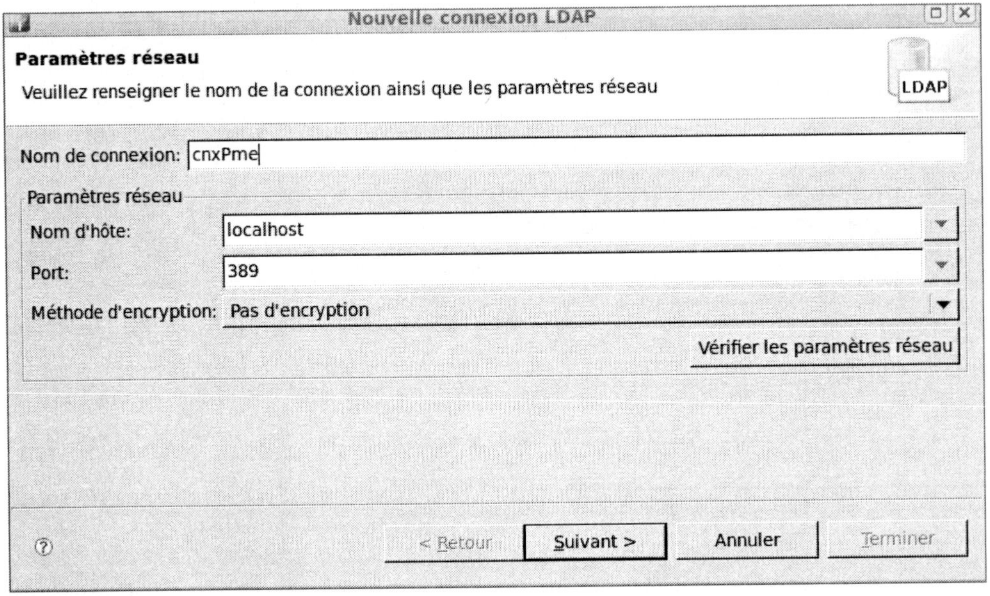

➢Saisissez un nom d'utilisateur et un mot de passe pour vous authentifier.

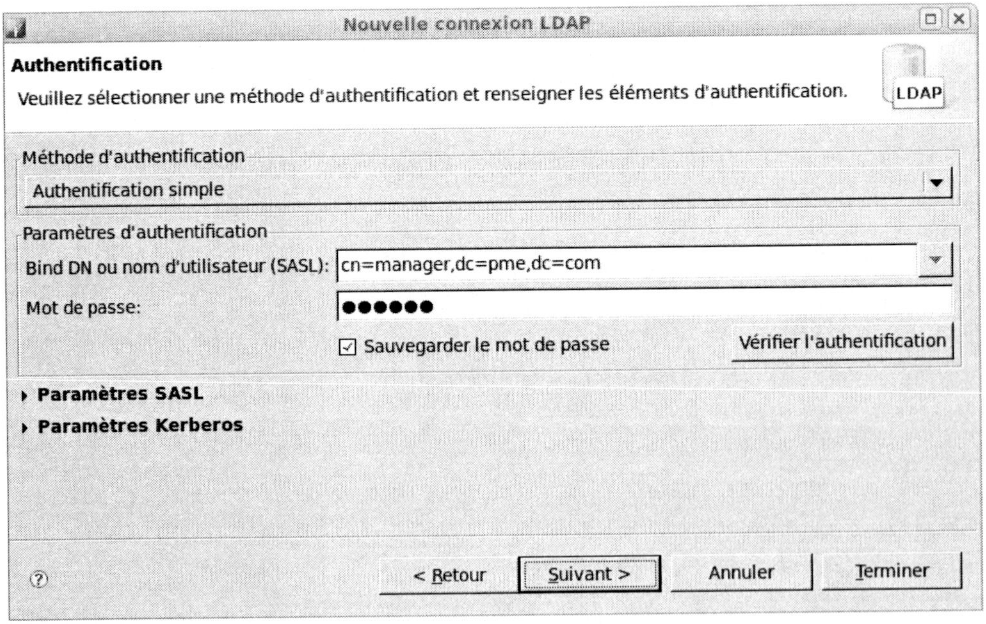

Personnalisation des paramètres de navigation :

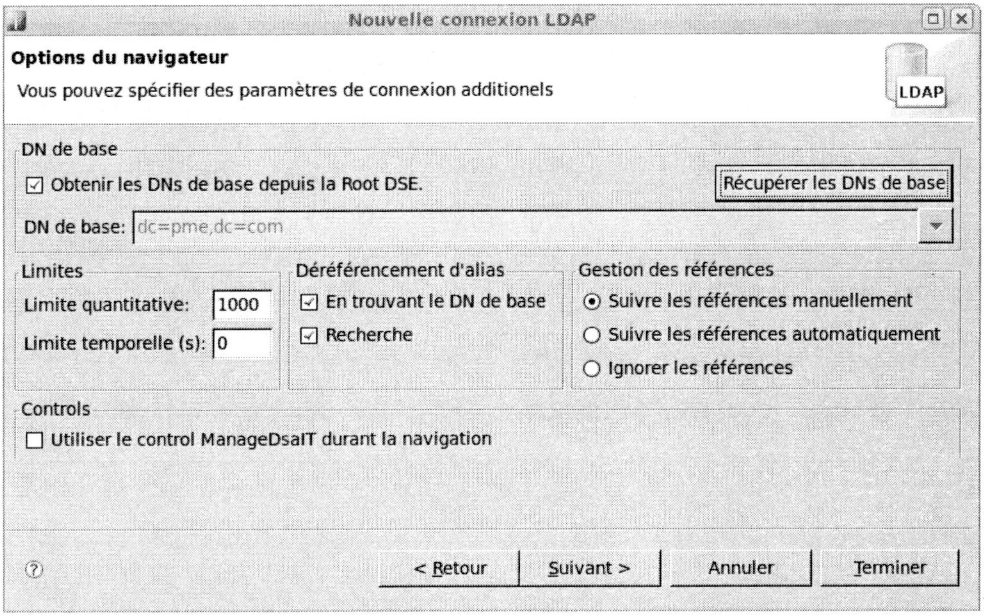

Personnalisation des paramètres de modification sur les entrées de l'annuaire :

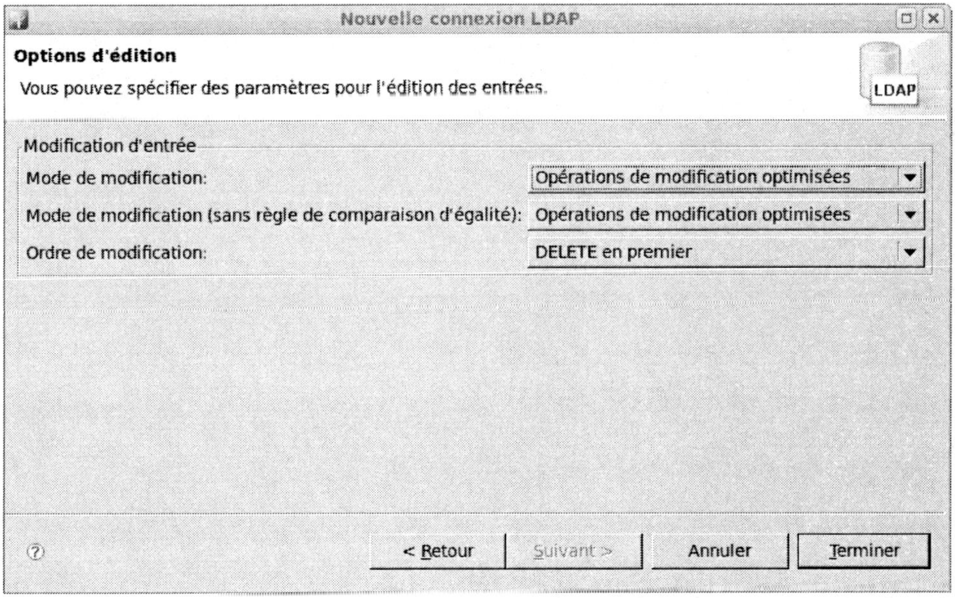

Affichage des attributs relatifs à la Root DSE :

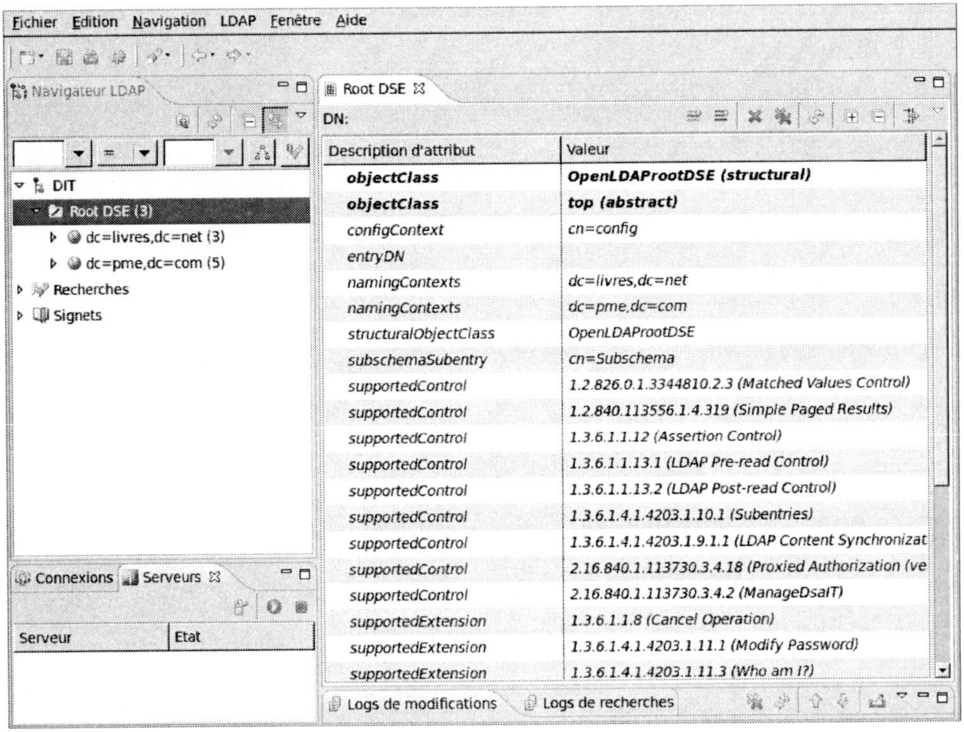

L'export de la base de données en format DSML s'effectue via le menu **Fichier** - **Exporter**. Choisissez ensuite le dossier **Navigateur LDAP** et dans la liste, sélectionnez **LDAP vers DSML**. La boîte de dialogue ci-dessous s'affiche.

Export DSML
Données à exporter
Veuillez définir les paramètres de recherche pour l'exportation.
DSML
Connexion:
pme
Parcourir...
Base de recherche:
dc=livres,dc=net
Parcourir...
Filtre:
(objectClass=*)
Editeur de filtre
Attributs retournés:
Tous les attributs utilisateur
Attributs opérationnels
Controls
ManageDsaIT
Sous-entrées
Recherche paginée
Taille de page:
100
Mode de défilement
Portée
Objet
Un niveau
Sous-arbre
Limites
Limite quantitative:
1000
Limite temporelle (s):
0
Déréférencement d'alias
En trouvant le DN de base
Recherche
Gestion des références
Suivre les références automatiquement
Ignorer les références
< Retour
Suivant >
Annuler
Terminer

➢Indiquez le fichier qui contiendra les entrées au format DSML.

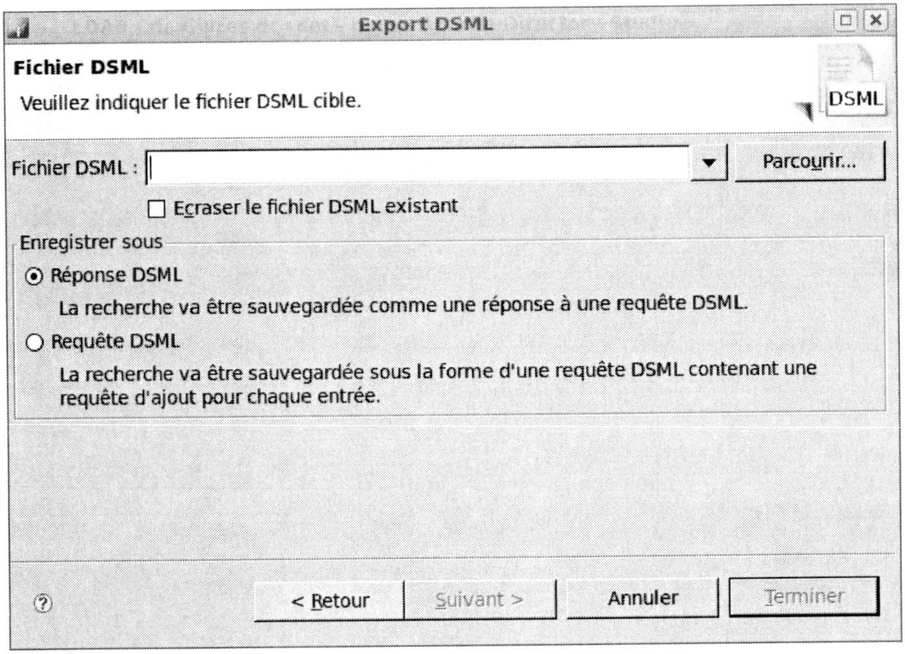

D. Validation des acquis : questions/réponses

Questions

1 Qu'est-ce qu'un fichier LDIF ?

2 Quels critères doit respecter un fichier au format LDIF ?

3 À quoi sert le langage XML ?

4 Comment représenter les données d'un annuaire LDAP sous un format XML ?

5 Quel outil client en ligne de commande permet d'introduire des données dans un annuaire OpenLDAP ?

6 Quelle option de la commande ldapadd permet une authentification simple au serveur OpenLDAP ?

7 Quelle option de la commande ldapadd permet de tester une requête StartTLS à un serveur OpenLDAP ?

8 Comment créer un fichier LDIF permettant l'ajout de plusieurs entrées en même temps ?

9 Quel outil client permet de modifier une entrée de l'annuaire ?

10 Quel outil client permet de modifier le RDN d'une entrée dans un annuaire OpenLDAP ?

11 Quelle commande permet de réaliser une recherche au sein de l'arborescence dc=pme,dc=com, en s'authentifiant simplement à l'aide du DN « cn=issam,ou=users,dc=pme,dc=com », avec le mot de passe « secret », la recherche se faisant au niveau du sous-arbre sur tous les attributs mail ?

12 Donnez trois méthodes (fonctions) disponibles dans le module Perl Net::LDAP.

13 Quelle commande permet d'indexer l'attribut mail dans un annuaire OpenLDAP ?

14 Quel outil serveur OpenLDAP sauvegarde la totalité d'un annuaire OpenLDAP ?

15 Citez deux clients graphiques permettant d'accéder, de naviguer et de modifier les entrées d'un annuaire LDAP.

Résultats

Référez-vous aux pages suivantes pour contrôler vos réponses. Pour chacune de vos bonnes réponses comptez un point.

Nombre de points /15

Pour ce chapitre, votre score minimum doit être de 12 sur 15.

Réponses

1 Qu'est-ce qu'un fichier LDIF ?

Un fichier LDIF (LDAP Data Interchange Format) permet de représenter des données contenues dans un annuaire LDAP. Il permet aussi de représenter les différentes opérations sur les entrées de l'annuaire, telles que la suppression, l'ajout et la modification.

2 Quels critères doit respecter un fichier au format LDIF ?

Un fichier LDIF doit respecter les critères suivants :

- *Chaque entrée doit être séparée par une ligne blanche à l'entrée suivante.*
- *Les valeurs d'un attribut non ASCII doivent être codées en base 64.*
- *Les commentaires doivent être précédés par le caractère dièse (#).*

3 À quoi sert le langage XML ?

XML est l'abréviation de eXtensible Markup Language, c'est un langage de description d'échange de documents structurés. Il permet de décrire la structure logique des documents principalement textuels, à l'aide d'un système de balises permettant de marquer les éléments qui composent la structure et les relations entre ses éléments.

4 Comment représenter les données d'un annuaire LDAP sous un format XML ?

En se servant du format DSML.

5 Quel outil client en ligne de commande permet d'introduire des données dans un annuaire OpenLDAP ?

ldapadd

6 Quelle option de la commande ldapadd permet une authentification simple au serveur OpenLDAP ?

L'option -x. Si cette option est omise, alors c'est l'authentification SASL qui sera établie.

7 Quelle option de la commande ldapadd permet de tester une requête StartTLS à un serveur OpenLDAP ?

L'option -ZZ. La connexion échouera si cette requête n'est pas supportée.

8 Comment créer un fichier LDIF permettant l'ajout de plusieurs entrées en même temps ?

En séparant chaque entrée par une ligne blanche.

9 Quel outil client permet de modifier une entrée de l'annuaire ?

ldapmodify.

10 Quel outil client permet de modifier le RDN d'une entrée dans un annuaire OpenLDAP?

ldapmodrdn.

11 Quelle commande permet de réaliser une recherche au sein de l'arborescence dc=pme,dc=com, en s'authentifiant simplement à l'aide du DN « cn=issam,ou=users,dc=pme,dc=com », avec le mot de passe « secret », la recherche se faisant au niveau du sous-arbre sur tous les attributs mail ?

ldapsearch -x -D "cn=issam,ou=users,dc=pme,dc=com" -w secret -s sub -b "dc=pme,dc=com" \ "(mail=)"*

12 Donnez trois méthodes (fonctions) disponibles dans le module Perl Net::LDAP.

bind(), unbind(), search().

13 Quelle commande permet d'indexer l'attribut mail dans un annuaire OpenLDAP ?

slapindex -v mail

14 Quel outil serveur OpenLDAP sauvegarde la totalité d'un annuaire OpenLDAP ?

slapcat

15 Citez deux clients graphiques permettant d'accéder, de naviguer et de modifier les entrées d'un annuaire LDAP.

Apache Directory Server et PhpLdapAdmin.

E. Travaux pratiques

1. Manipulation des fichiers LDIF

Commande utile

- vi

Manipulations

1. Créez un fichier LDIF permettant d'installer le contexte de nommage "**dc=example,dc=com**" d'un annuaire LDAP.
2. Créez ensuite un fichier LDIF pour l'ajout de deux unités d'organisation (ou=formation et ou=redaction).
3. Pour chaque unité d'organisation créée, ajoutez trois membres en identifiant chacun par son numéro de téléphone, son adresse postale ainsi qu'une brève description.

Résumé des commandes et résultat à l'écran

1. Le contenu du fichier **example.ldif** contenant l'entrée LDAP **dc=example,dc=com** :

```
dn : dc=example,dc=com
objectclass : top
objectclass : domain
dc :example
description : domaine example.com
```

2. Le contenu du fichier **unitorg.ldif** contenant la description des entrées **ou=formation,dc=example,dc=com et ou=redaction,dc=pme,dc=com** :

```
dn : ou=formation,dc=pme,dc=com
objectclass : top
objectclass : organizationalUnit
ou : formation
description : Le service formation du domaine example.com

dn : ou=redaction,dc=pme,dc=com
objectclass : top
objectclass : organizationalUnit
ou : redaction
description : Le service rédaction du domaine example.com
```

3. Les membres du service formation sont formateur1, formateur2, formateur3 identifiés par leur CN (*Common Name*).

```
### Fichier formateur.ldif ###
dn : cn=formateur1,ou=formation,dc=example,dc=com
objectClass : top
objectclass : inetOrgperson
cn : formateur1
sn : formateur1
telephoneNumber : 01 25 26 56 98
postalAddress : 02 Rue Tivoli Paris
description : formateur Linux et Open Source

dn : cn=formateur2,ou=formation,dc=example,dc=com
objectClass : top
objectclass : inetOrgperson
cn : formateur2
sn : formateur2
telephoneNumber : 01 25 26 56 98
postalAddress : 47 Rue de la Poste Rosnay 36000 France
description : formateur Base de données

dn : cn=formateur3,ou=formation,dc=example,dc=com
objectClass : top
```

```
objectclass : inetOrgperson
cn : formateur3
sn : formateur3
telephoneNumber : 01 25 26 56 98
postalAddress : 66 Avenue La rose Marseille France
description : formateur JAVA
```

4. Les membres du service rédaction sont redacteur1, redacteur2, redacteur3, tous identifiés par leur CN.

```
### Fichier redaction.ldif ####
dn : cn=redacteur1,ou=redaction,dc=example,dc=com
objectClass : top
objectclass : inetOrgperson
cn : redacteur1
sn : redacteur1
telephoneNumber : 01 25 26 56 98
postalAddress : 02 Rue Tivoli Paris
description : rédacteur en chef

dn : cn=redacteur2,ou=redaction,dc=example,dc=com
objectClass : top
objectclass : inetOrgperson
cn : redacteur2
sn : redacteur2
telephoneNumber : 01 25 26 56 98
postalAddress : 02 Rue Tivoli Paris France
description : rédacteur adjoint

dn : cn=redacteur3,ou=redaction,dc=example,dc=com
objectClass : top
objectclass : inetOrgperson
cn : redacteur3
sn : redacteur3
telephoneNumber : 01 25 26 56 98
postalAddress : 02 Rue Tivoli Paris
description : conseiller de rédaction
```

2. Gestion des données de l'annuaire

Commandes utiles

- ldapadd
- slapcat
- ldapmodify

Manipulation

1. À partir des fichiers LDIF créés dans le TP précédent, ajoutez l'ensemble des entrées dans l'annuaire.
2. Vérifiez le contenu de l'annuaire.
3. Modifiez l'adresse postale d'un membre de votre choix de l'organisation formation.
4. Modifiez le RDN d'un membre de votre choix de l'organisation rédaction.
5. Vérifiez que les changements ont été correctement réalisés.

Résumé des commandes et résultat à l'écran

1. Ajout des entrées précédemment créées dans l'annuaire :

```
# ldapadd -x -D  "cn=manager,dc=pme,dc=com" -W -f example.ldif
# ldapadd -x -D  "cn=manager,dc=pme,dc=com" -W -f unitorg.ldif
# ldapadd -x -D  "cn=manager,dc=pme,dc=com" -W -f formateur.ldif
# ldapadd -x -D  "cn=manager,dc=pme,dc=com" -W -f redaction.ldif
```

2. La vérification du contenu de l'annuaire pour s'assurer de la prise en charge des nouvelles entrées se fait par l'intermédiaire de la commande slapcat.

La vérification du contenu de l'annuaire pour s'assurer de la prise en charge des nouvelles entrées se fait par l'intermédiaire de la commande slapcat.

```
# slapcat -b dc=example,dc=com
```

3. Modification de l'adresse postale de formateur1 :

```
## Fichier modadress.ldif ###
dn : cn=formateur,ou=formation,dc=example,dc=com
changetype : modify
replace : postalAdress
postalAdress : Tours
```

4. Modification du RDN de l'utilisateur redacteur1

```
### Fichier modrdn.ldif ###
dn : redacteur1,ou=redaction,dc=example,dc=com
changetype : modrdn
newrdn : redacteur
deletoldrdn : 1
```

3. Recherches au sein de l'annuaire

Commandes utiles

- ldapindex
- ldapsearch
- slapcat

Manipulation

1. Indexez les attributs les plus fréquemment sollicités lors des recherches (au choix).
2. Recherchez toutes les entrées de l'annuaire ayant une valeur pour l'un des attributs indexés précédemment.
3. Sauvegardez la branche "ou=formation,dc=example,dc=com" à l'aide de la commande ldapsearch.
4. Effectuez la même sauvegarde à l'aide de la commande slapcat.
5. Quelle différence existe-t-il entre les résultats de la sauvegarde avec ldapsearch et celle avec slapcat ?

Résumé des commandes et résultat à l'écran

1. Ajout des index dans slapd.conf au niveau de la section base de données.

```
# BDB database definitions
##################################################################
######### Base de données du suffix dc=example,dc=com ########
      database     bdb
      suffix "dc=example,dc=com"
      rootdn "cn=manager,dc=example,dc=com"
      rootpw       secret
      directory    /usr/local/var/openldap-data/example
index       objectclass                   eq
index       cn                      eq,sub
index       PostalAddress           eq,sub,approx
```

```
# slapindex -v
```

2. On effectue une recherche sur toutes les entrées ayant une valeur PostalAddress.

```
# ldapsearch -x -D "cn=manager,dc=example,dc=com" -b dc=example,dc=com \
-W (PostalAddress=*)
```

3. Sauvegarde avec la commande ldapsearch du nœud de l'annuaire ou=formation,dc=example,dc=com.

```
# ldapsearch -x -D "cn=manager,dc=example,dc=com" -LLL -b \
"ou=formation,dc=example,dc=com" -W (objectclass=*)
```

4. Sauvegarde avec la commande serveur slapcat :

```
# slapcat -b "ou=formation,dc=example,dc=com"
```

5. La commande slapcat renvoie les attributs opérationnels.

4. Le module Net::LDAP

Écrire un script Perl pour rechercher au niveau de la base de données "ou=formation,dc=example,dc= com" sur l'attribut cn donné en paramètre.

Résumé des commandes et résultat à l'écran

```
## Script de recherche example.pl
#!/usr/bin/perl

use  Net::LDAP ;

$ldap = Net::LDAP -> new ("localhost", port => 389, version => 3) ;

$resultat = $ldap -> bind ("cn=manager,dc=example,dc=com", password => "secret") ;

die $resultat -> error() if $resultat -> is_error() ;

$req = $ldap -> search(
                base => "ou=formation,dc=example,dc=com",
                scope => "sub",
                filter => "(cn=$ARGS[0])" ) ;
if ($req -> count() > 0 {
        print $req->count(), " entrées existantes dans l'annuaire.\n" ;
        foreach $entree ($req->all_entries()) {
                $entree -> dump() ;
        }
}
$ldap -> unbind() ;
```

5. Apache Directory Studio

1. Téléchargez Apache Directory Studio

2. Refaire l'ensemble des TP précédents en vous servant du logiciel Apache Directory Studio.

Résumé des commandes et résultat à l'écran

Voir section Clients graphiques pour la gestion des données - Apache Directory Studio de ce chapitre.

Chapitre 4

Pré-requis

- ☒Maîtrise des concepts du standard LDAP étudiés dans le chapitre Les annuaires X.500 et le protocole LDAP.

Objectifs

À la fin de ce chapitre, vous serez en mesure de :

- ☒Définir un annuaire pages blanches.
- ☒Étudier la classe d'objets inetorgPerson.
- ☒Configurer et administrer un annuaire d'entreprise.

A. Qu'est-ce qu'un service pages blanches ?

Les pages blanches sont le nom d'un annuaire téléphonique dans plusieurs pays. Il permet de trouver les numéros d'une personne à partir de son nom ou de ses coordonnées personnelles.

1. L'annuaire pages blanches d'entreprise

Un annuaire pages blanches d'entreprise est dédié au stockage des coordonnées des employés, en particulier les adresses postales, les adresses de messagerie électronique et les numéros de téléphone. Cette base de données sera exploitable dans la plupart des cas par le service des ressources humaines.

Dans ce même annuaire, il est également possible d'enregistrer les coordonnées de ses clients, ainsi on aura une centralisation intégrale de l'ensemble du système d'information de l'entreprise. Cette centralisation facilite énormément la maintenance de la base de données ; en effet on aura besoin d'effectuer une seule sauvegarde au lieu de sauvegarder chaque base de données séparément, la synchronisation et la mise à jour des informations seront immédiates, sans redondance d'informations.

De plus, cette base de données sera exploitable par n'importe quelle application existante, ou une future application, si tant est qu'elle soit capable de supporter le protocole LDAP.

2. Que peut-on stocker dans un service pages blanches ?

Un service pages blanches concerne exclusivement le stockage des informations sur les personnes, il peut contenir : le nom, le prénom, le numéro de téléphone, l'adresse postale et l'adresse électronique, une photo d'identité, un certificat électronique (pour signer des documents par exemple ou pour envoyer des mails chiffrés), le numéro de département, l'adresse de son site Internet...

Pour être prises en charge par un serveur OpenLDAP, ces informations doivent être définies dans un schéma qui lui-même doit être chargé par le serveur LDAP. Dans la section suivante, nous détaillons le schéma intégrant tous ses attributs.

B. Le schéma inetOrgPerson

Le schéma inetOrgPerson est le schéma standard pour la description des personnes. Dans le cas d'une entreprise, ce sont des informations concernant les employés ou encore les clients. Ce schéma contient plusieurs attributs permettant de personnaliser l'identification d'une personne.

Ci-dessous la description de ce schéma :

```
# InetOrgPerson (RFC2798)
#
# Depends upon
#   Definition of an X.500 Attribute Type and an Object Class to Hold
#   Uniform Resource Identifiers (URIs) [RFC2079]
#     (core.schema)
#
#   A Summary of the X.500(96) User Schema for use with LDAPv3 [RFC2256]
#     (core.schema)
#
#   The COSINE and Internet X.500 Schema [RFC1274] (cosine.schema)

attributetype ( 2.16.840.1.113730.3.1.1
      NAME 'carLicense'
      DESC 'RFC2798: vehicle license or registration plate'
      EQUALITY caseIgnoreMatch
      SUBSTR caseIgnoreSubstringsMatch
      SYNTAX 1.3.6.1.4.1.1466.115.121.1.15 )

Attributetype ( 2.16.840.1.113730.3.1.2
        NAME 'departmentNumber'
        DESC 'RFC2798: identifies a department within an organization'
        EQUALITY caseIgnoreMatch
        SUBSTR caseIgnoreSubstringsMatch
        SYNTAX 1.3.6.1.4.1.1466.115.121.1.15 )

attributetype ( 2.16.840.1.113730.3.1.241
      NAME 'displayName'
      DESC 'RFC2798: preferred name to be used when displaying entries'
      EQUALITY caseIgnoreMatch
      SUBSTR caseIgnoreSubstringsMatch
      SYNTAX 1.3.6.1.4.1.1466.115.121.1.15
      SINGLE-VALUE )

attributetype ( 2.16.840.1.113730.3.1.3
      NAME 'employeeNumber'
      DESC 'RFC2798: numerically identifies an employee within an
organization'
      EQUALITY caseIgnoreMatch
      SUBSTR caseIgnoreSubstringsMatch
      SYNTAX 1.3.6.1.4.1.1466.115.121.1.15
      SINGLE-VALUE )
```

```
attributetype ( 2.16.840.1.113730.3.1.4
      NAME 'employeeType'
      DESC 'RFC2798: type of employment for a person'
      EQUALITY caseIgnoreMatch
      SUBSTR caseIgnoreSubstringsMatch
      SYNTAX 1.3.6.1.4.1.1466.115.121.1.15 )

attributetype ( 0.9.2342.19200300.100.1.60
      NAME 'jpegPhoto'
      DESC 'RFC2798: a JPEG image'
      SYNTAX 1.3.6.1.4.1.1466.115.121.1.28 )

attributetype ( 2.16.840.1.113730.3.1.39
      NAME 'preferredLanguage'
      DESC 'RFC2798: preferred written or spoken language for a person'
      EQUALITY caseIgnoreMatch
      SUBSTR caseIgnoreSubstringsMatch
      SYNTAX 1.3.6.1.4.1.1466.115.121.1.15
      SINGLE-VALUE )

attributetype ( 2.16.840.1.113730.3.1.40
      NAME 'userSMIMECertificate'
      DESC 'RFC2798: PKCS#7 SignedData used to support S/MIME'
      SYNTAX 1.3.6.1.4.1.1466.115.121.1.5 )

attributetype ( 2.16.840.1.113730.3.1.216
      NAME 'userPKCS12'
      DESC 'RFC2798: personal identity information, a PKCS #12 PFX'
      SYNTAX 1.3.6.1.4.1.1466.115.121.1.5 )

 Objectclass        ( 2.16.840.1.113730.3.2.2
    NAME 'inetOrgPerson'
    DESC 'RFC2798: Internet Organizational Person'
    SUP organizationalPerson
    STRUCTURAL
        MAY (
               audio $ businessCategory $ carLicense $ departmentNumber $
               displayName $ employeeNumber $ employeeType $ givenName $
               homePhone $ homePostalAddress $ initials $ jpegPhoto $
               labeledURI $ mail $ manager $ mobile $ o $ pager $
               photo $ roomNumber $ secretary $ uid $ userCertificate $
               x500uniqueIdentifier $ preferredLanguage $
               userSMIMECertificate $ userPKCS12 )
        )
```

☞ *L'intégralité du fichier schéma ainsi que sa licence sont disponibles dans /usr/local/etc/openldap/schema/inetorgperson.schema.*

1. Description de la classe d'objets inetOrgPerson

La classe inetOrgPerson possède un identifiant d'objet (*Object Identifier*) 2.16.840.1.113730.3.2.2. Elle est constituée des attributs obligatoires objectClass, **cn** (*Common Name*) et **sn** (*Surname*). C'est une classe de type structurelle, autrement dit cette classe peut avoir des instances dans l'annuaire.

Les attributs facultatifs sont : audio, businessCategory, mail, homePhone, userCertificate, userPKCS12, jpegPhoto, carLicence, departmentNumber, givenName, etc.

Chaque attribut dispose de son propre OID ainsi que de sa propre syntaxe. En effet l'attribut **employee-Number** est référencé par le type d'attribut 2.16.840.1.113730.3.1.3, sa syntaxe est identifiée par l'OID 1.3.6.1.4.1.1466.115.121.1.15.

DESC contient une description de l'attribut ; dans le cas de l'attribut employeeNumber, il s'agit d'un attribut conforme à la RFC 2798, c'est un numéro d'identification d'un employé dans une organisation donnée.

EQUALITY définit les règles de comparaison de l'attribut, les règles sont :

- caseIgnoreMatch est utilisée pour comparer deux chaînes de caractères en ignorant la casse.
- telephoneNumber est identique à caseIgnoreMatch sauf que les virgules et les blancs sont ignorés durant la recherche.
- caseIgnoreSubstringMatch, il s'agit d'une inclusion insensible à la casse.
- booleanMatch : compare deux attributs booléens.
- numericStringMatch : règle identique à la règle CaseIgnoreMatch sauf que les espaces sont ignorés pendant la comparaison.
- objectIdentifierMatch : permet de comparer si deux OID sont identiques (règle d'égalité).
- distinguishedNameMatch : compare si deux DN sont identiques (règle d'égalité entre deux DN).

L'attribut employeeNumber contient également une caractéristique : SINGLE-VALUE qui détermine si un attribut peut avoir plusieurs occurrences ou non dans une même entrée de l'annuaire.

```
## Définition de l'attribut employeeNumber
attributetype ( 2.16.840.1.113730.3.1.3
      NAME 'employeeNumber'
      DESC 'RFC2798: numerically identifies an employee within an organization'
      EQUALITY caseIgnoreMatch
      SUBSTR caseIgnoreSubstringsMatch
      SYNTAX 1.3.6.1.4.1.1466.115.121.1.15
      SINGLE-VALUE )
```

La définition même de la classe d'objets inetOrgPerson contient la caractéristique Name, contenant le nom de la classe d'objets. SUP définit la classe d'objets dont elle dérive, dans le cas de la classe inetOrgPerson, c'est la classe **organizationalPerson** qui elle dépend de la classe **person**. Toutes ces classes d'objets dérivent de la classe abstraite top. On peut conclure systématiquement que la classe inetorgPerson dispose des deux attributs obligatoires cn et sn hérités de la classe d'objet person.

Voici la définition de la classe d'objets person qui comporte deux attributs cn et sn avec la caractéristique MUST.

```
## Description de la classe d'objet person
objectclass ( 2.5.6.6 NAME 'person'
      DESC 'RFC2256: a person'
```

```
        SUP top STRUCTURAL
        MUST ( sn $ cn )
        MAY ( userPassword $ telephoneNumber $ seeAlso $ description ) )
```

Les caractéristiques de la classe d'objets organizationalPerson définies dans le schéma de l'annuaire core.schema sont :

```
objectclass ( 2.5.6.7 NAME 'organizationalPerson'
    DESC 'RFC2256: an organizational person'
    SUP person STRUCTURAL
    MAY ( title $ x121Address $ registeredAddress $ destinationIndicator $
          preferredDeliveryMethod $ telexNumber $ teletexTerminalIdentifier $
          telephoneNumber $ internationaliSDNNumber $
          facsimileTelephoneNumber $ street $ postOfficeBox $ postalCode $
          postalAddress $ physicalDeliveryOfficeName $ ou $ st $ l ) )
```

2. Hiérarchie de la classe d'objets inetOrgPerson

Dans le chapitre Les annuaires X.500 et le protocole LDAP, nous avons évoqué le principe d'héritage entre classes d'objets.

Les classes d'objets sont liées hiérarchiquement entre elles. Ainsi une classe d'objets peut avoir plusieurs filles, mais elle ne peut dériver que d'une seule classe. Toutes les classes d'objets partagent la classe d'objets top comme classe parente.

Par analogie aux langages de POO, les attributs de chaque classe peuvent être présents et réutilisés par plusieurs classes. Ainsi, lorsqu'une classe découle d'une classe parente, elle hérite de toutes ses propriétés.

L'illustration suivante décrit la hiérarchie de la classe d'objets inetOrgPerson :

Héritage entre les classes d'objets

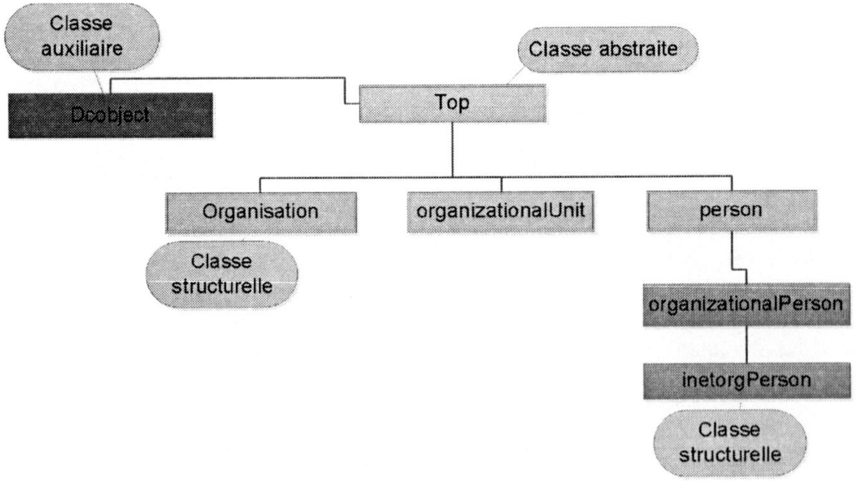

L'illustration suivante décrit l'héritage des attributs entre les classes d'objets :

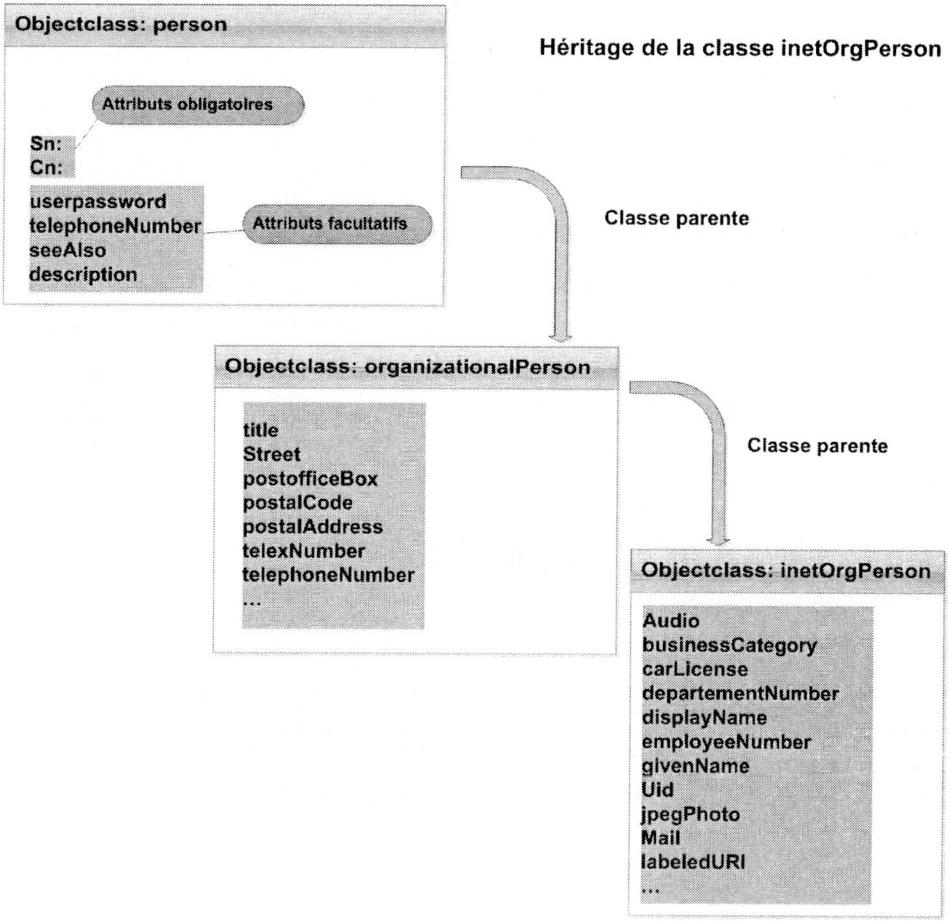

C. Mise à jour de slapd.conf

1. Inclusion de schémas associés aux pages blanches

Pour que le serveur slapd prenne en charge la nouvelle classe d'objet inetOrgPerson, il faut ajouter le schéma de l'annuaire correspondant. C'est la directive **include** du fichier slapd.conf qui assure la prise en charge de ce schéma.

```
include      /usr/local/etc/openldap/schema/core.schema
include      /usr/local/etc/openldap/schema/cosine.schema
## Prise en charge du schéma inetorgperson
include      /usr/local/etc/openldap/schema/inetorgperson.schema
```

La présence des deux schémas core.schema et cosine.schema est obligatoire, l'ordre de présence est également important, ainsi le schéma core.schema est défini avant cosine.schema et inetorgperson.schema.

La modification du fichier de configuration slapd.conf nécessite le redémarrage du serveur slapd.

```
# /etc/init.d./slapd restart
```

2. Gestion des index

Avant de commencer à créer des index à votre base de données, il est judicieux de savoir quels sont les attributs les plus sollicités par les utilisateurs et les applications. Dans le cas d'un annuaire d'entreprise hébergeant par exemple des données sur les employés, les attributs sn, cn, employeeNumber et mail seront éventuellement les plus sollicités.

Pour cela, il faut créer les index correspondants dans le fichier de configuration de slapd.

```
## Création des index de la base de données de l'annuaire pages blanches
index       objectclass         eq
index       cn                  eq,sub
index       sn                  eq,sub
index       employeeNumber      eq
index       mail                eq,sub
```

La commande **slapindex** permet de régénérer les index.

```
# slapindex -v
```

D. Insertion des données

Une base de données LDAP est créée à partir de l'importation des fichiers LDIF dans l'annuaire. Notre base de données cible est représentée par son suffixe **dc=pme,dc=com**, les ressources de cette base seront des branches au niveau de cette branche principale : le DIT (*Directory Information Tree*).

La branche hébergeant les employés de l'entreprise sera **ou=grh,dc=pme,dc=com**.

1. Préparation d'un fichier LDIF

Commençons tout d'abord par créer le fichier LDIF correspondant à la création de l'unité d'organisation **ou=grh**.

```
## Fichier LDIF grh.ldif
dn : ou=grh,dc=pme,dc=com
objectclass : top
objectclass : organizationalUnit
ou : grh
description : branche contenant les employées de l'entreprise.
```

Chaque employé est identifié par son nom (cn), prénom (sn), matricule (employeeNumber) ainsi que sa situation administrative (employeeType).

```
### Fichier employer.ldif

dn : cn=titi,ou=grh,dc=pme,dc=com
objectclass : top
objectclass : person
objectclass : organizationalPerson
objectclass : inetorgPerson
cn : titi
sn : titi emp
employeeNumber : 3045
employeeType : contractuel

dn : cn=toto,ou=grh,dc=pme,dc=com
objectclass : top
objectclass : person
objectclass : organizationalPerson
objectclass : inetorgPerson
cn : toto
sn : toto emp
employeeNumber : 3011
employeeType : contractuel

dn : cn=tata,ou=grh,dc=pme,dc=com
objectclass : top
objectclass : person
objectclass : organizationalPerson
objectclass : inetorgPerson
cn : tata
sn : tata emp
employeeNumber : 3045
employeeType : contractuel

dn : cn=stagiaire,ou=grh,dc=pme,dc=com
objectclass : top
objectclass : person
objectclass : organizationalPerson
objectclass : inetorgPerson
cn : stagiaire
sn : stagiaire emp
employeeNumber : 1011
employeeType : en stage

dn : cn=pdg,ou=grh,dc=pme,dc=com
objectclass : top
objectclass : person
objectclass : organizationalPerson
```

```
objectclass : inetorgPerson
cn : pdg
sn : pdg emp
employeeNumber : 3022
employeeType : Titulaire

dn : cn=assistante,ou=grh,dc=pme,dc=com
objectclass : top
objectclass : person
objectclass : organizationalPerson
objectclass : inetorgPerson
cn : assistante
sn : assistante emp
employeeNumber : 3000
employeeType : Titulaire
```

2. Ajout des entrées

La commande serveur **slapadd** permet d'importer les fichiers LDIF vers l'annuaire si vous travaillez directement sur le serveur, sinon utilisez la commande **ldapadd** si vous envisagez une importation vers l'annuaire à partir d'un hôte distant.

```
# ldapadd -x -D "cn=manger,dc=pme,dc=com" -W -h ldap://ubuntu.pme.com  -l \
grh.ldif
# ldapadd -x -D "cn=manger,dc=pme,dc=com" -W -h ldap://ubuntu.pme.com  -l \
employer.ldif
```

3. Interrogation de l'annuaire

À présent, une requête au sein de l'annuaire permet de valider l'insertion des données au sein de l'annuaire, pour cela, la commande **ldapsearch** avec les options adéquates est utilisée :

```
root # ldapsearch -x -D "cn=manager,dc=pme,dc=com" -W -b \
"ou=grh,dc=pme,dc=com" "(cn=*)"
Password LDAP:*****
# extended LDIF
#
# LDAPv3
# base <ou=grh,dc=pme,dc=com> with scope subtree
# filter: (cn=*)
# requesting: ALL
#

# titi, grh, pme.com
dn: cn=titi,ou=grh,dc=pme,dc=com
objectClass: top
objectClass: person
objectClass: organizationalPerson
objectClass: inetOrgPerson
```

```
cn: titi
sn: titi emp
employeeNumber: 3045
employeeType: contractuel

# toto, grh, pme.com
dn: cn=toto,ou=grh,dc=pme,dc=com
objectClass: top
objectClass: person
objectClass: organizationalPerson
objectClass: inetOrgPerson
cn: toto
sn: toto emp
employeeNumber: 3011
employeeType: contractuel

# tata, grh, pme.com
dn: cn=tata,ou=grh,dc=pme,dc=com
objectClass: top
objectClass: person
objectClass: organizationalPerson
objectClass: inetOrgPerson
cn: tata
sn: tata emp
employeeNumber: 3012
employeeType: contractuel

# pdg, grh, pme.com
dn: cn=pdg,ou=grh,dc=pme,dc=com
objectClass: top
objectClass: person
objectClass: organizationalPerson
objectClass: inetOrgPerson
cn: pdg
sn: pdg emp
employeeNumber: 3000
employeeType: titulaire

# secretaire, grh, pme.com
dn: cn=secretaire,ou=grh,dc=pme,dc=com
objectClass: top
objectClass: person
objectClass: organizationalPerson
objectClass: inetOrgPerson
cn: secretaire
employeeNumber: 3005
```

```
employeeType: titulaire
sn: secretaire emp

# stagiaire, grh, pme.com
dn: cn=stagiaire,ou=grh,dc=pme,dc=com
employeeType: En stage
employeeNumber: 3001
objectClass: top
objectClass: person
objectClass: organizationalPerson
objectClass: inetOrgPerson
sn: stagiaire emp
cn: stagiaire

# search result
search: 2
result: 0 Success

# numResponses: 7
# numEntries: 6
```

E. Validation des acquis : questions/réponses

Questions

1 Qu'est-ce qu'un annuaire pages blanches ?

2 Quel schéma du serveur LDAP permet d'implémenter un annuaire d'entreprise ?

3 De quel type est la classe d'objets inetOrgPerson ?

4 De quelles classes d'objets parentes découle la classe d'objets inetOrgPerson ?

5 Quelles sont les règles de comparaison pour les attributs d'une classe d'objets ?

6 Quels sont les attributs obligatoires de la classe d'objets inetOrgPerson ? Donnez deux attributs facultatifs.

7 Par quelle directive du fichier de configuration slapd.conf du serveur slapd peut-on inclure le schéma inetOrgPerson dans la liste des schémas de l'annuaire, sachant que le schéma en question est dans le répertoire /usr/local/etc/openldap/schema ?

8 Quelle directive de slapd.conf permet d'indexer les attributs sn et cn de la classe d'objets inetOrgPerson ?

Résultats

Référez-vous aux pages suivantes pour contrôler vos réponses. Pour chacune de vos bonnes réponses, comptez un point.

Nombre de points /8

Pour ce chapitre, votre score minimum doit être de 6 sur 8.

Réponses

1 Qu'est-ce qu'un annuaire pages blanches ?

Un annuaire pages blanches est un type particulier d'annuaire, permettant de recenser les personnes, les coordonnées de ces personnes ainsi que d'autres informations d'identification.

2 Quel schéma du serveur LDAP permet d'implémenter un annuaire d'entreprise ?

Le schéma inetorgperson.schema permet d'implémenter un annuaire d'entreprise qui permet d'identifier les employés d'une organisation.

3 De quel type est la classe d'objets inetOrgPerson ?

La classe d'objets inetOrgPerson est de type structurel.

4 De quelles classes d'objets parentes découle la classe d'objets inetOrgPerson ?

InetOrgPerson découle de organizationalPerson et de la classe d'objet person.

5 Quelles sont les règles de comparaison pour les attributs d'une classe d'objets ?

Les règles de comparaison pour les attributs d'une classe d'objets sont :

- *caseIgnoreMatch*
- *telephoneNumber*
- *caseIgnoreSubstringMatch*
- *booleanMatch*
- *numericstringMatch*
- *objectIdentifierMatch*
- *distinguishedNameMatch*

6 Quels sont les attributs obligatoires de la classe d'objets inetIOrgPerson ? Donnez deux attributs facultatifs.

Les attributs cn et sn sont les uniques attributs obligatoires de la classe d'objets inetOrgPerson. Les attributs employeeType et employeeNumber sont facultatifs.

7 Par quelle directive du fichier de configuration slapd.conf du serveur slapd peut-on inclure le schéma inetOrgPerson dans la liste des schémas de l'annuaire, sachant que le schéma en question est dans le répertoire /usr/local/etc/openldap/schema ?

```
Include     /usr/local/etc/openldap/schema/inetorgperson.schema
```

8 Quelle directive de slapd.conf permet d'indexer les attributs sn et cn de la classe d'objets inetOrgPerson ?

```
Index       cn,sn          eq,sub
```

F. Travaux pratiques

1. Création d'un annuaire d'entreprise

Manipulations

Créez une arborescence LDAP contenant l'ensemble des cadres du service marketing de la société dev.local.

Résumé des commandes et résultat à l'écran

1. Création de l'unité d'organisation ou=marketing.

Fichier LDIF à importer dans l'arbre **dc=dev,dc=local** :

```
#### Fichier marketing.ldif
dn : ou=marketing,dc=dev,dc=local
objectclass : top
objectclass : organizationalUnit
ou : marketing
```

2. Création des entrées de l'annuaire qui correspondent à l'ensemble des cadres du service marketing.

```
### Fichier cadres.ldif
dn: cn=cadre1,ou=marketing,dc=dev,dc=local
objectClass: top
objectClass: person
objectClass: organizationalPerson
objectClass: inetOrgPerson
cn: cadre1
sn: cadre1 emp
employeeNumber: 1011
employeeType: contractuel

# cadre2, marketing, dev.local
dn: cn=cadre2,ou=marketing,dc=dev,dc=local
objectClass: top
objectClass: person
objectClass: organizationalPerson
objectClass: inetOrgPerson
cn: cadre2
sn: cadre2 emp
employeeNumber: 1012
employeeType: contractuel

# cadre3, marketing, dev.local
dn: cn=cadre3,ou=marketing,dc=dev,dc=local
objectClass: top
objectClass: person
```

```
objectClass: organizationalPerson
objectClass: inetOrgPerson
cn: cadre3
sn: cadre3 emp
employeeNumber: 1013
employeeType: contractuel

# cadre4, marketing, dev.local
dn: cn=cadre4,ou=marketing,dc=dev,dc=local
objectClass: top
objectClass: person
objectClass: organizationalPerson
objectClass: inetOrgPerson
cn: cadre4
employeeNumber: 1014
employeeType: titulaire
sn: cadre4 emp

# cadre5, marketing, dev.local
dn: cn=cadre5,ou=marketing,dc=dev,dc=local
employeeType: Titulaire
employeeNumber: 1015
objectClass: top
objectClass: person
objectClass: organizationalPerson
objectClass: inetOrgPerson
sn: cadre5 emp
cn: cadre5
```

3. Importation des données :

```
root # ldapadd -x -D "cn=manager,dc=dev,dc=local" -W -h ldap://ubuntu.pme.com  -l \
marketing.ldif
roor # ldapadd -x -D "cn=manager,dc=dev,dc=local" -W -h ldap://ubuntu.pme.com  -l \
cadres.ldif
```

2. Attribution des comptes utilisateurs

Pour pouvoir se connecter à l'annuaire LDAP pour des besoins de recherche d'informations (contact client, numéro Tél, mail d'un collaborateur), les utilisateurs d'une entreprise doivent s'authentifier pour accéder à des informations sensibles dans la base LDAP. C'est pour cette raison que chacun doit disposer d'un nom d'utilisateur et d'un mot de passe pour effectuer des opérations LDAP, dans la plupart des cas ce sont des recherches, les mises à jour s'effectuent rarement.

Manipulations

1. Pour chaque utilisateur créé dans les travaux pratiques précédents, on ajoutera l'attribut **userpassword**.
2. Mettez à jour les informations de l'annuaire.
3. Effectuez une recherche dans l'annuaire sur l'attribut **cn=cadre1** en s'authentifiant en tant que **cadre2**.

Résumé des commandes et résultat à l'écran

1. Ajout de l'attribut userpassword pour cadre1, cadre2, cadre3, cadre4, cadre5.

- Le fichier cadre1.ldif :

```
dn : cn=cadre1, ou=marketing,dc=pme,dc=com
changetype : modify
add : userpassword
userpassword : PassCadre1
```

- Le fichier cadre2.ldif :

```
dn : cn=cadre2, ou=marketing,dc=pme,dc=com
changetype : modify
add : userpassword
userpassword : PassCadre2
```

- Le fichier cadre3.ldif

```
dn : cn=cadre3, ou=marketing,dc=pme,dc=com
changetype : modify
add : userpassword
userpassword : PassCadre3
```

- Le fichier cadre4.ldif :

```
dn : cn=cadre4, ou=marketing,dc=pme,dc=com
changetype : modify
add : userpassword
userpassword : PassCadre4
```

- Le fichier cadre5.ldif

```
dn : cn=cadre5, ou=marketing,dc=pme,dc=com
changetype : modify
add : userpassword
userpassword : PassCadre5
```

2. Mettre à jour les informations de l'annuaire.

```
# ldapmodify -x -D "cn=manager,dc=dev,dc=local" -W -f cadre1.ldif
# ldapmodify -x -D "cn=manager,dc=dev,dc=local" -W -f cadre2.ldif
# ldapmodify -x -D "cn=manager,dc=dev,dc=local" -W -f cadre3.ldif
# ldapmodify -x -D "cn=manager,dc=dev,dc=local" -W -f cadre4.ldif
# ldapmodify -x -D "cn=manager,dc=dev,dc=local" -W -f cadre5.ldif
```

3. Recherche avec authentification.

```
# ldapsearch -x -D "cn=cadre2,ou=marketing,dc=dev,dc=local" -w PassCadre1
"cn=cadre1"
```

☞ *Il est déconseillé de saisir le mot de passe sur la ligne de commande pour des raisons de sécurité, il a été saisi dans l'exercice pour des raisons de démonstration.*

Chapitre 5

Pré-requis

- ☒Connaissances de base sur la sécurité informatique.
- ☒Notions de base sur le chiffrement SSL.
- ☒Connaissances élémentaires sur le protocole Kerberos.

Objectifs

À la fin de ce chapitre, vous serez en mesure de :

- ☒Sécuriser l'accès à l'annuaire à l'aide des certificats électroniques.
- ☒Configurer l'authentification SASL.
- ☒Maîtriser l'authentification Kerberos.
- ☒Mettre en place des ACL avancées.
- ☒Restreindre l'accès aux mots de passe au sein de l'annuaire.
- ☒Implémenter une politique de sécurité pour les mots de passe des utilisateurs de l'annuaire LDAP.

A. Généralités sur la sécurité informatique

1. Objectifs de la sécurité

La sécurité des systèmes d'information est l'un des enjeux majeurs dans la vie de l'entreprise ainsi que dans sa résistance aux différents problèmes qu'elle peut rencontrer, tels que les attaques de l'extérieur, surtout lorsqu'une partie de son système d'information est relié à un réseau hostile comme Internet.

L'entreprise doit assurer aussi la confidentialité des informations et la documentation interne liée à ses employés ou à ses transactions avec le monde extérieur.

Une entreprise qui offre des services à travers le réseau doit faire face à toute cause d'indisponibilité de son système d'information.

Dans le contexte d'un service critique (serveur Web, serveur LDAP, mail, base de données), une panne occasionnant un arrêt du service peut causer un tort considérable entraînant une perte de productivité, voire une perte de confiance du client.

Les solutions de sécurité qui seront mises en place doivent contribuer à satisfaire les critères suivants :

- La disponibilité.
- L'intégrité.
- La confidentialité.

Ce sont les critères DIC.

Un autre critère important doit aussi être pris en compte dans les communications entre un client et un serveur, l'authentification.

2. La disponibilité

La disponibilité d'une ressource signifie que celle-ci doit être accessible à tout instant, et doit également être utilisable avec des temps de réponse acceptables.

La disponibilité des services système et données est réalisée en assurant un dimensionnement approprié et une certaine redondance et par une gestion opérationnelle efficace des infrastructures, ressources et services.

Dans une entreprise, des solutions comme les tests de montée en charge sont généralement effectués pour évaluer le comportement des systèmes sous certaines conditions extrêmes et contribuer ainsi à mieux définir leur dimensionnement.

Il faut néanmoins mettre en place une politique de sauvegarde permettant de restituer des données en cas de défaillance matérielle ou logicielle.

Des solutions de haute disponibilité existent pour assurer la continuité de service. L'étude détaillée de ces solutions dépasse les objectifs de cet ouvrage.

3. La confidentialité

La confidentialité est le maintien du secret des informations. La confidentialité peut être vue comme la protection des données contre une divulgation non autorisée.

Deux opérations permettent d'assurer la confidentialité des données :

- Limiter leur accès par un mécanisme de contrôle d'accès (ACL).
- Transformer les données par des procédures de chiffrement afin qu'elles deviennent inintelligibles aux personnes ne possédant pas les moyens de les déchiffrer.

  Le chiffrement contribue à assurer la confidentialité des données et à en augmenter la sécurité lors de leur transmission ou de leur stockage.

4. L'authentification

L'authentification a pour but de vérifier l'identité dont une entité (personne ou machine) se réclame.

Généralement l'authentification est précédée d'une identification qui permet à cette entité de se faire reconnaître du système par un élément dont on l'a dotée.

Pour cela, l'identité devra produire une information spécifique telle que par exemple un mot de passe, un code ou une empreinte biométrique.

5. L'intégrité des données

Assurer l'intégrité de l'information est relatif au fait que des ressources de données, traitements, transactions ou services n'ont pas été modifiés, altérés ou détruits, tant de façon intentionnelle qu'accidentelle.

Lors de leur transfert, les données ne devraient pas être altérées par les protocoles de communication qui les véhiculent.

L'intégrité des données ne sera garantie que si elles sont protégées des écoutes actives qui peuvent modifier les données interceptées.

B. Le chiffrement SSL/TLS - StartTLS

1. La cryptographie

La cryptographie a pour but d'assurer la confidentialité et l'intégrité des données.

La confidentialité est garantie par des algorithmes de chiffrement.

Le chiffrement est l'opération par laquelle on chiffre un message. C'est une opération de codage. Chiffrer ou crypter une information permet de la rendre incompréhensible en l'absence d'un décodeur particulier.

2. Les algorithmes de chiffrement

Les algorithmes de chiffrement sont divisés en deux grandes catégories :

- Le chiffrement symétrique.
- Le chiffrement asymétrique, dit à clé publique.

a. Le chiffrement symétrique

Dans le chiffrement symétrique, une seule clé, qui sert pour le chiffrement et le déchiffrement, est partagée entre toutes les personnes participant à un échange.

Pour chiffre ou déchiffrer un texte, il faut définir une clé et un algorithme de chiffrement.

Chaque entité doit posséder autant de clés secrètes qu'elle a d'interlocuteur. Il faut donc disposer d'autant de paires différentes de clés qu'il y a de paires de correspondants.

Le tableau suivant liste quelques algorithmes de chiffrement symétriques :

Algorithme	Taille de clé (en bits)	Taille de bloc
3-DES	112,168	64
RC5	32, 64, 128	Jusqu'au 2048
AES	128, 192, 256	128
RC6	Jusqu'à 2048	128
Camelia	128, 192, 256	128
Serpent	128, 192, 256	128

- DES (*Data Encryption Standard*) : avec cet algorithme les données sont chiffrées par bloc de 64 bits avec une clé de 56 bits.
- 3DES (*Triple DES*) : on réalise trois niveaux de chiffrement ce qui donne une clé effective de chiffrement de 168 bits.
- RC5 est un algorithme propriétaire à clé symétrique développé par Ronald Rivest et diffusé par la société RSA Security Inc. Il utilise des clés de longueur variable pouvant aller jusqu'au 2048 bits.
- Camelia est un algorithme de chiffrement symétrique par bloc de 128 bits, conçu pour fonctionner avec des clés de 128, 192 et 256 bits. Il a été développé conjointement par la Nippon Telegraph And Telephone corporation et Mitsubishi Electric Corporation en 2000.

Depuis 2006, le code source de Camelia est disponible sous plusieurs licences libres telles que GPL, BSD, MPL et la licence OpenSSL.

- Serpent : est un algorithme de chiffrement par bloc, serpent a une taille de bloc de 128 bits et supporte des clés de 128, 192 ou 256 bits.

  Serpent est souvent considéré comme l'un des systèmes de chiffrement les plus sûrs actuellement disponibles.

b. Le chiffrement asymétrique

Dans le chiffrement asymétrique, il existe deux clés, une clé publique et une clé privée. Ces deux clés sont générées ensemble par un logiciel (exemple OpenSSL, GNUTLS) et elles dépendent mathématiquement l'une de l'autre.

La clé publique peut être publiée sans risque, mais la clé privée doit être soigneusement gardée secrète par son propriétaire.

La clé publique sert habituellement à crypter un message et la clé privée à le décrypter, mais l'inverse est également possible.

La cryptographie à clés publiques présente plusieurs avantages :

- Elle diminue le nombre de clés nécessaire à la communication entre un nombre important de personnes.
- Elle permet la signature d'un document numérique.
- Elle permet l'authentification mutuelle de deux composants.
- Les principaux algorithmes de chiffrement à clé publique, dont le nom est celui de leur inventeur, utilisent le plus souvent des clés de longueur variant de 512 à 1024 bits, citons par exemple :
  - RSA (*Rivest, Shamir, Adelman*) qui est basé sur la factorisation des nombres premiers.
  - El Gamal, basé sur la difficulté de résoudre le problème de logarithme discret.

☞ *La sécurité du processus de chiffrement repose en grande partie sur la sécurité et la confidentialité des clés utilisées, sur la robustesse des algorithmes et sur la sécurité des plates-formes matérielles et logicielles qui les supportent.*

3. Le chiffrement SSL-TLS

Le protocole cryptographique SSL (*Secure Sockets Layers*) a été créé par la société Netscape en collaboration avec d'autres acteurs dont MasterCard et Bank of America pour prendre en charge des échanges sécurisés et authentifiés entre un client et un serveur. SSL peut être utilisé pour toute application reposant sur TCP, à l'instar de LDAP.

TLS (*Transport Layer Security*), le véritable nom pour SSLv3.1 décrit dans la RFC 2246, est la couche cryptographique qui se glisse entre TCP et LDAP pour sécuriser des échanges sur un lien non sûr.

SSL permet de chiffrer les communications entre deux machines et d'assurer la confidentialité des données, l'authentification de l'utilisateur et du serveur, ainsi que l'intégrité des données par signatures électroniques à travers les certificats numériques et la mise en œuvre du chiffrement asymétrique.

Dans ce chapitre on s'intéresse particulièrement à la sécurisation du protocole LDAP et la configuration d'OpenLDAP à l'aide des certificats.

a. Qu'est-ce qu'un certificat numérique ?

Un certificat numérique ou certificat électronique constitue la carte d'identité numérique d'une entité (personne morale ou physique) ou d'une ressource informatique à laquelle il appartient. Il contient entre autres l'identification de son propriétaire, la clé publique qui lui est attribuée ainsi que l'identification de l'organisme qui l'a délivrée.

Propriétés d'un certificat dans Internet Explorer :

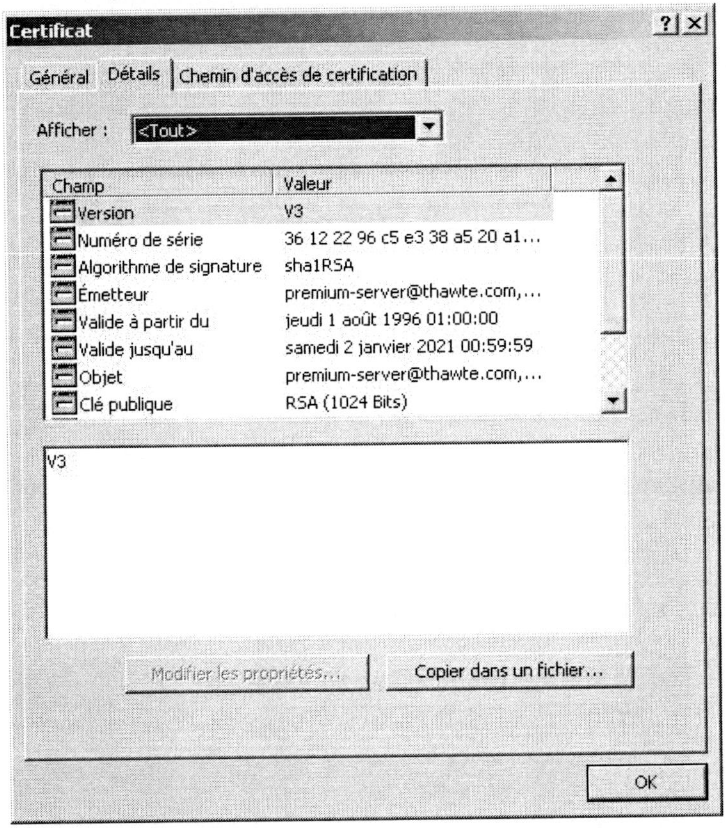

b. Mise en place de chiffrement par SSL dans LDAP

Pour mettre en place le chiffrement des échanges avec LDAP, il faut générer un certificat pour le serveur.

Pour créer ce certificat, il existe plusieurs façons :

- Créer un certificat auto-signé : ce type de certificat ne garantira pas l'identité de la source, mais permettra le chiffrement des échanges.

- Créer un certificat signé par une autorité de certification : une autorité de certification (AC) est le tiers de confiance. Elle est garante de la correspondance entre un certificat construit autour d'une clé publique et une entité (personne, entreprise, site internet, adresse mail, etc.). Le fonctionnement complet du système repose sur le sérieux et le professionnalisme des autorités de certification.

  Ceci est garanti par un protocole de vérification de l'identité des entités demandant un certificat.

  Avec ce deuxième type de certificats, l'identité de la source sera garantie.

Dans notre cas nous utilisons des certificats auto-signés pour sécuriser les échanges entre un client LDAP et le serveur OpenLDAP.

SSL nécessite le port 636 pour implémenter LDAP sur SSL (LDAPS), alors que TLS s'adapte sur le protocole LDAP et utilise le port standard 389 grâce à l'opération StartTLS.

Pour créer les certificats, on aura besoin du logiciel OpenSSL :

1. Génération de la clé privée :

```
# openssl genrsa -aes256 -out ca.key 1024
```

2. Création de la demande de signature :

```
# openssl req -new -key ca.key -out ca.csr
```

3. Auto-signature de la demande :

```
# openssl x509  -days  365  -signkey  ca.key  -in  ca.csr  -req\
-out  ca.pem
```

Explication des options openssl :

`genrsa` : génération des paramètres RSA.

`aes256` : l'algorithme de chiffrement à utiliser ainsi que la taille de clé correspondante.

`req` : gestion des requêtes de signatures X.509.

`-out` : nom de la clé générée.

`x509` : permet de signer, visualiser ou convertir un certificat.

`-days` : date de validité du certificat.

`-in` : clé (requête) à signer.

`-signkey` : signature de la clé.

Une fois le certificat créé, il ne reste plus qu'à configurer OpenLDAP, pour cela il faut ajouter les directives suivantes au fichier slapd.conf :

```
TLSCiphersuite      HIGH : MEDIUM:+TLSv1
TLSCerticateFile   /usr/local/etc/OpenLDAP/cert/ca.pem
TLSCipherKeyFile   /usr/local/etc/OpenLDAP/cert/ca.key
```

☞ *Un cipher suite est une combinaison de moyens d'authentification, de chiffrement, d'authentification de messages et d'algorithmes utilisés pour négocier les paramètres de sécurité d'une connexion utilisant TLS ou SSL.*

Le paramètre **TLSCiphersuite** permet de définir l'algorithme de chiffrement accepté par le serveur. Il détermine également l'ordre de préférence des algorithmes.

Les deux paramètres suivants, **TLSCertificateFile** et **TLSCertificateKeyFile** indiquent au démon serveur slapd l'emplacement du certificat du serveur et la clé privée associée. Ces éléments permettent d'utiliser à la fois LDAP sur SSL (LDAPS) et l'opération étendue StartTLS.

☞*LDAPv3 a introduit une nouvelle opération pour négocier l'utilisation du TLS sur un port standard tcp/389. Cette opération connue sous le nom de StartTLS, permet à un serveur de supporter à la fois des sessions chiffrées et non chiffrées sur le même port, en fonction des requêtes clients. Le serveur doit obligatoirement supporter cette opération pour servir les clients qui s'y connectent.*

C. Sécurité SASL

1. L'authentification

L'authentification de LDAP v3 définit plusieurs mécanismes d'authentification client :

- Authentification anonyme.
- Authentification simple utilisée dans les chapitres précédents avec l'utilisateur rootdn et le mot de passe rootpw.
- Authentification simple sur SSL/TLS.
- Authentification SASL (*Simple Authentication and Security Layer*).

C'est ce dernier mécanisme d'authentification qui nous intéresse dans cette partie.

SASL est un modèle générique permettant d'utiliser différents mécanismes de façon transparente pour l'application. SASL supporte un mécanisme d'authentification enfichable, en permettant au client et au serveur de négocier le mode d'authentification de l'utilisateur.

Plusieurs mécanismes d'authentification liés à SASL :

- Kerberos
- GSSAPI
- S/Key
- DIGEST-MD5
- CRAM-MD5

☞*Pour la certification LPIC 3, une connaissance basique du protocole de Kerberos est demandée.*

Dans le présent chapitre, nous allons mettre en place l'authentification SASL, nous utiliserons alors le mécanisme GSSAPI pour l'authentification Kerberos 5.

Commençons par définir le protocole Kerberos et son implémentation avec OpenLDAP.

2. Le protocole Kerberos

Kerberos est protocole cryptographique dont le rôle essentiel est l'authentification d'entités dialoguant en réseau.

Il s'agit d'un système conçu pour assurer une authentification fiable et réciproque entre différents nœuds d'un réseau non sécurisé, garantissant la confidentialité des échanges et l'impossibilité de les rejouer. C'est une alternative à l'authentification par nom d'utilisateur et mot de passe.

Actuellement c'est la version 5 du protocole Kerberos qui est utilisée. Ce protocole se divise en deux phases, la phase de connexion d'un utilisateur et la phase pendant laquelle l'utilisateur, à travers un client Kerberos, accède au service.

La phase de connexion nécessite l'obtention d'un ticket appelé TGT (*Ticket-Granting Ticket*) lui permettant par la suite d'obtenir de nouveaux tickets pour chaque service auquel on veut accéder.

Dans cette circonstance l'utilisateur ne s'authentifie qu'une seule fois et accède aux différents services d'une façon transparente. On parle alors d'authentification unique ou de SSO (*Single Sign On*).

a. Principe de fonctionnement du protocole

Le protocole Kerberos fait intervenir quatre composants :

- Le serveur d'authentification (AS).
- Le serveur de ticket.
- Le client.
- Le service.

Le serveur d'authentification ainsi que le serveur de ticket sont représentés par le centre de distribution des clés (*Key Distribution Center*), le KDC.

Le client envoie une requête au service AS (*Authentication Server*) du KDC en clair. Cette requête est composée de son principal, le CPN (*Client Principal Name*) ainsi que celui du CPN du serveur pour obtenir le ticket TGT. Celui-ci lui permettra ensuite de demander des tickets de services.

Le serveur répond par un message (**AS-REP**). Ce message contient le TGT. Le Ticket-Granting Ticket est chiffré avec la clé du serveur de ticket et contient les données suivantes :

- Une copie de la clé de session.
- Le CPN du client et son adresse IP.
- Un horodatage.
- La durée de vie du ticket.

☞ *L'horodatage (timestamp) garantit la synchronisation entre le client et le serveur. Si les horloges du client et du serveur possèdent des écarts importants, l'authentification sera refusée par le serveur. Pour remédier à cette contrainte, il est préférable de synchroniser les machines via un serveur NTP.*

Lorsque le client souhaite bénéficier d'un service, il envoie une requête au serveur **KDC (TGS-REQ)** comportant cette fois-ci trois parties.

Le nom principal du service ou SPN (*Service Principal Name*) demandé, le TGT acquis précédemment et un identificateur constitué de son propre nom principal et d'une estampille temporelle chiffrée avec la clé de session récupérée à l'étape précédente.

Le serveur répond par un **TGS-REP** contenant les éléments suivants :

- Le ticket de service.
- Une clé de session pour le service.
- Le SPN du service.
- La durée de vie pour le ticket.

Le ticket de service ST (*Service Ticket*) est chiffré avec la clé de service comportant une copie de la clé de session pour le service, l'adresse IP et le nom principal du client ainsi qu'une estampille temporelle.

Après avoir obtenu le ticket de service, le client s'authentifie auprès du serveur qui dispose du service désiré, en lui transmettant le ST.

À partir de cet instant les dialogues entre le client et le serveur hébergeant le service seront chiffrés symétriquement avec la clé de la session.

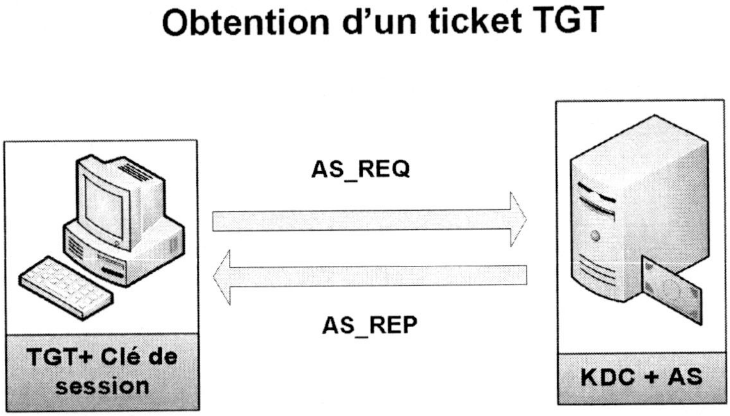

b. Mise en place d'un serveur Kerberos

Sous le système d'exploitation GNU Linux, deux implémentations du protocole Kerberos existent à ce jour, celle du MIT et Heimdal.

Au début, la variante de Kerberos MIT n'a été disponible qu'aux États-Unis, la plupart des distributions Linux ont utilisé alors la version Heimdal à cause des restrictions légales concernant l'exportation de méthodes de chiffrement fort en vigueur aux États-Unis.

Actuellement, ces restrictions ont disparu. La distribution Red Hat utilise la version 5 du MIT, utilisé également par la distribution Ubuntu 10.04 LTS.

Nous mettons en place la version Kerberos de MIT.

Installation

Pour récupérer les sources de Kerberos du MIT, il suffit d'aller sur le site officiel du projet :
http://web.mit.edu/kerberos/www

Les paquetages nécessaires sous Debian et les distributions dérivées sont :

- krb5-kdc pour le service KDC.
- krb5-admin-server pour le démon Kadmind, le serveur d'administration Kerberos.
- krb5-kcm est le Kerberos Credential Manager, il gère le ticket d'une station de travail.
- krb5-config est la configuration Kerberos.
- krb5-clients représente les clients Kerberos.
- krb5-user est le programme d'authentification.
- krb5-doc est le paquetage contenant la documentation du serveur.

On installe le paquetage serveur et le serveur d'administration :

```
# sudo apt-get install krb5-kdc Krb5-admin-server
```

Configuration du KDC

On commence par paramétrer le royaume Kerberos :

```
# vi /etc/krb5.conf
```

```
[logging]

default = File:/var/log/krb5libs.log
kdc = File:/var/log/krb5kdc.log
admin_server = File:/var/log/kadmind.log

[libdefaults]

default_realm = PME.COM      ## Le royaume par défaut à utiliser pour l'ensemble
                             ## des applications
dns_lookup_realm = false
dns_lookup_kdc = false
ticket_lifetime = 48h      ## Durée de vie des tickets
renew_lifetime = 12h       ## Durée de renouvellement des tickets
forwardable = yes

[realms]    ## Les adresses des serveurs (IP+port) hébergeant le royaume

PME.COM = {
      kdc = ubuntu.pme.com:88     ## Le nom d'hôte du serveur de distribution
                                  ## des clés
      admin_server = ubuntu.pme.com:749     ## Le nom d'hôte du serveur
                                            ## d'administration Kerberos
      }

[domain_realm]     ## Correspondance entre nom de domaine (DNS)
                   ## et nom de royaume

.pme.com = PME.COM
pme.com = PME.COM
```

Configuration du serveur d'administration

```
# vi /var/kerberos/krb5kdc/kdc.conf
```

```
[kdcdefaults]
v4_mode = nopreauth
kdc_ports = 88,750
kdc_tcp_ports = 88

[realms]
PME.COM = {
        acl_file = /var/kerberos/krb5kdc/kadm5.acl
```

```
        dict_file = /usr/share/dict/words
        admin_keytab = /var/kerberos/krb5kdc/kadm5.acl
        supported_enctypes = aes256-cts:normal aes128-cts:normal
        des3-hmac-sha1:normal des-cbc-crc:v4 des-cbc-crc:afs3
}
```

- Création de la base de données Kerberos :

```
# krb5_util create -v PME -s
```

- Création d'un compte d'administration :

```
#kadmin.local
kadmin.local : addprinc issam/admin
```

- Positionnement des droits nécessaires pour l'administrateur issam/admin dans le fichier kdm5.acl

```
# vi kadm5.acl
```

```
*/ admin@PME.COM    *
```

- Démarrage des services :
  - Activation du démon krb5 kdc :

    ```
    /etc/init.d/krb5kdc start
    ```

  - Activation du démon kadmin :

    ```
    /etc.init.d/kadmind start
    ```

☞ *Le protocole Kerberos 5 utilise les ports **88/udp** et **88/tcp** pour le service de ticket, et le port **749/tcp** pour le serveur d'administration.*

D. OpenLDAP et Kerberos

1. Authentification LDAP via SASL (Kerberos)

Au cours des précédents chapitres, lorsque l'on souhaitait effectuer une opération LDAP, il fallait s'authentifier auprès du serveur LDAP avec les droits correspondants pour que l'opération désirée réussisse. Le mode d'authentification utilisé était le mode d'authentification simple avec un DN et un mot de passe ; nous avons utilisé comme utilisateur l'administrateur de l'annuaire, mais n'importe quel autre utilisateur existant peut effectuer l'authentification.

Dans cette partie, c'est l'authentification SASL qui sera mise en place. Nous utiliserons le mécanisme GSSAPI pour l'authentification Kerberos 5.

Il faut commencer par créer le principal relatif au service LDAP et ensuite mettre en place les clés correspondant à ce principal sur le serveur OpenLDAP dans un fichier keytab.

Le principal à créer sera de la forme ldap/ubuntu.pme.com@PME.COM.

- Création du principal ldap/ubuntu.pme.com :

```
#Kadmin.p issam/admin
Kadmin >addprinc  -randkey   ldap/ubuntu.pme.com
```

- Création de clés associées au service LDAP :

```
Kadmin : Ktadd - K /etc/krb5.keytab   ldap/ubuntu.pme.com
Kadmin : quit
```

Il faut s'assurer que le serveur slapd puisse accéder au fichier keytab en positionnant les droits nécessaires.

```
#chgrp ldap : grldap/etc/krb5.keytab
#chmod 640     /etc/krb5.keytab
```

Bien entendu le serveur OpenLDAP doit supporter le mécanisme GSSAPI parmi les mécanismes d'authentification disponibles. Pour vérifier ceci, il suffit d'interroger le root DSE, en effectuant une recherche de type base sur le DN vide ("") sur l'attribut supported SASL Mechanisms.

```
# ldapsearch -x -s base -b "" supportedSASLMechanisms
# extended LDIF
#
# LDAPv3
# base <> with scope baseObject
# filter: (objectclass=*)
# requesting: supportedSASLMechanisms
#

#
dn:
supportedSASL Mechanisms: GSSAPI
supportedSASL Mechanisms: DIGEST-MD5

# Search result
search: 2
result: 0 Success
# numResponses: 2
# numEntries: 1
```

D'autres mécanismes SASL peuvent être supportés par OpenLDAP, tels que **DIGEST-MD5**, **CRAM-MD5**.

- Authentification SASL par les clients LDAP.

  Pour que le client bénéficie de l'authentification SASL, il faut installer le paquetage client SASL (Krb5-clients).

  Pour tester l'authentification, il suffit d'ajouter une entrée LDIF avec la commande ldapadd.

```
# fichier sasl.ldif
dn: cn=issam,ou=users,dc=pme,dc=com
cn : issam
sn : mejri
objectclass : person
```

- Établissement d'une connexion Kerberos pour l'obtention d'un ticket à partir d'un poste client :

```
# Kinit issam@PME.COM
```

Pour visualiser les tickets obtenus :

```
# klist
```

- Redémarrage du démon slapd :

```
# /etc/init.d/slapd restart
```

- Ajout de l'entrée en s'authentifiant en SASL :

```
# ldapadd -Y GSSAPI -f sasl.ldif
SASL/GSSAPI authentication started
SASL username : issam@PME.COM
SASL SSF : 56
SASL data security layer installed
version : 1
adding new entry "cn=issam, ou=users, dc=pme, dc=com"
```

Avec l'authentification SASL, l'utilisateur authentifié se voit attribuer un autre identifiant à la place de son DN habituel. En effet, le nouveau DN sera créé dans la branche **cn=gssapi, cn=auth**. Autrement dit chaque identifiant LDAP sera converti en identifiant SASL. Il faut donc mettre en place une correspondance, via une expression régulière dans la configuration du serveur LDAP (slapd.conf) via la directive **authz-regexp** :

```
authz-regexp  "uid = ([^,]*), cn=gssapi, cn=auth "uid=$1, ou=user, dc=pme, dc com "
```

Une fois les identifiants SASL mis en place, ils pourront désormais être inclus dans les listes de contrôle d'accès (ACL) au niveau du fichier slapd.conf.

2. Options SASL dans slapd.conf

Dans les paramètres globaux du fichier slapd.conf, trois options permettent de configurer SASL pour le support de ce type d'authentification. Ces paramètres sont :

- **sasl - host** nom_ hôte
- **sasl - realm** nom_royaume
- **sasl - secprops** valeurs

La directive sasl-host définit le nom de domaine pleinement qualifié de la machine effectuant l'authentification SASL.

La directive sasl-realm définit le domaine SASL utilisé pour effectuer l'authentification.

La directive sasl-secprops permet d'activer des options liées aux propriétés de sécurité SASL.

Les valeurs possibles sont :

Options	Description
none	Désactive les propriétés de sécurité par défaut (noplain, noanonymous).
noplain	Désactive les mécanismes sensibles aux attaques passives, telles que l'observation des paquets sur le réseau pour recueillir des mots de passe.
noactive	Désactive les mécanismes sensibles aux attaques actives.
nodict	Désactive les mécanismes sensibles aux attaques de mot de passe par dictionnaire
noanonymous	Désactive les mécanismes qui supportent les connexions anonymes.
Forwardsec	Impose la protection des secrets à long terme.
passcred	Impose des mécanismes s'appuyant sur les données d'authentification des clients.
minssf=seuil	Définit le niveau de sécurité minimal. Les valeurs possibles sont : 0 (aucune protection), 1 (protection en intégrité uniquement), 56 (chiffrement DES), 112 (chiffrement triple DES et algorithmes de chiffrement symétrique forts) et 128 (chiffrement RC4, Blowfish et autres algorithmes de chiffrement de ce niveau).
maxssf=seuil	Définit le niveau de sécurité maximal. Les valeurs possibles sont identiques à celles de minssf.
maxbufsize=taille	Définit la taille maximale du tampon de réception de la couche de sécurité. Une valeur 0 désactive la couche de sécurité.

E. Autres paramètres de sécurité

D'autres options dans le fichier slapd.conf permettent de personnaliser et de renforcer la sécurité du serveur slapd.

Le paramètre **security** assurant une définition globale du niveau de sécurité. Ce paramètre admet également plusieurs valeurs possibles :

- sasl : définit le niveau de sécurité SASL.
- ssf : définit le niveau de sécurité global.
- tls : définit le niveau de sécurité de la couche SSL, TLS.
- update_sasl, update_ssf, update_tls : définissent le niveau de sécurité des différentes couches lors des opérations de mise à jour de l'annuaire.

Les paramètres **allow** et **disallow** servent à l'activation ou à la désactivation de quelques fonctionnalités. Par exemple, le paramètre disallow admet pour valeur :

- bind_v2 : désactive l'authentification des clients ne supportant pas la version 3 du protocole LDAP.
- bind_anon_dn : désactive l'authentification anonyme lorsque le DN n'est pas vide.
- bind_anon_cred : désactive les données d'authentification anonyme lorsque le DN est vide.

- bind_anon : désactive l'authentification anonyme.
- bind_simple : désactive l'authentification simple.

Le paramètre de sécurité **require** permet de définir les paramètres de sécurité globale obligatoires pour pouvoir interagir avec l'annuaire. Il admet les valeurs suivantes :

- none : désactive toutes les contraintes.
- bind : le client doit s'authentifier avant de réaliser des opérations au niveau de l'annuaire.
- SASL : le client doit s'authentifier à travers le mécanisme sasl pour accéder à l'annuaire.
- authc : les accès anonymes à l'annuaire sont refusés.

1. Protéger le mot de passe

Dans le fichier de configuration d'OpenLDAP, slapd.conf utilisé jusqu'à maintenant contient deux directives rootdn et rootpw qui correspondent au paramètre d'authentification simple de l'administrateur de l'annuaire. Cependant, le paramètre rootpw qui définit le mot de passe du rootdn est écrit en clair dans le fichier de configuration, et ceci représente une faille de sécurité permettant à une personne malveillante de capturer le mot de passe et pourra avoir des privilèges illimités sur l'annuaire.

Le paramètre **password-hash** est une directive dans slapd.conf permettant de choisir un algorithme de hachage ou de chiffrement utilisé par défaut pour protéger les valeurs stockées dans l'attribut userPassword.

L'algorithme utilisé par défaut est {SSHA}, il existe également :

- {SHA}
- {MD5}
- {CRYPT}
- {CLEARTEXT}

Pour chiffrer le mot de passe rootpw présent dans le fichier slapd.conf, l'outil en ligne de commande slappasswd permet de réaliser ceci. En effet, cette commande admet comme options :

- -v : active le mode verbeux.
- -s secret : définit le mot de passe à chiffrer.
- -h : définit l'algorithme à utiliser, {crypt}, {MD5}, {SMD5}, {SSHA} et {SHA} ; {SSHA} est la valeur par défaut.

```
#root @ubuntu :~# slappasswd -h {MD5} -s  portos
{MD5}xr4ilo.ZQ4PC0q3aQ0qbaaQ==
```

La commande **ldappasswd** permet aussi de créer le mot de passe d'un utilisateur de l'annuaire et admet comme paramètres :

- -A : affiche l'ancien mot de passe en mode interactif.
- -a "oldpassword" : définit l'ancien mot de passe.
- -x : utilise une authentification simple au lieu de SASL.
- -D : binddn.
- -S : demande de saisir le nouveau mot de passe.

La commande ci-dessous permet de modifier le mot de passe de l'utilisateur *issam*.

```
#ldappasswd  -x -D "cn=manager, dc =pme, dc=com"  -W
-S "uid=issam, ou=users, dc=pme, dc=com"
```

Le stockage de mot de passe dans le fichier slapd.conf, que ce soit en clair ou chiffré, est également une faille de sécurité potentielle, même si des droits restrictifs sur le fichier sont positionnés.

La présence de rootdn et rootpw n'est pas obligatoire dans le fichier slapd.conf et peut être substituée par un compte ordinaire stocké dans l'annuaire, doté des ACL adéquates pour lui affecter les mêmes privilèges.

Les lignes suivantes permettent de réaliser cette alternative :

```
access to dn.subtree= "dc=pme, dc=com" attrs=userpassword
by dn="cn=admin, ou =users, dc=pme, dc=com"  write
by self write
by anonymous auth
by        *   none
```

Il faut bien sûr veiller à ce que ce mot de passe ne circule pas en clair sur le réseau. L'établissement d'une liaison chiffrée entre les clients et le serveur est évident pour se protéger contre la capture de mots de passe en plus de la confidentialité des données.

Toujours en se basant sur les ACL, on peut interdire toute opération sur l'annuaire faisant intervenir des mots de passe sur une connexion non chiffrée par le biais du paramètre ssf (*security strengh factor*).

L'ACL suivante permet de mettre en place cette solution :

```
access to dn.subtree="dc=pme, dc=com"  attrs=userpassword
         by dn="cn=admin, ou=users, dc=pme, dc=com"  ssf=56  write
         by self   ssf=56 write
         by anonymous  ssf=56 auth
         by    *  none
```

Ici, il s'agit d'un chiffrement DES.

2. Gestion des mots de passe

Pour mettre à disposition des utilisateurs la possibilité de gérer en toute sécurité leur mot de passe de la même manière que les mots de passe UNIX, il faut mettre en place une politique de sécurité adéquate permettant d'implémenter des critères personnalisés pour la gestion des mots de passe.

La politique des mots de passe est implémentée dans OpenLDAP sous forme d'overlay (module contenant des fonctionnalités qui doit être chargé par le serveur OpenLDAP). Le greffon **ppolicy** peut être implémenté avec n'importe quel backend (BDB, HDB, LDAP, etc) ou encore être déclaré comme option globale dans slapd.conf pour agir sur tous les backends.

Cependant, cet overlay n'est pas compilé par défaut dans OpenLDAP, il faut activer l'option **--enable-ppolicy** lors de l'étape de configuration de la compilation.

Il est possible d'attribuer une politique spécifique à chaque entrée de l'annuaire.

La classe d'objets et les attributs permettant le paramétrage de la politique sont définis dans le schéma **ppolicy.schema**, qui doit être chargé dans slapd.conf via la directive include.

```
include  /usr/local/etc/openldap/schema/ppolicy.schema
```

Le chargement du module est activé via la directive moduleload.

```
moduleload policy.la
```

Les fonctionnalités possibles de la politique des mots de passe :

- Définition d'une limite du nombre de tentatives d'authentification infructueuses.
- Compteur comptabilisant les tentatives échouées.
- Temps de verrouillage du compte.
- Envoi d'une alerte à l'utilisateur dans un laps de temps précédant l'expiration et blocage du compte à l'expiration du mot de passe.
- Nombre d'authentifications dit de grâce, autorisant l'utilisateur à se connecter même si le mot de passe a expiré. Un avertissement est alors envoyé et un compteur recense le nombre d'authentifications de grâce. Une fois toutes ces authentifications consommées, le compte est bloqué.
- Conservation de l'historique des mots de passe afin d'éviter qu'un utilisateur utilise toujours les mêmes mots de passe. Un utilisateur ne peut alors changer de mot de passe par un autre déjà présent dans l'historique.
- Contrôle de l'âge minimum du mot de passe, empêchant un utilisateur de charger consécutivement plusieurs fois son mot de passe.
- Contrôle de la taille minimale du mot de passe.

Ces valeurs seront configurées par les attributs présents dans la classe d'objets pwdPolicy dont chacun des attributs gouverne un des critères de cette politique.

Les attributs de cette politique sont :

- **pwdAttribute** : nom de l'attribut auquel est appliqué la politique des mots de passe.
- **pwdMinAge** : durée de vie minimale d'un mot de passe, en seconde.
- **pwdMaxAge** : durée de vie maximale d'un mot de passe. L'absence de l'attribut équivaut à la valeur 0 ce qui implique que le mot de passe n'expire jamais.
- **pwdInHistory** : nombre de mots de passe dans l'historique.

L'absence de l'attribut équivaut à la valeur 0, ce qu'implique la non-historisation des mots de passe.

- **pwdCheckQuality** : indique si la qualité des mots de passe doit être vérifiée. Trois valeurs sont possibles :
  - 0 : la qualité n'est pas vérifiée.
  - 1 : la qualité est vérifiée.
  - 2 : la qualité est vérifiée mais si l'annuaire n'a pas les moyens de le faire, il rejette le mot de passe.
- **pwdMinLength** : taille minimale du mot de passe. L'absence de l'attribut équivaut à la valeur 0.
- **pwdExpireWarning** : nombre de secondes précédant l'expiration d'un mot de passe, pendant lesquelles une alerte sera envoyée à un utilisateur s'authentifiant. L'absence de l'attribut équivaut à la valeur 0, impliquant qu'aucune alerte ne sera envoyée.
- **pwdLockout** : si la valeur est **TRUE**, le compte sera bloqué si la limite des tentatives d'authentification est dépassée. L'absence de l'attribut équivaut à la valeur **FALSE**, ce qui signifie que le compte ne sera pas bloqué.

- Configuration de la politique dans slapd.conf :

```
overlay ppolicy
ppolicy_default    ou=users,dc=pme,dc=com
```

- Ajouter la politique à l'annuaire :

```
dn : ou=users, dc=pme, dc=com
ou=users
objectclass : pwdPolicy
objectclass : organizational Unit
pwdAttribute : userPassword
pwdMaxAge : 2502000
pwdInHistory:4
pwdCheckQuality : 2
pwdLockout : TRUE
pwdMinLength : 8
pwdMaxFailure : 3
```

F. Les listes de contrôle d'accès (ACL)

Une implémentation des droits et des privilèges pour les utilisateurs de l'annuaire ne fait que renforcer la sécurité de la base d'information stockée dans ce dernier. Cette base de données héberge probablement des informations confidentielles, telles que les mots de passe des utilisateurs, le salaire des employés, les dossiers des clients et des fournisseurs. Pour fixer des droits sur des branches de l'annuaire, OpenLDAP dispose de mécanismes assurant la définition des autorisations sur les entrées de l'annuaire. Ce mécanisme est garanti par des listes de contrôle d'accès (ACL, *Access Control List*). Le principe de base consiste à déterminer qui a accès à quoi.

Par défaut, n'importe quel utilisateur peut lire toutes les entrées de l'annuaire. Cependant, l'administrateur de l'annuaire défini par la directive rootdn dans slapd.conf dispose d'un accès total à l'annuaire.

La syntaxe générale d'une ACL est la suivante :

Accès à <quoi> par <qui> <type_accès_ autorisé>

La partie **<quoi>** détermine les entrées et les attributs auxquels s'applique la ACL. On peut spécifier :

- Une expression régulière définissant le DN de la cible de la ACL.
- Un filtre de recherche LDAP respectant la syntaxe suivante : filter=filtre_ldap
- Une liste de noms d'attributs séparés par des virgules, sous la forme : attrs=listeAttributs. Si cet item n'est pas présent, alors l'ACL s'applique à tous les attributs de l'entrée dont le DN vérifie l'expression régulière.

Si aucune de ces règles n'est présente, le caractère joker (*) permet de désigner l'ensemble des entrées.

La partie **<qui>** permet de spécifier l'identité de celui accédant à l'annuaire, les possibilités sont :

- * : correspond à tout utilisateur connecté y compris les utilisateurs anonymes.
- self : le DN est l'utilisateur actuel, qui est déjà authentifié.
- anonymous : utilisateur non authentifié et donc anonyme.
- users : connexion authentifiée.

- dn=<regex> utilisateur qui correspond à l'expression régulière regex.

La partie **type_accès_autorisé** permet de classer le niveau d'accès déterminé par les possibilités suivantes :

- write : mise à jour des valeurs des attributs, ajout et modification des entrées de l'annuaire.
- read : lecture des résultats de recherche (tous les attributs sauf ceux soumis à des ACL spécifiques).
- search : requis pour l'application de filtre de recherche.
- compare : requis pour la comparaison des attributs.
- auth : authentification, dans ce cas le client doit envoyer son identifiant utilisateur au sens LDAP et les données d'authentification permettant de prouver son identité.
- none : l'accès à l'annuaire est verrouillé.

Voici quelques exemples pratiques pour bien comprendre la syntaxe des ACL.

ACL autorisant l'accès total à l'annuaire par tout le monde en lecture seule.

```
access to    *
            by  * read
```

☞ *Une ACL peut s'écrire sur une seule ligne mais pour des raisons de lisibilité, elle s'écrit sur plusieurs lignes.*

- ACL autorisant les utilisateurs à modifier leurs propres entrées, les utilisateurs anonymes doivent s'authentifier pour accéder à l'ensemble des entrées de l'annuaire alors que les autres utilisateurs ont le droit de lecture seule.

```
access to   *
          by self write
          by anonymous  auth
          by     * read
```

- ACL identique à la précédente sauf que le droit d'accès doit être établi dans une connexion chiffrée avec une ssf (*security strength factor*) ≥ 128.

```
access to      *
          by   ssf=128 self write
          by   ssf=64   anonymous auth
          by   ssf=64  users read
          by   * none
```

- Contrôle sur l'attribut homePhone, tout utilisateur peut changer son homePhone, les entrées fils de pme.com peuvent effectuer des recherches sur l'attribut, les utilisateurs dont les adresses IP commencent par 10 ont le droit de lecture de l'attribut homePhone.

```
access to dn.subtree="dc=pme, dc=com" attrs=homePhone
          by   self write
          by   dn.children= "dc=pme, dc = com" search
          by   peername.regex = IP:10\..+ read
          by   *  none
```

- Autorise l'accès à userpassword uniquement à des fins d'authentification tout en permettant aux utilisateurs de modifier leur propre mot de passe.

```
access to  attrs = userPassword
          by  self  write
          by   *     auth
```

- Autorise l'accès à tout les attributs de la classe d'objet inetOrgPerson en écriture uniquement à l'administrateur de l'annuaire.

```
access to  dn.subtree="ou=users, dc=pme, dc=com"
              attrs=@inetOrgPerson
              by dn.exact="cn=manager,dc=pme,dc=com"
              by      *   none
```

G. Validation des acquis : questions/réponses

Questions

1 Quels sont les critères de sécurité qui doivent être mis en place dans un système d'information ?

2 Par quels moyens peut-on assurer la disponibilité d'une ressource ?

3 Quel protocole permet le chiffrement des échanges dans OpenLDAP ?

4 Quel est le port utilisé par défaut dans OpenLDAP ?

5 Comment savoir si OpenLDAP supporte l'authentification SASL ?

6 Quel mécanisme utilise Kerberos pour assurer une authentification sécurisée ?

7 Quel est le port utilisé pour LDAPS (LDAP sur SSL) ?

8 Quelle est la commande permettant de visualiser les TGT ainsi que les TGS suite à une authentification par Kerberos ?

9 Quel outil permet de créer des certificats serveur pour OpenLDAP ?

10 Quelles sont les directives dans slapd.conf permettant de configurer l'authentification SASL ?

11 Quelle directive assure un chiffrement des mots de passe dans le fichier slapd.conf et quel est l'algorithme utilisé par défaut ?

12 Quel mécanisme assure la gestion des droits d'accès dans OpenLDAP ?

13 Définir la syntaxe d'une liste de contrôle d'accès.

14 Par quelle commande serveur peut-on tester les ACL ?

15 Par quelle commande serveur peut-on tester les paramètres d'authentification à l'annuaire OpenLDAP ?

Résultats

Référez-vous aux pages suivantes pour contrôler vos réponses. Pour chacune de vos bonnes réponses, comptez un point.

Nombre de points /15

Pour ce chapitre, votre score minimum doit être de 12 sur 15.

Réponses

1 Quels sont les critères de sécurité qui doivent être mis en place dans un système d'information ?

*Trois critères doivent être mis en place pour sécuriser un système d'informations. Ces trois critères sont : la disponibilité, la confidentialité et l'intégrité. Ces critères sont reconnus par l'abréviation **DIC**. À ces trois critères, il faut ajouter l'authentification et la non-répudiation. Autrement dit tout utilisateur ou application ayant accès à une ou à plusieurs ressources du système d'information doit s'authentifier par des moyens mis en place à l'avance et il faut s'assurer que l'entité accédant à cette ressource ne peut en aucun cas nier accès et l'exploitation de celle-ci.*

2 Par quels moyens peut-on assurer la disponibilité d'une ressource ?

La disponibilité d'une ressource se matérialisant par des données ou par des services est assurée par plusieurs moyens du plus simple au plus complexe. Le plus simple est celui de la sauvegarde. Instaurer une solution de sauvegarde est une tâche particulièrement classique pour un administrateur système. Une seconde solution consiste à dupliquer les données ainsi que des services sur plusieurs serveurs, par le moyen de la réplication par exemple. Une autre solution qui peut être utilisée en même temps que les deux premières est celle du Cluster basé sur la réplication des données. Cette solution nécessite des ressources matérielles et logicielles à disposition pour être implémentée.

3 Quel protocole permet le chiffrement des échanges dans OpenLDAP ?

Le protocole SSL assure le chiffrement des échanges entre un client et un serveur LDAP ou entre deux serveurs LDAP moyennant les certificats électroniques.

4 Quel est le port utilisé par défaut dans OpenLDAP ?

Le port 389 est celui utilisé par défaut pour l'annuaire OpenLDAP.

5 Comment savoir si OpenLDAP supporte l'authentification SASL ?

OpenLDAP permet de renvoyer des informations supplémentaires sur l'annuaire, ses informations stockées dans le rootDSE contiennent les contrôles, les extensions ainsi que les mécanismes d'authentification supportés par OpenLDAP. Une recherche dans un dn vide de toutes les classes d'objets avec les attributs opérationnels permet de savoir si le serveur OpenLDAP installé supporte l'authentification SASL :

```
# ldapsearch  -x  -s  base  -b ""  "(objectclass=*)"  +
```

6 Quel mécanisme utilise Kerberos pour assurer une authentification sécurisée ?

Kerberos est un protocole cryptographique servant à l'authentification et au chiffrement de transactions réseau. Pour assurer une authentification sécurisée, l'utilisateur doit obtenir un ticket, ce ticket appelé TGT lui permet par la suite d'obtenir des tickets pour chacun des services qu'il veut utiliser. Ces derniers sont matérialisés par les TGS.

7 Quel est le port utilisé pour LDAPS (LDAP sur SSL) ?

636

8 Quelle est la commande permettant de visualiser les TGT ainsi que les TGS suite à une authentification par Kerberos ?

```
# klist
```

9 Quel outil permet de créer des certificats serveur pour OpenLDAP ?

openssl.

10 Quelles sont les directives dans slapd.conf permettant de configurer l'authentification SASL ?

```
TLSCiphersuite
TLSCerticateFile
TLSCipherKeyFile
```

11 Quelle directive assure un chiffrement des mots de passe dans le fichier slapd.conf et quel est l'algorithme utilisé par défaut ?

La directive password-hash définit l'algorithme de hachage choisi pour protéger les valeurs stockées dans l'attribut userPassword. L'algorithme de protection par défaut est {SSHA}.

```
password-hash {SSHA}
```

12 Quel mécanisme assure la gestion des droits d'accès dans OpenLDAP ?

La liste de contrôle d'accès permet la gestion et l'affectation des droits d'accès au serveur OpenLDAP. Elle permet de déterminer également quels sont les accès donnés à un client de l'annuaire.

13 Définir la syntaxe d'une liste de contrôle d'accès.

Le principe d'une ACL consiste à déterminer qui a accès à quoi. La syntaxe est la suivante :

Accès à <quoi> par <qui> <type_accès_autorisé>

14 Par quelle commande serveur peut-on tester les ACL ?

slapacl.

15 Par quelle commande serveur peut-on tester les paramètres d'authentification à l'annuaire OpenLDAP ?

slapauth.

H. Travaux pratiques

Le contexte de nommage du DIT utilisé tout au long des travaux pratiques est **dc=pme,dc=com**.

1. Mise en place de LDAPS

Commandes utiles

- openssl
- vi
- chmod

Manipulations

1. Générez un certificat numérique OpenSSL.
   - Génération de la clé privée.
   - Création de la demande de signature.
   - Auto-signature de la demande.
2. Intégrez le certificat dans OpenLDAP.
3. Redémarrez le démon slapd.

Résumé des commandes et résultat à l'écran

1. Génération du certificat numérique OpenSSL.

- Génération de la clé privée :

```
# openssl genrsa -aes256 -out ca.key 1024
```

- Création de la demande de signature :

```
# openssl req -new -key ca.key -out ca.csr
```

- auto-signature de la requête :

```
# openssl x509 -days 365 -signkey ca.key -in ca.csr -req -out ca.pem
```

2. Intégration du certificat dans OpenLDAP.

Il faut ajouter les directives suivantes dans le fichier de configuration slapd.conf du démon slapd :

```
TLSCiphersuite      HIGH : MEDIUM:+TLSv1
TLSCerticateFile   /usr/local/etc/OpenLDAP/cert/ca.pem
TLSCipherKeyFile   /usr/local/etc/OpenLDAP/cert/ca.key
```

3. Il faut démarrer le serveur slapd avec prise en écoute sur le port 636 qui correspond au protocole LDAPS :

```
# /usr/local/libexec/slapd -d 256 -f
/usr/local/etc/openldap/slapd.conf -h ldap:/// ldaps:///
```

2. Règles de contrôle d'accès (ACL)

Manipulations

1. Interdisez l'accès au mot de passe sur une connexion non chiffrée sauf depuis l'hôte local (localhost).
2. Interdisez l'accès au mot de passe sur une connexion non chiffrée.
3. Autorisez l'accès à l'annuaire à un groupe particulier d'utilisateurs.
4. Contrôlez l'accès à l'attribut mail.
5. Contrôlez l'accès à l'attribut cn et sn.

Résumé des commandes et résultat à l'écran

1. Interdiction d'accès au mot de passe sur une connexion non chiffrée sauf depuis l'hôte local (localhost).

```
access to dn.subtree="dc=pme,dc=com" attrs=userpassword
            by dn="cn=manager,dc=pme,dc=com" ssf=56 write

            by dn="cn=manager,dc=pme,dc=com"
            peername.ip=127.0.01 write
            by self  ssf=56 write
            by self peername.ip=127.0.0.0.1 write
            by anonymous  ssf=56  auth
            by anonymous  peername.ip=127.0.0.1 auth
            by    *  none
```

2. Interdiction d'accès au mot de passe sur une connexion non chiffrée.

```
access to dn.subtree="dc=pme,dc=com"  attrs=userpassword
                by dn="cn=manager,dc=pme,dc=com"  ssf=56  write
                by self  ssf=56  write
                by anonymous  ssf=56  auth
                by  *  none
```

3. Autorisation d'accès à l'annuaire à un groupe particulier d'utilisateurs.

```
access to dn.children="dc=pme,dc=com"
by self write
by group.exact="cn=Administrators,dc=pme,dc=com" write
by * auth
```

4. Contrôle de l'accès à l'attribut mail.

```
# Le propriétaire peut modifier son attribut mail
# Les utilisateurs authentifiés peuvent le lire,
access to attrs=mail
by self write
by users read
by * none
```

5. Contrôle de l'accès à l'attribut cn et sn.

```
# Tous les utilisateurs ont le droit de lire les attributs cn et sn,
# les utilisateurs authentifiés peuvent modifier ces attributs.
access to attrs=cn,sn
by auth write
by * read
```

3. Mise en place d'une infrastructure Kerberos

Le mode d'authentification SASL supporté par OpenLDAP permet d'implémenter l'authentification via le protocole Kerberos, la mise en place de cette fonctionnalité nécessite la présence d'un domaine Kerberos appelé également Royaume (*REALM*).Il est nécessaire donc fournir un KDC (*Key Distribution Center*) et le AS (*Authentication Server*) pour s'authentifier via Kerberos lors des opérations LDAP.

Manipulations

1. Installer le serveur Kerberos.
2. Configurer le serveur et le client.
3. Tester le bon fonctionnement de la solution.
4. Créer les clés nécessaires pour le service LDAP.
5. S'authentifier via Kerberos en mode SASL.

Résumé des commandes et résultat à l'écran

1. Installer le serveur Kerberos :

Le serveur Kerberos abrite la base de données Kerberos et le serveur d'authentification, le TGS et le service d'administration à distance.

```
# yum install krb5-server krb5-workstation
```

☞*La version Kerberos installée est celle du MIT.*

2. Configurer le serveur et le client. La configuration du serveur Kerberos réside dans le fichier **/etc/krb5.conf**, il est de même pour le client.

- Configuration du serveur :

```
[libdefaults]

      default_realm = PME.COM
      dns_lookup_realm = false
      dns_lookup_kdc = true

[realms]

PME.COM = {
      kdc = squid.pme.com
      admin_server = squid.pme.com
      kpasswd_server = squid.pme.com
           }

[domain_realm]
      .PME.COM = PME.COM
```

- Configuration du client :

```
[libdefaults]

        default_realm = PME.COM
        dns_lookup_realm = false
        dns_lookup_kdc = true
```

- Création de la base de données kerberos :

```
# krb5_util create -r PME.COM -s
```

- Création d'un compte d'administration :

```
# kadmin.local
# addprinc issam/admin
```

3. Test de bon fonctionnement de la solution :

```
# kinit userldap
# klist
# kdestroy
# tail /var/log/krb5kdc.log
```

4. Création du couple de clés associés au service LDAP, le principal à créer, puis à extraire sur le serveur KDC est de la forme **ldap/squid.pme.com@PME.COM** :

```
# kadmin -p issam/admin
# addprinc -randkey ldap/squid.pme.com@PME.COM
```

Création du fichier Keytab (clé de service), sur la serveur LDAP :

```
# kadmin : ktadd -k /etc/krb5.keytab ldap/squid.pme.com@PME.COM
```

5. Connexion au serveur LDAP (OpenLDAP) via Kerberos :

```
# ldapsearch -v -LLL -Y GSSAPI -R PME.COM -H ldap://squid.pme.com -s
sub -b "cn=users,dc=pme,dc=com" cn=issam*

ldap_initialize( ldap://squid.pme.com:389/??base )
SASL/GSSAPI authentication started
SASL username: issam.mejri@PME.COM

SASL SSF: 56
SASL data security layer installed.
filter: cn=issam*
dn: CN=issam mejri,CN=Users,DC=pme,DC=com
objectClass: top
objectClass: person
objectClass: organizationalPerson
objectClass: user
```

```
cn: issam mejri
sn: mejri
givenName: issam
whenCreated: 20130819102926.0Z
whenChanged: 20130819102926.0Z
displayName: issam mejri
uSNCreated: 3887
name: issam mejri
primaryGroupID: 513
accountExpires: 9223372036854775807
sAMAccountName: issam.mejri
sAMAccountType: 805306368
userPrincipalName: issam.mejri@pme.com
distinguishedName: CN=issam mejri,CN=Users,DC=pme,DC=com
```

Chapitre 6

Pré-requis

- Avoir assimilé les notions des chapitres Gestion des données et exploitation de l'annuaire et Sécuriser l'annuaire de ce livre.

Objectifs

À la fin de ce chapitre, vous serez en mesure de :

- Assurer la disponibilité de l'annuaire par réplication.
- Mettre en place un annuaire distribué.
- Installer le démon slurpd, responsable du mécanisme de réplication.
- Configurer la réplication avec slurpd.
- Mettre en place la réplication avec le module Syncrepl.

A. Concepts de réplication LDAP

Plusieurs raisons peuvent mener à l'implémentation de la réplication d'un annuaire LDAP, l'une des principales est d'assurer la disponibilité de celui-ci. De plus, lorsque l'annuaire sert un nombre important de clients (utilisateurs et applications), le mécanisme de réplication permet également d'optimiser la performance et de garantir des temps de réponses optimales.

1. Disponibilité de l'annuaire

a. Assurer la disponibilité

À l'instar des services critiques dans une infrastructure informatique, disposer d'une solution de secours, ou de sauvegarde est une évidence pour un administrateur prudent. En effet, en cas de panne d'une ressource, celle de secours peut prendre le relais. Les annuaires LDAP n'échappent pas à cette règle.

Un annuaire contenant des données d'authentification, des règles d'accès à des services, ou encore des paramètres, des applications stratégiques ne doit jamais se trouver hors service car toutes les ressources (physiques ou logiques) exploitant l'annuaire LDAP seraient également indisponibles.

Répliquer l'annuaire permet d'offrir un mécanisme de basculement vers le serveur de secours en cas de défaillance du premier.

Le serveur LDAP OpenLDAP permet de gérer un ou plusieurs serveurs de secours, tout dépend du besoin et du mode de réplication utilisé.

b. Augmenter les performances

Lorsque l'annuaire LDAP est fortement sollicité par des applications ou par des utilisateurs pour des besoins d'authentification, par exemple, la réplication est une solution adéquate pour remédier à une dégradation des performances de l'annuaire et à une mauvaise exploitation de celui-ci par les ressources qui y accèdent.

Pour offrir une meilleure exploitation de l'annuaire et optimiser les performances, l'administrateur peut procéder de plusieurs façons :

- Répliquer les données les plus souvent utilisées en lecture sur un serveur dédié. Ce serveur répondra alors uniquement à des clients interrogeant la branche répliquée de l'annuaire.
- Installer, d'une part, un serveur dédié pour les opérations d'écritures, de mise à jour et d'autre part désactiver les indexations des attributs sur celui-ci. Ainsi, la génération des index est fiable dans le cas où l'annuaire doit répondre à des requêtes clients.
- La réplication du serveur maître sur un ou plusieurs serveurs permet d'équilibrer la charge en répartissant les requêtes entre ceux-ci.

2. Politique de réplication

a. Stratégies de réplication

Le choix d'une stratégie de réplication d'un annuaire LDAP est très important pour maintenir sa disponibilité et garantir un degré de performance suffisant. Ce choix dépend de la politique de sécurité suivie par l'entreprise.

Il existe principalement deux stratégies de réplication de serveurs d'annuaire, et toutes deux peuvent être implémentées par OpenLDAP.

La première consiste à mettre en place un unique serveur appelé serveur maître qui est dédié principalement à la mise à jour et qui peut avoir en plus un ou plusieurs serveurs esclaves qui se synchronisent sur lui. Ce type de réplication est connu sous le nom de Provider/Consumer.

La deuxième consiste à avoir plusieurs serveurs d'annuaires dédiés à la mise à jour. Chacun d'entre eux peut héberger une copie globale de l'annuaire ou une branche de celui-ci. La synchronisation se fait alors uniquement sur la branche répliquée. Dans ce deuxième cas, chaque serveur maître se comporte comme maître et esclave à la fois. Chacun d'entre eux doit de ce fait posséder l'adresse du serveur à travers laquelle il se synchronisera. Cette réplication est de type multimaître.

b. Types de réplication

OpenLDAP implémente deux types de réplication :

- Réplication basée sur le démon auxiliaire slurpd. Ce type de réplication a été initialement mis en œuvre par le serveur LDAP de l'université du Michigan. Le démon slurpd traite le journal des modifications produit par le serveur LDAP maître (slapd), slurpd transmet ensuite les modifications à l'instance slapd locale de l'esclave en se servant des commandes usuelles des clients LDAP.
- Réplication basée sur le moteur de réplication syncrepl. Ce type de réplication, très avantageux par rapport au type précédent, est apparu avec la version 2.4 d'OpenLDAP et remplace la réplication avec slurpd grâce aux avantages qu'elle possède.

Dans les sections suivantes, nous détaillerons ces deux types de réplication.

☞ *La réplication slurpd est désormais obsolète, depuis la version 2.4 d'OpenLDAP, mais sa connaissance est indispensable pour le niveau 3 de la certification LPI.*

B. Réplication basée sur slurpd

La réplication avec slurpd est de type push-based ou SIR (*Server Initiated Replication*), cela signifie que c'est l'annuaire maître qui initie les réplications vers les esclaves.

1. Le démon slurpd

Comme nous l'avons dit précédemment, le démon slurpd lit le journal de réplication produit par le serveur maître slapd et se connecte à un ou plusieurs serveurs esclaves pour les synchroniser avec le maître. Les modifications sont transmises par des opérations LDAP, telles que modify, delete, add.

La figure ci-dessous représente les relations entre slapd et slurpd sur le serveur d'annuaire maître et l'esclave.

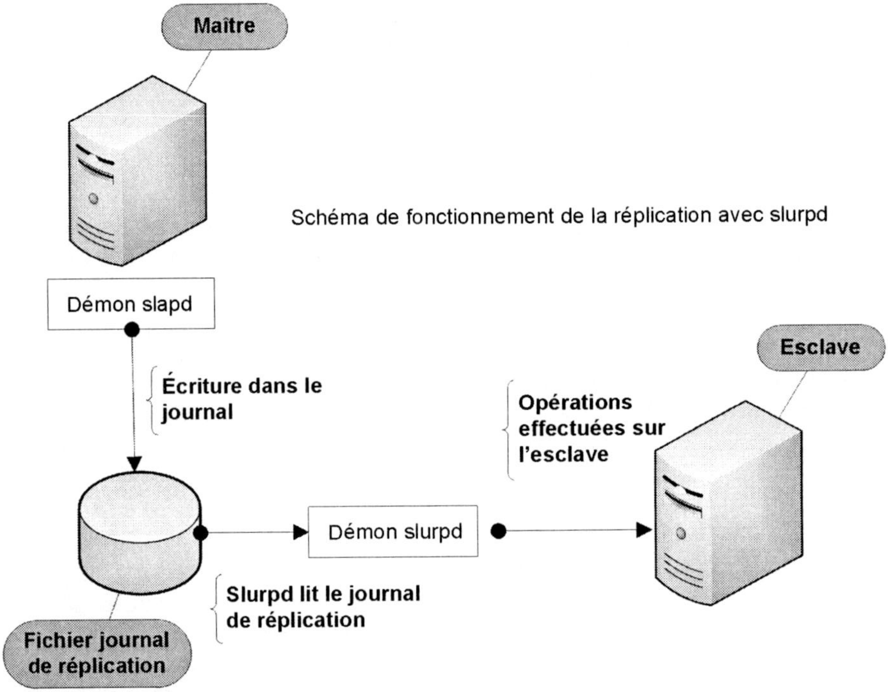

Schéma de fonctionnement de la réplication avec slurpd

a. Installation de slurpd

Pour que le serveur OpenLDAP prenne en charge ce type de réplication (version 2 et inférieur), il faut compiler l'exécutable slurpd. Lors de l'installation d'OpenLDAP à partir des sources, exécutez le script configure avec l'option en ligne de commande --enable-slurpd.

- cd ~/openldap 2.x.x/
- ./configure --enable-slurpd --with-thread
- make
- make install

☞*Indiquez l'option --with-thread, car slurpd impose l'activation du support des threads. L'emplacement de slurpd après l'installation est /usr/local/libexec/ si on a utilisé le répertoire d'installation par défaut.*

b. Étape de mise en œuvre d'une réplication slurpd

Avant de mettre en place la réplication, passez par les étapes suivantes :

1. Arrêtez le démon slapd du serveur slapd maître.
2. Modifiez le fichier slapd.conf du serveur maître pour activer la réplication vers le nouveau serveur esclave.
3. Effectuez une copie de la base de données du serveur maître sur le serveur esclave.
4. Configurez le fichier slapd.conf du serveur esclave.
5. Démarrez le processus slapd du serveur esclave.
6. Démarrez le processus slapd du serveur maître.
7. Démarrez le processus slurpd du serveur maître.

2. Configuration du serveur maître et esclave

a. Configuration du serveur maître

La configuration du maître nécessite l'ajout de deux paramètres dans la section base de données du fichier slapd.conf.

Premièrement, il faut ajouter le chemin absolu du fichier journal dans lequel slapd enregistrera toutes les modifications LDAP. Ceci grâce à la directive **replogfile**.

```
Replogfile          /var/ldap/slapd.replog
```

Le deuxième paramètre à ajouter indique à slurpd où envoyer les modifications. Utilisez alors la directive **replica**.

```
Replica             host=192.168.1.99:389
                    suffix="dc=pme,dc=com"
                    binddn="cn=manager,dc=pme,dc=com"
                    credentials=edeni
                    bindmethod=simple
                    tls=no
```

Les paramètres de replica sont :

- **host** : définit le nom de la machine et le port vers lequel envoyer les données.
- **suffix** : indique la partie de la partition de l'annuaire à répliquer.
- **binddn** : le compte permettant d'accéder au serveur esclave. Ce compte doit être défini par une ACL dans le fichier slapd.conf pour avoir le droit d'écriture à toutes les entrées. Dans la plupart des cas, le compte utilisé est le rootdn de l'esclave.
- **credentials** prend comme valeur le mot de passe de binddn.
- **bindmethod** : indique le mode d'authentification (simple, sasl).
- **tls** : précise si les échanges entre les serveurs seront cryptés via SSL ou StartTLS.

b. Configuration du serveur esclave

Avant de commencer à paramétrer l'esclave, il faut tout d'abord initialiser la base de données en exportant la base de données du maître dans un fichier LDIF, puis en important celui-ci sur l'esclave.

☞*Les serveurs maître et esclave doivent avoir les mêmes versions de la base de données BDB (versions des bibliothèques). Il est conseillé aussi d'effectuer l'export à l'aide de slapcat au lieu d'une copie physique de la base de données. Le fichier LDIF résultant peut désormais être importé dans l'esclave par la commande slapadd.*

```
// Sur le maître
 # slapcat -b "dc=pme,dc=com" -l export.ldif
// Sur l'esclave
 # slapadd -l export.ldif
```

Afin que le serveur adopte le rôle de l'esclave, deux paramètres doivent être précisés dans slapd.conf : **updatedn** et **updateref**.

La directive updatedn indique à l'esclave qu'il est autorisé à effectuer des modifications.

La directive updateref permet de rediriger les clients qui effectuent des mises à jour vers le maître, puisque le serveur esclave est en lecture seulement.

```
// Sur l'esclave dans la section base de données
updatedn                "cn=manager,dc=pme,dc=com"
updateref               192.168.1.254
```

Une fois les étapes de la configuration achevées, il ne reste plus qu'à démarrer les démons slapd du maître et de l'esclave ainsi que le processus slurpd.

c. Les fichiers journaux de slurpd

Les modifications subies par le serveur maître sont enregistrées dans le journal de réplication (slapd.replog), ce dernier respecte un format semblable aux fichiers LDIF. À cet instant le démon slurpd lit le fichier de réplication et réalise une copie des modifications dans son propre journal (slurpd.replog).

La lecture des entrées du journal de réplication par slurpd se fait une par une, et les modifications seront effectuées à l'aide de commandes LDAP élémentaires. Si une étape de modification échoue, alors slurpd enregistre l'entrée et la cause d'échec dans un journal de rejets.

Exemple d'un fichier replogfile :

Fichier replogfile produit suite à une modification d'une adresse mail de l'entrée cn=issam,ou=users,dc=pme,dc=com

```
replica: master.pme.com
Time:           975434259
dn: cn=issam,ou=users,dc=pme,dc=com
changetype: modify
replace: mail
mail: issam.mejri@pme.com
-
replace: entryCSN
entryCSN: 2012021103:55:49Z#0x0001#0#0000
```

Le journal de rejet est de la forme **host:port.rej**. Dans ce cas, si une ou plusieurs étapes de modifications ne sont pas réalisées à cause d'un problème particulier, un fichier journal nommé **192.168.1.99:389.rej** sera créé.

d. Diagnostic des fichiers journaux

Lorsqu'une erreur se produit lors de la réplication, l'administrateur doit jeter un coup d'œil sur le journal d'erreurs et faire le diagnostic nécessaire pour gérer les modifications qui ont échoué.

Une fois la ou les causes d'erreurs identifiées, on pourra alors lancer slurpd manuellement pour traiter les modifications. Lorsque celles-ci sont effectuées, il s'arrête (mode unitaire).

```
# /usr/local/libexec/slurpd -d 256 -r 192.168.1.99.rej:389 -o
```

C. Réplication basée sur Syncrepl

1. Le protocole LDAP Content Synchronization Protocol

Le protocole LDAP Content Synchronization Protocol assure l'opération de réplication de l'arbre LDAP DIT (*Directory Information Tree*) entre plusieurs serveurs OpenLDAP. L'opération de synchronisation est définie comme étant une extension de l'opération de recherche LDAP détaillée dans la **RFC 4533**.

Ce protocole introduit deux modes de réplication ou de synchronisation : le mode **RefreshOnly** et le mode **RefreshAndPersist**.

Le protocole LDAP Content Synchronisation implémente plusieurs types de réplication : la réplication provider/consumer, la réplication en miroir et la réplication multimaître. Ce dernier type met en place une technique de réplication permettant d'avoir des copies de la base de données de l'annuaire sur plusieurs serveurs maîtres.

Le moteur de réplication **syncrepl** du serveur OpenLDAP permet la mise en place des deux modes de synchronisation. Si syncrepl est activé pour une base de données dans OpenLDAP, alors le démon slapd lance le moteur de réplication dans un thread.

Au niveau de LDAP Sync Protocol, les entrées de l'annuaire sont identifiées de manière unique par la valeur de l'attribut entryUUID, l'attribut entryCSN est maintenu également pour chaque base de données. Les opérations de synchronisation sont effectuées sur les valeurs de ces attributs.

2. Modes de réplication Syncrepl

Cette réplication est de type pull-based ou CIR (*Consumer Initiated Replication*), c'est-à-dire que ce sont les serveurs esclaves qui établissent les requêtes vers le serveur maître.

Ce type de réplication, plus stable que celle avec slurpd, est apparu à partir de la version 2.2 d'OpenLDAP. Il est basé sur le moteur syncrepl de slapd et se présente en deux modes :

- Le mode RefreshOnly dans lequel l'esclave demande périodiquement les mises à jour au maître.
- Le mode RefreshAndPersist dans lequel l'esclave appelé consumer récupère en continu les modifications apportées au maître appelé provider.

a. Le mode maître/esclave (provider/consumer)

Dans ce mode, les écritures réalisées sur le provider et les consumers vont se synchroniser sur le maître. Les serveurs esclaves sont dédiés uniquement à l'interrogation de l'annuaire. On peut ainsi connecter plusieurs consumers au serveur maître ce qui nous permet d'équilibrer la charge entre les différents consumers.

b. Le mode miroir

Dans le mode miroir, deux nœuds sont configurés à la fois maître et esclave, autrement dit les deux serveurs sont constamment identiques puisque l'un se synchronise sur l'autre. Bien évidemment, on peut connecter autant de consumers sur l'un ou l'autre nœud. Le principal avantage de cette architecture est d'assurer une haute disponibilité, car si un nœud est défaillant, le deuxième assure la continuité du service.

3. Configuration du Syncrepl Replication

a. Configuration du mode provider/consumer

Dans cette configuration, nous disposons de deux serveurs, un provider dont l'adresse IP est 192.168.1.254 et un consumer dont l'IP est 192.168.1.99.

b. Configuration du provider

Pour configurer le provider, il faut mettre à jour le fichier slapd.conf en suivant quatre étapes :

1. Activez la fonctionnalité de provider dans la section de la base de données de slapd.conf.
2. Indexez les attributs nécessaires à la réplication.

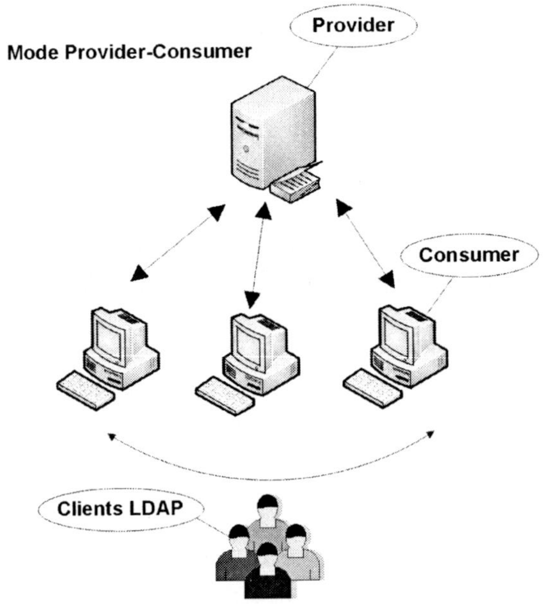

3. Chargez le module de réplication dans la section globale de slapd.conf.
4. Redémarrez l'annuaire.

```
// Section globale de slapd.conf
moduleload                syncprov.la
// Section de base de données de slapd.conf
index                 entryUUID,entryCSN  eq
overlay syncprov
syncprov-checkpoint 100    10
syncprov-sessionlog        100
```

- **overlay syncprov** : active le mode provider.
- **syncprov-checkpoint** *x y* : au bout de x opérations ou de y minutes, les opérations d'écritures sont indexées.
- **syncprov-sessionlog** *"taille"* : indique la taille maximale que peut atteindre le log de session.

c. Configuration du consumer

```
// Section de la base de données de slapd.conf de consumer
index         entryUUID,entryCSN  eq
..........
syncrepl rid=001
provider=ldap://192.168.1.254:389
type=refreshOnly
interval=00:00:30:00
searchbase="dc=pme,dc=com"
scope=sub
schemachecking=off
bindmethod=simple
binddn="cn=manager,dc=pme,dc=com"
credentials=portos
```

- **rid** est le numéro d'identification propre au consumer.
- **provider** : l'adresse IP ou l'URI du provider.
- **type** : indiquez s'il s'agit du mode RefreshOnly ou RefreshAndPersist. Dans notre cas de figure, c'est le premier mode qu'on va exploiter.
- **Interval** : l'intervalle horaire de synchronisation.
- **searchbase** : la branche à répliquer.
- **scope** : indiquez la profondeur de recherche dans l'annuaire.
- **schemachecking** : précisez l'activation ou non de la vérification de la cohérence des données à synchroniser.
- **bindmethod** : le mode d'authentification choisie.
- **binddn** : le nom d'utilisateur (Distinguished Name) autorisé à consulter l'annuaire.
- **credentials** : le mot de passe.

d. Configuration du mode miroir

Dans le mode miroir, les deux serveurs se configurent à l'identique à quelques directives près : celle de serverID prendra la valeur 1 dans le premier et la valeur 2 dans le deuxième, à ajouter dans la section globale de slapd.conf. Il faut bien sûr activer le mode miroir en ajoutant la directive **mirrormode**.

Le mode de réplication miroir

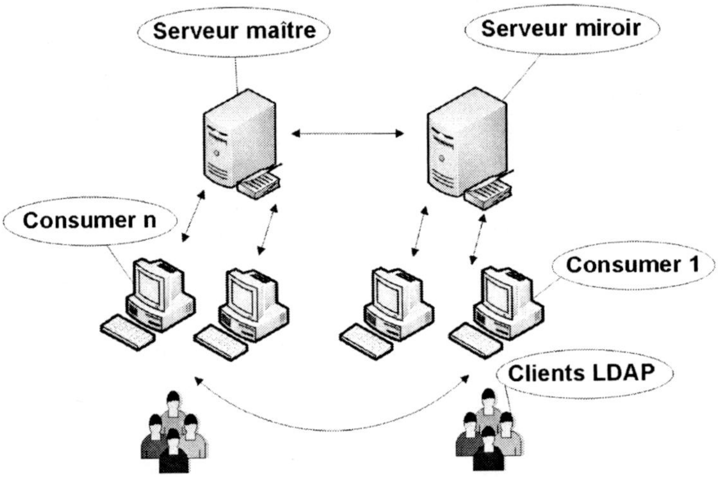


```
// Section globale de slapd.conf du noeud 1
serverID                    1
// Section de la base de données
index          entryUUID,entryCSN  eq
//Options liées au provider
overlay syncprov
syncprov-checkpoint 100    10
syncprov-sessionlog        100
----------------------------------------
syncrepl rid=001
// Adresse IP ou URL LDAP du serveur miroir
provider=ldap://192.168.1.254:389
type= refresAndPersit
interval=00:00:30:00
retry=60 +
searchbase="dc=pme,dc=com"
scope=sub
schemachecking= off
bindmethod=simple
binddn="cn=manager,dc=pme,dc=com"
credentials= portos
mirrormode          on
```

☞ *Le RID doit être unique sur les deux nœuds, c'est uniquement la directive serverID qui fait la différence.*

e. La réplication multimaître

Le mode de fonctionnement multimaître est proche du fonctionnement de la réplication maître/esclave avec la particularité que chaque consumer est aussi un provider. Ce mode permet d'installer plus de deux serveurs (mode miroir) qui peuvent se synchroniser l'un sur l'autre. Ces serveurs fonctionnent dans le mode **RefreshAndPersist**, les modifications sont appliquées immédiatement à chaque nœud participant à la synchronisation.

Chaque serveur se verra attribuer, dans la section globale du fichier de configuration slapd.conf un identifiant unique, le **ServerID**, dans l'ensemble des serveurs répliquant l'annuaire.

Le fichier de configuration slapd.conf sera le même sur chaque nœud, à l'exception de la valeur **ServerID**, qui devra nécessairement être différente sur chaque machine, ainsi que la directive **provider** dont le chemin pointera vers les différents serveurs de la chaîne de réplication.

On maintiendra également la valeur de la directive **mirrormode** à **on**.

Dans le mode multimaître, tous les nœuds doivent avoir la même source de temps. Les nœuds peuvent être synchronisés via un serveur NTP.

D. Annuaires distribués

1. Distribution de l'annuaire

La distribution de l'annuaire permet de répartir l'annuaire sur plusieurs serveurs. Chaque partition peut héberger une ou plusieurs branches de l'annuaire maître. Ces partitions (les serveurs) peuvent être reliées entre elles par un mécanisme de renvoi de références. Une référence supérieure pointant de la racine d'un sous-arbre vers le serveur d'un annuaire plus vaste, et une référence subordonnée pointant d'un nœud de l'annuaire plus vaste vers le sous-arbre, ou la partition auquel il se rattache. Voir figure ci-après.

La classe d'objets **referral**, possédant seulement l'attribut **ref** comme attribut obligatoire, permet d'implémenter le mécanisme de renvoi de référence dans l'annuaire et de répondre aux recherches effectuées par les clients lorsqu'ils interrogent des branches auxquelles ils ne sont pas liés directement.

Liaison entre deux annuaires

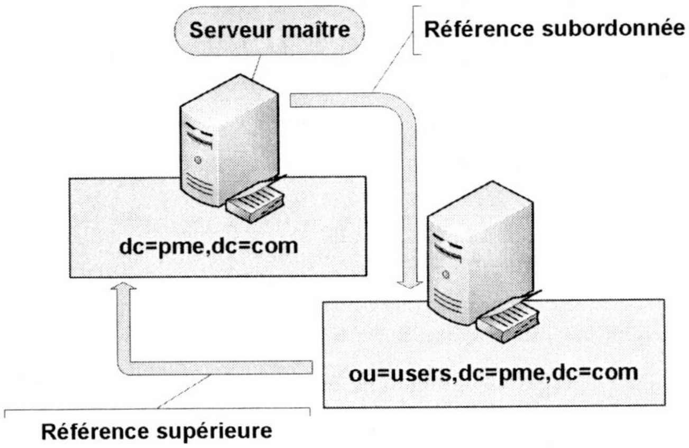

☞*L'implémentation du mécanisme de renvoi de référence est l'une des fonctionnalités apportées à la version LDAP V3.*

2. Pourquoi un annuaire distribué ?

Plusieurs causes sont à l'origine de la distribution d'un annuaire sur plusieurs partitions :

- Afin d'assurer une meilleure performance : si une branche de l'annuaire est exploitée par un nombre important de services, le fait de l'héberger sur une partition séparée (un serveur dédié) permet de gagner en termes de rapidité.
- Le rapprochement géographique : si une entreprise est formée de plusieurs succursales, le fait de rapprocher une ou plusieurs branches de l'annuaire des utilisateurs qui les exploitent permet de diminuer le trafic réseau engendré par les requêtes clients.
- La délégation du contrôle administratif d'une branche de l'annuaire est une bonne raison pour distribuer l'annuaire. En effet, la délégation de l'administration de l'annuaire permet d'alléger énormément le travail de l'administrateur.

3. Configuration des referrals

Supposons maintenant que l'unité d'organisation ou=users est hébergée sur une partition d'adresse ldap://partition1.pme.com:389 et que le serveur en charge du contexte de nommage ne contient pas la branche ou=users. Ajoutez la directive **referral** dans le fichier slapd.conf du serveur contenant la branche des utilisateurs. Ainsi les clients seront redirigés vers la branche de niveau supérieur.

```
//slapd.conf du partition 1
referral                ldap://maître.pme.com:389
```

Créez l'entrée referral pointant vers l'annuaire contenant l'unité d'organisation users sur le serveur maître :

- Création du fichier LDIF users.ldif :

```
dn: ou=users,dc=pme,dc=com
ou: machine
objectclass: referral
ref: ldap://partition1.pme.com/ou=users,dc=pme,dc=com
```

- Ajout de la nouvelle entrée à l'aide de la commande ldapadd :

```
# ldapadd -x -D cn=manager,dc=pme,dc=com -f users.ldif -W
```

À partir de ce moment, tout client effectuant une requête sur le serveur maître (serveur de référence supérieure) pour la consultation des attributs de l'unité d'organisation ou=users sera redirigé vers le serveur « partition1.pme.com » d'une manière complètement transparente.

4. Option de recherche dans un annuaire distribué

La commande **ldapsearch** d'OpenLDAP affiche les informations sur les referrals (l'URI complète des entrées recherchées), mais elle ne les suit pas par défaut, autrement dit la recherche n'aboutit pas aux attentes du client, et les entrées recherchées au niveau de la requête ne s'affichent pas !

Pour suivre les referrals, il faut ajouter l'option **-C** (chasser les referrals) à la commande ldapsearch.

```
# ldapsearch -H ldap://maître.pme.com:389/ -LL -x -C
```

E. Validation des acquis : questions/réponses

Questions

1 Pourquoi la réplication est-elle indispensable pour un annuaire LDAP ?

2 Quel est l'avantage de la réplication syncrepl par rapport à celle basée sur le démon slurpd ?

3 Définir les étapes permettant de configurer un serveur esclave slapd pour la réplication avec le démon slurpd.

4 Quelle directive dans slapd.conf d'un serveur esclave correspond au binddn du serveur maître ?

5 Au cours d'une réplication basée sur le démon slurpd, une erreur s'est produite empêchant la poursuite de l'opération. Dans quel fichier journal peut-on diagnostiquer la cause des erreurs, sachant que l'adresse du serveur esclave est *slave.example.com:389* ?

6 Quelle directive dans slapd.conf permet d'activer le mode de réplication miroir ?

7 Quel protocole assure une réplication provider/consumer (maître/esclave) dans OpenLDAP 2.4 ?

8 Quels sont les deux modes de réplication existants à travers le mode de réplication syncrepl ?

9 Quelle directive permet d'identifier de manière unique un serveur LDAP dans une chaîne de nœuds répliquée ?

10 Quel module doit être chargé pour utiliser le type de réplication multimaître ?

Résultats

Référez-vous aux pages suivantes pour contrôler vos réponses. Pour chacune de vos bonnes réponses, comptez un point.

Nombre de points /10

Pour ce chapitre, votre score minimum doit être de 8 sur 10.

Réponses

1 Pourquoi la réplication est-elle indispensable pour un annuaire LDAP ?

La réplication permet d'instaurer deux éléments essentiels dans une infrastructure informatique :

- *La disponibilité.*
- *La performance.*

En effet répliquer un annuaire permet d'implémenter une deuxième copie de celui-ci (cas du mode miroir par exemple) et d'équilibrer la charge entre un provider et les consumers qui y sont connectés.

2 Quel est l'avantage de la réplication syncrepl par rapport à celle basée sur le démon slurpd ?

Le mécanisme de réplication avec ***LDAP Sync Replication*** *a été développé afin de pallier les déficiences du mécanisme basé sur slurpd lorsque :*

- *La réplication avec le démon auxiliaire slurpd nécessite que le serveur maître ait l'initiative de mettre à jour les esclaves.*
- *Répliquer une branche de l'annuaire est impossible, l'annuaire doit obligatoirement être répliqué en intégralité.*
- *Un incident de communication entre le serveur maître et l'esclave peut provoquer le non-accomplissement de la réplication (cas où une ou plusieurs entrées ne sont pas répliquées).*
- *Le serveur esclave est accessible uniquement en lecture seule, et les mises à jour ne se font que sur le maître.*

Tous ces inconvénients sont levés grâce à LDAP Sync. C'est le serveur esclave (consumer) qui prend l'initiative d'effectuer les synchronisations d'une branche ou de l'intégralité de l'annuaire.

On peut ainsi synchroniser les attributs d'une branche et non plus la branche en totalité.

Plusieurs serveurs peuvent se synchroniser entre eux et accepter les écritures.

Les échanges entre les serveurs maîtres (provider) et esclaves (consumers) se basent sur le protocole LDAP Content Synchronisation.

Le démon slurpd a disparu de la distribution OpenLDAP à partir de la version 2.4.

3 Définir les étapes permettant de configurer un serveur esclave slapd pour la réplication avec le démon slurpd.

Afin que le serveur joue le rôle d'esclave, il faut ajouter deux paramètres à la configuration slapd.conf de ce dernier.

Le serveur esclave doit savoir qui est autorisé à effectuer les modifications. C'est grâce à la directive ***updatedn****, qui prend en paramètre le DN utilisé par slurpd pour répliquer les données vers l'esclave. Ce DN doit posséder des droits lui permettant de modifier les entrées de l'annuaire.*

*La seconde directive est **updateref**. Puisque les écritures se font uniquement sur le serveur maître, l'esclave redirige les clients vers le maître quand les clients envoient des requêtes de mises à jour.*

Donc updateref prend comme valeur l'URL LDAP du serveur maître.

4 Quelle directive dans slapd.conf d'un serveur esclave correspond au binddn du serveur maître ?

La directive updatedn correspond au binddn du serveur maître, c'est avec ce DN que slurpd transmet les modifications lors d'une phase de réplication.

5 Au cours d'une réplication basée sur le démon slurpd, une erreur s'est produite empêchant la poursuite de l'opération. Dans quel fichier journal peut-on diagnostiquer la cause des erreurs, sachant que l'adresse du serveur esclave est *slave.example.com:389* ?

slurpd lit les entrées du journal de réplication une à une, et exécute les changements à l'aide des commandes clients LDAP élémentaires.

*Si une erreur s'est produite, empêchant la poursuite de l'opération de modification, alors slurpd enregistre l'entrée et la cause de l'échec dans un journal de rejet, le nom de ce fichier journal est de la forme **host:port.rej** ; dans notre cas le fichier aura pour nom **slave.example.com:389.rej**.*

6 Quelle directive dans slapd.conf permet d'activer le mode de réplication miroir ?

Mirrormode on.

7 Quel protocole assure une réplication provider/consumer (maître/esclave) dans OpenLDAP 2.4 ?

Le protocole LDAP Content Synchronisation Protocol

8 Quels sont les deux modes de réplication existants à travers le mode de réplication syncrepl ?

RefreshOnly

RefreshAndPersist

9 Quelle directive permet d'identifier de manière unique un serveur LDAP dans une chaîne de nœuds répliquée ?

ServerID

10 Quel module doit être chargé pour utiliser le type de réplication multi-maître ?

Syncprov

F. Travaux pratiques

1. Configuration d'une réplication en miroir

Pour assurer la disponibilité de l'annuaire, on a recours à la réplication de celui-ci. Pour cela, nous optons pour le mode miroir afin d'avoir deux serveurs LDAP accessibles en lecture et écriture. Nous avons à notre disposition deux machines qui ont respectivement les adresses IP 192.168.1.1 et 192.168.1.2. La synchronisation se fait en continu et nous souhaitons répliquer la branche contenant la liste des utilisateurs système dont le dn est dn : ou=users,dc=pme,dc=com.

Manipulations

Configurez ces deux serveurs.

Configuration du premier serveur

```
// Section globale de slapd.conf du noeud 1
serverID          1
// Section de la base de données
index       entryUUID,entryCSN        eq
//Options liées au provider
overlay syncprov
syncprov-checkpoint 100   10
syncprov-sessionlog       100
----------------------------------------
syncrepl rid=001
// Adresse IP ou URL LDAP du serveur miroir
provider=ldap://192.168.1.2:389
type=refreshAndPersit
interval=00:00:30:00
retry=60 +
searchbase="ou=users,dc=pme,dc=com"
scope=sub
schemachecking=off
bindmethod=simple
binddn="cn=manager,dc=pme,dc=com"
credentials=portos
mirrormode on
```

Configuration du second serveur

```
// Section globale de slapd.conf du noeud 1
serverID          2
// Section de la base de données
index       entryUUID,entryCSN  eq
//Options liées au provider
overlay syncprov
syncprov-checkpoint 100   10
syncprov-sessionlog       100
----------------------------------------
syncrepl rid=001
// Adresse IP ou URL LDAP du serveur miroir
provider=ldap://192.168.1.1:389
type=refreshAndPersit
interval=00:00:30:00
retry=60 +
searchbase="ou=users,dc=pme,dc=com"
scope=sub
schemachecking=off
bindmethod=simple

binddn="cn=manager,dc=pme,dc=com"
credentials=portos
mirrormode on
```

2. Configuration d'une réplication multimaître

Dans ce TP, nous allons mettre en place trois serveurs qui se répliqueront entre eux. Les serveurs auront les noms d'hôtes suivants :

- master1.pme.com
- master2.pme.com
- master3.pme.com

La base à synchroniser est "dc=pme,dc=com".

Le principe du multimaître est de créer une réplication entre ces trois serveurs LDAP.

Manipulations

1. Chargez les modules nécessaires à la réplication.
2. Indexez les attributs entryUUID et entryCSN.
3. Configurez la réplication par les directives adéquates en précisant la configuration de chaque serveur.

Résumé des commandes et résultat à l'écran

1. Le module syncprov est nécessaire pour la réplication. Son chargement dans OpenLDAP se réalise à l'aide de la directive **moduleLoad** dans slapd.conf comme suit :

```
moduleLoad    syncprov.la
```

2. L'indexation des attributs entryUUID et entryCSN se réalise via la directive index dans slapd.conf :

```
index  entryUUID     eq
index  entryCSN      eq
```

3. La configuration des trois nœuds :

- Serveur master1.pme.com

```
serverID 001
database    bdb
suffix          "dc=pme,dc=com"
... ...
syncrepl rid=101
  provider=ldap://master2.pme.com
  type=refreshAndPersist
  retry="5 5 300 +"
  searchbase="dc=pme,dc=com"
  attrs="*,+"
  bindmethod=simple
  binddn="cn=manager,dc=pme,dc=com"
  credentials=secret
syncrepl rid=102
```

```
  provider=ldap://master3.pme.com
  type=refreshAndPersist
  retry="5 5 300 +"
  searchbase="dc=pme,dc=com"
  attrs="*,+"
  bindmethod=simple
  binddn="cn=manager,dc=pme,dc=com"
  credentials=secret
index entryCSN eq
index entryUUID eq
mirrormode on
overlay syncprov
syncprov-checkpoint 100 10
directory   /usr/local/var/openldap-data/
```

- Serveur master2.pme.com

```
serverID 002
database     bdb
suffix          "dc=pme,dc=com"
... ...
syncrepl rid=201
  provider=ldap://master1.pme.com
  type=refreshAndPersist
  retry="5 5 300 +"
  searchbase="dc=pme,dc=com"
  attrs="*,+"
  bindmethod=simple
  binddn="cn=manager,dc=pme,dc=com"
  credentials=secret
syncrepl rid=202
  provider=ldap://master3.pme.com
  type=refreshAndPersist
  retry="5 5 300 +"
  searchbase="dc=pme,dc=com"
  attrs="*,+"
  bindmethod=simple
  binddn="cn=manager,dc=pme,dc=com"
  credentials=secret
index entryCSN eq
index entryUUID eq
mirrormode on
overlay syncprov
syncprov-checkpoint 100 10
directory   /usr/local/var/openldap-data/
```

- Serveur master3.pme.com

```
serverID 003
database     bdb
suffix           "dc=pme,dc=com"
... ...
syncrepl rid=301
  provider=ldap://master2.pme.com
  type=refreshAndPersist
  retry="5 5 300 +"
  searchbase="dc=pme,dc=com"
  attrs="*,+"
  bindmethod=simple
  binddn="cn=manager,dc=pme,dc=com"
  credentials=secret
syncrepl rid=302
  provider=ldap://master1.pme.com
  type=refreshAndPersist
  retry="5 5 300 +"
  searchbase="dc=pme,dc=com"
  attrs="*,+"
  bindmethod=simple
  binddn="cn=manager,dc=pme,dc=com"
  credentials=secret
index entryCSN eq
index entryUUID eq
mirrormode on
overlay syncprov
syncprov-checkpoint 100 10
directory /usr/local/var/openldap-data/
```

3. Déploiement d'un annuaire distribué

Une entreprise dispose de plusieurs départements éloignés géographiquement, pour cette raison l'administrateur de l'annuaire LDAP est chargé de déployer une partition de l'annuaire pour chacun de ses départements.

Le plus haut niveau du serveur d'annuaire possède le suffixe "dc=pme,dc=com".

Le premier département est le Data Center contenant les informations sur les hôtes de l'entreprise. Le suffixe LDAP correspondant est : ou=stations,dc=pme,dc=com ». Cette partition de l'annuaire est hébergé sur un second serveur dédié.

L'administrateur du serveur LDAP de ce département (rootdn) est : "cn=admin,ou=stations,dc=pme,dc=com".

La base de données LDAP correspondant au second serveur est situé dans le répertoire /var/lib/dep1.

Chaque employé du département 1 souhaitant accéder à la racine de l'annuaire "dc=pme,dc=com" doit pouvoir être renvoyé automatiquement vers ce dernier.

Manipulations

1. Réaliser un schéma décrivant l'infrastructure à mettre en place.
2. Donner pour chacune des deux partitions (racine et subordonnée) de l'annuaire le fichier **slapd.conf** du serveur LDAP.
3. Rechercher l'hôte nommé « cn=centos,ou=stations,dc=pme,dc=com » à partir du serveur racine.
4. Expliquez pourquoi on a recours à la mise en place d'un annuaire distribué.

Résumé des commandes et résultat à l'écran

1. La figure ci-dessous décrit l'infrastructure à mettre en place.

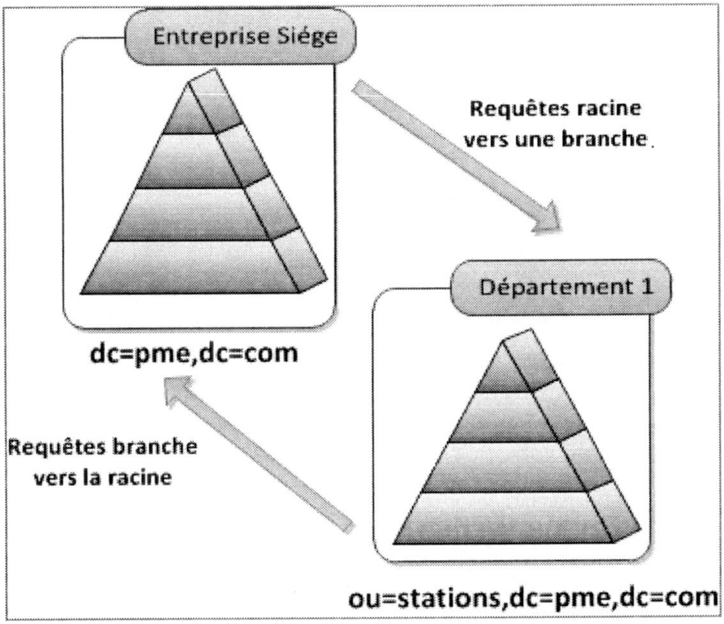

2. Le fichier slapd.conf de la partition racine ayant le suffixe LDAP dc=pme,dc=com :

```
# See slapd.conf(5) for details on configuration options.
# This file should NOT be world readable.
Include     /usr/local/etc/openldap/schema/core.schema
include     /usr/local/etc/openldap/schema/cosine.schema
include     /usr/local/etc/openldap/schema/inetorgperson.schema
include          /usr/local/etc/openldap/schema/nis.schema
# Load dynamic backend modules:
 moduleload        back_bdb.la
# Sample access control policy:
```

```
# rootdn can always read and write EVERYTHING!
  access to attrs=userPassword
        by self write
        by * auth

  access to *
        by * read
##################################################################
# BDB database definitions
###############################################################
  database          bdb
  suffix            "dc=pme,dc=com"
  rootdn            "cn=manager,dc=pme,dc=com"
 # Cleartext passwords, especially for the rootdn, should
 # be avoid.  See slappasswd(8) and slapd.conf(5) for details.
 # Use of strong authentication encouraged.
 Rootpw             secret
 # The database directory MUST exist prior to running slapd AND
 # should only be accessible by the slapd and slap tools.
 # Mode 700 recommended.
 Directory    /usr/local/var/openldap-data
 # Indices to maintain
 index        objectClass        eq
 index cn,uid,mail eq,sub
```

Le fichier slapd.conf de la partition racine ayant le suffixe LDAP : ou=stations,dc=pme,dc=com :

```
include     /usr/local/etc/openldap/schema/core.schema
include     /usr/local/etc/openldap/schema/cosine.schema
include     /usr/local/etc/openldap/schema/inetorgperson.schema
include          /usr/local/etc/openldap/schema/nis.schema
# Load dynamic backend modules:
 moduleload        back_bdb.la
# Sample access control policy:
# rootdn can always read and write EVERYTHING!
  access to attrs=userPassword
      by self write
      by * auth

 access to *
      by * read
referral   ldap://maitre.pme.com:389/
##################################################################
# BDB database definitions
###############################################################
  database          bdb
  suffix            "ou=stations,dc=pme,dc=com"
```

```
 rootdn          "cn=admin,ou=stations,dc=pme,dc=com"
# Cleartext passwords, especially for the rootdn, should
# be avoid.  See slappasswd(8) and slapd.conf(5) for details.
# Use of strong authentication encouraged.
 Rootpw          secret
 directory   /usr/local/var/openldap-data
# Indices to maintain
index       objectClass   eq
index cn,uid,mail eq,sub
```

☞*Le fichier slapd.conf du serveur hébergeant l'arbre ou=stations comporte une section globale identique à celle du serveur racine maitre.pme.com, à un détail près. En effet le paramètre global* ***referral*** *définit l'URI LDAP de la référence supérieure du serveur. Il s'agit bien d'un paramètre global du serveur et non d'une instruction spécifique à une base de données, car une référence supérieure renvoie le client vers un serveur pouvant répondre à une requête qui n'est pas servie par le serveur destinataire.*

3. Recherche de l'hôte nommé « cn=centos,ou=stations,dc=pme,dc=com » :

```
ldapsearch -H ldap://maitre.pme.com/ -LL -x -C -b "dc=pme,dc=com"
"cn=centos,ou=stations,dc=pme,dc=com"
```

4. Pourquoi a-t-on recours à la mise en place d'un annuaire distribué ?

Plusieurs raisons mènent à la mise en place d'un annuaire distribué, en voici les trois principales :

- Les performances : Il se peut qu'une branche de l'annuaire soit particulièrement sollicitée. Placer cette branche sur un serveur dédiée permet alors aux clients d'accéder aux autres sous-arbres plus rapidement.
- La localisation géographique : Tous les clients accédant à une branche spécifique de l'annuaire sont-ils situés au même endroit ? Si cela est le cas, alors il est plus raisonnable de placer cette partie de l'annuaire plus près des machines client qui en ont besoin. Cela diminue le trafic réseau en question et maintient une bande passante tolérable.
- Les périmètres d'administration : Il est parfois plus simple de déléguer le contrôle administratif d'une branche sur un serveur géré par la personne responsable des informations situées sur cette branche. Ceci a pour effet de réaliser les tâches d'administration courante sans impacter un serveur public plus important.

Chapitre 7

Pré-requis

- ☒ Connaissance de base du service NIS d'UNIX.
- ☒ Gestion des comptes utilisateurs sous les distributions GNU/Linux.
- ☒ Configuration de PAM.

Objectifs

À la fin de ce chapitre, vous serez en mesure de :

- ☒ Migrer des comptes utilisateurs vers le service NIS.
- ☒ Configurer PAM et NSS pour LDAP.
- ☒ Migrer des comptes utilisateurs de NIS vers LDAP.
- ☒ Mettre en place une authentification basée sur LDAP.
- ☒ Installer une passerelle NIS-LDAP.

A. Rappel sur le service NIS

NIS (*Network Information Service*) est un service réseau qui permet l'administration centralisée de bases de données de configuration. Il est utilisé essentiellement par des clients UNIX pour centraliser la gestion des informations et des mots de passe utilisateurs, des noms de machines et adresses IP à partir d'un unique serveur hébergeant le serveur NIS.

Les bases de données gérées par NIS sont représentées par des NISmaps. Le service NIS fonctionne en mode client-serveur et il est identifié par des domaines.

B. Authentification NIS

Les clients Linux peuvent s'authentifier en interrogeant un serveur NIS. En effet, un client NIS demande à un serveur NIS de s'authentifier en présentant son nom d'utilisateur et son mot de passe stockés dans la base de données NIS.

La base de données NIS est au format DBM. C'est un format binaire, implémenté à l'origine dans le système UNIX BSD. Tous les comptes utilisateurs de /etc/passwd, les groupes /etc/group ou /etc/hosts/ peuvent être définis dans des maps. Pour le fichier /etc/passwd, les maps NIS correspondantes sont **passwd.byname** et **passwd.byuid**.

Pour /etc/group, les maps NIS seront **group.byname** et **group.bygid**. Pour /etc/hosts, on aura **hosts.byname** et **hosts.byaddr**.

Une map contient aussi des clés d'identification propres. Ces clés sont automatiquement valorisées lors de la création d'une map. Ces clés sont :

- YP_MASTER_NAME qui définit le nom d'hôte d'un serveur maître.
- YP_INPUT_NAME qui définit le chemin et le nom du fichier texte qui a produit la map.
- YP_OUTPUT_NAME qui définit le chemin et le nom du fichier map lui-même.

- YP_LAST_MODIFIED qui définit la date et l'heure de la dernière modification de la map.

1. Générer une base NIS des utilisateurs et groupes

Il faut commencer par définir un nom de domaine NIS en utilisant la commande **domainname**. La commande suivante crée le domaine NIS de nom pme :

```
# domainname pme
```

L'opération suivante consiste à créer les maps NIS (les fichiers de base de données). Le répertoire /var/yp contient un fichier Makefile, il faut éditer ce fichier pour créer les maps souhaitées.

Les principales options modifiables sont :

- NOPUSH = true : les maps du serveur maître ne sont pas propagées vers les serveurs esclaves à l'issue de la création des maps.
- MINGID = 500 : les groupes gérés par NIS sont ceux dont les GID sont supérieurs ou égaux à 500.
- MINUID = 500 : les utilisateurs gérés par NIS posséderont des UID supérieurs ou égaux à 500.
- MERGE_PASSWD = true : les mots de passe NIS sont dans la map passwd. Il n'y a pas de création de map shadow.
- MERGE_GROUP = true : les mots de passe NIS sont dans le map group :

```
# cd  /var/yp
# make           ## Pour reconstruire toutes les maps
# make passwd    ## Pour créer uniquement la map passwd
# make group     ## Pour créer uniquement la map group
```

Démarrage du serveur NIS :

```
/etc/init.d/ypserv start
```

Initialisation de la base de données :

```
# /usr/lib/yp/ypinit  -m
```

Vérification de la création des maps :

```
# ypcat passwd
# ypcat group
```

2. Configurer le client NIS

Sur la machine client disposant de la distribution Linux CentOS, il faut disposer des paquetages **ypbind**, **portmap** et **yptools**. Pour configurer le client NIS, le nom de domaine NIS doit être déclaré dans le fichier /etc/syconfig/network à la ligne suivante :

```
NISDOMAIN=PME
```

Quand ypbind est lancé, il va chercher les instructions dans le fichier /etc/yp.conf. Les entrées de ce fichier sont :

- **domain** nisdomain **server** hostname : le client s'adresse à hostname pour le domaine nisdomain.
- **domain** nisdomain **broadcast** : le client fait un broadcast sur le réseau local pour ce qui concerne le domaine nisdomain.
- **ypserver** hostname : le client s'adresse directement à hostname pour le domaine local. S'assurer que hostname est résolu en adresse IP, au besoin en renseignant le fichier /etc/hosts.

Une fois le client NIS bien configuré, lancez NIS avec les commandes suivantes :

```
# /etc/init.d/ypbind start
# /etc/init.d/portmap start
```

Quelques outils NIS permettent de vérifier la configuration côté client et côté serveur.

- domainname : renvoie le nom de domaine NIS.
- ypcat : affiche les valeurs de toutes les clés contenues dans une map NIS.
- ypmatch : affiche les valeurs d'une ou plusieurs clés contenues dans une map NIS.
- ypset : permet de préciser à quel serveur NIS ypbind doit se connecter.
- ypwhich : envoie le nom du serveur NIS.
- yppoll : prend une map en argument et renvoie le nom de domaine et le serveur master.

C. Authentification LDAP

1. Introduction à PAM et NSS

a. PAM (Pluggable Authentication Module)

PAM est une API disponible dans des bibliothèques dynamiques. PAM fournit une ossature qui permet aux fournisseurs et aux administrateurs de personnaliser les services d'authentification des utilisateurs au système local.

PAM implémente, en plus des services d'authentification, des mécanismes d'habilitation. L'habilitation consiste à déterminer ce que vous avez le droit de faire, une fois votre identité établie.

L'avantage de PAM est que chaque application souhaitant authentifier les utilisateurs (ssh, telnet, login, etc) délègue cette authentification à PAM à travers des modules personnalisables selon les besoins.

La configuration de PAM se fait dans la plupart des cas et notamment pour les distributions Linux récentes dans le répertoire /etc/pam.d/. Sous ce répertoire, chaque application ou service possède un fichier de configuration portant généralement le même nom que le service qu'il contrôle.

- À titre d'exemple, OpenSSH dispose d'un fichier de configuration pour PAM portant le nom de démon ssh, ce fichier est **/etc/pam.d/ssh**.

```
# vi /etc/pam.d/ssh
```

```
# PAM configuration for the Secure Shell service

# Read environment variables from /etc/environment and
# /etc/security/pam_env.conf.
auth       required     pam_env.so # [1]
# In Debian 4.0 (etch), locale-related environment variables were moved to
# /etc/default/locale, so read that as well.
auth       required     pam_env.so envfile=/etc/default/locale

# Standard Unix authentication.
@include common-auth

account    required     pam_nologin.so
```

```
@include common-account

@include common-session

# Print the message of the day upon successful login.
session    optional      pam_motd.so # [1]

# Print the status of the user's mailbox upon successful login.
session    optional      pam_mail.so standard noenv # [1]

# Set up user limits from /etc/security/limits.conf.
session    required      pam_limits.so

# Set up SELinux capabilities (need modified pam)
# session  required      pam_selinux.so multiple

# Standard Unix password updating.
@include common-password
```

- login possède également un fichier de configuration correspondant :

```
# vi /etc/pam.d/login
```

```
auth       optional    pam_faildelay.so  delay=3000000

auth       required  pam_securetty.so

auth       requisite  pam_nologin.so

session [success=ok ignore=ignore module_unknown=ignore default=bad]
pam_selinux.so close

session       required   pam_env.so readenv=1 envfile=/etc/default/locale

# Standard Unix authentication.
@include common-auth

auth       optional   pam_group.so

session    required   pam_limits.so

session    optional   pam_lastlog.so

session    optional   pam_motd.so

session    optional   pam_mail.so standard
```

```
@include common-account
@include common-session
@include common-password

session [success=ok ignore=ignore module_unknown=ignore
default=bad] pam_selinux.so open
```

☞*Dans les anciennes distributions Linux, la configuration de PAM se trouve dans /etc/pam.conf comportant 'ensemble de configuration des services et applications utilisant PAM. Si les deux (fichier et répertoire) sont présents, alors c'est la configuration /etc/pam.d qui est prise en compte par le système.*

La syntaxe générale des fichiers de configuration Pam du répertoire /etc/pam.d est :

```
Type-module drapeau-de-contrôle schéma-vers-module  arguments
```

Les modules PAM se répartissent en quatre catégories :

- **auth** : les modules qui servent à authentifier un utilisateur.
- **account** : les modules qui vérifient la validité d'un compte.
- **password** : les modules qui mettent à jour les objets d'authentification.
- **session** : les modules associés au démarrage ou à la transmission d'une session.

Le drapeau de contrôle précise la politique à suivre en fonction du module :

- **sufficient** : il suffit que ce module produise un résultat positif pour que l'authentification réussisse, sous réserve qu'aucun des modules required précédents n'ait échoué.

  Dans ce cas, les autres modules du fichier de configuration du service ne sont pas exécutés, et l'application appelante reprend la main. Si un module sufficient échoue, alors le processus d'authentification se poursuit ; l'échec d'un module sufficient ne suffit pas à interdire l'accès.
- **required** : indique qu'au moins un des modules présents doit réussir pour que l'authentification réussisse. Si le module concerné réussit, les autres modules sont testés malgré tout. Si le module échoue, la condition d'erreur est renvoyée mais après l'appel des autres modules. Dans ces conditions, l'utilisateur ne sait pas quel module a échoué.
- **requisite** : indique que le module doit réussir pour que l'authentification réussisse. En cas d'échec, l'application appelante reprend la main immédiatement. Ce drapeau est différent du drapeau required qui provoque l'interrogation des autres modules avant de rendre la main.
- **optional** : précise que la réussite ou l'échec de ce module n'a aucun effet sur le statut renvoyé à l'application client. Il n'est pris en compte que si les autres modules retournent un code erreur.

☞*PAM est une API définie dans la RFC 86.0. La description est disponible dans : http://www.opengroup.org/rfc/*

Les modules PAM se trouvent dans le répertoire /lib/security.

Voici la définition de quelques modules :

- pam_unix : implémente le comportement traditionnel d'un système UNIX. Il utilise tous les types (auth, account, password, session).
- pam_permit : le module réussit systématiquement.

- pam_deny : le module échoue systématiquement.
- pam_nologin : l'authentification échoue si le fichier /etc/nologin existe.
- pam_securetty : la connexion de root est délimitée aux terminaux présents dans /etc/securetty.
- pam_lastlog : ce module de type auth affiche l'heure et l'endroit de dernière connexion.
- pam_motd : ce module de type session affiche le contenu d'un fichier, par défaut, /etc/motd après que l'authentification et la validation ont réussi. Il doit être indiqué dans la stratégie optional.
- pam_selinux : fixe le contexte de sécurité du shell de connexion.
- pam_env : configure l'environnement.
- pam_cracklib : vérifie la robustesse d'un mot de passe.

b. NSS (Name Service Switch)

Le système NSS (*Name Service Switch*) a été conçu pour permettre :

- La définition des fichiers UNIX à interroger pour récupérer des informations.
- Le remplacement des traditionnels fichiers UNIX de configuration (/etc/passwd, /etc/group...) par une ou plusieurs bases de données centralisées pour obtenir des informations, telles que les données d'authentification ou encore l'adressage réseau.

Dans le cas de service de noms (DNS), par exemple, il faut préciser au service NSS comment un client peut trouver l'adresse IP d'une machine à partir de son nom pleinement qualifié (FQDN). Dans ce cas, on doit préciser l'ordre dans lequel sera effectuée la recherche, c'est-à-dire quel est le fichier ou le service à interroger en priorité pour répondre à une requête. Dans un cas classique, la recherche se fait dans /etc/hosts/ ensuite via un serveur DNS ou NIS. La configuration de NSS se fait dans le fichier **/etc/nsswitch.conf**.

NSS offre des services analogues pour de nombreuses bases de données.

Nous nous intéresserons plus particulièrement à la base de données des utilisateurs système : /etc/passwd, /etc/shadow et /etc/group

D'autres bases de données sont concernées par NSS, à savoir ethers, networks, protocols, rpc, services, aliases, netgroup.

Voici un aperçu du fichier nsswitch.conf.

```
# vi /etc/nsswitch.conf
```

```
# /etc/nsswitch.conf
#
# Example configuration of GNU Name Service Switch functionality.
# If you have the `glibc-doc-reference' and `info' packages installed, try:
# `info libc "Name Service Switch"' for information about this file.

passwd:         compat
group:          compat
shadow:         compat

#hosts:         files mdns4_minimal [NOTFOUND=return] dns mdns4
networks:       files
```

```
hosts           files dns

protocols:      db files
services:       db files
ethers:         db files
rpc:            db files

netgroup:       nis
```

On peut définir une méthode de recherche différente pour chaque base de données.

Dans le cas des utilisateurs UNIX, la recherche peut se faire dans le fichier /etc/passwd matérialisé par files ou dans un annuaire LDAP matérialisé par ldap.

```
# vi /etc/nsswitch.conf
```

```
# /etc/nsswitch.conf
#
# Example configuration of GNU Name Service Switch functionality.
# If you have the `glibc-doc-reference' and `info' packages installed, try:
# `info libc "Name Service Switch"' for information about this file.

passwd:         compat ldap
group:          compat ldap
shadow:         compat ldap

networks:       files
hosts           files dns

protocols:      db files
services:       db files
ethers:         db files
rpc:            db files

netgroup:       nis
```

2. Le module pam_ldap.so

Le module **pam_ldap.so** est une bibliothèque partagée qui implémente le mécanisme d'authentification pour les applications et le système d'exploitation assurant une exploitation d'un annuaire (DAP via PAM).

Le module pam_ldap.so est distribué sous licence GNU LGPL (*Lesser General Public License*) par LDAP software.

PADL software a été fondée en janvier 1999 par Luke Howard. Ancien collaborateur d'Apple, ce dernier fut à l'origine de la création du schéma relatif à la RFC 2307. La société PADL livre également le module nss_ldap.so ainsi que d'autres logiciels commerciaux à l'instar de la passerelle NIS/LDAP ou Kerberos Authentication Plugin (GSS-SASL).

Notons que le module pam_ldap.so est disponible pour les systèmes d'exploitation suivants :

- Linux.
- HP-UX11i.
- Mac OS X 10.2 et supérieurs.
- Solaris 2.6 et supérieur.
- FREEBSD 3.x et supérieur.
- AIX 5L.

3. Le module nss_ldap.so

Le module **nss_ldap.so** est une autre librairie développée par PADL software qui fournit les moyens pour les stations Linux et UNIX de chercher des informations telles que les utilisateurs, les hôtes et groupes à partir des annuaires LDAP. Le module et l'implémentation de la RFC 2307 ont été repris par SUN qui a développé par la suite l'interface Name Service Switch.

Les avantages de ce module :

- Support de la RFC 2307/RFC 2307bis (*An Approach for Using LDAP as a Network Information Service*).
- Support de l'authentification Kerberos et du chiffrement SSL.
- Compatible avec la libraire LDAP.
- Compatible avec Active Directory.
- Support des plates-formes Solaris, Mac OS X et AIX. Le module nss_ldap est livré sous licence GNU LGPL.

D. Le schéma nis.schema

La RFC 2307 définit les types d'attribut et les classes d'objets permettant de remplacer le service NIS par un annuaire LDAP, ce qui permettra de remplacer intégralement l'interrogation des services réseau via les méthodes classiques par un annuaire LDAP. De ce fait, l'annuaire LDAP hébergera toutes les données en lien avec un service particulier, telles que les comptes d'utilisateurs et de groupes. Le schéma nis.schema (voir extrait ci-dessous) fournit les attributs ainsi que les classes d'objets permettant de placer des informations système (nom d'utilisateur, mot de passe, uid...) dans une branche du serveur OpenLDAP.

Voici la description de quelques attributs les plus utilisés dans la suite de l'ouvrage :

```
#attributetype ( 1.3.6.1.1.1.1.0 NAME 'uidNumber'
#     DESC 'An integer uniquely identifying a user in an administrative domain'
#      EQUALITY integerMatch
#      SYNTAX 1.3.6.1.4.1.1466.115.121.1.27 SINGLE-VALUE )

attributetype ( 1.3.6.1.1.1.1.2 NAME 'gecos'
       DESC 'The GECOS field; the common name'
       EQUALITY caseIgnoreIA5Match
       SUBSTR caseIgnoreIA5SubstringsMatch
       SYNTAX 1.3.6.1.4.1.1466.115.121.1.26 SINGLE-VALUE )
```

```
attributetype ( 1.3.6.1.1.1.1.3 NAME 'homeDirectory'
      DESC 'The absolute path to the home directory'
      EQUALITY caseExactIA5Match
      SYNTAX 1.3.6.1.4.1.1466.115.121.1.26 SINGLE-VALUE )

attributetype ( 1.3.6.1.1.1.1.4 NAME 'loginShell'
      DESC 'The path to the login shell'
      EQUALITY caseExactIA5Match
      SYNTAX 1.3.6.1.4.1.1466.115.121.1.26 SINGLE-VALUE )

attributetype ( 1.3.6.1.1.1.1.12 NAME 'memberUid'
      EQUALITY caseExactIA5Match
      SUBSTR caseExactIA5SubstringsMatch
      SYNTAX 1.3.6.1.4.1.1466.115.121.1.26 )

attributetype ( 1.3.6.1.1.1.1.13 NAME 'memberNisNetgroup'
      EQUALITY caseExactIA5Match
      SUBSTR caseExactIA5SubstringsMatch
      SYNTAX 1.3.6.1.4.1.1466.115.121.1.26 )

attributetype ( 1.3.6.1.1.1.1.14 NAME 'nisNetgroupTriple'
      DESC 'Netgroup triple'
      SYNTAX 1.3.6.1.1.1.0.0 )

attributetype ( 1.3.6.1.1.1.1.19 NAME 'ipHostNumber'
      DESC 'IP address'
      EQUALITY caseIgnoreIA5Match
      SYNTAX 1.3.6.1.4.1.1466.115.121.1.26{128} )

attributetype ( 1.3.6.1.1.1.1.22 NAME 'macAddress'
      DESC 'MAC address'
      EQUALITY caseIgnoreIA5Match
      SYNTAX 1.3.6.1.4.1.1466.115.121.1.26{128} )

objectclass ( 1.3.6.1.1.1.2.0 NAME 'posixAccount'
      DESC 'Abstraction of an account with POSIX attributes'
      SUP top AUXILIARY
      MUST ( cn $ uid $ uidNumber $ gidNumber $ homeDirectory )
      MAY ( userPassword $ loginShell $ gecos $ description ) )

objectclass ( 1.3.6.1.1.1.2.2 NAME 'posixGroup'
      DESC 'Abstraction of a group of accounts'
      SUP top STRUCTURAL
      MUST ( cn $ gidNumber )
      MAY ( userPassword $ memberUid $ description ) )

objectclass ( 1.3.6.1.1.1.2.6 NAME 'ipHost'
      DESC 'Abstraction of a host, an IP device'
```

```
        SUP top AUXILIARY
        MUST ( cn $ ipHostNumber )
        MAY ( l $ description $ manager ) )

objectclass ( 1.3.6.1.1.1.2.8 NAME 'nisNetgroup'
        DESC 'Abstraction of a netgroup'
        SUP top STRUCTURAL
        MUST cn
        MAY ( nisNetgroupTriple $ memberNisNetgroup $ description ) )
```

Dans ce chapitre, nous montrerons comment déplacer l'ensemble des comptes utilisateurs et des groupes dans un serveur OpenLDAP. Voyons de plus près à quoi ressemble ce schéma ; tout d'abord, il contient la définition des attributs suivants :

- uidNumber
- gidNumber
- gecos
- homeDirectory
- loginShell

On remarque que ces attributs correspondent à des champs existants dans le fichier /etc/passwd, le fichier relatif aux comptes UNIX.

Le schéma comprend également les classes d'objets suivantes :

- posixAccount, représente un compte POSIX.
- shadowAccount, représente les attributs permettant la redéfinition des mots de passe parmi ces attributs ;
  - shadowLastChange
  - shadowMin
  - shadowMax
  - shadowWarning
  - shadowInactive
  - shadowExpire
  - shadowFlag

  Ces attributs représentent une ligne du fichier /etc/shadow.
- posixGroup contient les attributs permettant la représentation des entrées du fichier /etc/group. Cette classe d'objets contient les attributs suivants :
  - cn
  - gidNumber
  - userPassword
  - memberUid
  - description

E. Les outils de migration PADL (Migration Tools)

Dans cette section, nous procéderons à une migration des informations de comptes UNIX vers l'annuaire LDAP.

Les comptes utilisateurs seront créés dans la branche **ou=users,dc=pme, dc=com**.

Une méthode consiste à préparer un fichier LDIF pour chaque service que l'on souhaite intégrer dans l'annuaire et ensuite ajouter les entrées correspondantes avec l'outil ldapadd ou slapadd.

La complexité de cette méthode réside dans la préparation de ce fichier LDIF, surtout lorsqu'on dispose d'un nombre important d'utilisateurs système.

Heureusement (sinon il faudrait le faire), PADL software met à disposition, en plus des modules LDAP pour PAM et NSS, une série de scripts Perl permettant de convertir des fichiers système de répertoire /etc (dans notre cas /etc/passwd, /etc/group/ et /etc/shadow) au format LDIF.

Pour profiter de ces scripts, il faut télécharger l'archive **MigrationTools** à partir de ce lien : http://www.padl.com/OSS/MigrationTools.html

Il faut ensuite désarchiver le fichier et aller dans le répertoire créé :

```
# tar  xvzf Migrationtools.tgz
# cd Migrationstools-47
```

Un certain nombre de scripts sont présents, nous nous intéressons particulièrement au contenu des scripts migrate_passwd.pl et migrate_group.pl :

- **migrate_passwd.pl** : pour la migration du fichier à plat /etc/passwd.
- **migrate_group.pl** : pour la migration du fichier à plat /etc/group. Ce script est disponible en téléchargement sur le site des Éditions ENI.
- migrate_hosts.pl : pour la migration du fichier à plat /etc/hosts.
- migrate_networks.pl : pour la migration du fichier à plat /etc/networks.
- migrate_protocols.pl : pour la migration du fichier à plat /etc/protocols.
- migrate_service.pl : pour la migration du fichier à plat /etc/services.
- migrate_rpc.pl : pour la migration du fichier à plat /etc/rpc.
- migrate_fstab.pl : pour la migration du fichier à plat /etc/fstab.

Pour effectuer la migration, il faut commencer par personnaliser le script **migrate_common.ph** en fonction de la configuration du serveur LDAP à notre disposition.

Le fichier migrate_common.ph contient les variables suivantes :

- $DEFAULT_MAIL_DOMAIN : définit le nom de domaine de messagerie.
- $DEFAULT_BASE : définit le suffixe de base sous lesquelles seront créées les éventuelles unités d'organisation qui vont contenir les informations migrées.
- $EXTENDED_SCHEMA : active le support d'extension des schémas de l'annuaire. Permet notamment d'ajouter les classes d'objets organizationalPerson et inetOrgPerson aux autres classes d'objets existantes lors de la migration des utilisateurs via le script **migrate_passwd.pl**.
- $NAMINGCONTEXT : spécifie le contexte de nommage à utiliser par les scripts de migration.

Les variables d'environnement suivantes contrôlent le comportement des scripts de migration :

- DEFAULT_MAIL_DOMAIN : identique à la variable $DEFAULT_MAIL_DOMAIN.
- LDAPADD : définit le chemin de la commande ldapadd (si ce n'est pas dans /usr/local/bin ou /usr/bin).
- PERL : définit le chemin vers l'exécutable Perl.
- LDAPHOST : définit l'adresse du serveur LDAP.
- LDAP_BASEDN : définit le DN fourni pour se connecter à l'annuaire LDAP.
- LDAP_BINDCRED : définit le mot de passe fourni pour se connecter à l'annuaire LDAP.

1. Migration des comptes utilisateurs (/etc/passwd)

Pour migrer les comptes utilisateurs des systèmes, nous aurons besoin du script Perl migrate_passwd.pl.

Le script prend le nom du fichier /etc/passwd en entrée, et en sortie un fichier au format LDIF.

Pour personnaliser migrate_common.ph selon l'arborescence de l'annuaire, affectons les valeurs :

- pme.com à $DEFAULT_BASE
- pme.com à DEFAULT_MAIL_DOMAIN

Exportons la variable **`ETC_SHADOW=/etc/shadow`** :

```
# export ETC_SHADOW
```

Maintenant, nous pouvons migrer le fichier /etc/passwd :

```
#./migrate_passwd.pl   /etc/passwd   /tmp/passwd.ldif
```

Vérifions le résultat :

```
# vi /tmp/passwd.ldif
```

```
### Fichier /tmp/passwd.ldif

dn: uid=root,ou=users,dc=pme,dc=com
uid: root
cn: root
objectClass: account
objectClass: posixAccount
objectClass: top
userPassword: {crypt}x
loginShell: /bin/bash
uidNumber: 0
gidNumber: 0
homeDirectory: /root
gecos: root
...
dn: uid=nobody,ou=users,dc=pme,dc=com
uid: nobody
cn: nobody
objectClass: account
objectClass: posixAccount
objectClass: top
```

```
userPassword: {crypt}x
loginShell: /bin/sh
uidNumber: 65534
gidNumber: 65534
homeDirectory: /nonexistent
gecos: nobody
...
dn: uid=mejri,ou=users,dc=pme,dc=com
uid: mejri
cn: Mejri Issam
objectClass: account
objectClass: posixAccount
objectClass: top
userPassword: {crypt}x
loginShell: /bin/bash
uidNumber: 1000
gidNumber: 1000
homeDirectory: /home/mejri
gecos: Mejri Issam,,,
...
dn: uid=ldap,ou=users,dc=pme,dc=com
uid: ldap
cn: Slapd daemon user
objectClass: account
objectClass: posixAccount
objectClass: top
userPassword: {crypt}x
loginShell: /bin/false
uidNumber: 1001
gidNumber: 1001
homeDirectory: /usr/local/var/openldap-data/
gecos: Slapd daemon user,,,,
...
dn: uid=ftp,ou=users,dc=pme,dc=com
uid: ftp
cn: ftp daemon
objectClass: account
objectClass: posixAccount
objectClass: top
userPassword: {crypt}x
loginShell: /bin/false
uidNumber: 120
gidNumber: 129
homeDirectory: /srv/ftp
gecos: ftp daemon,,,
...
```

```
dn: uid=issam,ou=users,dc=pme,dc=com
uid: issam
cn: issam
objectClass: account
objectClass: posixAccount
objectClass: top
userPassword: {crypt}x
loginShell: /bin/bash
uidNumber: 1002
gidNumber: 1003
homeDirectory: /home/issam
gecos: ,,,
...
dn: uid=ali,ou=users,dc=pme,dc=com
uid: ali
cn: ali
objectClass: account
objectClass: posixAccount
objectClass: top
userPassword: {crypt}x
loginShell: /bin/bash
uidNumber: 1030
gidNumber: 1030
homeDirectory: /home/ali
gecos: ali,,,
```

On constate que tous les champs nécessaires y compris les attributs obligatoires sont exportés vers le fichier passwd.ldif.

L'ajout des entrées dans l'annuaire nécessite une modification du fichier slapd.conf. En effet, pour que les nouveaux attributs et classes d'objets soient pris en charge par le serveur LDAP, il faut charger le schéma correspondant, autrement dit, il faut ajouter le schéma nis.schema à l'aide d'une directive include. Le fichier nis.schema dépend des deux schémas **core.schema** et **cosine.schema** comme indiqué dans la description du schéma lui-même.

Il faut éditer slapd.conf pour ajouter les deux lignes suivantes :

```
include   /usr/local/etc/openldap/schema/cosine.schema
include   /user/local/tec/openldap/schema/nis.schema
```

L'importation du fichier passwd.ldif à l'aide de l'outil en ligne de commande ldapadd peut être réalisée :

```
# ldapadd -x  -D "cn=manager, dc=pme, dc=com"  -W -f /tmp/passwd.ldif
```

On peut aussi importer ce fichier graphiquement à l'aide de l'interface d'Apache Directory Studio.

2. Migration des groupes (/etc/group)

Comme pour le fichier /etc/passwd, la conversion de /etc/group en un fichier LDIF se réalise en se servant du script migrate_group.pl.

Mais avant d'exécuter le script, il faut ajouter l'unité d'organisation qui va accueillir les groupes d'utilisateurs :

```
# Le fichier group.ldif permettant d'ajouter ou=group à notre annuaire
dn:ou=group,dc=pme,dc=com
ou:group
objectclass : organizational unit
objectclass : top
description : groupes utilisateurs
```

Ensuite nous ajoutons l'entrée :

```
# ldapadd  -x -D  "cn=manager, dc=pme, dc=com"  -W -f group.ldif
```

Le script de migration prend en entrée le fichier /etc/group :

```
# ./migrate_group  /etc/group  /tmp/group.ldif
```

Visualisons le résultat :

```
#  vi /tmp/group.ldif
```

```
dn: cn=root,ou=group,dc=pme,dc=com
objectClass: posixGroup
objectClass: top
cn: root
userPassword: {crypt}x
gidNumber: 0
...
dn: cn=users,ou=group,dc=pme,dc=com
objectClass: posixGroup
objectClass: top
cn: users
userPassword: {crypt}x
gidNumber: 100
...
dn: cn=mejri,ou=group,dc=pme,dc=com
objectClass: posixGroup
objectClass: top
cn: mejri
userPassword: {crypt}x
gidNumber: 1000
...
dn: cn=grpldap,ou=group,dc=pme,dc=com
objectClass: posixGroup
objectClass: top
cn: grpldap
userPassword: {crypt}x
```

```
gidNumber: 1001
...
dn: cn=ftp,ou=group,dc=pme,dc=com
objectClass: posixGroup
objectClass: top
cn: ftp
userPassword: {crypt}x
gidNumber: 129
...
dn: cn=issam,ou=group,dc=pme,dc=com
objectClass: posixGroup
objectClass: top
cn: issam
userPassword: {crypt}x
gidNumber: 1003
...
dn: cn=ali,ou=group,dc=pme,dc=com
objectClass: posixGroup
objectClass: top
cn: ali
userPassword: {crypt}x
gidNumber: 1030
...
dn: cn=sami,ou=group,dc=pme,dc=com
objectClass: posixGroup
objectClass: top
cn: sami
userPassword: {crypt}x
gidNumber: 1004
```

Importons le fichier /tmp/group.ldif dans l'annuaire :

```
# ldapadd -x  -D "cn=manager, dc=pme, dc=com" -W -f /etc/tmp/group
```

Les données peuvent être importées à l'aide de l'outil graphique Apache Directory Studio.

Il faut indexer les trois attributs **uidNumber**, **gidNumber** et **uid**, ce qui permet d'accélérer l'appel aux fonctions getpwuid() et getgrgid().

Pour modifier le fichier slapd.conf dans la section des bases de données, ajoutons :

```
index   uid   eq
index   uidNumber   eq
index   gidNumber     eq
```

F. Authentification client

L'authentification des clients nécessite d'adapter le fichier **/etc/ldap.conf** relatif à la configuration des deux bibliothèques pam_ldap et nss_ldap.

1. Configuration de pam_ldap

Les paramètres de configuration du module pam_ldap sont stockés dans le fichier /etc/ldap.conf (ce fichier est créé à l'installation de pam_ldap et nss_ldap.so). Voici les paramètres qu'il faut configurer pour que le client puisse s'authentifier correctement via l'annuaire LDAP.

- **host** : l'adresse IP ou le nom de domaine pleinement qualifié du serveur LDAP.
- **base** : le DN de base utilisé pour effectuer la recherche.
- **ldap_version** : la version de LDAP à utiliser pour interroger le serveur. Les versions possibles sont 2 et 3.
- **binddn** : définit le DN à utiliser pour s'identifier auprès de l'annuaire LDAP.
- **bindpw** : définit le mot de passe à utiliser pour s'authentifier auprès du serveur LDAP.
- **port** : correspond au port utilisé par le démon slapd, par défaut c'est le port 389 ; sur un lien sécurisé par SSL, le port prend la valeur 636.
- **rootbinddn** : correspond au port utilisé pour se connecter au serveur LDAP. Ce DN est en général celui de l'administrateur de l'annuaire.
- **ssl** : définit comment doivent réagir les modules PAM et NSS au cours d'une session chiffrée SSL. Si SSL est à on, alors le client utilisera obligatoirement LDAPS. La valeur start_tls de cette directive active l'opération étendue StartTLS.
- **scope** : définit le périmètre de recherches (sub, one et base).
- **pam_check_host_attr** : prend deux valeurs possibles, no ou yes qui déterminent si l'attribut host doit être vérifié pendant la phase d'habilitation d'une connexion.
- **pam_filter** : lors de la validation d'un utilisateur, le filtre (uid=%) est appliqué.
- **pam_login_attribute** : définit un attribut particulier à comparer avec un identifiant de connexion de l'utilisateur, généralement la valeur de l'attribut uid, mais un autre attribut peut également être utilisé pour réaliser l'authentification.
- **pam_member_attribute** : définit l'attribut d'appartenance au groupe.
- **pam_password** : ce paramètre permet de choisir parmi plusieurs méthodes pour modifier les mots de passe sur le serveur LDAP. Cette valeur dépend de l'annuaire à interroger ; par exemple, dans le cas d'Active Directory, elle prend la valeur ad.

2. Configuration de nss_ldap

Les paramètres de configuration du module nss_ldap sont stockés dans le même fichier /etc/ldap.conf. Voici les directives de ce fichier qui définissent la configuration du module nss_ldap pour la récupération des informations depuis l'annuaire LDAP :

- nss_base_shadow
- nss_base_passwd
- nss_base_group

Les directives ci-dessous permettent de définir le contexte de nommage (la branche de l'annuaire LDAP) de plusieurs bases de données de nsswitch.conf :

- nss_base_hosts
- nss_base_networks
- nss_base_netgroup

Les directives suivantes assurent une correspondance entre les attributs et les classes d'objets renvoyés par le serveur LDAP :

- nss_map_attribute
- nss_map_objectclass

La configuration finale du fichier ldap.conf est la suivante :

```
#  vi /etc/ldap.conf
```

```
Host 127.0.0.1
base dc=pme,dc=com
ldap_version 3
bindpw secret
port 389
scope sub
timelimit 30
bind_timelimit 30
bind_policy hard
pam_filter objectclass=posixaccount
pam_login_attribute uid
pam_password md5
nss_base_passwd        ou=users,dc=pme,dc=com?one
nss_base_shadow        ou=users,dc=pme,dc=com?one
nss_base_group         ou=group,dc=pme,dc=com?one
ssl start_tls
ssl on
tls_checkpeer yes
tls_ciphers TLSv1
```

G. Test d'authentification

1. La configuration de nsswitch.conf

Pour qu'un service fasse appel au module nss_ldap, il faut modifier le fichier /etc/nsswitch.conf en ajoutant le mot clé ldap pour chacune des bases de données stockées dans OpenLDAP.

Dans le cas de l'authentification système via LDAP, ce sont les bases passwd, group et shadow qui nous intéressent. On aura dans nsswitch.conf :

```
passwd:  ldap     files
group:   ldap     files
shadow:  ldap     files
```

Après cette étape, un test d'authentification permet de valider la migration des comptes. La commande getent prend en paramètre un type de base de données pour en extraire les informations. Elle affichera en premier lieu les comptes du fichier classique /etc/passwd, puis les objets posixAccount présents dans l'annuaire.

```
# getent passwd
```

```
root:x:0:0:root:/root:/bin/bash
daemon:x:1:1:daemon:/usr/sbin:/bin/sh
bin:x:2:2:bin:/bin:/bin/sh
sys:x:3:3:sys:/dev:/bin/sh
sync:x:4:65534:sync:/bin:/bin/sync
games:x:5:60:games:/usr/games:/bin/sh
man:x:6:12:man:/var/cache/man:/bin/sh
lp:x:7:7:lp:/var/spool/lpd:/bin/sh
mail:x:8:8:mail:/var/mail:/bin/sh
news:x:9:9:news:/var/spool/news:/bin/sh
uucp:x:10:10:uucp:/var/spool/uucp:/bin/sh
proxy:x:13:13:proxy:/bin:/bin/sh
www-data:x:33:33:www-data:/var/www:/bin/sh
backup:x:34:34:backup:/var/backups:/bin/sh
list:x:38:38:Mailing List Manager:/var/list:/bin/sh
irc:x:39:39:ircd:/var/run/ircd:/bin/sh
gnats:x:41:41:Gnats Bug-Reporting System (admin):/var/lib/gnats:/bin/sh
nobody:x:65534:65534:nobody:/nonexistent:/bin/sh
libuuid:x:100:101::/var/lib/libuuid:/bin/sh
syslog:x:101:103::/home/syslog:/bin/false
messagebus:x:102:107::/var/run/dbus:/bin/false
avahi-autoipd:x:103:110:Avahi autoip daemon,,,:/var/lib/avahi-autoipd:/bin/false
avahi:x:104:111:Avahi mDNS daemon,,,:/var/run/avahi-daemon:/bin/false
couchdb:x:105:113:CouchDB Administrator,,,:/var/lib/couchdb:/bin/bash
speech-dispatcher:x:106:29:Speech Dispatcher,,,:/var/run/speech-dispatcher:/bin/sh
usbmux:x:107:46:usbmux daemon,,,:/home/usbmux:/bin/false
haldaemon:x:108:114:Hardware abstraction layer,,,:/var/run/hald:/bin/false
kernoops:x:109:65534:Kernel Oops Tracking Daemon,,,:/:/bin/false
pulse:x:110:115:PulseAudio daemon,,,:/var/run/pulse:/bin/false
rtkit:x:111:117:RealtimeKit,,,:/proc:/bin/false
saned:x:112:118::/home/saned:/bin/false
hplip:x:113:7:HPLIP system user,,,:/var/run/hplip:/bin/false
gdm:x:114:120:Gnome Display Manager:/var/lib/gdm:/bin/false
mejri:x:1000:1000:Mejri Issam,,,:/home/mejri:/bin/bash
nslcd:x:115:123:nslcd name service LDAP connection daemon,,,:/var/run/nslcd/:/bin/false
mysql:x:116:125:MySQL Server,,,:/var/lib/mysql:/bin/false
ldap:x:1001:1001:Slapd daemon user,,,,:/usr/local/var/openldap-data/:/bin/false
sshd:x:117:65534::/var/run/sshd:/usr/sbin/nologin
ntop:x:118:127::/var/lib/ntop:/bin/false
telnetd:x:119:128::/nonexistent:/bin/false
ftp:x:120:129:ftp daemon,,,:/srv/ftp:/bin/false
snort:x:121:130:Snort IDS:/var/log/snort:/bin/false
bind:x:122:131::/var/cache/bind:/bin/false
jabberd:x:123:132:Jabberd14 daemon,,,:/var/run/jabberd:/bin/false
openvpn:x:124:65534::/dev/null:/bin/false
issam:x:1002:1003:,,,:/home/issam:/bin/bash
dhcpd:x:125:133::/var/run:/bin/false
```

```
statd:x:126:65534::/var/lib/nfs:/bin/false
ali:x:1030:1030:ali,,,:/home/ali:/bin/bash
postfix:x:127:134::/var/spool/postfix:/bin/false
cyrus:x:128:8:Cyrus Mailsystem User,,,:/var/spool/cyrus:/bin/sh
sami:x:1003:1004:,,,:/home/sami:/bin/bash
```

2. Test de connexion d'un utilisateur LDAP

Pour ouvrir une session système, il faut modifier la configuration PAM du fichier login permettant l'ouverture d'une session interactive. Le fichier login est situé dans /etc/pam.d. Il faut ajouter la bibliothèque **pam_ldap.so** au fichier de configuration pour que PAM puisse consulter l'annuaire LDAP. La modification est réalisée au niveau des drapeaux **auth**, **session**, **account** et **password**.

```
# /etc/pam.d/login
```

```
auth       optional   pam_faildelay.so  delay=3000000

auth       required  pam_securetty.so

auth       requisite  pam_nologin.so

session [success=ok ignore=ignore module_unknown=ignore
default=bad] pam_selinux.so close

session       required   pam_env.so readenv=1 envfile=/etc/default/locale

# Standard Unix authentication.
@include common-auth

auth       optional   pam_group.so

session    required   pam_limits.so

session    optional   pam_lastlog.so

session    optional   pam_motd.so

session    optional   pam_mail.so standard

@include common-account
@include common-session
@include common-password
```

Le contenu des fichiers common-account, common-session,common-auth et common-password pour l'authentification par LDAP est le suivant :

```
### Common-auth
      auth         required      /lib/security/pam_env.so
      auth         sufficient    /lib/security/pam_unix.so
likeauth nullok use_first_pass
```

```
        auth          sufficient     /lib/security/pam_ldap.so
        auth          required       /lib/security/pam_deny.so
### Common-account
        account       sufficient     /lib/security/pam_unix.so use_first_pass
        account       sufficient     /lib/security/pam_ldap.so
        account       required       /lib/security/pam_deny.so
#### Common-password
        password      required       /lib/security/pam_cracklib.so
        retry=3 minlen=2  dcredit=0  ucredit=0
        password      sufficient     /lib/security/pam_unix.so nullok
use_authtok md5 shadow
        password      sufficient     /lib/security/pam_ldap.so
        password      required       /lib/security/pam_deny.so
### Common-session
        session       required       /lib/security/pam_limits.so
        session       required       /lib/security/pam_unix.so
```

H. Implémentation d'une passerelle NIS-LDAP

Dans les paragraphes précédents, lorsque les comptes UNIX sont migrés vers l'annuaire LDAP, il faut intervenir sur chaque poste utilisateur pour configurer le client LDAP pour pouvoir s'authentifier. Une alternative à cette solution est de mettre en place une passerelle NIS/LDAP (les comptes utilisateurs doivent être stockés dans un serveur NIS, voir paragraphe C et D). Dans cette solution le serveur NIS reçoit des requêtes NIS émises par les clients déjà configurés à utiliser ce service mais le serveur NIS répond à partir d'informations obtenues à partir d'un serveur LDAP. Cette passerelle NIS/LDAP permet d'implémenter cette solution, la passerelle est sous forme d'un paquetage commercialisé encore par la société PADL software.

1. La passerelle NIS/LDAP de PADL

La passerelle NIS/LDAP de PADL est un logiciel commercialisé par la société PADL, son utilisation nécessite donc l'obtention d'une licence.

L'illustration ci-dessous décrit le principe de fonctionnement de la passerelle par rapport à l'annuaire LDAP.

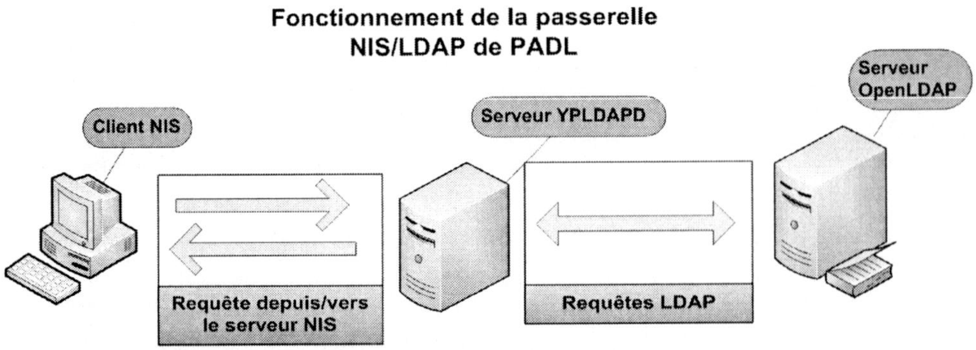

Les clients NIS interrogent toujours le serveur NIS à l'aide du protocole NIS donc la présence du serveur LDAP est transparente pour eux. L'administration n'a pas besoin de modifier la configuration des clients mais la confirmation du serveur **ypldapd** est nécessaire pour intégrer cette architecture.

Pour mettre en place cette architecture, il faut télécharger la version binaire du paquetage **ypldapd** disponible pour plusieurs plates-formes, dont GNU/Linux. C'est une version d'évaluation de 30 jours permettant de tester cette solution avant de la déployer définitivement sur des serveurs en production. Il existe également un guide utilisateur pour l'assistance à l'installation et à la configuration du produit.

2. Le démon ypldapd de PADL

La passerelle, comme déjà dit précédemment, est sous la forme d'un service appelé ypldapd, ce démon extrait les données à partir de l'annuaire LDAP avant de répondre aux requêtes clients en émulant le processus ypserv (serveur NIS).

a. Installation de ypldapd

Après avoir téléchargé l'archive du paquetage, décompressez l'archive :

```
# mkdir  -p  /opt/ypldapd
# cp ypldapd_linux-i386.tar.gz  /opt/ypldapd
# cd  /opt/ypldapd
# tar xvzf  ypldapd_linux-i386.tar.gz
```

☞ *Vous devez avoir une clé de licence pour ypldapd, reçue généralement par mail lors de l'étape de téléchargement. L'obtention d'une telle licence d'évaluation nécessite l'envoi d'un mail à l'adresse électronique suivante : ypldap-eval-request@padl.com.*

b. Configuration du démon ypldapd

Le fichier de configuration du démon ypldapd est situé dans le répertoire **/opt/ypldapd/etc/ypldapd.conf** (le répertoire /opt/ypldapd a été créé à l'étape précédente).

Le fichier de configuration ressemble à ceci :

```
# le domaine NIS
ypdomain pme.com
# le serveur LDAP et le DN de la base
localhost
basedn dc=pme,dc=com
# activation du cache
caching on
# vider le cache toutes les quinze minutes
cache_dump_interval 15
# le mot de passe doit-il être caché aux utilisateurs non
# privilégiés ?
hide_password  off
# combien de serveurs ypldapd peuvent s'exécuter simultanément ?
Maxchildren  5
# définit un DN permettant d'interroger l'annuaire LDAP
binddn  uid=ypldap_user,ou=users,dc=pme,dc=com
```

```
# mot de passe pour le binddn
bindcred  portos
```

Ajoutez une ACL autorisant l'utilisateur LDAP ypldapd_user à lire la totalité de l'annuaire :

```
access  to  dn=".*,dc=pme,dc=com"
        by  dn.exact="uid=ypldapd_user,ou=users,dc=pme,dc=com"  read
        by  *  none
```

Enfin le démarrage du service se fait par la commande **opt/bin/ypldapd**.

Une fois le démon ypldapd démarré, vous pouvez tester le nouveau serveur NIS par l'outil :

```
# ypwhich
```

Cette commande doit renvoyer l'adresse IP du serveur LDAP pour s'assurer de la bonne configuration.

I. Validation des acquis : questions/réponses

Questions

1 Quel est le nom du démon du service NIS ?

2 Quelle commande permet d'initialiser la base de données NIS ?

3 Par quelle commande NIS peut-on visualiser le contenu des maps créées ?

4 Quelle directive dans le fichier de configuration yp.conf définit le nom de domaine NIS ?

5 Quelle commande permet de vérifier l'existence d'un domaine NIS ?

6 Dans quel répertoire, sur les distributions GNU/Linux récentes, sont localisés les fichiers de configuration des services et des applications pour l'authentification PAM ?

7 Quel module assure l'authentification à un annuaire LDAP ?

8 Quel est le fichier de configuration du module nss_ldap.so ?

9 Quel schéma de l'annuaire OpenLDAP faut-il charger dans slapd.conf pour effectuer une migration des comptes utilisateurs locaux vers un serveur LDAP ?

10 Quelle directive dans /etc/ldap.conf permet de choisir parmi plusieurs méthodes pour modifier le mot de passe dans LDAP ?

11 Par quel outil peut-on à la fois migrer et authentifier des clients Linux via LDAP sans pour autant toucher à la configuration de leurs systèmes ?

Résultats

Référez-vous aux pages suivantes pour contrôler vos réponses. Pour chacune de vos bonnes réponses, omptez un point.

Nombre de points /11

Pour ce chapitre, votre score minimum doit être de 9 sur 11.

Réponses

1 Quel est le nom du démon du service NIS ?

ypserv

2 Quelle commande permet d'initialiser la base de données NIS ?

ypinit

3 Par quelle commande NIS peut-on visualiser le contenu des maps créées ?

ypcat

4 Quelle directive dans le fichier de configuration yp.conf définit le nom de domaine NIS ?

domain

5 Quelle commande permet de vérifier l'existence d'un domaine NIS ?

domainname

6 Dans quel répertoire, sur les distributions GNU/Linux récentes, sont localisés les fichiers de configuration des services et des applications pour l'authentification PAM ?

/etc/pam.d/

7 Quel module assure l'authentification à un annuaire LDAP ?

pam_ldap.so

8 Quel est le fichier de configuration du module nss_ldap.so ?

/etc/ldap.conf

9 Quel schéma de l'annuaire OpenLDAP faut-il charger dans slapd.conf pour effectuer une migration des comptes utilisateurs locaux vers un serveur LDAP ?

Le schéma nis.schema

10 Quelle directive dans /etc/ldap.conf permet de choisir parmi plusieurs méthodes pour modifier le mot de passe de LDAP ?

pam_password

11 Par quel outil peut-on à la fois migrer et authentifier des clients Linux via LDAP sans pour autant toucher à la configuration de leurs systèmes ?

En installant une passerelle NIS/LDAP. Le démon ypldapd de PADL permet de réaliser ce type de migration.

J. Travaux pratiques

Pour compléter la centralisation des ressources dans un annuaire LDAP, nous décidons de migrer les hôtes ainsi que les groupes du réseau existant vers l'annuaire en nous basant toujours sur les scripts de migration de PADL.

La seconde étape consiste à mettre en place une politique de sécurité pour l'exploitation des machines par les utilisateurs de l'entreprise.

1. Migration des hôtes et restriction d'accès

La migration des hôtes nécessite l'exportation du fichier **/etc/hosts** vers un fichier LDIF, qui permet par la suite d'ajouter les entrées des hôtes correspondants dans l'annuaire.

Manipulations

1. Modifiez le fichier **migrate_common.ph**.
2. Créez et ajoutez l'unité d'organisation ou=Hosts dans l'annuaire.
3. Migrez /etc/hosts.
4. Ajoutez les entrées dans l'annuaire.
5. Mettez à jour le service NSS.
6. Restreignez les utilisateurs.

Résumé des commandes et résultat à l'écran

1. Modification du fichier **migrate_common.ph** :

La migration des hôtes nécessite l'exportation du fichier **/etc/hosts** vers un fichier LDIF, qui permet par la suite d'ajouter les entrées des hôtes correspondants dans l'annuaire.

Après avoir téléchargé les outils de migration depuis le site de PADL Software (http://www.padl.com), commencez par adapter le fichier **migrate_common.ph** afin de modifier les variables **$NAMING-CONTEXT{'hosts'}** et **$NAMINGCONTEXT{'networks'}**.
Voici un extrait du fichier migrate_common.ph résultant.

```
    $NAMINGCONTEXT{'passwd'}              = "ou=users";
    $NAMINGCONTEXT{'group'}               = "ou=group";
    $NAMINGCONTEXT{'netgroup'}            = "ou=Netgroup";
    $NAMINGCONTEXT{'hosts'}               = "ou=Hosts";
    $NAMINGCONTEXT{'networks'}            = "ou=Networks";
# Default DNS domain
$DEFAULT_MAIL_DOMAIN ="pme.com";

# Default base
$DEFAULT_BASE = "dc=pme,dc=com";

$DEFAULT_MAIL_HOST = "mail.pme.com";
```

2. Création et ajout de l'unité d'organisation **ou=Hosts** dans l'annuaire.

L'unité d'organisation **ou=Hosts** est inexistante, il faut l'ajouter à l'annuaire par le fichier LDIF suivant, de même que l'unité d'organisation **ou=Networks**.

```
## Fichier "hote_network.ldif" pour la migration des hôtes
## et des réseaux network.ldif
dn : ou=Hosts,dc=pme,dc=com
objectclass : top
objectclass : organizationalUnit
```

```
ou : Hosts
description : conteneur des machines du réseau.

## Fichier pour la migration des hôtes et des réseaux
dn : ou=Networks,dc=pme,dc=com
objectclass : top
objectclass : organizationalUnit
ou : Networks
description : conteneur des réseaux de l'entreprise
```

Ajout des deux entrées dans l'annuaire :

```
# ldapadd  -x -D "cn=manager,dc=pme,dc=com" -W -f hote_network.ldif
```

3. Migration de **/etc/hosts** :

Avant d'exécuter la migration, voici un aperçu du fichier **migrate_hosts.pl** :

```
require 'migrate_common.ph';

$PROGRAM = "migrate_hosts.pl";
$NAMINGCONTEXT = &getsuffix($PROGRAM);

&parse_args();
&open_files();

while(<INFILE>)
{
    chop;
    next unless ($_);
    next if /^#/;
    s/#(.*)$//;
    local($hostaddr, $hostname, @aliases) = split(/\s+/);

    if ($use_stdout) {
        &dump_host(STDOUT, $hostaddr, $hostname, @aliases);
    } else {
        &dump_host(OUTFILE, $hostaddr, $hostname, @aliases);
    }
}



sub dump_host
{
    local($HANDLE, $hostaddr, $hostname, @aliases) = @_;
    local($dn);
    return if (!$hostaddr);

    print $HANDLE "dn: cn=$hostname,$NAMINGCONTEXT\n";
    print $HANDLE "objectClass: top\n";
```

```
    print $HANDLE "objectClass: ipHost\n";
    print $HANDLE "objectClass: device\n";
    print $HANDLE "ipHostNumber: $hostaddr\n";
    print $HANDLE "cn: $hostname\n";
    @aliases = uniq($hostname, @aliases);
    foreach $_ (@aliases) {
        if ($_ ne $hostname) {
            print $HANDLE "cn: $_\n";
        }
    }
    print $HANDLE "\n";
}

close(INFILE);
if (OUTFILE != STDOUT) { close(OUTFILE); }
```

☞*Le fichier est fourni avec sa licence dans les éléments en téléchargement sur le site des Éditions ENI.*

☞*L'étude de ces scripts de migration est intéressante. Si on veut créer ses propres scripts pour un besoin particulier, on peut s'inspirer de ces derniers ou bien créer d'autres scripts dans un langage de programmation différent.*

Notre fichier **/etc/hosts** est le suivant :

```
### /etc/hosts : traduction d'adresse ip vers nom d'hôte
127.0.0.1        localhost.localdomain
127.0.0.1        localhost
192.168.1.99     ubuntu.pme.com
192.168.1.100    phpldapadmin.pme.com
192.168.1.101    dhcp.pme.com
192.168.1.102    proxy.pme.com
192.168.1.103    formation.pme.com
192.168.1.104    ns1.pme.com
192.168.1.106    web-server.pme.com
```

La migration se fait de la même manière que celle appliquée aux fichiers /etc/passwd et /etc/group.

```
# ./migrate_hosts  /etc/hosts  /tmp/hosts.ldif
```

Le fichier /tmp/hosts généré est le suivant :

```
dn: cn=localhost,ou=Hosts,dc=pme,dc=com
objectClass: to p
objectClass: ipHost
objectClass: device
ipHostNumber: 127.0.0.1
cn: localhost

dn: cn=issam.localdomain,ou=Hosts,dc=pme,dc=com
objectClass: top
```

```
objectClass: ipHost
objectClass: device
ipHostNumber: 192.168.1.104
cn: issam.localdomain

dn: cn=ubuntu.pme.com,ou=Hosts,dc=pme,dc=com
objectClass: top
objectClass: ipHost
objectClass: device
ipHostNumber: 192.168.1.112
cn: ubuntu.pme.com

dn: cn=web-server.pme.com,ou=Hosts,dc=pme,dc=com
objectClass: top
objectClass: ipHost
objectClass: device
ipHostNumber: 192.168.1.113
cn: web-server.pme.com

dn: cn=mail.pme.com,ou=Hosts,dc=pme,dc=com
objectClass: top
objectClass: ipHost
objectClass: device
ipHostNumber: 192.168.1.114
cn: mail.pme.com

dn: cn=proxy-squid.pme.com,ou=Hosts,dc=pme,dc=com
objectClass: top
objectClass: ipHost
objectClass: device
ipHostNumber: 192.168.1.115
cn: proxy-squid.pme.com

dn: cn=localhost,ou=Hosts,dc=pme,dc=com
objectClass: top
objectClass: ipHost
objectClass: device
ipHostNumber: ::1
cn: localhost
cn: ipv6-localhost
cn: ipv6-loopback

dn: cn=ipv6-localnet,ou=Hosts,dc=pme,dc=com
objectClass: top
objectClass: ipHost
objectClass: device
ipHostNumber: fe00::0
```

```
cn: ipv6-localnet

dn: cn=ipv6-mcastprefix,ou=Hosts,dc=pme,dc=com
objectClass: top
objectClass: ipHost
objectClass: device
ipHostNumber: ff00::0
cn: ipv6-mcastprefix

dn: cn=ipv6-allnodes,ou=Hosts,dc=pme,dc=com
objectClass: top
objectClass: ipHost
objectClass: device
ipHostNumber: ff02::1
cn: ipv6-allnodes

dn: cn=ipv6-allrouters,ou=Hosts,dc=pme,dc=com
objectClass: top
objectClass: ipHost
objectClass: device
ipHostNumber: ff02::2
cn: ipv6-allrouters

dn: cn=ipv6-allhosts,ou=Hosts,dc=pme,dc=com
objectClass: top
objectClass: ipHost
objectClass: device
ipHostNumber: ff02::3
cn: ipv6-allhosts

dn: cn=issam.localdomain,ou=Hosts,dc=pme,dc=com
objectClass: top
objectClass: ipHost
objectClass: device
ipHostNumber: 127.0.0.2
cn: issam.localdomain
cn: issam
```

4. Ajout des entrées dans l'annuaire.

Il faut à présent ajouter l'ensemble des entrées dans l'annuaire :

```
issam:/home/issam/Desktop/MigrationTools-47 # ldapadd -x -D\
"cn=manager,dc=pme,dc=com" -W -f /tmp/hosts.ldif
Enter LDAP Password:
adding new entry "cn=localhost,ou=Hosts,dc=pme,dc=com"

adding new entry "cn=issam.localdomain,ou=Hosts,dc=pme,dc=com"
```

```
adding new entry "cn=ubuntu.pme.com,ou=Hosts,dc=pme,dc=com"

adding new entry "cn=web-server.pme.com,ou=Hosts,dc=pme,dc=com"

adding new entry "cn=mail.pme.com,ou=Hosts,dc=pme,dc=com"

adding new entry "cn=proxy-squid.pme.com,ou=Hosts,dc=pme,dc=com"

adding new entry "cn=localhost,ou=Hosts,dc=pme,dc=com"
```

5. Interrogation du service NSS pour rechercher les hôtes, après la modification de la directive adéquate dans le fichier /etc/nsswitch.conf :

```
hosts : file dns ldap
# getent hosts
```

6. Si on souhaite restreindre l'accès à une machine du réseau sauf pour un ou plusieurs utilisateurs, il faut définir quel utilisateur est autorisé à ouvrir une session sur cette machine.

Pour associer un groupe d'utilisateurs à l'entrée correspondant à une machine, on ajoute à l'entrée de l'hôte désiré l'attribut **member** qui prend comme valeur le DN de l'utilisateur autorisé à se connecter.

Prenons l'exemple ci-dessous :

```
## Fichier access.ldif
dn: cn=proxy-squid.pme.com,ou=Hosts,dc=pme,dc=com
objectClass: top
objectClass: ipHost
objectClass: device
objectclass: extensibleObject
ipHostNumber: 192.168.1.115
cn: proxy-squid.pme.com
member: uid=issam,ou=users,dc=pme,dc=com
```

Dans cet exemple, l'utilisateur dont le DN est "uid=issam,ou=users,dc=pme,dc=com" est le seul autorisé à se connecter à l'hôte dont le DN est :

```
"cn=proxy-squid.pme.com,ou=Hosts,dc=pme,dc=com"
```

2. Migration des groupes réseau

Manipulations

Les groupes réseau permettent de lier un ensemble d'hôtes à un réseau bien déterminé, ils permettent également de rassembler des utilisateurs pour leur affecter des tâches administratives sur un réseau particulier.

Le fichier **/etc/netgroup** contient le nom des groupes réseau ainsi que leurs membres associés.

1. Ajoutez l'unité d'organisation ou=Netgroup.

2. Migrez les groupes réseau.

3. Ajoutez les entrées dans l'annuaire.
4. Mettez à jour le fichier /etc/ldap.conf.
5. Mettez à jour le service NSS.
6. Interrogez le service NSS.

Résumé des commandes et résultat à l'écran

1. Ajout de l'unité d'organisation ou=Netgroup

Le fichier **/etc/netgroup** définit deux groupes réseau qui sont : administrateur et sys.

```
## Le fichier "/etc/netgroup"
#
# netgroup    The netgroup file. Entries look like this:
#
#                netgroup  (host,user,domain) (host,user,domain) ...
#
#             So for example a netgroup for powerusers could be:
#
#                powerusers  (,miquels,) (,torvalds,) (,fubar,)
#
#             And an entry in the password file like
#
#                +@powerusers::::::
#                +:*:::::/etc/NoShell
#
#
#             would give access only to the users in "powerusers", while the
#            other users would be known to the system but have an invalid
#            shell AND an invalid password (with Linux, you can also
#            override the password field).
#

# powerusers (,miquels,) (,torvalds,) (,fubar,)
# ourhosts   (picard,,) (enterprise,,) (laforge,,) (Q,,)
administrateur (mail.pme.com,-,-) (localhost.pme.com,-,-)
sys (web-server.pme.com,-,-) (proxy-squid.pme.com,-;-)
```

Le fichier LDIF correspondant à l'entrée ou=Netgroup est le suivant :

```
## Fichier  "netgroup.Ldif"
dn: ou=Netgroup,dc=pme,dc=com
objectclass: top
objectclass: organizationalUnit
ou: Netgroup
```

```
ldapadd -x -D "cn=manager,dc=pme,dc=com" -W -f /tmp/netgroup.ldif
Enter LDAP Password:
adding new entry "ou=Netgroup,dc=pme,dc=com"
```

2. Migration des groupes réseau.

Le script **migrate_netgroup.pl** de PADL permet de migrer les groupes réseau résidant dans le fichier /etc/netgroup précédent :

```
# ./migrate_netgroup.pl /etc/netgroup /tmp/netgroup2ldif.ldif
```

Le fichier résultant :

```
## Fichier "netgroup2l.ldif"
dn: cn=administrateur,ou=Netgroup,dc=pme,dc=com
objectClass: nisNetgroup
objectClass: top
cn: administrateur
nisNetgroupTriple: (mail.pme.com,-,-)(localhost.pme.com,-,-)

dn: cn=sys,ou=Netgroup,dc=pme,dc=com
objectClass: nisNetgroup
objectClass: top
cn: sys
nisNetgroupTriple: (web-server.pme.com,-,-)(proxysquid.pme.com,-,-)
```

3. Ajout des entrées dans l'annuaire.

```
# ldapadd -x -D "cn=manager,dc=pme,dc=com" -W -f /tmp/netgroup.ldif
Enter LDAP Password:
adding new entry "cn=administrateur,ou=Netgroup,dc=pme,dc=com"

adding new entry "cn=sys,ou=Netgroup,dc=pme,dc=com"
```

4. Mise à jour du fichier /etc/ldap.conf.

```
## Fichier /etc/ldap.conf
nss_base_netgroup       ou=Netgroup,dc=pme,dc=com
```

5. Mise à jour du service NSS.

```
## Fichier /etc/nsswitch.conf
netgroup :      ldap
```

6. Interrogation du service NSS.

```
# getent  netgroup sys
sys   (web-server.pme.com, -, -) (proxy-squid.pme.com, -, -)

# getent netgroup administrateur
administrateur  (mail.pme.com, -, -) (localhost.pme.com, -, -)
```

3. Authentification des clients Linux via LDAP

Nous disposons d'un annuaire OpenLDAP et nous souhaitons que l'ensemble des utilisateurs du réseau s'authentifient via LDAP pour ouvrir des sessions sur leur station de travail équipée du système d'exploitation Linux.

Manipulations

1. Exportation des comptes utilisateurs locaux vers l'annuaire LDAP.
2. Configuration de PAM.
3. Configuration de NSS.
4. Vérification de la prise en charge de l'exportation des comptes utilisateurs.
5. Ouverture d'une session via un compte LDAP.

Résumé des commandes et résultat à l'écran

1. Exportation des comptes utilisateurs locaux et leur mot de passe qui existent respectivement dans les fichiers **/etc/passwd** et **/etc/shadow**.

Pour cela, il faut prévoir le téléchargement des scripts de PADL (*MigrationTools*) depuis le site www.padl.com/OSS/MigrationTools.html.

Les scripts qui nous intéressent sont :

- migrate_passwd.pl
- migrate_group.pl
- migrate_common.ph

Le dernier script doit être adapté par rapport à l'arborescence de l'annuaire, dans notre cas, le suffixe LDAP de base est pme.com.

Il faut initialiser les variables suivantes ainsi :

$DEFAULT_BASE = pme.com

$DEFAULT_MAIL_DOMAIN = pme.com (si vous disposez d'un serveur de messagerie)

- Exporter la variable ETC_SHADOW :

```
# export ETC_SHADOW
```

- Migration du /etc/passwd en se plaçant dans le répertoire MigrationTools :

```
# ./migrate_passwd.pl /etc/passwd /tmp/passwd.ldif
```

- Migration des groupes utilisateurs :

```
# ./migrate_group.pl /etc/group /tmp/group.ldif
```

- Importation des données LDIF dans la base de l'annuaire LDAP :

```
# ldapadd -x -D "cn=manager,dc=pme,dc=com" -W -f /tmp/passwd.ldif
# ldapadd -x -D "cn=manager,dc=pme,dc=com" -W -f /tmp/group.ldif
```

☞ *Le schéma nis.schema doit être chargé dans slapd.conf du serveur OpenLDAP.*

2. Configuration de PAM :

```
# vim /etc/pam.d/login
```

```
auth        sufficient    pam_unix.so     nullok
auth        sufficient    pam_ldap.so     use_first_pass
auth        requisite     pam_deny.so
auth        required      pam_permit.so

account     sufficient    pam_unix.so
account     sufficient    pam_ldap.so
account     requisite     pam_deny.so
account     required      pam_permit.so

session     requisite     pam_deny.so
session     required      pam_permit.so
session     required      pam_unix.so
session     required      pam_mkhomedir.so skel=/etc/skel
session     optional      pam_ldap.so
```

3. Configuration de NSS :

La configuration de NSS (*Name Service Switch*) se fait dans le fichier **/etc/nsswitch.conf**. Il faut ainsi ajouter LDAP comme base de recherche des utilisateurs.

```
# vim /etc/nsswitch.conf
```

```
passwd : ldap files

group : ldap files

shadow : ldap files
```

4. Vérification de la prise en charge de l'exportation des comptes utilisateurs :

```
# getent passwd
```

```
root:x:0:0:root:/root:/bin/bash
daemon:x:1:1:daemon:/usr/sbin:/bin/sh
bin:x:2:2:bin:/bin:/bin/sh
sys:x:3:3:sys:/dev:/bin/sh
sync:x:4:65534:sync:/bin:/bin/sync
man:x:6:12:man:/var/cache/man:/bin/sh
lp:x:7:7:lp:/var/spool/lpd:/bin/sh
mail:x:8:8:mail:/var/mail:/bin/sh
news:x:9:9:news:/var/spool/news:/bin/sh
uucp:x:10:10:uucp:/var/spool/uucp:/bin/sh
proxy:x:13:13:proxy:/bin:/bin/sh
www-data:x:33:33:www-data:/var/www:/bin/sh
```

```
backup:x:34:34:backup:/var/backups:/bin/sh
list:x:38:38:Mailing List Manager:/var/list:/bin/sh
irc:x:39:39:ircd:/var/run/ircd:/bin/sh
gnats:x:41:41:Gnats Bug-Reporting System (admin):/var/lib/gnats:/bin/sh
nobody:x:65534:65534:nobody:/nonexistent:/bin/sh
libuuid:x:100:101::/var/lib/libuuid:/bin/sh
syslog:x:101:103::/home/syslog:/bin/false
messagebus:x:102:107::/var/run/dbus:/bin/false
avahi-autoipd:x:103:110:Avahi autoip daemon,,,:/var/lib/avahi-autoipd:/
bin/false
avahi:x:104:111:Avahi mDNS daemon,,,:/var/run/avahi-daemon:/bin/false
couchdb:x:105:113:CouchDB
Administrator,,,:/var/lib/couchdb:/bin/bash
speech-dispatcher:x:106:29:Speech Dispatcher,,,:/var/run/speech-
dispatcher:/bin/sh
usbmux:x:107:46:usbmux daemon,,,:/home/usbmux:/bin/false
snort:x:121:130:Snort IDS:/var/log/snort:/bin/false
bind:x:122:131::/var/cache/bind:/bin/false
openvpn:x:124:65534::/dev/null:/bin/false
issam:x:1002:1003:,,,:/home/issam:/bin/bash
dhcpd:x:125:133::/var/run:/bin/false
statd:x:126:65534::/var/lib/nfs:/bin/false
ali:x:1030:1030:ali,,,:/home/ali:/bin/bash
postfix:x:127:134::/var/spool/postfix:/bin/false
cyrus:x:128:8:Cyrus Mailsystem User,,,:/var/spool/cyrus:/bin/sh
ldapuser:x:1003:1004:,,,:/home/sami:/bin/bash
```

5. Ouverture d'une session via un compte LDAP :

Il suffit d'ouvrir un nouveau Terminal et se connecter à l'aide d'un utilisateur LDAP.

Chapitre 8

Pré-requis

☒Avoir passé la certification LPIC-2.

Objectifs

À la fin de ce chapitre, vous serez en mesure de :

☒Intégrer OpenSSH dans LDAP.

☒Authentifier des utilisateurs FTP via LDAP.

☒Intégrer Apache dans LDAP.

☒Migrer des hôtes virtuels dans LDAP.

☒Intégrer des services de messagerie avec LDAP.

☒Authentifier les clients FreeRADIUS avec LDAP.

☒Authentifier les clients Samba avec LDAP.

☒Authentifier des utilisateurs UNIX via Active Directory.

A. Intégration de SSH dans LDAP

SSH, le Shell sécurisé, est une approche logicielle reconnue et puissante, concernant la sécurité sur le réseau. SSH chiffre automatiquement les données à chaque fois qu'elles sont envoyées par un ordinateur sur le réseau. Lorsqu'elles atteignent leurs destinataires, SSH les déchiffre tout aussi automatiquement.

SSH est un protocole et non un produit, il couvre l'authentification, le chiffrement et l'intégrité des données transmises sur un réseau.

OpenSSH est l'implémentation libre du protocole SSH. Lorsque l'on se connecte à un hôte distant en SSH, il faut s'authentifier avec un utilisateur existant dans la base locale des utilisateurs (/etc/passwd) de la machine cible, sauf si l'authentification se fait par clé publique.

Si l'on souhaite réaliser une authentification à partir de la base de compte des utilisateurs stockés dans un annuaire LDAP, il faut modifier la configuration PAM du service SSH pour utiliser le module LDAP.

1. Configuration de PAM

Le fichier de configuration **/etc/pam.d/sshd** doit prendre en considération la bibliothèque **pam_ldap** à utiliser pour l'authentification **auth** et la gestion des comptes **account**. La bibliothèque de gestion des comptes contrôle l'état des mots de passe par rapport aux types d'attributs définis dans la classe d'objets **ShadowAccount** et vérifie les règles d'accès à la machine. Le type de module **session** n'est pas pris en compte par pam_ldap.

Voici le contenu du fichier /etc/pam.d/sshd pour la configuration LDAP.

```
auth            required                 /lib/security/pam_nologin.so
auth            sufficient               /lib/security/pam_ldap.so
auth            required                 /lib/security/pam_unix.so  shadow
                                         nullok  use_first_pass
account         sufficient               /lib/security/pam_ldap.so
account         required                 /lib/security/pam_unix.so
password        required                 /lib/security/pam_cracklib.so
password        required                 /lib/security/pam_unix.so nullok
use_authok shadow

session         required                 /lib/security/pam_unix.so
session         optional                 /lib/security/pam_console.so
```

Le contrôle **sufficient** dans les types de services auth et account signifie que l'authentification par un seul module est suffisante pour renvoyer un message de réussite à l'application appelante. L'argument **use_first_pass** évite à l'utilisateur de ressaisir son mot de passe.

2. Configuration de NSS

Aucune modification n'est nécessaire pour la configuration de la bibliothèque **nss_ldap** relative au démon SSH.

Les informations sur les bases de données sont référencées dans le fichier /etc/nsswitch.conf configurées dans le précédent chapitre pour le retrait des entrées des comptes système via LDAP.

a. Le fichier nsswitch.conf

Le fichier /etc/nsswitch.conf doit être adapté selon ses besoins :

```
############### /etc/nsswitch.conf ###############
#
# Example configuration of GNU Name Service Switch functionality.
# If you have the `glibc-doc-reference' and `info' packages installed, try:
# `info libc "Name Service Switch"' for information about this file.

passwd:         compat ldap
group:          compat ldap
shadow:         compat ldap

#hosts:         files mdns4_minimal [NOTFOUND=return] dns mdns4
networks:       files
hosts           files dns

protocols:      db files
services:       db files
ethers:         db files
rpc:            db files

netgroup:       nis
```

b. La commande getent

La commande **getent** a déjà été évoquée dans le chapitre précédent. Cette commande est très utile pour s'assurer que les utilisateurs sont bel et bien récupérés à partir de la base de l'annuaire LDAP.

B. Intégration de FTP dans LDAP

1. Le serveur FTP ProFTPD

Plusieurs serveurs FTP peuvent authentifier les connexions des utilisateurs en se basant sur des informations stockées dans un annuaire LDAP.

ProFTPD est un serveur FTP performant et robuste ; le module mod_ldap disponible pour ce serveur permet à ProFTPD de chercher les utilisateurs à partir d'un serveur LDAP. Ce module est performant et très stable, cependant le serveur doit éventuellement être compilé avec la prise en charge de mod_ldap.

Le module mod_ldap est distribué sous licence GPL avec en plus une clause en lien avec la librairie OpenSSL. Il est disponible sur la plupart des plates-formes UNIX et en particulier les distributions GNU/Linux.

2. Installation de ProFTPD

Le code source ProFTPD est disponible sur le site officiel du projet (http://www.proftpd.org). Le code source est sous forme d'une archive compressée.

```
# tar xvzf proftpd-version.tar.gz
# cd proftpd-version
# ./configure --with-modules = mod_ldap
# make
# make install
```

Lors de la compilation, on peut bien évidemment ajouter d'autres modules supplémentaires à l'aide de l'option --with-modules, mais la prise en charge de chaque module dépend essentiellement du besoin et de l'objectif de l'installation du serveur ProFTPD.

3. Le module mod_ldap

Après avoir compilé ProFTPD, il faut vérifier que le module mod_ldap a été inclus dans l'exécutable final.

La commande suivante permet de vérifier que le serveur FTP est compilé avec la prise en charge du module mod_ldap.

```
# proftpd -l
Compliled-in modules
mod_core.c
mod_auth.c
mod_xfer.c
mod_site.c
mod_ls.c
mod_unixpw.c
mod_log.c
mod_ldap.c
```

D'autres modules existent en plus de mod_ldap tels que mod_core.c et mod_auth.c.

4. Configuration de ProFTPD

Pour configurer le serveur FTP ProFTPD afin qu'il puisse interroger l'annuaire LDAP pour authentifier les utilisateurs lors d'une ouverture d'une session FTP, des directives doivent être renseignées dans le fichier de configuration **proftpd.conf** ; le fichier proftpd.conf contient les directives associées au module mod_ldap :

- LDAPAuthBinds : détermine si l'utilisateur doit être authentifié en se connectant à l'annuaire par son DN et son mot de passe. La valeur par défaut est on.
- LDAPDefaultAuthScheme : définit le mode de protection par défaut des mots de passe. L'attribut userPassword doit être stocké soit en clair {CLEAR}, soit au format {CRYPT}.
- LDAPDefaultGID : définit le GID par défaut à affecter à l'utilisateur si l'attribut gidNumber n'est pas disponible.
- LDAPDefaultUID : définit l'UID par défaut à affecter à l'utilisateur si l'attribut uidNumber n'est pas disponible.
- LDAPDNInfo : définit les paramètres d'authentification LDAP pour le démon ProFTPD pour se connecter à l'annuaire.
- LDAPDoAuth : permet d'activer ou de désactiver l'authentification par le module mod_ldap.
- LDAPDoGIDLookups : autorise le module mod_ldap à résoudre les numéros de GID en recherchant les entrées posixGroup correspondant à l'annuaire. La valeur par défaut est à off.
- LDAPDoUIDLookups : autorise le module mod_ldap à résoudre les numéros de UID en recherchant les entrées posixGroup correspondant à l'annuaire. La valeur par défaut est à off.
- LDAPForceDefaultGID : permet d'attribuer un GID par défaut à chaque utilisateur connecté même si l'utilisateur possède un gidNumber. La valeur par défaut est à off.
- LDAPForceDefaultUID : permet d'attribuer un UID par défaut à chaque utilisateur connecté même si l'utilisateur possède un uidNumber. La valeur par défaut est à off.
- LDAPHomedirOnDemand : autorise le module mod_ldap à créer automatiquement un répertoire personnel à l'utilisateur en se basant sur la valeur de l'attribut LDAP homeDirectory lorsque ce dernier est inexistant. La valeur par défaut est à off.
- LDAPHomedirOnDemand-Suffix : permet de créer des sous-répertoires au niveau du répertoire personnel de l'utilisateur.
- LDAPServer : définit le nom de machine du serveur d'annuaire.
- LDAPUseTLS : permet l'activation de l'opération étendue StartTLS. L'annuaire LDAP doit supporter TLS pour que l'opération réussisse. La valeur par défaut est à off.

Le fichier de configuration proftpd.conf sera comme suit :

```
####### Fichier de configuration de ProFTPD #########
ServerType          standalone
DefaultServer          on
Port        21
ServerName          Serveur FTP-LDAP
Umask                  022
User         nobody
Group         nobody
LDAPAuthBinds          on
LDAPDoGIDLookups       on         "ou=group,dc=pme,dc=com"
LDAPDoUIDLookups       on         "ou=users,dc=pme,dc=com"
```

C. Intégration Apache avec LDAP

Le serveur web Apache peut faire appel à un annuaire LDAP pour restreindre l'accès à certaines de ses ressources.

Dans le cas d'intranet d'entreprise, les utilisateurs accèdent au portail en s'authentifiant par nom d'utilisateur et mot de passe. Ces identifiants, stockés dans un annuaire LDAP, peuvent être le point de départ de la mise en place de l'authentification d'apache par annuaire LDAP, en se basant sur des modules spécifiques.

Commençons tout d'abord par rappeler les types d'authentification d'Apache.

1. Modes d'authentification dans Apache

Apache supporte deux modes d'authentification, l'authentification Basic et l'authentification Digest. Ces deux modes d'authentification sont pris en charge par des modules chargés par le serveur Web au démarrage. Ces modules sont de la forme authz*, authn*, authnz*. En effet, il existe des modules gérant à la fois l'authentification et les autorisations, alors que d'autres modules ne permettent que l'authentification.

☞ *L'authentification est le procédé permettant de s'assurer qu'une entité est bien celle qu'elle prétend être. L'autorisation est l'acte de vérifier et de valider ou non le fait qu'une entité préalablement authentifiée soit bien en droit d'accomplir un acte précis.*

Le mode d'authentification le plus simple et le plus courant est le mode Basic, ce mode nécessite le chargement du module **auth_basic**.

Le mode d'authentification Digest offre quant à lui plus de sécurité par rapport à l'authentification Basic, en ne laissant pas transiter le mot de passe en clair sur le réseau.

a. Authentification Basic

Ce mode d'authentification est décrit dans les RFC 1945 et 2617. Sa mise en place n'est pas complexe, cependant l'unique inconvénient est que le mot de passe saisi par l'utilisateur lors de la phase d'authentification circule en clair entre l'hôte réalisant la requête et le serveur Web. Cela représente une faille de sécurité, puisqu'il est aujourd'hui très facile de sniffer ce type de mot de passe par des outils pleinement disponibles sur Internet et simples d'utilisation.

Cependant, l'authentification Basic est compatible avec la majorité des navigateurs internet et on peut éviter l'inconvénient touchant au mot de passe en clair par des moyens de chiffrement du trafic par la couche SSL/TLS. On peut également effectuer une authentification bidirectionnelle par l'intermédiaire des certificats X.509.

Dans ce mode, la communication entre le serveur et le client passe par les étapes suivantes :

1. Si le serveur n'a pas reçu d'en-tête d'identification, il retourne une réponse **www-Authenticate:basic realm="domaine"**. On constate le type d'authentification prévu ainsi que le domaine de protection (domaine) défini par l'administrateur du serveur web. Dans ce cas, un code **401-Unauthorized** est généré.

2. Le navigateur retente alors la requête en ajoutant dans l'en-tête HTTP **Authorization : Basic chaîne**, où chaîne est constituée du nom d'utilisateur et du mot de passe séparés par un double point (:), le tout encodé en base 64.

3. Les données reçues sont analysées par le serveur. Si l'authentification réussit, un code **200-OK** est utilisé et la ressource demandée est transmise au client. Si elle échoue, le code **401-Unauthorized** est à nouveau utilisé. Dans ce cas, le navigateur affiche à nouveau la fenêtre de demande de nom d'utilisateur et de mot de passe.

La directive **AuthType basic** assure la mise en œuvre de l'authentification Basic. Une deuxième directive importante est **AuthBasicProvider** permettant de spécifier la base de données des utilisateurs (file, ldap, dbi...).

La directive AuthBasic Provider peut prendre d'autres valeurs, qui dépendent de la base conteneur des identifiants login/mot de passe. Parmi ces valeurs, on notera **dbm** pour stocker les identifiants dans un fichier au format Berkeley DB.On peut ainsi bénéficier de tous les avantages de ce provider, comme l'indexation des données pour accélérer la recherche. Le provider **Mysql** offre presque les mêmes avantages que DBM mais en plus, on bénéficiera des fonctionnalités d'une base de données relationnelle et d'une administration plus aisée et plus conviviale. Le provider Mysql nécessite également un module qui doit être chargé par le serveur Web Apache : le module **auth_mysql**.

b. Authentification Digest

L'authentification Digest a l'avantage de ne pas laisser transiter les mots de passe en clair entre le navigateur et le serveur Web, par contre le mécanisme d'authentification mis en place entre le client et le serveur est plus complexe par rapport à l'authentification Basic. En effet ce mécanisme se déroule par les étapes suivantes :

1. Le client, généralement un navigateur Internet, demande une ressource protégée via une requête classique.

2. Le serveur définit alors le domaine, le niveau de protection, le type d'authentification à utiliser, le domaine de protection, l'algorithme à utiliser et une chaîne que le client doit traiter ; dans le jargon de sécurité, on appelle cette chaîne un challenge.

3. Le navigateur effectue un calcul d'une réponse en fonction des précédents paramètres et du mot de passe sous la forme d'un Digest en plus des données fournies par le serveur.

4. Le serveur procède à une vérification de ses informations en se basant sur les hash qu'il possède. Si la vérification réussit, l'accès est autorisé. Si elle échoue, la procédure reprend avec un nouveau challenge.

L'authentification Digest mise en œuvre par le serveur Web Apache nécessite l'activation du module **auth_digest**.

Pour configurer l'authentification Digest sous Apache, plusieurs directives sont à mettre en place :

- **AuthType** : permet de spécifier l'authentification Digest, donc elle prend comme valeur la chaîne Digest.
- **AuthName** : permet de spécifier le royaume ou le domaine de protection.
- **AuthDigestDomain** : permet de définir un ou plusieurs chemins qui se trouvent dans le même domaine de protection.
- **AuthDigestProvider** : permet de spécifier l'emplacement ou la base de données dans laquelle sont stockés les paramètres d'authentification. Si le provider est file, qui est le plus souvent utilisé, alors ces informations d'authentification résideront dans des fichiers à plat, dans lequel le nom d'utilisateur et le mot de passe associé sont référencés ligne par ligne. Le mot de passe est chiffré via la fonction standard crypt(), mais on peut également définir une autre forme de chiffrement, telle que MD5 par exemple.
- **AuthUserFile** : permet de spécifier le chemin absolu vers le fichier des mots de passe.
- **Require** : cette directive valable aussi pour le type d'authentification Basic permet de déterminer quels utilisateurs auront accès à la ressource.

2. L'authentification LDAP sous Apache

Une des particularités du serveur Web Apache est sa modularité. Cela rend son utilisation aisée lorsqu'il s'agit de mettre en place un site internet ou une application Web, ce qui explique sa popularité jusqu'à aujourd'hui.

Dans la section précédente, nous avons évoqué les méthodes d'authentification supportées par Apache. Le standard LDAP est bien pris en charge par ce serveur HTTP et notamment l'authentification. En effet le serveur OpenLDAP peut stocker des informations utiles pour Apache telles que le couple login/mot de passe ou encore la configuration des hôtes virtuelles.

a. Le module authnz_ldap

Dans le chapitre Migration de NIS vers LDAP, nous avons effectué une migration des données d'authentification système vers l'annuaire LDAP.

Cette migration nous sera utile pour découvrir le mode d'authentification du serveur Web Apache.

L'authentification nécessite évidemment un identifiant unique, c'est pourquoi nous choisissons l'attribut **uid** comme identifiant de connexion en parallèle avec le mot de passe de l'entrée correspondante.

Par exemple, l'entrée **uid=issam**,ou=users,dc=pme,dc=com dispose d'un identifiant de connexion uid=issam et d'un mot de passe qui correspond à la valeur de l'attribut userPassword de l'entrée.

Mais avant de commencer la configuration au niveau du serveur Web Apache, il faut savoir que l'authentification d'Apache par LDAP nécessite également le chargement d'un module particulier à l'instar des méthodes d'authentification évoquées préalablement. Ce module est **authnz_ldap**. C'est en fait un module permettant l'authentification et la gestion des autorisations.

La commande sous Ubuntu, **a2enmod** (activation du module), permet la prise en charge de ce dernier par Apache. Ce module est largement détaillé sur la page officielle de la documentation d'Apache, en anglais (http://httpd.apache.org/docs/2.2/mod/mod_authnz_ldap.html).

Ce module va effectuer dans un premier temps une recherche sur la base du nom d'utilisateur inscrit dans la requête du navigateur. Si la recherche retourne une entrée unique, une tentative de connexion à l'annuaire est faite avec le DN de l'entrée trouvée et le mot de passe fourni par l'utilisateur dans sa requête.

Les directives relatives au module authnz_ldap sont :

- **AuthType** : ici le type d'authentification est toujours de type Basic.
- **AuthName** : on peut choisir un nom pour le domaine à protéger, par exemple "Ressource Protégée".
- **AuthBasicProvider** : le provider dans ce cas sera ldap, qui permet de définir qu'il s'agit d'une authentification via un annuaire LDAP.
- **AuthLDAPBindDN** : il faut spécifier le DN de l'utilisateur permettant une intégration de l'annuaire si l'annuaire n'accepte pas l'authentification anonyme.
- **AuthLDAPBindPassword** : correspond au mot de passe associé au DN de l'utilisateur.
- **AuthLDAPURL** : la valeur de cette directive prend la forme ldap://host:port/basedn/attribute/scope/filter.
  - host:port définit l'adresse IP ou le nom d'hôte pleinement qualifié (FQDN) du serveur OpenLDAP ainsi que le port d'écoute, qui est par défaut le port 389.
  - basedn est le DN complet de l'annuaire.
  - attribute permet de préciser sur quel attribut porte la recherche. Dans notre cas c'est l'attribut uid qui sera utilisé dans cette recherche.
  - scope précise la profondeur de la recherche. Elle prend la valeur one ou sub. La valeur par défaut est sub permettant d'effectuer des recherches dans toutes les entrées d'un sous-arbre.
  - filter est le filtre de recherche à utiliser par la requête. La valeur par défaut est objectclass=*.
  - require prend plusieurs valeurs, le plus simple est valid-user permettant à n'importe quel utilisateur existant dans l'annuaire de se connecter.

D'autres valeurs permettent également de personnaliser le choix des utilisateurs pouvant se connecter :

- **require ldap-user** : autorise le choix d'un ou de plusieurs utilisateurs valides. Dans notre cas il s'agit de l'attribut uid de l'utilisateur qui sera utilisé, il y aura donc comparaison entre le nom d'utilisateur et le contenu de cet attribut. Il est aussi possible de préciser plusieurs fois la directive require ldap-user.
- **require ldap-group** : dans le cas où la classe d'objets groupOfUniqueNames est utilisée pour les entrées de l'annuaire, deux attributs seront définis, member et uniqueMember, pour créer et autoriser des groupes d'utilisateurs.

  Dans ce cas on peut utiliser l'attribut cn à la place de l'attribut uid et définir par la suite plusieurs occurrences de cet attribut par l'intermédiaire de l'attribut member.
- **Require ldap-dn** : permet d'autoriser une valeur pour un attribut spécifique qui autorise la connexion. On peut spécifier plusieurs valeurs sur une même ligne, et elles seront traitées comme un OU Logique. Si l'une des correspondances est validée, l'accès est autorisé.
- **Require ldap-filter** : cette directive, très puissante, permet de préciser un filtre pour autoriser les accès. On peut créer des filtres en se basant sur la syntaxe LDAP.

Voici un exemple extrait de la configuration d'un hôte virtuel permettant de protéger l'accès au répertoire admin sauf pour des utilisateurs s'authentifiant auprès d'un annuaire LDAP :

```
<virtualHost   * : 80 >
ServerName              manager.example.com
DocumentRoot   /var/lib/pme
<Directory   /var/lib/pme/admin/>
AuthName "Authentification LDAP"
AuthType Basic
AuthBasicProvider  ldap
AuthLDAPBindDN   "cn=manager,dc=pme,dc=com"
AuthLDAPBindPassword  "portos"
AuthLDAPUrl  "ldap://manager.example.com:389/ou=users,dc=pme,dc=com?uid"
Require valid-user
</Directory>
```

Après avoir mis en place cette configuration, redémarrez Apache et testez l'accès.

```
# sudo apache2ctl restart
```

Après avoir accédé à l'URL protégée (http://manager.example.com/admin), on aura la boîte de dialogue ci-dessous :

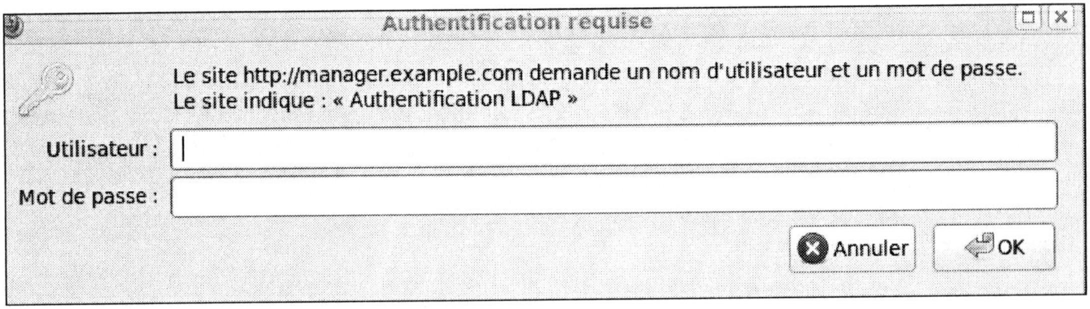

Une fois le nom d'utilisateur et le mot de passe validés, le navigateur peut accéder à la page protégée.

Une connexion entre le serveur web et OpenLDAP est générée suite à la requête précédente :

```
root@ubuntu:~# tail -30 /var/log/slapd.log
Oct 27 15:40:31 ubuntu slapd[1369]: conn=1102 op=2 BIND dn="uid=issam,ou=users,dc=pme,dc=com"
method=128
Oct 27 15:40:31 ubuntu slapd[1369]: conn=1102 op=2 BIND dn="uid=issam,ou=users,dc=pme,dc=com"
mech=SIMPLE ssf=0
Oct 27 15:40:31 ubuntu slapd[1369]: conn=1102 op=2 RESULT tag=97 err=0 text=
Oct 27 15:40:31 ubuntu slapd[1369]: conn=1102 op=3 BIND anonymous mech=implicit ssf=0
Oct 27 15:40:31 ubuntu slapd[1369]: conn=1102 op=3 BIND dn="cn=manager,dc=pme,dc=com"
method=128
Oct 27 15:40:31 ubuntu slapd[1369]: conn=1102 op=3 BIND dn="cn=manager,dc=pme,dc=com"
mech=SIMPLE ssf=0
Oct 27 15:40:31 ubuntu slapd[1369]: conn=1102 op=3 RESULT tag=97 err=0 text=
Oct 27 15:40:31 ubuntu slapd[1369]: conn=1102 op=4 CMP dn="uid=issam,ou=users,dc=pme,dc=com"
attr="uid"
Oct 27 15:40:31 ubuntu slapd[1369]: conn=1102 op=4 RESULT tag=111 err=6 text=
Oct 27 15:41:00 ubuntu slapd[1369]: conn=1102 fd=19 closed (connection lost)
```

b. Configuration d'Apache dans LDAP

Apache est si modulaire que l'on peut placer une partie de sa configuration dans un annuaire LDAP.

En effet, il est possible de placer la configuration des hôtes virtuels comme étant des entrées LDAP.

Pour réaliser ceci, il faut disposer du module approprié, mais aussi du schéma LDAP permettant de charger les classes d'objets et les attributs correspondant à la mise en place de cette configuration au sein du serveur LDAP. Ce module est disponible via le paquet libapache2-mod-vhost-ldap. Le schéma à intégrer dans l'annuaire est accessible dans **/usr/share/doc/libapache-mod-vhost-ldap/mod_vhost_ldap_schema**.

Bien sûr, cette configuration nécessite la modification du fichier slapd.conf pour ajouter une directive include permettant de charger le schéma en question.

La classe d'objets **apacheConfig** fournit les attributs servant à intégrer les hôtes virtuels dans LDAP. Ces attributs sont les suivants :

- apacheServerName : équivalent de la directive ServerName.
- apacheServerAlias : correspondant à ServerAlias.
- apacheDocumentRoot : permet de spécifier la racine de l'hôte virtuel, c'est l'équivalent de DocumentRoot.
- apacheServerAdmin : précise l'adresse mail de l'administrateur, c'est l'équivalent de ServerAdmin.
- apacheScriptsAlias : désigne le répertoire cible comme conteneur de scripts CGI par analogie à la directive ScriptAlias.
- apacheSuexecUid : configuration du support EXEC permettant de lancer les scripts CGI sous une identité autre que l'identité du propriétaire.
- apacheSuexecGid : configuration du GID d'exécution.

Pour ajouter une entrée virtual host dans l'annuaire LDAP, il faut préparer le fichier LDIF correspondant. Ce fichier LDIF peut ressembler à ceci :

```
## Fichier virtual-host.ldif
dn : apacheServerName=ubuntuldap, ou=apache,dc=pme,dc=com
objectclass : top
objectclass : apacheconfig
apacheDocumentRoot : /var/www/yhost1
apacheServerName : ubuntuldap
apacheServerAdmin : manager@pme.com
```

Par la commande ldapadd, on peut ajouter l'entrée à l'annuaire.

La deuxième étape de notre configuration est celle du module lui-même. Le module mod_vhost_ldap dont la configuration est sous /etc/apache2/mode/enables/vhost_ldap.com.

Voici les paramètres à mettre en place :

```
<ifModule mod_Vhost_ldap.c>
VhostLDAPEnabled on
VhostLDAPUrl "ldap://ubuntu.pme.com/ou=apache,dc=pme,dc=com.
VhostLdapBindDN "cn=manager,dc=pme,dc=com".
VhostLDAPBindPassword "secret"
</ifModule>
```

- La directive **vhostLDAPEnabled** possédant la valeur **on** permet d'activer le support LDAP.
- **VhostLDAPUrl** définit l'URL de l'annuaire au sens LDAP en précisant dans l'URL le nœud dans lequel seront stockées les entrées de l'annuaire.
- **VhostLdapBindDN** définit le DN de connexion.
- **VhostLdapBindPassword** définit le mot de passe du DN de connexion ; tous les paramètres doivent être mis entre les balises <ifModule> et </ifModule>.

3. Apache et le Web SSO

Dans les sections précédentes, nous avons détaillé les modes d'authentification sous Apache et particulièrement l'authentification LDAP. Apache peut également déléguer l'authentification à un autre logiciel qui permet de traiter les requêtes des clients web. Ce type de logiciel est surtout déployé lorsqu'il s'agit d'authentifier les utilisateurs pour accéder à différentes applications web.

Dans chaque application nécessitant une authentification, il faut prévoir un couple login/mot de passe.

Cette méthode devient de plus en plus pénible pour les utilisateurs, d'une part, et pour l'administrateur des applications web, d'autre part. En effet, l'utilisateur doit se souvenir des paramètres d'authentification fournis par l'administrateur et ce dernier doit gérer les autorisations de chaque utilisateur à part.

Le logiciel permettant de prendre en charge l'authentification à la place d'Apache s'appelle un logiciel de Web SSO (*Web Single Sign On*) ou logiciel d'authentification unique.

Le Single Sign On est une technique permettant aux entités se connectant à une ou plusieurs applications web de ne procéder qu'à une seule authentification pour accéder à ses applications.

Un logiciel de Web SSO s'intéresse particulièrement à l'authentification unique pour l'application web. Ainsi, le client reste toujours le navigateur internet. Parmi les logiciels libres de SSO, LemonLDAP::NG.

a. Introduction à LemonLDAP::NG

LemonLDAP::NG est un produit open source de Web SSO distribuée sous licence GPL, modulaire et basé sur Apache, il permet la gestion simultanée de l'authentification et de l'autorisation d'accès. On parle de triple A protection (AAA) qui signifie en anglais Authentication, Authorization, Accounting Protection.

- Pour l'authentification : un nom d'utilisateur et un mot de passe sont requis pour ouvrir une session SSO.
- Pour l'autorisation : des règles d'accès sont vérifiées dans chaque requête HTTP.
- Pour Accounting : tout accès est journalisé.

LemonLDAP::NG est développé entièrement en Perl. Il est soutenu aujourd'hui par le groupe Linagora. Il est déployé dans la plupart des administrations françaises et notamment la gendarmerie nationale.

b. Mode de fonctionnement

LemonLDAP::NG est un portail d'accès permettant l'authentification des utilisateurs par défaut via un annuaire LDAP. Autrement dit, les comptes utilisateurs sont des entrées de l'annuaire.

Le principe de fonctionnement repose sur l'interception des requêtes entre le client et le serveur web pour vérifier si le client est bien authentifié. LemonLDAP::NG utilise des en-têtes HTTP pour propager l'identité de l'utilisateur.

LemonLDAP::NG repose sur trois composantes principales :

- Le portail qui est une authentification permettant de s'authentifier à une application protégée par LemonLDAP.
- Le handler est un agent réalisant le contrôle des accès aux applications protégées par LemonLDAP.
- Le manager est l'interface de configuration de LemonLDAP, il contient également l'explorateur de session qui permet de suivre les entités authentifiées.

Les deux illustrations ci-après décrivent différents composants ainsi que le mode de fonctionnement.

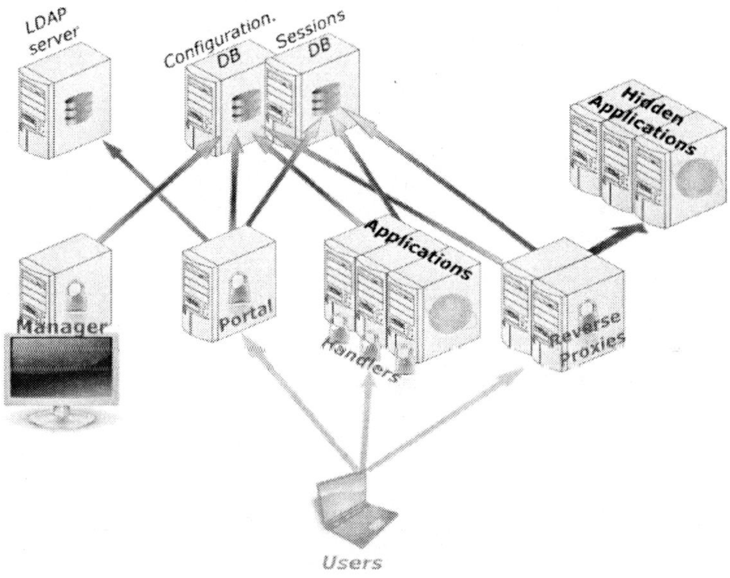

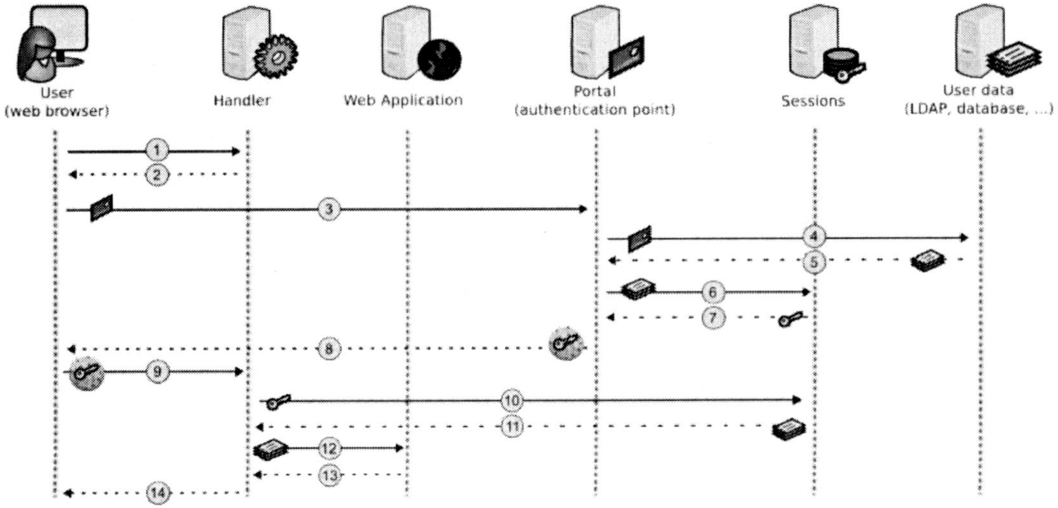

Source : lemonldap-ng.org

c. Installation

LemonLDAP::NG est écrit totalement en Perl, et il dépend effectivement de plusieurs modules Perl, qui doivent être présents sur le système.

L'installation de LemonLDAP::NG peut se faire à partir des paquets au format deb ou rpm ou encore à partir du code source.

L'archive compressée lemonldap-ng-version.tar.gz contient les sources du logiciel.

Voici les étapes à suivre pour une installation à partir des sources :

```
#tar xvzf lemonldap-ng*.tar.gz.
#cd lemonldap-ng*
#make test
#sudo make install
```

d. Configuration d'Apache

Pour qu'Apache puisse prendre en charge les différents modules de LemonLDAP::NG, il faut passer par le fichier de configuration principal d'Apache en ajoutant les directives suivantes :

```
include /usr/local/lemonldap-ng/etc/portal-apache2.conf
include /usr/local/lemonldap-ng/etc/handler.apache2.conf
include /usr/local/lemonldap-ng/etc/manager.apache2.conf
```

Il faut ensuite redémarrer le secteur Web Apache pour que les nouvelles modifications soient prises en charge.

```
# sudo apache2ctl configtest
# sudo apache2ctl restart
```

e. Configuration de l'authentification

La branche ou=users,dc=pme,dc=com de notre serveur LDAP contient déjà des comptes utilisateurs avec des entrées de type uid=user,ou=users,dc=pme,dc=com.

C'est cette même branche qui servira de support pour l'authentification par LemonLDAP::NG.

L'outil manager de LemonLDAP permet de choisir parmi plusieurs backends ou modules d'authentification. Nous utilisons systématiquement LDAP comme module d'authentification. Dans ce cas, nous sommes invités à fournir l'adresse IP du serveur LDAP, le niveau d'authentification (par défaut égal à 2), le port d'écoute de slapd, la base de recherche des utilisateurs, le compte de connexion LDAP, le mot de passe LDAP, le temps maximum d'inactivité, la version du protocole LDAP utilisée (par défaut c'est la version 3 du protocole qui sera utilisée), le filtre de recherche. Le filtre, par défaut, sera **(&(uid=$user) (objectclass=inetOrgPerson))** ; le paramètre de configuration du mot de passe est facultatif car il est utile uniquement dans le cas de la mise en place d'une politique de sécurité sur les mots de passe déjà évoquées au chapitre Sécuriser l'annuaire.

Finalement, le paramètre de configuration à renseigner dans le manager est celui des hôtes virtuels, permettant de protéger les hôtes virtuels en question ; dans ce champ, il faut indiquer le nom d'hôte pleinement qualifié du site Internet ou de l'application correspondante.

f. Configuration de l'hôte virtuel

Chaque hôte virtuel à protéger avec LemonLDAP::NG nécessite l'ajout d'une directive dans la balise <virtualHost>.

La directive suivante permet de mettre en place cette protection :

```
PerlHeaderParser Handler : My::Package
```

Voici un exemple d'hôte virtuel protégé par LL:NG.

```
<virtualHost  * : 80>
ServerName localsite.exemple.com
PerlHeader ParserHandler My::Package
DocumentRoot  /var/www/localsite
ErrorLog /var/log/apache2/localsite-error.log
CustomLog /var/logapache2/localsite_access.log
</virtualHost>
```

Après cette configuration, tout accès à l'URL http://localsite.exemple.com sera redirigé vers le portail d'authentification de LemonLDAP::NG pour donner la possibilité à l'utilisateur se connectant à cette adresse de s'authentifier. Une fois l'utilisateur authentifié via l'annuaire LDAP et après validation de la connexion, ses paramètres d'authentification seront sauvegardés dans l'explorateur de gestion en lui affectant un identifiant de session lui permettant d'accéder à d'autres applications protégées sans avoir à ressaisir de nouveau ses attributs de connexion, c'est le principe de l'authentification unique ou le Single Sign On.

☞ *Dans le chapitre Sécuriser l'annuaire, nous avons parlé de ce mécanisme d'authentification avec le protocole Kerberos.*

D. Intégration Postfix avec LDAP

1. Le serveur de messagerie Postfix

Les distributions GNU Linux ont l'avantage de faire fonctionner un grand nombre de serveurs de messagerie ou MTA (*Mail Transfer Agent*). Lors de l'installation d'une distribution, un serveur mail est déjà présent par défaut mais il est possible de basculer vers un nouveau serveur de messagerie. Parmi les MTA les plus connus dans le monde des logiciels libres :

- Sendmail, l'ancêtre des serveurs mail sous Linux et également Unix. Cependant, l'inconvénient majeur de ce dernier est sans doute la complexité de sa configuration.
- Exim, serveur mail réputé disponible par défaut sous une installation de Debian GNU Linux. La première version d'Exim (*Experimental Internet Mailer*) date de 1995, développée par Philippe Stazel pour le département informatique de l'université de Cambridge. Il s'agit d'un MTA monolothique, autrement dit, il se présente sous la forme d'un seul binaire serveur qui gère l'ensemble des fonctionnalités du traitement de mails.
- Postfix est l'un des MTA les plus utilisés sur Internet du fait de sa simplicité de configuration, de sa robustesse et de ses performances. La première version de Postfix fut écrite par Wietse Vanema. Il a été conçu comme étant une alternative à sendmail. En effet :
  - Il est compatible en grande partie avec sendmail.
  - Deux fichiers de configuration master.cf et main.cf permettent de le mettre en production après l'édition de quelques directives principales. Il est décomposé en plusieurs modules ou processus : des processus serveurs permettant la gestion et la récupération des mails et des agents permettant l'envoi des messages vers d'autres MTA. Ces processus sont : master, qmgr, pickup, smtpd, cleanup, bounce, defer, trace, flush, trivial-rewrite, verify, scache et showq. La définition de ces processus et de leur fonctionnement dépasse les objectifs de ce livre.

  L'autre avantage du serveur Postfix est sa possibilité de supporter le standard LDAP.

Nous nous intéresserons à l'intégration de Postfix avec un annuaire LDAP. Pour que le MTA Postfix supporte LDAP, il faut éventuellement compiler Postfix avec les fonctionnalités appropriées.

2. Postfix et LDAP

Pour l'intégration de Postfix avec LDAP, il faut commencer par télécharger le code source de Postfix à partir de l'adresse : http://www.postfix.org, et par la suite compiler Postfix avec le support de LDAP.

Sous la distribution GNU/Linux Debian, si Postfix est déjà installé, il suffit d'installer en complément le paquet **postfix-ldap**, la recompilation du serveur Postfix n'est donc pas nécessaire.

Si les librairies OpenLDAP sont installées dans le répertoire /usr/local/lib, on peut démarrer l'installation du serveur Postfix par les commandes suivantes :

```
# cd postfix-version       //ici version est le numéro de version du paquet
# make  tidy
# make makefiles CCARGS= "-I /usr/local/include -DHAS_LDAP" AUXLIBS="-L /usr/ \
local/lib/ -R /usr/local/lib -lldap -L /usr/local/lib -llber
# make
# sudo make install
```

☞*La commande **make tidy** est utilisable uniquement si Postfix est déjà installé.*

Une fois l'installation terminée sans affichage de messages d'erreurs, il faut vérifier que LDAP était bien pris en charge lors de l'installation.

La commande ci-dessous permet d'effectuer cette vérification :

```
# postconf -m
postconf: /usr/local/BerkeleyDB.4.8/lib/libdb-4.8.so: no version
information available (required by /usr/lib/libpostfix-util.so.1)
btree
cidr
environ
hash
internal
ldap
nis
proxy
regexp
sdbm
static
tcp
unix
```

Postfix manipule plusieurs tables de correspondance, chaque table peut rechercher ses informations dans plusieurs types de base de données suivant l'affichage résultant de la commande postconf -m.

Parmi ces tables, on considère la table des alias ; cette table fournit des informations sur la redirection des messages destinés aux utilisateurs locaux.

Dans le cas où on utilise le module hash comme source de données, on aura dans main.cf :

```
alias_maps = hash:/etc/aliases
```

Pour récupérer ces informations à partir d'un annuaire LDAP, on utilise la directive :

```
alias_maps = ldap:ldapalias
```

Le mot clé **ldap** indique le type de la table de recherche, alors que **ldapalias** précise le nom du tableau.

Passons à la configuration de Postfix tout d'abord, puis à la mise en place de cette intégration.

```
# vi /etc/postfix/main.cf
```

Voici le fichier de configuration de Postfix pour la démonstration qui suit :

```
## Fichier de configuration de Postfix
# See /usr/share/postfix/main.cf.dist for a commented, more complete version
# Debian specific:  Specifying a file name will cause the first
# line of that file to be used as the name.  The Debian default
# is /etc/mailname.
#myorigin = /etc/mailname
smtpd_banner = $myhostname ESMTP $mail_name (Ubuntu)
biff = no
home_mailbox= Maildir/
# appending .domain is the MUA's job.
append_dot_mydomain = no
# Uncomment the next line to generate "delayed mail" warnings
```

```
#delay_warning_time = 4h
readme_directory = no
# TLS parameters
#smtpd_tls_cert_file=/etc/ssl/certs/ssl-cert-snakeoil.pem
#smtpd_tls_key_file=/etc/ssl/private/ssl-cert-snakeoil.key
#smtpd_use_tls=yes
#smtpd_tls_session_cache_database = btree:${data_directory}/smtpd_scache
#smtp_tls_session_cache_database = btree:${data_directory}/smtp_scache
# See /usr/share/doc/postfix/TLS_README.gz in the postfix-doc package for
# information on enabling SSL in the smtp client.
myhostname = ubuntu
alias_maps = hash:/etc/aliases
alias_database = hash:/etc/aliases
myorigin = /etc/mailname
mydestination = pme.com, ubuntu, localhost.localdomain, localhost
relayhost =
mynetworks = 192.168.1.0/24 [::ffff:127.0.0.0]/104 [::1]/128
mailbox_size_limit = 0
recipient_delimiter = +
inet_interfaces = all
default_transport = error
relay_transport = error
```

Il faut noter qu'une entrée alias fait la correspondance entre un identifiant local et une adresse de messagerie électronique ; cette adresse prendra la forme soit d'un autre utilisateur local, soit d'un utilisateur sur un serveur distant.

Dans notre annuaire LDAP, une entrée utilisateur se présente sous la forme du fichier LDIF, l'utilisateur issam est représenté par :

```
# issam, users, pme.com
dn: uid=issam,ou=users,dc=pme,dc=com
uid: issam
cn: MEJRI ISSAM
mail: issam@pme.com
objectClass: account
objectClass: posixAccount
objectClass: top
objectClass: shadowAccount
userPassword:: e2NyeXB0fSQyYSQwNSRxQ3pCU3JyRGRteUFYdnVTeXlKUlZ1QTJsZzEuYWQ4Uzh
 nYkJvOHdBZTZVWTRhTDZwb0I0ZQ==
shadowLastChange: 15412
shadowMax: 99999
shadowWarning: 7
loginShell: /bin/bash
uidNumber: 1000
gidNumber: 100
homeDirectory: /home/issam
gecos: MEJRI ISSAM
```

Pour permettre à Postfix de rechercher les entrées sur un alias dans l'annuaire, il faut préciser plusieurs paramètres de recherche. Les paramètres permettent d'indiquer l'adresse IP ou le nom FQDN du serveur LDAP, la base de recherche, le périmètre de recherche, le filtre de recherche ainsi que les attributs dont il faut renvoyer les valeurs. Pour renseigner ces valeurs, il faut ajouter les lignes suivantes dans le fichier de configuration main.cf de postfix :

```
ldapalias_server_host=localhost
ldapalias_search_base=ou=users,dc=pme,dc=com
ldapalias_scope=sub
ldapalias_query_filter=(uid=%s)
ldapalias_result_attribute=mail
```

La commande postmap de postfix permet d'exécuter des requêtes sur les tables de correspondances, notamment sur la table des alias. L'option -q de postmap prend en paramètres une clé, dans notre cas c'est l'utilisateur issam ayant l'entrée dn:uid=issam,ou=users,dc=pme,dc=com, et la table correspondant à la recherche.

Avant de tester si la correspondance s'effectue correctement ou non, et par l'intermédiaire d'un fichier LDIF, nous changeons l'adresse mail de l'utilisateur issam afin que les mails qui lui sont destinés soient transmis au compte mejri@pme.com.

Le fichier LDIF correspondant sera :

```
# # fichier issam.LDIF
dn=uid=issam,ou=users,dc=pme,dc=com
changetype : modify
delete : mail
mail : issam@pme.com
dn : uid=issam, ou=users, dc=pme, dc=com
changetype : modify
add : mail
mail : mejri@pme.com
```

Ajoutons ensuite les modifications dans l'annuaire :

```
#ldapmodify -x -D "cn=manager,dc=pme,dc=com" -W -f issam.ldif
Enter LDAP Password:
modifying entry "uid=issam,ou=users,dc=pme,dc=com"
```

Vérifions avec la commande postmap :

```
# postmap -q issam  ldap:ldapalias
mejri@pme.com

# tail /var/log/message
```

Voici le journal de slapd après avoir réalisé cette requête :

```
Nov  2 13:25:38 ubuntu slapd[1808]: [OK] OpenLDAP started on port 389 and 636
Nov  2 13:25:43 ubuntu slapd[1707]: conn=1000 fd=18 ACCEPT from
IP=127.0.0.1:59284 (IP=0.0.0.0:389)
Nov  2 13:25:43 ubuntu slapd[1707]: conn=1000 op=0 BIND dn="" method=128
Nov  2 13:25:43 ubuntu slapd[1707]: conn=1000 op=0 RESULT tag=97
err=2 text=historical protocol version requested, use LDAPv3 instead
```

```
Nov  2 13:25:43 ubuntu slapd[1707]: conn=1000 op=1 SRCH
base="ou=users,dc=pme,dc=com" scope=2 deref=0 filter="(uid=issam)"
Nov  2 13:25:43 ubuntu slapd[1707]: conn=1000 op=1 SRCH attr=mail
Nov  2 13:25:43 ubuntu slapd[1707]: conn=1000 op=1 SEARCH RESULT
tag=101 err=0 nentries=1 text=
Nov  2 13:25:43 ubuntu slapd[1707]: conn=1000 op=2 UNBIND
Nov  2 13:25:43 ubuntu slapd[1707]: conn=1000 fd=18 closed
```

D'autres tables de correspondances relatives à postfix peuvent aussi s'interfacer avec un annuaire LDAP, tel que la table transport fournissant des informations sur les méthodes de remise des messages et sur les relais de domaine (relay_recipient_maps).

Les paramètres LDAP de postfix indiqués dans main.cf peuvent également être accompagnés par d'autres paramètres supplémentaires :

- bind : définit si l'utilisateur doit s'authentifier.
- bind_dn : indique le DN utilisé pour s'identifier auprès de l'annuaire LDAP.
- bind_pw : le mot de passe en clair associé à bind_dn.
- cache : indique s'il faut mettre en place un mécanisme de cache pour les résultats des requêtes.
- cache_expiry : pour définir la durée de vie du cache.
- cache_size : pour définir la taille du cache.
- domain : précise une liste de noms de domaine pour lesquels les recherches sont effectuées.
- timeout : indique la durée maximale exprimée en secondes accordée avant d'abandonner.

3. Configuration des clients de messagerie

Si un serveur de messagerie est présent dans une infrastructure réseau, alors l'existence d'un client de messagerie est évidente. Pour envoyer des mails, un client doit rechercher les destinataires à partir d'un carnet d'adresses, le carnet d'adresses lui-même effectue des recherches au sein de l'annuaire LDAP lorsque les utilisateurs sont stockés dans l'annuaire, la recherche peut s'effectuer soit par nom d'utilisateur, soit via un fichier de recherche. Dans la plupart des cas, la connexion entre le client de messagerie et le serveur LDAP se fait de manière anonyme.

Sachant qu'un client de messagerie peut supporter uniquement la version 2 de LDAP, il faut autoriser les connexions LDAP V2 au sein de l'annuaire, la directive :

```
vi /etc/openldap/slapd.conf
```

```
allow bind_v2
```

permet d'autoriser les connexions avec la version 2 de LDAP.

a. Le client de messagerie Thunderbird

Pour configurer le carnet d'adresses sous Mozilla Thunderbird (version 3.0.4), il faut suivre les étapes suivantes :

➢ **Edit - Preference - Composition - Adressing**

➢ Cochez la case **Directory Server**, puis cliquez sur le bouton **Edit Directory** pour compléter la configuration dans les boîtes de dialogue suivantes.

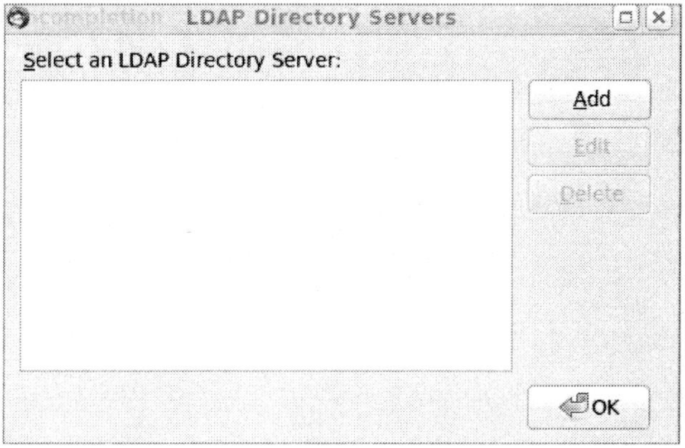

➢Cliquez sur le bouton **Add** pour ajouter un serveur.

➢Cliquez sur l'onglet **Addressing** puis sur le bouton **Edit Directories**.

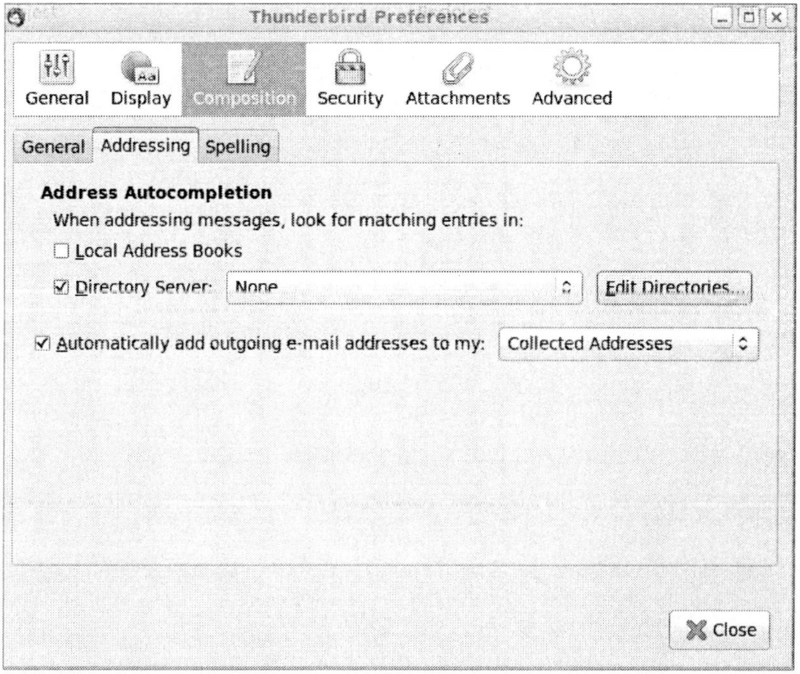

➢Choisissez l'onglet **Advanced** et appliquez les valeurs par défaut.

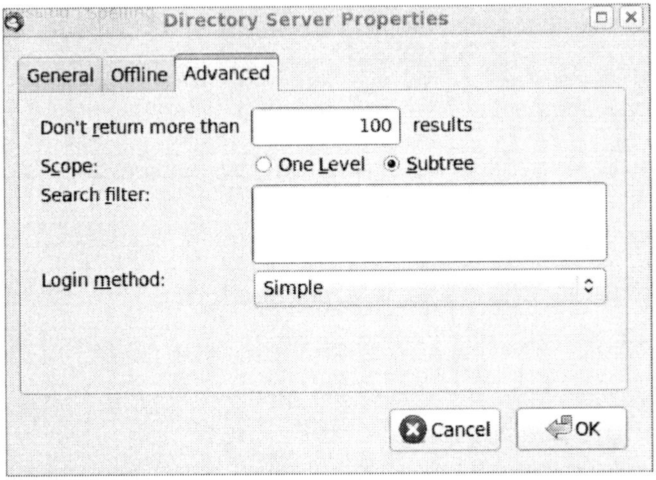

➢Dans l'onglet **General**, introduisez les paramètres de connexion à l'annuaire :

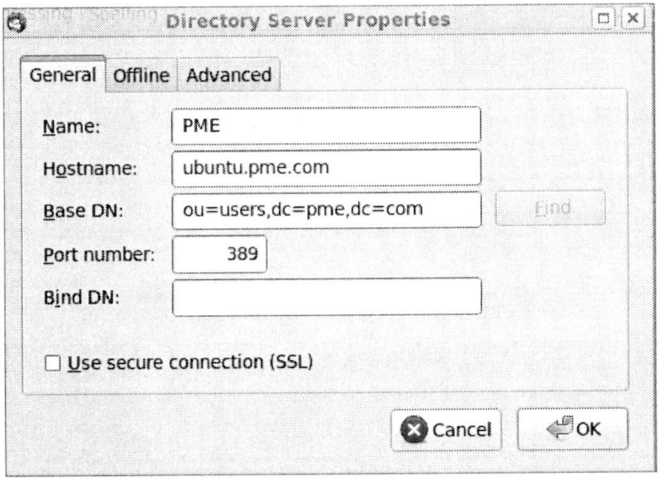

Une fois la configuration de Mozilla Thunderbird terminée, on peut ajouter un contact ou rechercher un contact depuis l'annuaire. Il suffit dans ce cas d'indiquer dans le champ **Name or Email** le nom exact de l'utilisateur ou une chaîne de caractères approximative ; le client effectue ensuite le filtre de recherche correspondant.

Dans l'exemple qui suit, nous recherchons un utilisateur dont le nom commence par lemo. Le résultat retourne l'adresse mail ainsi que le nom complet de l'utilisateur.

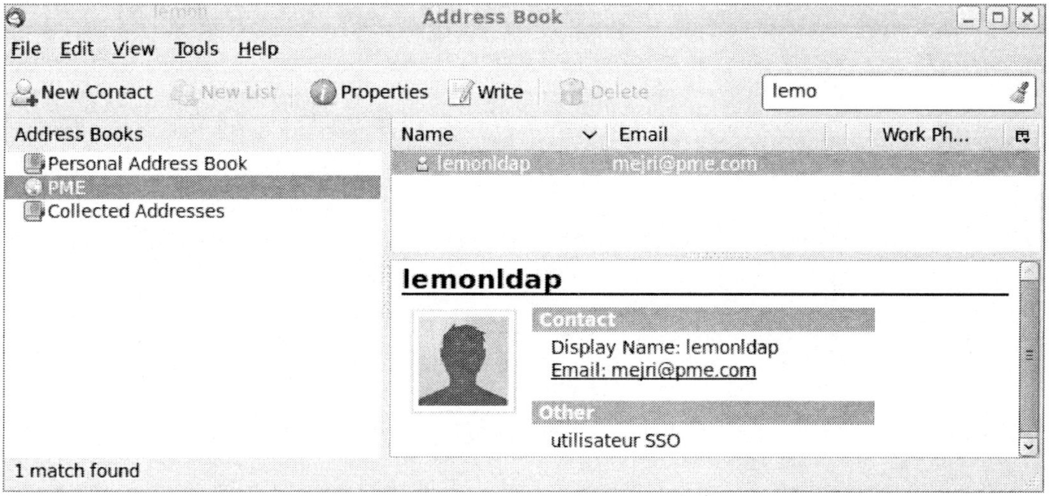

Voici un extrait du fichier journal du démon slapd après la requête effectuée par le client de messagerie Thunderbird :

```
# tail /var/log/messages
```

```
Nov  2 23:11:57 ubuntu slapd[1707]: conn=1011 fd=18 ACCEPT from
IP=127.0.0.1:60630 (IP=0.0.0.0:389)
Nov  2 23:11:57 ubuntu slapd[1707]: conn=1011 op=0 BIND dn="" method=128
Nov  2 23:11:57 ubuntu slapd[1707]: conn=1011 op=0 RESULT tag=97 err=0 text=
Nov  2 23:11:57 ubuntu slapd[1707]: conn=1011 op=1 SRCH
base="ou=users,dc=pme,dc=com" scope=2 deref=0 filter="
(|(mail=*lemon*)(cn=*lemon*)(givenName=*lemon*)(sn=*lemon*))"
Nov  2 23:11:57 ubuntu slapd[1707]: conn=1011 op=1 SRCH attr=birthday o
company mail street streetaddress postOfficeBox mozillaUseHtmlMail
xmozillausehtmlmail mozillaCustom2 custom2 mozillaHomeCountryName ou
department departmentnumber orgunit mobile cellphone carphone telephoneNumber
title mozillaCustom1 custom1 sn surname mozillaNickname xmozillanickname
mozillaWorkUrl workurl labeledURI facsimiletelephonenumber fax
mozillaSecondEmail xmozillasecondemail mozillaCustom4 custom4 nsAIMid
nscpaimscreenname givenName l locality
```

b. Le client de messagerie Outlook

Dans le monde Microsoft, le client de messagerie Outlook est l'un des incontournables clients existants sur les plates-formes Microsoft Windows.

➢Pour utiliser un annuaire sous Outlook 2007, commencez par cliquer sur le menu **Outils - Options** - onglet **Messagerie - Comptes de messagerie**, ensuite suivez les étapes décrites par les illustrations ci-dessous.

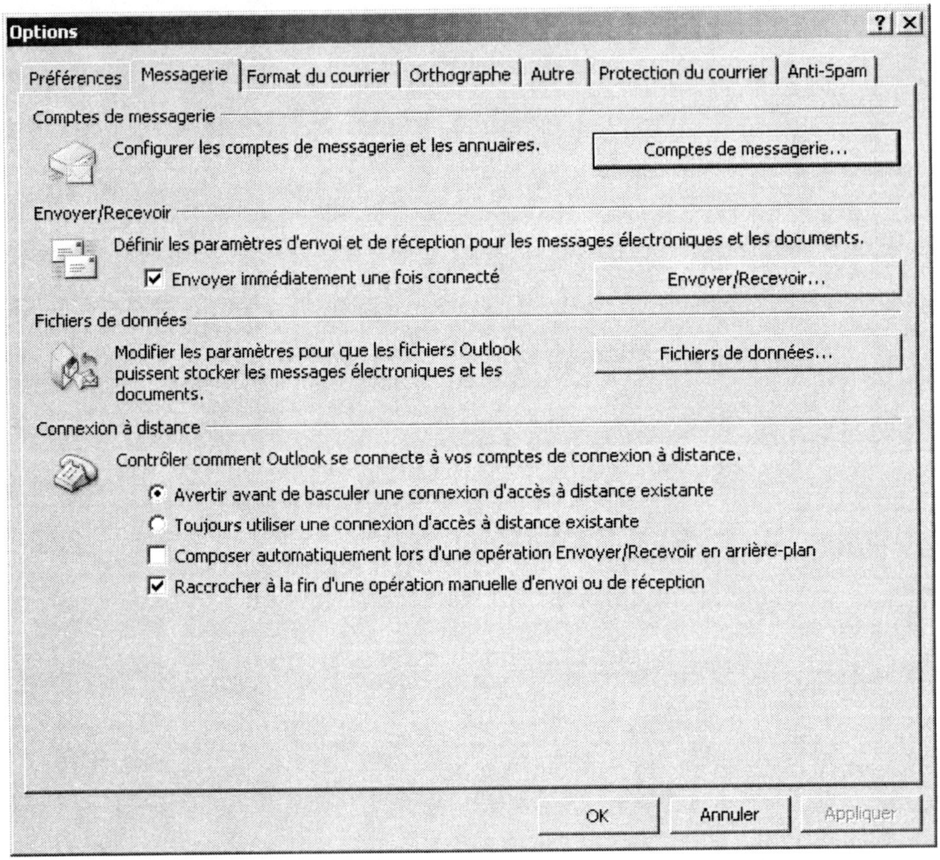

➢Cliquez sur l'onglet **Carnets d'adresses** puis cliquez sur le bouton **Nouveau**.

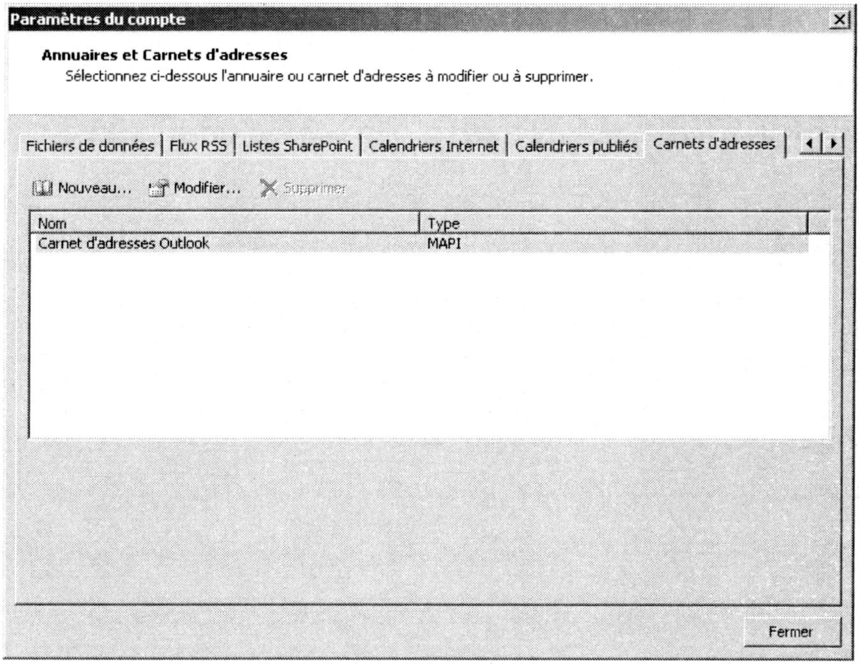

➢Cochez l'option **Service d'annuaire Internet (LDAP)**.

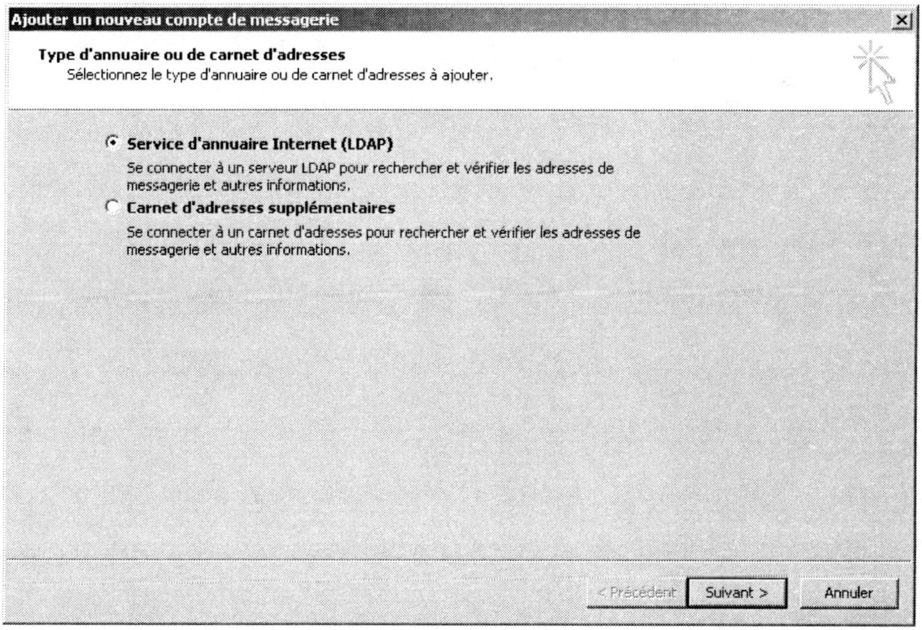

➢Indiquez dans le champ **Nom du serveur** le suffixe LDAP de l'annuaire.

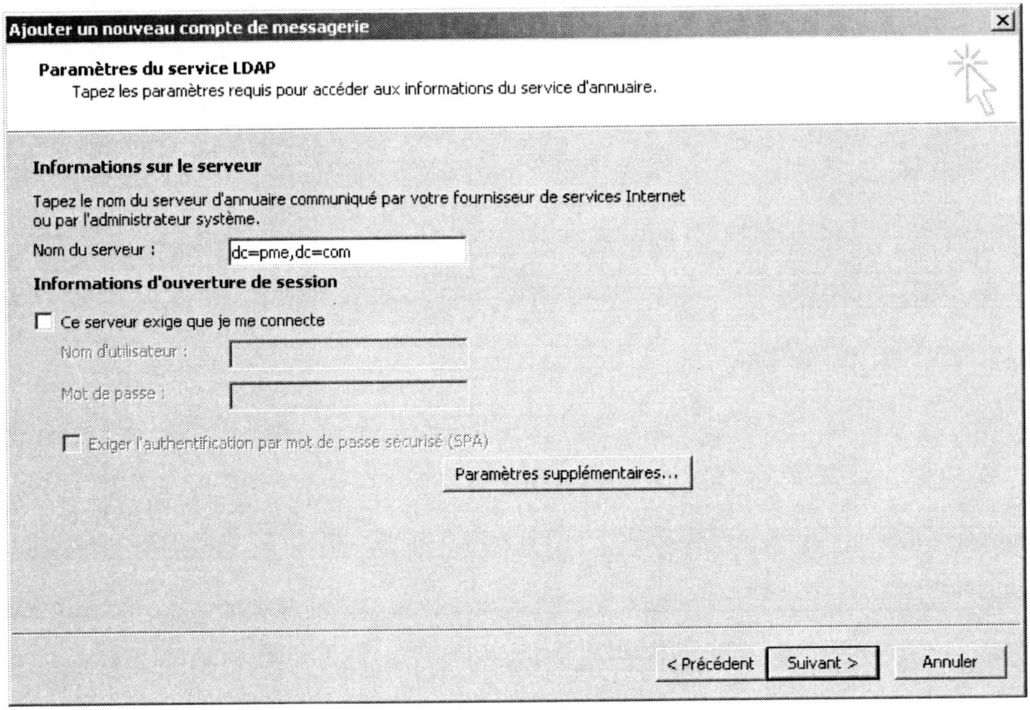

➢Indiquez le **Nom complet** et le **Port** d'écoute du serveur LDAP.

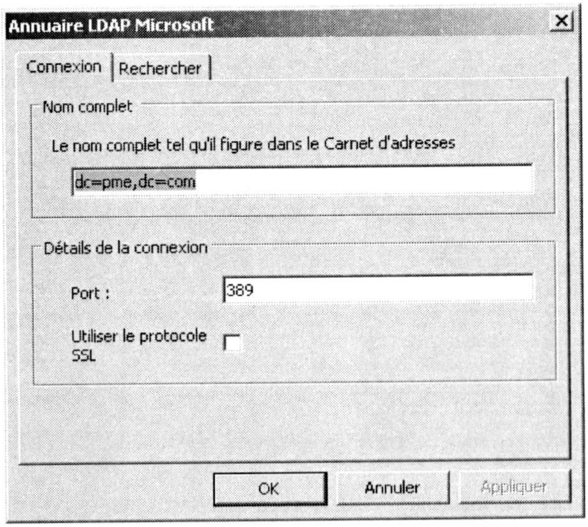

➢Spécifiez les critères de recherche selon vos besoins.

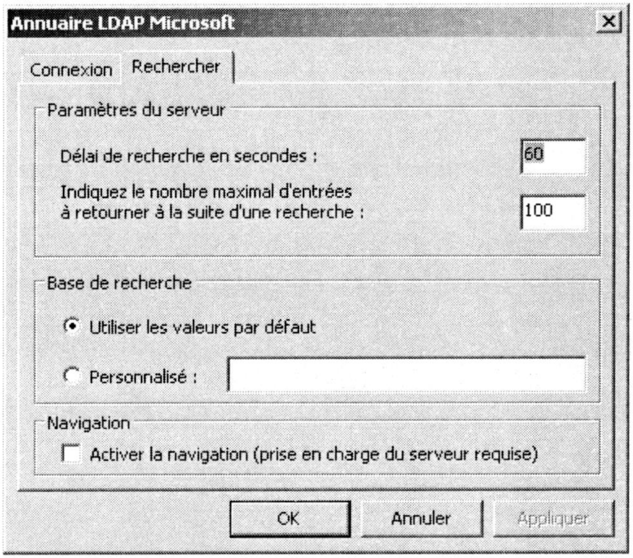

E. Intégration FreeRADIUS avec LDAP

1. Le projet FreeRADIUS

FreeRADIUS est l'implémentation libre du protocole RADIUS. RADIUS (*Remote Authentication Dial-In User Service*) est un protocole client-serveur permettant de centraliser les données d'authentication. La dernière version du protocole RADIUS est normalisée par l'IETF dans deux RFC : RFC 2865 (RADIUS authentication) et RFC 2866 (RADIUS accounting).

Le but de RADIUS était à l'origine de permettre aux fournisseurs d'accès à Internet (FAI) d'authentifier les utilisateurs distants utilisant les connexions pour modem RTC (Réseau Téléphonique Commuté) à partir de multiples serveurs mais vers une seule base utilisateurs. En effet, un poste utilisateur transmet une requête d'accès à un client RADIUS pour entrer sur le réseau. Le client se charge de demander les informations identifiant l'utilisateur se présentant sous la forme d'un nom utilisateur et d'un mot de passe.

Le client RADIUS génère selon le protocole une requête Acces-Request contenant les informations d'authentification. Le serveur RADIUS peut traiter lui-même cette requête ou la transmettre à un autre serveur RADIUS par un mécanisme appelé Proxy RADIUS. Le serveur RADIUS chargé de l'identification finale appelé Home RADIUS peut traiter la demande s'il dispose de suffisamment d'éléments dans la requête Access-Request ou demander des informations supplémentaires par le renvoi d'un paquet Access Challenge, auquel le client répondra par un autre Access Request et ainsi de suite. Les échanges sont retransmis par la chaîne de serveur RADIUS Proxy intermédiaire dans un sens et dans l'autre.

Quand le serveur RADIUS dispose de suffisamment d'éléments, il valide ou refuse l'identification en renvoyant un paquet de type **Access-Accept** ou **Access-Reject**.

Le protocole RADIUS fait intervenir deux composants essentiels : l'autorisation (authorization) et la comptabilisation (accounting).

La composante authorization permet de gérer les accès et les habilitations des utilisateurs, et la composante accounting assure à la fois la journalisation des accès et la facturation.

FreeRADIUS inclut un serveur RADIUS et des librairies clients. Sur le site officiel du projet, il est décrit comme étant un serveur RADIUS fortement déployé. La version actuelle est 2.2.0, elle est compatible avec la version précédente 2.1 et comporte des améliorations telles que le support de Kerberos et du service DHCP.

2. Installation de FreeRADIUS

Le logiciel de FreeRADIUS est capable de s'exécuter sur plusieurs plates-formes, à la fois 32 et 64 bits.

L'installation à partir des sources est simple ; téléchargez la dernière version stable de FreeRADIUS (freeradius -<version>.tar.gz).

```
# tar zxvf freeradius -<version>.tar.gz
# ./configure
# make
#  su - root
# make install
```

Il est également possible d'installer FreeRADIUS à partir du paquetage de votre distribution, dans le cas de la distribution Debian ou dérivés, en configurant les dépôts correspondants, ou reconstruire les sources déjà installées de la manière suivante :

```
# tar zxvf freeradius-server -2.X.Y.tar.gz
# cd freeradius-server-2.X.Y
# fakeroot dpkg-buildpackage -b -uc
# sudo dpkg -i ../*freeradius*_ 2.X.Y-*_*.deb
```

Il faut s'assurer que la commande dpkg-buildpackage est présente sur le système, sinon il faudra l'installer avec le gestionnaire de paquetage Apt.

```
# apt-get build-dep freeradius
# apt-get install dpkg-dev
```

3. Le démon radiusd

Après l'installation de FreeRADIUS, le démon **radiusd** est le composant principal du serveur. Ce démon gère l'authentification, l'autorisation et la comptabilisation. La syntaxe principale de radiusd est :

```
# radiusd [-C ] [-d config_directory] [-f] [-i ip-address] [-n name.conf]
[-p port] [-s] [-v] [-x] [-X]
```

- -C : permet de vérifier la syntaxe du fichier de configuration et de quitter. Si un code de retour différent de 0 est renvoyé, alors il y a éventuellement des erreurs de configuration.
- -d config_directory : définit le répertoire des fichiers de configuration. Le répertoire par défaut est /etc/raddb.
- -i ip-address : définit l'adresse IP (interface réseau) à partir de laquelle radiusd peut envoyer et recevoir des paquets.

- -f : exécute radiusd en premier plan.
- -n name.conf : permet de lire le fichier de configuration raddb/name.conf à la place de raddb/radiusd.conf.
- -p port : définit le port d'écoute du démon radiusd pour les requêtes d'authentification, dans ce cas, le port d'écoute pour les requêtes de comptabilisation (accounting) sera p+1. Par défaut, radiusd utilise le port correspondant défini dans le fichier /etc/services.
- -s : radiusd s'exécute avec le support de multithreading, si cette option est activée alors radiusd s'exécutera en single server mode.
- -v : affiche des informations sur la version du serveur.
- -x : active le mode de débogage pour visualiser les détails des requêtes sur la sortie standard.
- -X : active le mode de débogage pour visualiser le comportement du serveur radiusd.

4. Le fichier radiusd.conf

Le démon serveur radiusd manipule plusieurs fichiers de configuration. Chaque fichier possède une syntaxe particulière. Ces fichiers sont :

- radiusd.conf : c'est le fichier de configuration principale de radiusd. Les options de configuration sont définies soit au sein d'une section délimitée par des accolades ({}), soit de manière globale.

  Les paramètres globaux spécifient des informations telles que l'emplacement des répertoires, le bon fonctionnement du démon radiusd et le nombre de threads que le serveur principal doit créer.
- Dictionnary : définit les attributions RADIUS utilisées dans d'autres fichiers de configuration. Ce fichier est statique et ne nécessite pas de modification.
- hints : ce fichier est utilisé pour définir les attributs à ajouter à certaines requêtes RADIUS. Il est utile lorsqu'on veut attribuer à un utilisateur un type de connexion différent du préfixe/suffixe de son nom d'utilisateur.
- users : définit les utilisateurs lors d'une installation par défaut, ce fichier contient les entrées pour procéder à différents types de noms d'utilisateurs basés sur le fichier hints. L'authentification est ensuite basée sur le fichier standard /etc/passwd. Néanmoins les utilisateurs ainsi que les mots de passe associés peuvent être stockés dans ce fichier.

Ce qui nous intéresse dans cette section est le fichier **radiusd.conf**. Ce fichier contient une section pour les paramètres globaux et une section pour la configuration des modules. En effet, les modules de Freeradius sont des bibliothèques partagées définies par l'interface RLM du projet. La section définie par le mot clé **module** du fichier de configuration radiusd.conf contient des paramètres spécifiques à chaque bibliothèque.

Le fichier comporte deux autres sections, **authorize** et **authenticate** ; la première contient des modules permettant de définir les identifiants de connexion des utilisateurs, la seconde permet de définir les modes d'authentification possibles.

Voici un extrait du fichier radiusd.conf de FreeRADIUS pour une authentification des utilisateurs par le système local :

```
prefix = /usr
exec_prefix = ${prefix}
sysconfdir = /etc
localstatedir = /var
sbindir = ${exec_prefix}/sbin
logdir = ${localstatedir}/log/radius
raddbdir = ${sysconfdir}/raddb
radacctdir = ${logdir}/radacct

confdir = ${raddbdir}
run_dir = ${localstatedir}/run/radiusd

#  The logging messages for the server are appended to the
#  tail of this file.
#
log_file = ${logdir}/radius.log
libdir = /usr/lib/freeradius
...
user = radiusd
group = radiusd
max_request_time = 30
delete_blocked_requests = no
max_requests = 1024
bind_address = *
port = 0

$INCLUDE  ${confdir}/clients.conf
# MODULE CONFIGURATION
modules {
                   passwd = /etc/passwd
                   shadow = /etc/shadow
                   group = /etc/group
                   }

      files {
            usersfile = ${confdir}/users
            acctusersfile = ${confdir}/acct_users
            preproxy_usersfile = ${confdir}/preproxy_users

            #  If you want to use the old Cistron 'users' file
            #  with FreeRADIUS, you should change the next line
            #  to 'compat = cistron'.  You can the copy your 'users'
            #  file from Cistron.
            compat = no
```

```
        }
authorize {
                files
        }
        authenticate {
                unix
        }
```

5. FreeRADIUS et LDAP

Le serveur FreeRADIUS peut utiliser un serveur LDAP pour authentifier les utilisateurs. Tout utilisateur dans l'annuaire qui dispose d'une entrée posixAccount peut s'authentifier auprès du serveur RADIUS.

Dans ce cas c'est l'attribut uid qui sera fourni comme non d'utilisateur. Le module **rlm_ldap** de FreeRADIUS gère l'authentification par LDAP et c'est lui qui assure la connexion au serveur LDAP, l'établissement d'un filtre de recherche ainsi que le chiffrement de la session client-serveur. Le chiffrement est réalisé via l'opération étendue StartTLS en attribuant la valeur **yes** à la directive **start_tls**.

6. Paramètres du module rlm_ldap

Le module rlm_ldap admet plusieurs directives de configuration pour configurer FreeRADIUS avec LDAP. Ce module est configurable dans la section ldap du fichier de configuration de radiusd.com comme présenté sur cet extrait :

```
# Lightweight Directory Access Protocol (LDAP)
        #
        #  This module definition allows you to use LDAP for
        #  authorization and authentication (Auth-Type := LDAP)
        #
        #  See doc/rlm_ldap for description of configuration options
        #  and sample authorize{} and authenticate{} blocks
        ldap {
             server = "127.0.0.1"
             basedn = "ou=users,dc=pme,dc=com"
             filter = "(uid=%{Stripped-User-Name:-%{User-Name}})"
             base_filter = "(objectclass=posixAccount)"

             # set this to 'yes' to use TLS encrypted connections
             # to the LDAP database by using the StartTLS extended
             # operation.
             # The StartTLS operation is supposed to be used with normal
              # ldap connections instead of using ldaps (port 689) connections
             start_tls = no

             # tls_cacertfile    = /path/to/cacert.pem
             # tls_cacertdir           = /path/to/ca/dir/
             # tls_certfile            = /path/to/radius.crt
             # tls_keyfile       = /path/to/radius.key
             # tls_randfile            = /path/to/rnd
```

```
            # tls_require_cert  = "demand"

            # default_profile = "cn=radprofile,ou=dialup,o=My Org,c=UA"
            # profile_attribute = "radiusProfileDn"
            access_attr = "dialupAccess"

            # Mapping of RADIUS dictionary attributes to LDAP
            # directory attributes.
            dictionary_mapping = ${raddbdir}/ldap.attrmap

            ldap_connections_number = 5

#
# NOTICE: The password_header directive is NOT case insensitive
            #
            # password_header = "{clear}"
            #
            # Set:
            #       password_attribute = nspmPassword
            #
            # to get the user's password from a Novell eDirectory
            # backend. This will work *only if* freeRADIUS is
            # configured to build with --with-edir option.
            #
            #
            #  The server can usually figure this out on its own, and pull
            #  the correct User-Password or NT-Password from the database.
            #
            #  Note that NT-Passwords MUST be stored as a 32-digit hex
            #  string, and MUST start off with "0x", such as:
            #
            #       0x000102030405060708090a0b0c0d0e0f
            #
            #  Without the leading "0x", NT-Passwords will not work.
            #  This goes for NT-Passwords stored in SQL, too.
            #
            # password_attribute = userPassword
            #
            # Un-comment the following to disable Novell eDirectory account
            # policy check and intruder detection. This will work *only if*
            # FreeRADIUS is configured to build with --with-edir option.
            #
            edir_account_policy_check=no
            #
            # groupname_attribute = cn
            # groupmembership_filter = "(|
(&(objectClass=GroupOfNames)(member=%{Ldap-UserDn}))
```

```
(&(objectClass=GroupOfUniqueNames)(uniquemember=%{Ldap-UserDn})))"
           # groupmembership_attribute = radiusGroupName
           timeout = 4
           timelimit = 3
           net_timeout = 1
}
```

Les principaux paramètres du module rlm_ldap sont :

- server : nom pleinement qualifié du serveur LDAP.
- port : le port d'écoute du serveur LDAP, par défaut 389.
- basedn : définit le DN de la base de recherche.
- filter : définit le filtre de recherche appliqué à la requête.
- identity : le DN relatif à l'authentification LDAP lors des opérations de recherche.
- password : le mot de passe relatif au DN défini par la directive identity.
- ldap_cache_timeout : durée de vie en secondes du cache de la bibliothèque client LDAP, la valeur par défaut est zéro, ce qui désactive la mise en cache.
- ldap_cache_size : la taille du cache pour les bibliothèques client LDAP, la valeur par défaut est zéro, ce qui implique la non-limitation de la taille du cache.
- ldap_debug : le mode de débogage pour le serveur OpenLDAP.
- password_attribute : le nom de l'attribut contenant le mot de passe des utilisateurs.
- start_tls : permet d'activer ou désactiver la prise en charge des opérations StartTLS pour les opérations LDAP, la valeur no désactive cette opération (valeur par défaut).
- timelimit : définit la durée maximale en secondes autorisée pour que le serveur LDAP réponde à une recherche.
- tls_mode : indique si la connexion au serveur LDAP se fait via une connexion chiffrée (LDAPS) ou non, la valeur par défaut est no.

Dans le cas de notre serveur LDAP, la configuration du serveur FreeRADIUS est comme suit :

```
prefix = /usr
exec_prefix = ${prefix}
sysconfdir = /etc
localstatedir = /var
sbindir = ${exec_prefix}/sbin
logdir = ${localstatedir}/log/radius
raddbdir = ${sysconfdir}/raddb
radacctdir = ${logdir}/radacct
 ldap {
           server = "127.0.0.1"
           basedn = "ou=users,dc=pme,dc=com"
           filter = "(uid=%{Stripped-User-Name:-%{User-Name}})"
           base_filter = "(objectclass=posixAccount)"
           start_tls = no
}
authenticate {
```

```
        authtype LDAP {
        ldap
        }
}
```

Dans le fichier users, il faut mettre à jour le mode d'authentification par défaut défini en tant que files par le mode LDAP :

```
DEFAULT Auth-Type:= LDAP
```

F. Migrer les utilisateurs Samba vers LDAP

1. Rappel sur les services Samba

Samba est un ensemble d'applications UNIX qui utilisent le protocole SMB (*Server Message Block*). Ce protocole est utilisé par les systèmes d'exploitation Microsoft Windows pour fournir des services de partage de fichiers et d'imprimantes. Samba n'est autre que l'implémentation de ce protocole sur les systèmes UNIX. Samba permet alors à des machines Windows et des machines UNIX de coexister sur le même réseau.

Samba est un projet sous licence GPLv2, ce projet a démarré en 1991 par Andrew Tridgell, étudiant à l'université nationale d'Australie. La version actuelle de Samba est la version 4. Cette version vise à remplacer Samba 3, qui assure les fonctions d'un domaine de type NT4 et qui a la possibilité d'utiliser OpenLDAP comme backend de stockage. Samba 3 gère également l'authentification en mode serveur maître-esclave et la fourniture des services de partage de fichiers et d'impression.

La version 3 est aujourd'hui la plus déployée dans les environnements de production, la sortie de cette version date de l'année 2003. Parmi les fonctionnalités appréciées, citons :

- gestion du backend par modules ;
- support du mapping de groupes ;
- nouvelle commande net ;
- amélioration du support d'impression ;
- outils de migration ;
- support des relations d'approbation ;
- support initial d'Active Directory ;
- support de LDAP, disponible à partir de la version 2 de Samba.

Un serveur Samba offre les services suivants :

- partage d'une ou de plusieurs arborescences de répertoires ;
- partage d'imprimantes ;
- support de NetBIOS ;
- gestion de domaine et authentification des clients se connectant à un domaine Windows ;
- outils d'administration ;
- fourniture ou participation à la résolution de noms WINS (*Windows Internet Naming Service*).

La suite Samba est conçue autour d'un couple de démons UNIX qui permettent d'offrir des ressources partagées, appelées partages ou services aux clients SMB du réseau. Ces démons sont :

- smbd : le démon qui gère les partages des fichiers et d'imprimantes, ainsi que l'authentification et les autorisations pour les clients SMB.
- nmbd : le démon nmbd est un serveur de noms unique qui fournit les services WINS. Ce démon écoute les requêtes de service de noms et renvoie l'adresse IP adéquate lorsqu'elle est demandée. Ce démon gère les listes d'exploration pour le voisinage réseau et participe aussi aux élections.

2. Authentification des utilisateurs Samba

Un utilisateur samba doit obligatoirement être un utilisateur Linux, c'est-à-dire posséder une ligne dans le fichier /etc/passwd.

Dans le cas contraire, l'ajout d'un utilisateur dans la base Samba sera impossible.

L'ajout d'un utilisateur nécessite bien évidemment la création d'un mot de passe pour ce même utilisateur.

La commande smbpasswd est un programme de gestion des mots de passe chiffrés. Elle permet notamment l'ajout des utilisateurs dans la base de samba.

Le fichier **/etc/samba/smbpasswd** est un fichier à plat contenant la liste des utilisateurs et les attributs associés.

Le format du fichier smbpasswd est organisé sous forme de six champs dans chaque ligne :

- Nom d'utilisateur : c'est le même que celui dans le fichier /etc/passwd.
- uid : c'est l'ID utilisateur, le même que celui du fichier des utilisateurs UNIX.
- champ mot de passe haché **LanManager** : champ mot de passe en format hexadécimal utilisé par les clients Windows 9x.
- champ mot de passe haché **NTLanManager** : champ mot de passe en format hexadécimal utilisé par les clients NT-2000-XP.
- drapeau de compte utilisateur : contient les attributs des comptes utilisateurs, il est mis entre 2 crochets.
- LCT (*Last Change Time*) : indique la dernière date de modification du compte en représentation hexadécimale.

3. Comptes utilisateurs dans un annuaire LDAP

La méthode précédente permettant de stocker les comptes utilisateurs dans le fichier **smbpasswd** présente plusieurs inconvénients dans le cas où le réseau comporte un nombre important d'utilisateurs. En effet, ce fichier limite le nombre des attributs gérés par chaque utilisateur et une copie de ce fichier doit être présente sur chaque serveur Samba.

Ces inconvénients majeurs peuvent être résolus grâce au backend LDAP. La migration vers un annuaire LDAP permet de mieux gérer l'administration du serveur samba ainsi qu'une implémentation évoluée de l'authentification.

La classe d'objets **sambaSAMAccount** permet de stocker les attributs du fichier smbpasswd dans un annuaire LDAP. Le schéma **samba3.schema** contient la définition de cette classe d'objets.

Voici un extrait de ce schéma :

```
...
attributetype ( 1.3.6.1.4.1.7165.2.1.27 NAME 'sambaPwdLastSet'
        DESC 'Timestamp of the last password update'
        EQUALITY integerMatch
        SYNTAX 1.3.6.1.4.1.1466.115.121.1.27 SINGLE-VALUE )

attributetype ( 1.3.6.1.4.1.7165.2.1.28 NAME 'sambaPwdCanChange'
        DESC 'Timestamp of when the user is allowed to update the password'
        EQUALITY integerMatch
        SYNTAX 1.3.6.1.4.1.1466.115.121.1.27 SINGLE-VALUE )

attributetype ( 1.3.6.1.4.1.7165.2.1.29 NAME 'sambaPwdMustChange'
        DESC 'Timestamp of when the password will expire'
        EQUALITY integerMatch
        SYNTAX 1.3.6.1.4.1.1466.115.121.1.27 SINGLE-VALUE )

attributetype ( 1.3.6.1.4.1.7165.2.1.30 NAME 'sambaLogonTime'
        DESC 'Timestamp of last logon'
        EQUALITY integerMatch
        SYNTAX 1.3.6.1.4.1.1466.115.121.1.27 SINGLE-VALUE )

attributetype ( 1.3.6.1.4.1.7165.2.1.31 NAME 'sambaLogoffTime'
        DESC 'Timestamp of last logoff'
        EQUALITY integerMatch
        SYNTAX 1.3.6.1.4.1.1466.115.121.1.27 SINGLE-VALUE )

attributetype ( 1.3.6.1.4.1.7165.2.1.32 NAME 'sambaKickoffTime'
        DESC 'Timestamp of when the user will be logged off automatically'
        EQUALITY integerMatch
        SYNTAX 1.3.6.1.4.1.1466.115.121.1.27 SINGLE-VALUE )

attributetype ( 1.3.6.1.4.1.7165.2.1.48 NAME 'sambaBadPasswordCount'
        DESC 'Bad password attempt count'
        EQUALITY integerMatch
        SYNTAX 1.3.6.1.4.1.1466.115.121.1.27 SINGLE-VALUE )

attributetype ( 1.3.6.1.4.1.7165.2.1.49 NAME 'sambaBadPasswordTime'
        DESC 'Time of the last bad password attempt'
        EQUALITY integerMatch
        SYNTAX 1.3.6.1.4.1.1466.115.121.1.27 SINGLE-VALUE )

attributetype ( 1.3.6.1.4.1.7165.2.1.55 NAME 'sambaLogonHours'
        DESC 'Logon Hours'
        EQUALITY caseIgnoreIA5Match
        SYNTAX 1.3.6.1.4.1.1466.115.121.1.26{42} SINGLE-VALUE )

...

attributetype ( 1.3.6.1.4.1.7165.2.1.20 NAME 'sambaSID'
```

```
        DESC 'Security ID'
        EQUALITY caseIgnoreIA5Match
        SUBSTR caseExactIA5SubstringsMatch
        SYNTAX 1.3.6.1.4.1.1466.115.121.1.26{64} SINGLE-VALUE )

...

attributetype ( 1.3.6.1.4.1.7165.2.1.58 NAME 'sambaMinPwdLength'
        DESC 'Minimal password length (default: 5)'
        EQUALITY integerMatch
        SYNTAX 1.3.6.1.4.1.1466.115.121.1.27 SINGLE-VALUE )

# "password history"
attributetype ( 1.3.6.1.4.1.7165.2.1.59 NAME 'sambaPwdHistoryLength'
        DESC 'Length of Password History Entries (default: 0 =&gt; off)'
        EQUALITY integerMatch
        SYNTAX 1.3.6.1.4.1.1466.115.121.1.27 SINGLE-VALUE )

# "user must logon to change password"
attributetype ( 1.3.6.1.4.1.7165.2.1.60 NAME 'sambaLogonToChgPwd'
        DESC 'Force Users to logon for password change (default: 0 =&gt; off, 2
=&gt; on)'
        EQUALITY integerMatch
        SYNTAX 1.3.6.1.4.1.1466.115.121.1.27 SINGLE-VALUE )

# "maximum password age"
attributetype ( 1.3.6.1.4.1.7165.2.1.61 NAME 'sambaMaxPwdAge'
        DESC 'Maximum password age, in seconds (default: -1 =&gt; never expire
passwords)'
        EQUALITY integerMatch
        SYNTAX 1.3.6.1.4.1.1466.115.121.1.27 SINGLE-VALUE )

# "minimum password age"
attributetype ( 1.3.6.1.4.1.7165.2.1.62 NAME 'sambaMinPwdAge'
        DESC 'Minimum password age, in seconds (default: 0 =&gt; allow immediate
password change)'
        EQUALITY integerMatch
        SYNTAX 1.3.6.1.4.1.1466.115.121.1.27 SINGLE-VALUE )

# "lockout duration"
attributetype ( 1.3.6.1.4.1.7165.2.1.63 NAME 'sambaLockoutDuration'
        DESC 'Lockout duration in minutes (default: 30, -1 =&gt; forever)'
        EQUALITY integerMatch
        SYNTAX 1.3.6.1.4.1.1466.115.121.1.27 SINGLE-VALUE )

...
objectclass ( 1.3.6.1.4.1.7165.2.2.6 NAME 'sambaSAMAccount' SUP top AUXILIARY
        DESC 'Samba 3.0 Auxilary SAM Account'
        MUST ( uid $ sambaSID )
        MAY  ( cn $ sambaLMPassword $ sambaNTPassword $ sambaPwdLastSet $
               sambaLogonTime $ sambaLogoffTime $ sambaKickoffTime $
```

```
            sambaPwdCanChange $ sambaPwdMustChange $ sambaAcctFlags $
            displayName $ sambaHomePath $ sambaHomeDrive $ sambaLogonScript $
            sambaProfilePath $ description $ sambaUserWorkstations $
            sambaPrimaryGroupSID $ sambaDomainName $ sambaMungedDial $
            sambaBadPasswordCount $ sambaBadPasswordTime $
            sambaPasswordHistory $ sambaLogonHours))

...
```

Il faut inclure ce schéma dans OpenLDAP par la directive include :

```
############ fichier slapd.conf ############
include    /usr/local/etc/openldap/schema/core.schema
include    /usr/local/etc/openldap/schema/cosine.schema
include    /usr/local/etc/openldap/schema/nis.schema
include    /usr/local/etc/openldap/schema/inetorgperson.schema
include    /usr/local/etc/openldap/schema/samba3.schema
```

La classe d'objets **sambaSAMAccount** dispose de deux attributs obligatoires : **uid** et **sambaSID**.

Elle contient également deux attributs relatifs aux mots de passe : **sambaLMPassword** et **sambaNT-Password**. OpenLDAP n'utilise jamais ces attributs pour authentifier une demande de connexion, les utilisateurs n'ont aucune raison d'y avoir accès. Les autres attributs de la classe d'objets sambaSAMAccount ne contiennent aucune information sensible, leur consultation est donc sans importance.

Il faut ajouter au fichier de configuration slapd.conf une ACL qui bloque l'accès aux attributs liés aux mots de passe :

```
access to attrs=userpassword
        by self write
        by * auth
access to attrs=sambaLMPassword,sambaNTPassword
        by dn="cn=manager,dc=pme,dc=cm" write
        by   dn="cn=smbmanager,ou=users,dc=pme,dc=com" write
        by * none
```

Indexons les attributs dont nous aurons besoin :

```
index        uidNumber,gidNumber,loginShell        eq,pres
```

Ensuite, il faut modifier le fichier smb.conf en ajoutant les paramètres relatifs au backend LDAP :

- ldap admin dn : le DN employé par smbd pour se connecter au serveur LDAP.
- ldap filter : le filtre de recherche à utiliser pour rechercher les informations sur le compte samba d'un utilisateur.
- ldap port : le port TCP sur lequel contacter le serveur LDAP.
- ldap suffix : le suffixe de base des recherches dans l'annuaire.
- ldap server : le nom de domaine pleinement qualifié du serveur LDAP.

Le fichier de configuration de Samba devient alors :

```
#### Fichier de configuration de samba /etc/samba/smb.conf

[global]

 workgroup = PME
 netbios name = ubuntu.pme.com
 hosts allow = 192.168. 127.0.0
 log file = /var/log/samba/access.log
 log level = 1
 max log size = 10
 security = user
 encrypt passwords = true
 socket options = TCP_NODELAY SO_RCVBUF=8192 SO_SNDBUF=8192
 dns proxy = no
 domain logons = Yes
 domain master = Yes
 preferred master = Yes
 os level = 66
 local master = Yes
 wins support = Yes
 guest account = nobody
 printing = cups
 printcap name = cups

 oplocks = No
 level2 oplocks = No
 kernel oplocks = No


 template shell = /bin/false
 winbind use default domain = no
  ################### options LDAP  ##################################
        passdb backend = ldapsam:ldap://127.0.0.1, guest
        ldap server = ubuntu.pme.com
        ldap port = 389
        ldap suffix = dc=pme,dc=com
        ldap filter = "(&(uid=%U)(objectclass=sambaSAMAccount))"
        ldap user suffix = ou=users
        ldap group suffix = ou=Group
        ldap machine suffix = ou=computers
        ldap admin dn = "cn=smbmanager,ou=users,dc=pme,dc=com"
        ldap ssl = off
        ldap passwd sync = Yes
        enable privileges = Yes
```

```
logon path = \\%L\profiles\%U

Unix Charset = ISO8859-15

################## SMBLDAP-TOOLS ##################################

add user script = /usr/sbin/smbldap-useradd -m "%u"
add machine script = /usr/sbin/smbldap-useradd -w "%u"
add group script = /usr/sbin/smbldap-groupadd -p "%g"
add user to group script = /usr/sbin/smbldap-groupmod -m "%u" "%g"
delete user script = /usr/sbin/smbldap-userdel "%u"
delete group script = /usr/sbin/smbldap-groupdel "%g"
delete user from group script = /usr/sbin/smbldap-groupmod -x "%u" "%g"
set primary group script = /usr/sbin/smbldap-usermod -g "%g" "%u"
passwd program = /usr/sbin/smbldap-passwd -u %u


admin users = @Administrators

[netlogon]
  comment = Network Logon Service
  path = /home/netlogon
  guest ok = yes
  writable = no
  share modes = no
  browseable = no

[profiles]
  path = /srv/profiles
  browseable = no
  guest ok = yes
```

La directive **passdb backend** spécifie le backend à utiliser (smbpasswd, tdbsam, ldapsam, mysql, guest). On peut en spécifier plusieurs ; la chaîne doit se terminer par guest pour la gestion du compte invité.

Après la mise à jour du fichier smb.conf, il faut créer l'utilisateur dont le dn est cn=smbmanager,ou=users,dc=pme,dc=com. C'est cet utilisateur qui possède le droit d'ajouter et de supprimer des comptes Samba dans LDAP.

Le fichier LDIF correspondant est :

```
#### Fichier smbmanager.ldif ####
dn : cn=smbmanager,ou=users,dc=pme,dc=com
objectclass : top
objectclass : person
cn : smbmanager
sn : smbmanager
userpassword : smbpassword
```

Ajoutons l'entrée dans l'annuaire :

```
# ldapadd -x -D "cn=manager,dc=pme,dc=com" -W -f smbmanager.ldif
```

Créons le mot de passe Samba de l'administrateur :

```
# smbpasswd -w smbpassword
```

L'ajout d'un utilisateur Samba demande deux étapes : l'ajout d'une entrée PosixAccount d'une part et l'ajout des informations Samba d'autre part.

Dans le chapitre Migration de NIS vers LDAP, nous avons effectué la première étape en exportant tous les utilisateurs système vers LDAP sous forme d'entrées POSIX.

L'étape suivante consiste à ajouter l'utilisateur ainsi que son mot de passe dans Samba :

```
# smbpasswd -a issam -s secret
```

On peut automatiser les deux étapes précédentes à l'aide des outils smbldap-tools.

Dans ce cas, une seule commande assure l'ajout d'un utilisateur avec les informations Samba et les informations POSIX dans LDAP simultanément :

```
# smbldap-useradd -a issam
```

Voici alors l'entrée correspondante :

```
dn: uid=issam,ou=users,dc=pme,dc=com
objectClass: account
objectClass: posixAccount
cn: issam
uid: MEJRI ISSAM
uidNumber: 1001
gidNumber: 100
homeDirectory: /dev/null
loginShell: /bin/false
gecos: utilisateur
description: utilisateur SAMABA
objectClass: sambaSAMAccount
displayName: Samba User
sambaSID: S-1-5-21-4109349211-2507905533-872075644-3004
sambaPrimaryGroupSID: S-1-5-21-4109349211-2507905533-872075644-513
sambaHomeDrive: U:
sambaLogonScript: issam_login.bat
sambaProfilePath: \\UBUNTU\profiles\issam
sambaHomePath: \\UBUNTU\issam
sambaPwdCanChange: 1081326771
sambaLMPassword: BD265149BC043C3C064F1AD6E79B75DA
sambaNTPassword: 65AEECE40F54AA222DEC0726C0385963
sambaPwdLastSet: 1081326771
sambaAcctFlags : [U          ]
```

L'utilisateur issam peut ainsi accéder aux ressources Samba telles que les partages de fichiers et d'imprimantes à l'aide de ses identifiants stockés dans l'annuaire LDAP.

G. Intégration des comptes UNIX dans Active Directory

Dans cette section nous détaillons l'intégration d'un compte UNIX dans Active Directory, après avoir présenté brièvement l'annuaire LDAP Active Directory.

1. Introduction à l'annuaire LDAP Active Directory

Active Directory est un service d'annuaire propriétaire, intégré au cœur des systèmes d'exploitation Microsoft Windows Server (2000-2003-2008). Cet annuaire est un service réseau qui identifie toutes les ressources d'un réseau et les rend accessibles aux utilisateurs et aux applications.

Active Directory étend les fonctionnalités de base d'un service d'annuaire afin d'offrir les avantages suivants :

- Intégration DNS : Active Directory utilise les conventions d'attribution de noms DNS pour créer une structure hiérarchique qui offre une vue d'ensemble familière, ordonnée et évolutive des relations de réseau.
- Évolutivité : Active Directory est structuré en sections qui peuvent stocker un grand nombre d'objets. De ce fait, il peut répondre aux besoins issus de la croissance d'une organisation. Une organisation peut ainsi passer d'un serveur unique contenant quelques centaines d'objets à des milliers de serveurs contenant des millions d'objets.
- Gestion centralisée : Active Directory permet aux administrateurs de gérer des postes de travail distribués, des services réseau et des applications à partir d'un emplacement central tout en utilisant une interface de gestion homogène.

  Il offre également un contrôle d'accès centralisé aux ressources réseau en permettant aux utilisateurs de se connecter une seule fois pour disposer d'un accès complet aux ressources via Active Directory.
- Administration déléguée : la structure hiérarchique d'Active Directory permet de déléguer le contrôle administratif pour des segments spécifiques de la hiérarchie. Une autorité administrative supérieure peut autoriser des utilisateurs à effectuer des tâches d'administration dans la partie de la structure qui leur est attribuée.

  Ainsi, ils peuvent avoir un contrôle administratif limité sur les paramètres de leur poste de travail et un responsable de service pourra disposer des droits d'administration requis pour créer des utilisateurs au sein d'une unité d'organisation.

La structure logique d'Active Directory inclut les composants suivants :

- Domaine : le domaine constitue l'unité centrale de la structure logique d'Active Directory. Un domaine est une collection d'entités de sécurité comme des comptes d'utilisateurs et d'ordinateurs, ainsi que d'autres objets comme des imprimantes et des dossiers partagés. Les objets du domaine sont définis par un administrateur et partagent une base de données de l'annuaire commune et un nom unique.
- Unité d'organisation : une unité d'organisation est un type d'objet conteneur que vous utilisez pour organiser les objets tels que des comptes utilisateurs, des groupes, des ordinateurs, des imprimantes et d'autres unités d'organisation.
- Arborescence : une arborescence est constituée des domaines d'une forêt qui partagent un espace de noms DNS contigu et possèdent une relation d'approbation transitive bidirectionnelle entre les domaines parents et enfants.

Dans Active Directory, le nom de domaine DNS est, par défaut, utilisé en tant que suffixe principal de l'arbre LDAP. Autrement dit si notre domaine Active Directory est de la forme ad.local alors l'arborescence LDAP de l'Active Directory sera dc=ad,dc=local. Tout comme pour DNS, il est possible de créer un ou plusieurs domaines et sous-domaines au sein de l'Active Directory. L'ensemble des domaines et sous-domaines regroupés au sein d'une même forêt partagent le même schéma LDAP.

2. Création des objets dans Active Directory

Dans Active Directory, pour qu'une entité puisse exploiter une ressource, elle doit éventuellement avoir un compte d'identification dans Active Directory. En effet les comptes utilisateurs par exemple ne sont que des objets qui permettent à chaque utilisateur de se connecter au réseau et d'accéder aux ressources.

Dans Active Directory, il y a des comptes utilisateur et aussi des comptes d'ordinateurs.

a. Création de comptes utilisateurs

Un compte utilisateur est un objet qui contient toutes les informations définissant un utilisateur dans Active Directory. Il peut s'agir d'un compte local ou de domaine. Un compte d'utilisateur inclut le nom d'utilisateur et le mot de passe, ainsi que les appartenances aux groupes.

Un compte d'utilisateur est utile pour :

- Permettre à une personne d'ouvrir une session sur un ordinateur en fonction de l'identité d'un compte d'utilisateur.
- Permettre aux processus et aux services de s'exécuter dans un contexte de sécurité spécifique.
- Gérer l'accès d'un utilisateur aux ressources telles que les objets Active Directory et leurs propriétés, les dossiers partagés, les fichiers, les répertoires et les files d'attente d'impression.

La commande **dsadd user** ajoute un utilisateur unique dans l'annuaire à partir de l'invite de commande ou d'un fichier de commandes :

```
> dsadd user "cn=aduser,cn=Users,dc=ad,dc=local -samid aduser -upn\
aduser@ad.local -fn test -ln user -display "utilisateur active directory"
```

b. Création de comptes d'ordinateurs

Dans Active Directory, chaque ordinateur exécutant Microsoft Windows 2000, Windows XP ou Windows 2003 Server et ultérieur qui intègre un domaine posséde un compte d'ordinateur. À l'image des comptes d'utilisateurs, les comptes d'ordinateurs permettent d'authentifier et d'auditer l'accès d'un ordinateur aux ressources du réseau et du domaine.

Les ordinateurs sont des entités de sécurité, exactement comme les utilisateurs. Cela signifie que les ordinateurs doivent posséder des comptes et des mots de passe. Pour être complément authentifié par active Directory, un utilisateur doit posséder un compte d'utilisateur valide. Il doit également ouvrir une session sur le domaine à partir d'un ordinateur comportant un compte d'ordinateur valide.

Lorsqu'un compte d'ordinateur est créé, l'ordinateur peut utiliser des processus d'authentification avancés tels que l'authentification Kerberos. Si un ordinateur intègre un domaine, le compte d'ordinateur est créé dans le conteneur Computer, et l'administrateur peut déplacer le compte vers l'unité d'organisation qui convient en fonction des besoins.

La commande **dsadd computer** ajoute un compte d'ordinateur dans l'annuaire LDAP d'Active Directory à partir de l'invite de commande ou d'un fichier de commandes :

```
> dsadd computer  "cn=station1,ou=computer,dc=ad,dc=local -loc Support
```

☞ *Pour ajouter des comptes d'ordinateurs, vous devez être membre du groupe Opérateurs de compte, Admins de domaine ou Administrateur de l'entreprise dans Active Directory, ou bien les autorisations appropriées doivent vous avoir été déléguées.*

3. Comptes UNIX dans Active Directory

Dans un environnement hétérogène comportant des systèmes UNIX et Windows et particulièrement un domaine Active Directory, faire joindre les machines Linux à l'annuaire LDAP de Microsoft est une opération un peu délicate.

Active Directory ne gère pas les attributs liés aux comptes UNIX. Pour remédier à cette limitation, une application est disponible, cette application appelé SFU (*Service For UNIX*) permet d'étendre le schéma d'Active Directory.

Les bibliothèques LDAP PAM et NSS de PADL permettent de configurer le client LDAP à se connecter à l'annuaire Active Directory de la même manière que pour une connexion à un annuaire OpenLDAP à quelques différences près.

Avec une installation par défaut, la bibliothèque PAM effectue les recherches dans l'annuaire en utilisant le filtre **(&(objectclass=posixAccount)(uid=%s)**, où %s est remplacé par l'identifiant de connexion saisi par l'utilisateur. Active Directory ne supporte ni la classe d'objets posixAccount, ni l'attribut uid. Pour contourner ce problème, on va définir un filtre de recherche différent.

Dans Active Directory, un compte utilisateur est représenté par la classe d'objet **user**, l'identifiant de connexion est stocké dans l'attribut **sAMAccountName**. Le filtre de recherche prend alors la forme suivante :

(&(objectclass=user)(sAMAccountName=%s))

La bibliothèque pam_ldap implémente des mécanismes de modification des mots de passe pour plusieurs serveurs d'annuaires dont Active Directory.

Le paramètre pam_password détermine le mécanisme à utiliser. La valeur ad permet aux utilisateurs de mettre à jour leur mot de passe Windows en utilisant une application supportant PAM telle que la commande passwd.

Active Directory n'autorise pas les connexions anonymes, pour cela il faut créer un compte utilisateur pour effectuer des recherches dans l'annuaire. Cependant le mot de passe circule en clair sur le réseau. Pour forcer les bibliothèques **pam_ldap** et **nss_ldap** à chiffrer les connexions, il faut activer ssl pour utiliser LDAPS.

La configuration du client LDAP via le fichier ldap.conf sera alors :

```
host                    win.ad.local
ldap_version            3
base                    cn=users,dc=ad,dc=local
scope                   one
pam_filter              (objectclass=user)
pam_login_attribute     sAMAccountName
pam_password            ad
```

```
binddn                  cn=admin,cn=users,dc=ad,dc=local
bindpw                  secret
ssl                     on
port                    636
nss_map_objectclass        posixAccount user
nss_map_objectclass        shadowAccount user
nss_map_attribute          uid sAMAccountName
nss_map_attribute          homeDirectory unixHomeDirectory
nss_map_attribute          shadowLastChange pwdLastSet
nss_map_objectclass        posixGroup group
nss_map_attribute          uniqueMember member
```

H. Intégration d'un serveur d'impression CUPS avec LDAP

1. Rappel sur le serveur d'impression CUPS

CUPS (*Common UNIX Printing System*) est un système d'impression pour les systèmes UNIX. Il fut développé par Easy Software Products pour faire la promotion d'une solution d'impression standard pour tous les fournisseurs et pour tous les utilisateurs de systèmes UNIX.

CUPS utilise le protocole d'impression IPP (*Internet Printing Protocol*) pour gérer les travaux et les files d'impression.

Le serveur CUPS se configure de deux manières, soit via les fichiers de configuration, soit via l'interface Web. L'interface Web est recommandée pour les configurations de base et la gestion des fils d'impression alors que l'édition des fichiers de configuration est dédiée à un usage avancé, tel que la sécurité.

Après l'installation du serveur CUPS, le fichier /etc/cups/client.conf permet de définir la configuration du client CUPS. Les directives de configuration du serveur se trouvent dans /etc/cups/cupsd.conf.

La syntaxe générale de cupsd.conf est semblable à celle du serveur Web Apache

Les principales options de configuration sont :

- AuthType : définit le type d'authentification à utiliser :
  - None : aucune authentification n'est utilisée (default).
  - Basic : l'authentification de base (Basic) est appliquée en utilisant le mot de passe et les fichiers de groupe de UNIX.
  - Digest : le mode d'authentification Digest est utilisé avec le fichier /etc/cups/passwd.md5.
  - BasicDigest : l'authentification de base est appliquée en utilisant /etc/cups/passwd.md5.

  La directive AuthType doit apparaître dans la section **Location** ou **Limit**.
- BrowseAddress : cette directive spécifie une adresse pour l'envoi des informations nécessaires à la déclaration des imprimantes.

  Les clients CUPS peuvent alors recevoir automatiquement la liste des imprimantes disponibles sur le serveur. Plusieurs directives BrowseAddress peuvent être spécifiées pour l'envoi des informations sur plusieurs réseaux et systèmes.
- BrowseAllow : spécifie un système ou un réseau en provenance desquels les informations de déclaration des imprimantes sont acceptées par le serveur CUPS. Par défaut toutes les informations reçues sont acceptées.

- Browsing : cette directive détermine si la réception des données à propos des imprimantes disponibles sur le réseau est activée.
- DefaultShared : spécifie si les imprimantes sont partagées. La valeur par défaut est à yes.
- Location : spécifie le contrôle d'accès et les options d'authentification pour les ressources HTTP spécifiées. Les directives Allow, AuthType, deny, Encryption, Limit, LimitExcept, order, Require et satisfy peuvent toutes apparaître dans cette directive.
- Allow : spécifie un nom d'hôte, une adresse IP ou un réseau qui peut accéder au serveur. Les directives Allow sont cumulatives, donc plusieurs Allow peuvent être utilisées pour permettre l'accès à plusieurs hôtes ou réseaux.

Voici un extrait du fichier de configuration **cupsd.conf** issu de la distribution OpenSuse :

```
# "$Id: cupsd.conf.in 9407 2010-12-09 21:24:51Z mike $"
#
# Sample configuration file for the CUPS scheduler. See "man cupsd.conf" for a
# complete description of this file.
#
# Log general information in error_log - change "warn" to "debug"
# for troubleshooting...
LogLevel warn
# Administrator user group...
SystemGroup sys root
# Only listen for connections from the local machine.
Listen localhost:631
Listen /var/run/cups/cups.sock
# Show shared printers on the local network.
Browsing On
BrowseOrder allow,deny
BrowseAllow all
BrowseLocalProtocols CUPS
# Default authentication type, when authentication is required...
DefaultAuthType Basic
# Web interface setting...
WebInterface Yes
# Restrict access to the server...
<Location />
 Order allow,deny
 Allow 127.0.0.2
</Location>
# Restrict access to the admin pages...
<Location /admin>
 Order allow,deny
</Location>
# Restrict access to configuration files...
<Location /admin/conf>
 AuthType Default
 Require user @SYSTEM
 Order allow,deny
</Location>
# Set the default printer/job policies...
<Policy default>
```

2. Déclaration des imprimantes dans un annuaire LDAP

Le service d'impression CUPS permet d'héberger les imprimantes dans un annuaire LDAP. Cependant il faut indiquer au serveur comment interroger l'annuaire LDAP. Des directives sont disponibles pour réaliser ceci dans le fichier de configuration /et/cups/cupsd.conf :

- BrowseLDAPBindDN : spécifie le nom d'utilisateur au sens LDAP à utiliser pour se connecter à l'annuaire.
- BrowseLDAPDN : spécifie le DN du conteneur LDAP où sont enregistrées les imprimantes partagées.
- BrowseLDAPPassword : spécifie le mot de passe pour accéder au serveur LDAP relatif au DN défini par la directive BrowseLDAPBindDN.
- BrowseLDAPServer : cette directive indique le nom du serveur LDAP sur lequel se connecter.

Exemple de déclaration d'un serveur LDAP dans cupsd.conf :

```
BrowseLocalProtocols        ldap
BrowseRemoteProtocols       ldap
BrowseLDAPServer            127.0.0.1:389
BrowseLDAPDN                ou=printers,dc=pme,dc=com
BrowseLDAPBindDN            uid=Manager,dc=pme,dc=com
BrowseLDAPPassword          secret
```

Pour stocker des imprimantes dans l'annuaire LDAP, il faut avoir à disposition les attributs permettant de définir les propriétés de ces imprimantes dans l'annuaire ainsi que les classes d'objets correspondantes. Le schéma **ldap-printer.schema** est alors nécessaire pour ajouter des imprimantes dans LDAP.

Il faut bien évidemment charger ce schéma par OpenLDAP par la directive include dans slapd.conf et créer ensuite l'unité d'organisation conteneur des imprimantes.

Parmi les attributs de la classe d'objet cupsPrinter définie dans le schéma ldap-printer.schema, on note :

- PrinterDescription : description d'une imprimante.
- PrinterLocation : localisation d'imprimante sur le réseau.
- PrinterURI : indique l'adresse en URI de l'imprimante.
- PrinterType : Indique le type de l'imprimante.

I. Intégration d'un serveur DHCP avec LDAP

1. Rappel sur DHCP

Le protocole DHCP (*Dynamic Host Configuration Protocol*) permet à une machine du réseau, lors de son démarrage, d'obtenir dynamiquement des informations de configuration telles qu'une adresse IP, l'adresse d'une passerelle ou le nom de domaine DNS.

Le principe du fonctionnement du protocole repose sur des requêtes client-serveur entre un client DHCP (station du réseau) et un serveur DHCP.

Le client effectue une requête sur le réseau en envoyant un broadcast sur l'IP 255.255.255.255 à tous les hôtes du réseau local. Les paquets émis par le client sont de type **DHCPDISCOVER**.

Lorsqu'un serveur DHCP existe sur le réseau, il détecte la trame et propose une adresse IP ainsi que d'autres paramètres réseau. Cette requête est aussi de type broadcast puisque le client n'a pas encore d'adresse IP. Le nom de cette requête envoyée par le serveur DHCP s'appelle **DHCPOFFER**.

À cette étape du dialogue, le client accepte l'offre émise par le serveur DHCP et envoie une requête de type unicast, puisque le client détient désormais une adresse IP et connaît celle du serveur.

Ces paquets émis par le client portent le nom **DHCPREQUEST**.

À la fin de la communication, une requête de type **DHCPACK** est envoyée par le serveur DHCP accusant la réception de l'acceptation du client pour lui attribuer un bail DHCP.

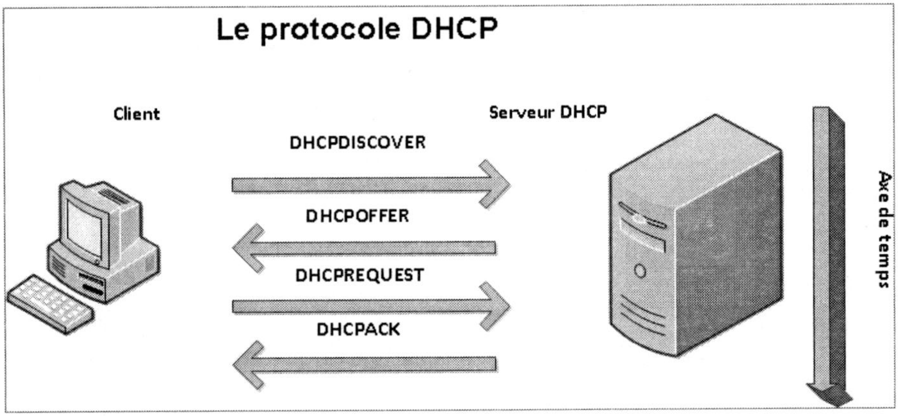

2. Paramètres de configuration du serveur DHCP

L'implémentation libre du protocole DHCP est le serveur DHCP de l'ISC (*Internet System Consortium*). ISC DHCP est un logiciel libre disponible sous la forme de codes sources sur http://www.isc.org/downloads/ ou en binaire dans la plupart des distributions GNU/Linux.

La version à la date de l'écriture de cet ouvrage est DHCP 4.2.4-P2 sortie en septembre 2012.

La configuration d'un serveur DHCP réside dans le fichier de configuration /etc/dhcpd/dhcpd.conf. Il contient deux types d'informations :

- Les paramètres règlent l'exécution d'une tâche, la façon dont une tâche est exécutée, ou précisent les options de configuration réseau à envoyer aux clients.
- Les déclarations décrivent la topologie du réseau, les clients, fournissent des adresses pour les clients ou encore appliquent un groupe de paramètres à un groupe de déclarations.

La plupart des paramètres commencent par le mot clé "option".

Voici quelques paramètres de configuration :

- option routers : spécifie l'adresse IP d'une passerelle réseau.
- option subnet-mask : indique le masque de sous-réseau.
- option domain-name : spécifie le nom de domaine DNS qui sera attribué aux hôtes du réseau.
- option domain-name-servers : spécifie l'adresse IP du serveur DNS qui sera attribuée aux hôtes du réseau.

- range : spécifie une plage d'adresses IP disponible pour les stations du réseau.
- option host-name : spécifie le nom d'hôte pleinement qualifié d'une station du réseau. À indiquer dans une section de type host dans le fichier de configuration du serveur DHCP, pour adresser statiquement une machine à partir de son adresse MAC.
- Hardware ethernet : spécifie l'adresse MAC d'une station du réseau pour lui affecter une adresse IP statique.
- fixed-address : attribue une adresse IP à une adresse MAC.

Voici un extrait du fichier de configuration dhcpd.conf :

```
# Exemple de configuration /etc/dhcpd.conf

# On donne le nom du domaine
 option domain-name "pme.com";

#On définit le masque réseau
 option subnet-mask 255.255.255.0;

# Paramètres liés au serveur de noms
# il faut aussi mettre le/les DNS donnés par votre provider.
 option domain-name-servers 192.168.4.100 , 192.168.4.101;
 ddns-update-style ad-hoc;
# Les clients auront cette adresse comme passerelle par défaut
 option routers 192.168.4.254;

#Le bail a une durée de 86400 s par défaut, soit 24 h
# On peut configurer les clients pour qu'ils puissent demander une durée de bail spécifique
 default-lease-time 86400;

#On fixe la durée du bail à un maximum de 7 jours
 max-lease-time 604800;

# Définition du réseau : 192.168.4.0 et de son masque
 subnet 192.168.4.1 netmask 255.255.255.0 {

#La plage d'adresses disponible pour les clients
 range 192.168.4.1 192.168.4.99;

# Et l'adresse utilisée pour la diffusion
 option broadcast-address 192.168.4.255;

}

# Définition de notre machine PC-1
 host ubuntu {
  hardware ethernet 00:00:4C:71:46:68;
  fixed-address 192.168.4.99;
}
```

3. Configuration DHCP dans un annuaire LDAP

Lors de l'installation du serveur DHCP sous la distribution GNU/LINUX Ubuntu, le paquet contient en natif tout le nécessaire pour le support de LDAP.

Il suffit d'ajouter le schéma correspondant dans le fichier de configuration slapd.conf du serveur OpenLDAP. Ce schéma est **dhcp.schema**. En voici un extrait :

```
attributetype ( 2.16.840.1.113719.1.203.4.1
         NAME 'dhcpPrimaryDN'
         EQUALITY distinguishedNameMatch
        DESC 'The DN of the dhcpServer which is the primary server for the configuration.'
         SYNTAX 1.3.6.1.4.1.1466.115.121.1.12 SINGLE-VALUE )

attributetype ( 2.16.840.1.113719.1.203.4.2
         NAME 'dhcpSecondaryDN'
         EQUALITY distinguishedNameMatch
        DESC 'The DN of dhcpServer(s) which provide backup service for the configuration.'
         SYNTAX 1.3.6.1.4.1.1466.115.121.1.12 )

attributetype ( 2.16.840.1.113719.1.203.4.3
         NAME 'dhcpStatements'
         EQUALITY caseIgnoreIA5Match
        DESC 'Flexible storage for specific data depending on what object this exists in.
Like conditional statements, server parameters, etc. This allows the standard to evolve
without needing to adjust the schema.'
         SYNTAX 1.3.6.1.4.1.1466.115.121.1.26 )

attributetype ( 2.16.840.1.113719.1.203.4.4
         NAME 'dhcpRange'
         EQUALITY caseIgnoreIA5Match
        DESC 'The starting & ending IP Addresses in the range (inclusive), separated by a
hyphen; if the range only contains one address, then just the address can be specified
with no hyphen. Each range is defined as a separate value.'
         SYNTAX 1.3.6.1.4.1.1466.115.121.1.26 )

attributetype ( 2.16.840.1.113719.1.203.4.5
         NAME 'dhcpPermitList'
         EQUALITY caseIgnoreIA5Match
        DESC 'This attribute contains the permit lists associated with a pool. Each permit
list is defined as a separate value.'
         SYNTAX 1.3.6.1.4.1.1466.115.121.1.26 )

attributetype ( 2.16.840.1.113719.1.203.4.6
         NAME 'dhcpNetMask'
         EQUALITY integerMatch
         DESC 'The subnet mask length for the subnet. The mask can be easily computed
from this length.'
         SYNTAX 1.3.6.1.4.1.1466.115.121.1.27 SINGLE-VALUE )

--------------

attributetype ( 2.16.840.1.113719.1.203.4.15 NAME 'dhcpLeasesDN'
         DESC 'The distinguished name(s) client addresses.'
```

```
        EQUALITY distinguishedNameMatch
        SYNTAX 1.3.6.1.4.1.1466.115.121.1.12 )

attributetype ( 2.16.840.1.113719.1.203.4.16
        NAME 'dhcpClassesDN'
        EQUALITY distinguishedNameMatch
        DESC 'The distinguished name(s) of a class(es) in a subclass.'
        SYNTAX 1.3.6.1.4.1.1466.115.121.1.12 )

attributetype ( 2.16.840.1.113719.1.203.4.31
        NAME 'dhcpReservedForClient'
        EQUALITY distinguishedNameMatch
        DESC 'The distinguished name of a "dhcpClient" that an address is reserved for.
This may not be the same as the "dhcpAssignedToClient" attribute if the address is being
reassigned but the current lease has not yet expired.'
        SYNTAX 1.3.6.1.4.1.1466.115.121.1.12 SINGLE-VALUE )

objectclass ( 2.16.840.1.113719.1.203.6.4
        NAME 'dhcpPool'
        DESC 'This stores configuration information about a pool.'
        SUP top
        MUST ( cn $ dhcpRange )
        MAY (dhcpClassesDN $ dhcpPermitList $ dhcpLeasesDN $ dhcpOptionsDN $
               dhcpStatements)
        X-NDS_CONTAINMENT ('dhcpSubnet' 'dhcpSharedNetwork') )

objectclass ( 2.16.840.1.113719.1.203.6.5
        NAME 'dhcpGroup'
        DESC 'Group object that lists host DNs and parameters. This is a container
object.'
        SUP top
        MUST cn
        MAY ( dhcpHostDN $ dhcpOptionsDN $ dhcpStatements )
        X-NDS_CONTAINMENT ('dhcpSubnet' 'dhcpService' ) )

objectclass ( 2.16.840.1.113719.1.203.6.6
        NAME 'dhcpHost'
        DESC 'This represents information about a particular client'
        SUP top
        MUST cn
        MAY (dhcpLeaseDN $ dhcpHWAddress $ dhcpOptionsDN $ dhcpStatements)
        X-NDS_CONTAINMENT ('dhcpService' 'dhcpSubnet' 'dhcpGroup') )

objectclass ( 2.16.840.1.113719.1.203.6.7
        NAME 'dhcpClass'
        DESC 'Represents information about a collection of related clients.'
        SUP top
        MUST cn
        MAY (dhcpSubClassesDN $ dhcpOptionsDN $ dhcpStatements)
        X-NDS_CONTAINMENT ('dhcpService' 'dhcpSubnet' ) )

objectclass ( 2.16.840.1.113719.1.203.6.8
        NAME 'dhcpSubClass'
```

```
        DESC 'Represents information about a collection of related classes.'
        SUP top
        MUST cn
        MAY (dhcpClassData $ dhcpOptionsDN $ dhcpStatements)
        X-NDS_CONTAINMENT 'dhcpClass' )

objectclass ( 2.16.840.1.113719.1.203.6.9
        NAME 'dhcpOptions'
        DESC 'Represents information about a collection of options defined.'
        SUP top AUXILIARY
        MUST cn
        MAY ( dhcpOption )
        X-NDS_CONTAINMENT ('dhcpService' 'dhcpSharedNetwork' 'dhcpSubnet'
                   'dhcpPool' 'dhcpGroup' 'dhcpHost' 'dhcpClass' ) )

objectclass ( 2.16.840.1.113719.1.203.6.10
        NAME 'dhcpLeases'
        DESC 'This class represents an IP Address, which may or may not have been
leased.'
        SUP top
        MUST ( cn $ dhcpAddressState )
        MAY ( dhcpExpirationTime $ dhcpStartTimeOfState $
              dhcpLastTransactionTime $ dhcpBootpFlag $ dhcpDomainName $
              dhcpDnsStatus $ dhcpRequestedHostName $ dhcpAssignedHostName
              dhcpReservedForClient $ dhcpAssignedToClient $
              dhcpRelayAgentInfo $ dhcpHWAddress )
        X-NDS_CONTAINMENT ( 'dhcpService' 'dhcpSubnet' 'dhcpPool') )
```

Il faut charger ce schéma par slapd via la directive include.

Plusieurs classes d'objets seront utilisées pour stocker l'ensemble de la configuration du serveur DHCP dans l'annuaire. Parmi ces classes on note :

- dhcpServer
- dhcpLog
- dhcpleases
- dhcpoptions
- dhcphost
- dhcpsubnet
- dhcpPool

Ensuite ajoutez les directives permettant au démon dhcpd de lire sa configuration depuis l'annuaire LDAP :

- ldap-server : définit l'adresse IP du serveur LDAP.
- ldap-port : spécifie le port d'écoute d'OpenLDAP.
- ldap-username : définit le DN pour s'authentifier à l'annuaire.
- ldap-base-dn : définit la base de recherche dans l'annuaire.

J. Validation des acquis : questions/réponses

Questions

1 Donnez le chemin complet du fichier de configuration de PAM relatif au démon sshd.

2 Quelle est la commande permettant de visualiser les modules compilés avec le serveur FTP ProFTPD ?

3 Quels sont les deux modes d'authentification dans le serveur Web Apache ?

4 Quel est le nom du module Apache assurant un mécanisme d'authentification et la gestion des autorisations par annuaire LDAP ?

5 Quelle directive permet d'implémenter une authentification par annuaire LDAP dans Apache ?

6 Pour une installation sous la distribution GNU/Linux Ubuntu, quel paquet assure une intégration de LDAP dans Postfix ?

7 Quelle commande permet de vérifier si Postfix est compilé avec la prise en charge de LDAP ?

8 Quel est le nom du démon du serveur FreeRADIUS ?

9 Quel est le nom du module assurant une authentification des utilisateurs par LDAP dans FreeRADIUS ?

10 Quelle directive dans le module rlm_ldap active l'utilisation de l'opération étendue StartTLS ?

11 Quels sont les attributs obligatoires dans la classe d'objets sambaSAMAccount ?

12 Quel est le nom du schéma permettant d'utiliser le backend LDAP dans Samba ?

13 Quelle directive dans le fichier de configuration de smb.conf du serveur Samba assure l'emploi de ssl lorsqu'il s'agit d'une authentification par annuaire LDAP ?

14 Quel est le filtre de recherche utilisé pour rechercher des clients UNIX dans Active Directory ?

15 Quelle est la valeur de la directive pam_password permettant aux utilisateurs de modifier leur mot de passe dans Active Directory ?

Résultats

Référez-vous aux pages suivantes pour contrôler vos réponses. Pour chacune de vos bonnes réponses, comptez un point.

Nombre de points /15

Pour ce chapitre, votre score minimum doit être de 12 sur 15.

Réponses

1 Donnez le chemin complet du fichier de configuration de PAM relatif au démon sshd.

/etc/pam.d/sshd

2 Quelle est la commande permettant de visualiser les modules compilés avec le serveur FTP ProFTPD ?

ProFTPD -l

3 Quels sont les deux modes d'authentification dans le serveur Web Apache ?

Basic et Digest

4 Quel est le nom du module Apache assurant un mécanisme d'authentification ainsi qu'une gestion des autorisations par annuaire LDAP ?

authnz_ldap

5 Quelle directive permet d'implémenter une authentification par annuaire LDAP dans Apache ?

AuthBasicProvider

6 Pour une installation sous la distribution GNU/Linux Ubuntu, quel paquet assure une intégration de LDAP dans Postfix ?

postfix-ldap

7 Quelle commande permet de vérifier si Postfix est compilé avec la prise en charge de LDAP ?

postconf -m

8 Quel est le nom du démon du serveur FreeRADIUS ?

radiusd

9 Quel est le nom du module assurant une authentification des utilisateurs par LDAP dans FreeRADIUS ?

rlm_ldap

10 Quelle directive dans le module rlm_ldap active l'utilisation de l'opération étendue StartTLS ?

start_tls

11 Quels sont les attributs obligatoires dans la classe d'objets sambaSAMAccount ?

uid et sambaSid

12 Quel est le nom du schéma permettant d'utiliser le backend LDAP dans Samba ?

Samba3.schema

13 Quelle directive dans le fichier de configuration de smb.conf du serveur Samba assure l'emploi de ssl lorsqu'il s'agit d'une authentification par annuaire LDAP ?

ldap ssl

14 Quel est le filtre de recherche utilisé pour rechercher des clients UNIX dans Active Directory ?

(&(objectclass=user)(sAMAccountName=%s))

15 Quelle est la valeur de la directive pam_password permettant aux utilisateurs de modifier leur mot de passe dans Active Directory ?

ad

K. Travaux pratiques

1. Authentification via LDAP dans Apache

Manipulations

1. Créez l'unité d'organisation ou=apache dans l'arborescence dc=pme,dc=com.
2. Créez deux utilisateurs bob et alice ayant respectivement les RDN **cn=bob** et **cn=alice** avec le mot de passe "test".
3. Créez un répertoire protégé nommé **private** dans le répertoire personnel du serveur Web Apache.
4. Créez une page Web de test au format HTML. Le fichier est nommé admin.html.
5. Créez un hôte virtuel pointant vers le répertoire private créé précédemment.
6. Vérifiez que le module LDAP pour l'authentification dans Apache est activé, sinon réactivez-le et rechargez la configuration d'Apache.
7. Ajoutez les directives adéquates pour l'authentification de bob et alice pour accéder au répertoire protégé via l'annuaire LDAP.
8. Vérifiez que les deux utilisateurs s'authentifient correctement et accèdent à la page demandée.

Résumé des commandes et résultat à l'ecran

1. Création de l'unité d'organisation ou=apache dans l'arborescence dc=pme,dc=com.

```
                    #### Fichier apache_users.ldif ####
dn : ou=apache,dc=pme,dc=com
objectclass : top
objectclass : organizationalUnit
ou : apache
description : groupes des utilisateurs de l'application Web
```

```
# ldapadd -x -D "cn=manager,dc=pme,dc=com" -W -f apache_users.ldif
```

2. Création des deux utilisateurs bob et alice ayant respectivement les RDN **cn=bob** et **cn=alice** avec le mot de passe "test".

```
                    #### Fichier bob-alice.ldif ####
cn=bob,ou=apache,dc=pme,dc=com
objectclass : top
objectclass : person
cn : bob
```

```
sn : bob
userpassword : test
description : utilisateur de l'application Web

cn=alice,ou=apache,dc=pme,dc=com
objectclass : top
objectclass : person
cn : alice
sn : alice
userpassword : test
description : utilisateur de l'application Web
```

```
# ldapadd -x -D "cn=manager,dc=pme,dc=com" -W -f bob-alice.ldif
```

3. Création d'un répertoire protégé nommé **private** dans le répertoire personnel du serveur Web Apache.

```
# mkdir /var/www/private
# chown apache2:apache2 /var/www/private
```

4. Création d'une page Web de test au format HTML nommée **admin.html**.

Voici le code html de la page Web admin.html :

```
<html>
<head>

<body lang=FR style='tab-interval:35.4pt'>

<div class=Section1>

<p class=MsoNormal align=center style='text-align:center'><b style='mso-bidi-font-weight:
normal'><span style='font-size:20.0pt;line-height:115%'>
Ceci est la page Web admin.html<o:p></o:p></span></b></p>

</div>

</body>
</head>
</html>
```

5. Création d'un hôte virtuel pointant vers le répertoire private créé précédemment.

```
<VirtualHost *:80>
      DocumentRoot /var/www/private/
      ServerName ubuntu.pme.com
<Directory /var/www/private>
      Options Indexes FollowSymLinks MultiViews
      DirectoryIndex index.html,admin.html
      Order allow,deny
      Allow from all
</Directory>
```

6. Vérification que le module LDAP pour l'authentification dans Apache est activé.

Les fichiers modules du serveur Web Apache sont dans le chemin /etc/apache2/mod_enabled/. Le module correspondant à l'authentification LDAP est **authnz-ldap**.

Si le module est absent de la liste, il faut l'activer à l'aide de la commande suivante :

```
# sudo a2enmod authnz-ldap
```

7. Ajout des directives adéquates pour l'authentification de bob et alice pour accéder au répertoire protégé via l'annuaire LDAP.

Les directives associées à l'authentification via LDAP doivent être placées entre les balises <Directory> et </Directory>.

```
AuthType        basic
AuthName        "Zone d'administration"
AuthBasicProvider       ldap
AuthLDAPBindDN          "cn=manager,dc=pme,dc=com"
AuthLDAPBindPassword    "secret"
AuthLDAPUrl     "ldap://127.0.0.1:389/ou=apache,dc-pme,dc=com?cn"
Require ldap-user       bob
Require ldap-user alice
```

8. Vérification que les deux utilisateurs s'authentifient correctement et accèdent à la page demandée.

Assurez-vous que DNS fonctionne, sinon ajoutez une ligne dans /etc/hosts pour la résolution du nom d'hôte ubuntu.pme.com.

➢ Lancez votre navigateur à l'adresse http://ubuntu.pme.com/private/admin.html.

➢ Si tout se passe bien, vous aurez une boîte de dialogue pour vous authentifier.

➢ Entrez le nom d'utilisateur bob ou alice avec le mot de passe test.

Vous pouvez désormais accéder à la page admin.html.

2. Authentification LDAP des utilisateurs FTP

Manipulations

1. Installez le serveur ProFTPd (sous Ubuntu).

2. Installez le paquet **proftpd-ldap**.

3. Créez l'unité d'organisation ou=ftp dans l'arborescence dc=pme,dc=com accueillant les utilisateurs du serveur FTP.

4. Ajoutez les entrées PosixAccount des utilisateurs **titi** et **toto**.

5. Paramétrez le fichier /etc/proftpd/proftpd_ldap.conf pour une authentification à l'annuaire LDAP **ubuntu.pme.com**.

Résumé des commandes et résultat à l'écran

1. Installation du serveur ProFTPd (sous Ubuntu).

```
# aptitude install proftpd
```

2. Installation du paquet **proftpd-ldap**.

```
# aptitude install proftpd-ldap
```

3. Création de l'unité d'organisation **ou=ftp** dans l'arborescence dc=pme,dc=com accueillant les utilisateurs du serveur FTP.

```
                    #### Fichier ftp_unit.ldif ####
dn : ou=ftp,dc=pme,dc=com
objectclass : top
objectclass : organizationalUnit
ou : ftp
description : Conteneur des comptes FTP
```

```
# ldapadd -x -D "cn=manager,dc=pme,dc=com" -W -f ftp_unit.ldif
```

4. Ajout des entrées PosixAccount des utilisateurs **titi** et **toto**.

```
                    #### Fichier titi-toto.ldif ####
dn: uid=titi,ou=ftp,dc=pme,dc=com
uid: titi
cn: titi
objectClass: account
objectClass: posixAccount
objectClass: top
userPassword: {crypt}x
loginShell: /bin/bash
uidNumber: 1020
gidNumber: 1030
homeDirectory: /home/titi
gecos: Utilisateur du serveur FTP

dn: uid=toto,ou=ftp,dc=pme,dc=com
uid: toto
cn: toto
objectClass: account
objectClass: posixAccount
objectClass: top
userPassword: {crypt}x
loginShell: /bin/bash
uidNumber: 1021
gidNumber: 1031
homeDirectory: /home/toto
gecos: Utilisateur du serveur FTP
```

```
# ldapadd -x -D "cn=manager,dc=pme,dc=com" -W -f titi-toto.ldif
```

5. Paramétrage du fichier /etc/proftpd/proftpd_ldap.conf pour une authentification à l'annuaire LDAP **ubuntu.pme.com** en écoute sur le port 389.

```
LDAPServer "ubuntu.pme.com:389"
LDAPUseTLS off
LDAPDoAuth on ou=ftp,dc=pme,dc=com
LDAPDoUIDLookups on ou=ftp,dc=pme,dc=com
LDAPDoGIDLookups on ou=ftp,dc=pme,dc=com
LDAPAuthBinds on
PersistentPasswd off
AuthPAM off
```

3. Intégration du serveur d'impression CUPS avec LDAP

Dans ces travaux pratiques, nous allons configurer le serveur d'impression CUPS afin qu'il utilise un annuaire LDAP. Les imprimantes seront placées dans l'unité d'organisation **ou=printers** directement sous la branche principale **dc=pme,dc=com**.

Manipulations

1. Créez l'unité d'organisation ou=printers.
2. Configurez slapd.conf pour la prise en charge du nouveau schéma.
3. Créez l'utilisateur administrateur des imprimantes (uid=cupsd).
4. Ajoutez une ACL autorisant l'utilisateur dont le dn est **uid=cupsd,ou=users,dc=pme,dc=com** à modifier les entrées de l'unité d'organisation ou=printers.
5. Configurez le serveur CUPS pour l'utilisation de l'annuaire LDAP.
6. Restreignez l'accès au serveur CUPS.

Résumé des commandes et résultats à l'écran

1. Création de l'unité d'organisation ou=printers :

```
                ##### Fichiers printers.ldif #####
dn : ou=printers,dc=pme,dc=com
objectclass : top
objectclass : organizationalUnit
ou : printers
description : conteneur des imprimantes réseau
```

```
# ldapadd -x -D "cn=manager,dc=pme,dc=com" -W -f printers.ldif
adding new entry "ou=printers,dc=pme,dc=com"
```

2. Configuration de slapd.conf pour la prise en charge du nouveau schéma.

Configuration de slapd.conf pour la prise en charge du nouveau schéma.

Pour que le serveur OpenLDAP prenne en charge les attributs relatifs à la description des imprimantes dans LDAP, le schéma **ldap-printer.schema** est nécessaire.

Ci-dessous la description de ce schéma :

```
# Definitions for a schema to store CUPS printer information in LDAP
# OID Base is iso(1) org(3) dod(6) internet(1) private(4) enterprise(1)
me(5323) cupsSchema(22)

# Syntaxes are under 1.3.6.1.4.1.5323.22.0
# Attributes are under 1.3.6.1.4.1.5323.22.1
# Object Classes are under 1.3.6.1.4.1.5323.22.2

attributetype ( 1.3.6.1.4.1.5323.22.1.1
       NAME 'printerDescription'
       DESC 'Description of Printer'
       EQUALITY caseExactMatch
       SINGLE-VALUE
       SYNTAX 1.3.6.1.4.1.1466.115.121.1.15 )

attributetype ( 1.3.6.1.4.1.5323.22.1.2
       NAME 'printerURI'
       DESC 'CUPS style URI for printer'
       EQUALITY caseExactIA5Match
       SINGLE-VALUE
       SYNTAX 1.3.6.1.4.1.1466.115.121.1.26 )

attributetype ( 1.3.6.1.4.1.5323.22.1.3
       NAME 'printerLocation'
       DESC 'Identifier string for Printer Location'
       EQUALITY caseExactMatch
       SINGLE-VALUE
       SYNTAX 1.3.6.1.4.1.1466.115.121.1.15 )

attributetype ( 1.3.6.1.4.1.5323.22.1.4
       NAME 'printerMakeAndModel'
       DESC 'String CUPS uses to figure out driver'
       EQUALITY caseExactMatch
       SINGLE-VALUE
       SYNTAX 1.3.6.1.4.1.1466.115.121.1.15 )

attributetype ( 1.3.6.1.4.1.5323.22.1.5
       NAME 'printerType'
       DESC 'Integer CUPS uses to figure out type'
       EQUALITY integerMatch
       SINGLE-VALUE
       SYNTAX 1.3.6.1.4.1.1466.115.121.1.27 )

objectclass ( 1.3.6.1.4.1.5323.22.2.1
    NAME 'cupsPrinter'
```

```
  SUP top
       AUXILIARY
       MUST ( printerDescription $ printerURI $ printerLocation $
printerMakeAndModel $ printerType ) )
```

Il faut inclure ce schéma dans slapd.conf.

```
                         #### Fichier slapd.conf ####
include     /usr/local/openldap/schema/ldap-printer.schema
```

Nous indexons ensuite l'attribut **printerURI.** :

```
index       printerURI    eq
```

3. Création de l'utilisateur administrateur des imprimantes (uid=cupsd) :

```
                           #### Fichier cupsd.ldif ####
dn: uid=cupsd,ou=users,dc=pme,dc=com
objectClass: person
objectClass: organizationalPerson
objectClass: inetOrgPerson
objectClass: posixAccount
objectClass: top
objectClass: shadowAccount
uid: cupsd
cn: cupsd
sn: cupsd
homeDirectory: /sbin/nologin
loginShell: /bin/false
uidNumber: 1006
gidNumber: 100
```

```
# ldapadd -x -D "cn=manager,dc=pme,dc=com" -W -f cupsd.ldif
adding new entry "uid=cupsd,ou=users,dc=pme,dc=com"
```

4. Ajout d'une ACL autorisant l'utilisateur dont le dn est **uid=cupsd,ou=users,dc=pme,dc=com** à modifier les entrées de l'unité d'organisation ou=printers :

```
access to dn.subtree="ou=printers,dc=pme,dc=com"
  by dn.exact="uid=cupsd,ou=users,dc=pme,dc=com" write
  by dn.exact="cn=manager,dc=pme,dc=com" write
  by * read
```

5. Configuration du serveur CUPS pour l'utilisation de l'annuaire LDAP.

Ajoutez les lignes suivantes dans le fichier /etc/cups/cupsd.conf :

```
Listen 127.0.0.1:631
BrowseProtocols cups ldap
BrowseLocalProtocols cups ldap
BrowseRemoteProtocols cups ldap
BrowseLDAPBindDN uid=cupsd,ou=users,dc=pme,dc=com
```

```
BrowseLDAPPassword secret
BrowseLDAPServer ldap://ubuntu.pme.comp:389/
BrowseLDAPDN dc=pme,dc=com
```

6. Restriction de l'accès au serveur CUPS :

```
<Location />
  Order allow,deny
 Allow all
 Allow localhost
</Location>
```

4. Configuration d'un serveur DHCP dans un annuaire LDAP

Dans cet exercice, nous effectuerons une migration de la configuration d'un serveur DHCP vers un annuaire LDAP.

Manipulations

1. Créez la branche de l'annuaire ou=dhcp contenant la configuration du démon dhcpd.
2. Ajoutez l'utilisateur administrateur du serveur DHCP.
3. Configurez le serveur DHCP.
4. Migrez le fichier de configuration dhcpd.conf vers dhcpd.ldif.
5. Mettez à jour le fichier slapd.conf.
6. Démarrez le serveur slapd.
7. Démarrez le serveur dhcpd.

Résumé des commandes et résultats à l'écran

1. Création de la branche de l'annuaire ou=dhcp contenant la configuration du démon dhcpd :

```
                    #### Fichier dhcporg.ldif #####
dn : ou=dhcp,dc=pme,dc=com
objectclass : top
objectclass : organizationalUnit
ou : dhcp
description : conteneur de la configuration du serveur DHCP
```

```
# ldapadd -x -D "cn=manager,dc=pme,dc=com" -W -f dhcporg.ldif
adding new entry "ou=dhcp,dc=pme,dc=com"
```

2. Ajout de l'utilisateur administrateur du serveur DHCP :

```
                    #### Fichier dhcpadmin.ldif ####
dn: uid=dhcpadmin,ou=users,dc=pme,dc=com
objectClass: person
objectClass: organizationalPerson
objectClass: inetOrgPerson
```

```
objectClass: posixAccount
objectClass: top
objectClass: shadowAccount
uid: dhcpadmin
cn: dhcpadmin
sn: dhcpadmin
homeDirectory: /sbin/nologin
loginShell: /bin/false
uidNumber: 1007
gidNumber: 101
```

```
# ldapadd -x -D "cn=manager,dc=pme,dc=com" -W -f dhcpadmin.ldif
adding new entry "uid=dhcpadmin,ou=users,dc=pme,dc=com"
```

3. Configuration du serveur DHCP.

Nous avons déjà à notre disposition la configuration du serveur DHCP dans **/etc/dhcpd.conf** :

```
                    ###### Fichier dhcpd.conf ######

option domain-name "pme.com";

option subnet-mask 255.255.255.0;

option domain-name-servers 192.168.2.100 , 192.168.2.101;

ddns-update-style ad-hoc;

option routers 192.168.2.254;

default-lease-time 86400;

max-lease-time 604800;

subnet 192.168.2.0 netmask 255.255.255.0 {

range 192.168.2.20 192.168.2.200;

option broadcast-address 192.168.2.255;

}

host  ubuntu {
hardware ethernet 00:00:4C:71:46:68;
fixed-address 192.168.2.99;
}
```

4. Migration du fichier de configuration dhcpd.conf vers dhcpd.ldif.

Le fichier LDIF correspondant à notre configuration est le suivant :

```
                    ##### Fichier dhcpd.ldif #####
dn: cn=server-dhcp, ou=dhcp,dc=pme,dc=com
objectClass: top
objectClass: dhcpServer
cn: server
dhcpServiceDN: cn=DHCP Config, ou=dhcp,dc=pme,dc=com

dn: cn=DHCP Config, ou=dhcp,dc=pme,dc=com
cn: DHCP Config
objectClass: top
objectClass: dhcpService
objectClass: dhcpOptions
dhcpPrimaryDN: cn=server, ou=dhcp,dc=pme,dc=com
dhcpStatements: ddns-update-style ad-hoc
dhcpStatements: default-lease-time 86400
dhcpStatements: max-lease-time 604800
dhcpOption: domain-name "pme.com"
dhcpOption: subnet-mask 255.255.255.0
dhcpOption: domain-name-servers 192.168.2.100 , 192.168.2.101
dhcpOption: routers 192.168.2.254

dn: cn=192.168.2.0, cn=DHCP Config, ou=dhcp,dc=pme,dc=com
cn: 192.168.2.0
objectClass: top
objectClass: dhcpSubnet
objectClass: dhcpOptions
dhcpNetMask: 24
dhcpRange: 192.168.2.20 192.168.2.200
dhcpOption: broadcast-address 192.168.2.255

dn: cn=ubuntu, cn=DHCP Config, ou=dhcp,dc=pme,dc=com
cn: ubuntu
objectClass: top
objectClass: dhcpHost
dhcpHWAddress: ethernet 00:00:4C:71:46:68
dhcpStatements: fixed-address 192.168.2.99
```

5. Mise à jour du fichier slapd.conf.

Incluez le schéma dhcp.schema à l'annuaire LDAP et indexez les attributs **dhcpHWAddress** et **dhcp-ClassData**.

```
                        #### Fichier slapd.conf ####
#### Section globale
include         /usr/local/openldap/schema/dhcp.schema

### Section de la base de données
index                dhcpHWAddress        eq
index                dhcpClassData        eq
```

6. Démarrage du serveur slapd :

```
# /etc/init.d/slapd restart
```

7. Supprimez le contenu du fichier de configuration dhcpd.conf et ajoutez les lignes suivantes :

```
ldap-server    ununtu.pme.com;
ldap-port              389;
ldap-unsername         "uid=dhcpadmin,ou=users,dc=pme,dc=com"
ldap-password          "secret"
```

Démarrage du serveur DHCP :

```
# /etc/init.d/dhcpd restart
```

Chapitre 9

Pré-requis

☒Avoir passé la certification LPIC-2.

☒Avoir suivi les précédents chapitres.

Objectifs

À la fin de ce chapitre, vous serez en mesure de :

☒Optimiser la base de données Berkeley DB.

☒Optimiser le fonctionnement du serveur OpenLDAP.

☒Configurer OpenLDAP dans cn=config.

☒Mettre en place des overlays pour OpenLDAP.

☒Sauvegarder l'annuaire.

☒Superviser les ressources système.

☒Planifier la gestion des ressources système.

A. Optimisation de l'annuaire

Veiller au bon fonctionnement d'un annuaire OpenLDAP en production est une chose évidente mais insuffisante. En effet il faut mettre en place des solutions assurant une optimisation du serveur LDAP, cette optimisation est primordiale dans le sens où l'arrêt accidentel du service LDAP peut engendrer l'arrêt immédiat des ressources exploitant l'annuaire.

Cette optimisation est nécessaire pour plusieurs raisons :

- Lenteur au niveau de l'accès à l'annuaire.
- L'annuaire est fortement sollicité.
- Protection contre le déni de service.
- L'intégrité et la cohérence des données stockées dans l'annuaire.
- Assurer la haute disponibilité du serveur OpenLDAP.

Des étapes de configuration seront nécessaires, allant de la plus simple à la plus complexe, pour maintenir un serveur OpenLDAP performant et hautement disponible.

1. Optimisation du système

Lorsqu'on installe un serveur OpenLDAP, la machine accueillant l'annuaire doit pouvoir répondre aux besoins éventuels de l'augmentation de la charge et des données du serveur LDAP. Plusieurs réglages système sont alors à effectuer avant sa mise en exploitation.

Ces réglages seront réalisés de deux côtés : côté système d'exploitation et côté configuration propre à OpenLDAP.

a. Réglage au niveau du système d'exploitation

L'installation d'une version récente d'OpenLDAP est conseillée. Une version récente et mise à jour du système d'exploitation sur lequel est installé le paquet OpenLDAP ainsi que ses dépendances (base de données et bibliothèques) est également conseillée. Cela évite au maximum d'avoir d'éventuelles anomalies système ou des failles de sécurité.

La compilation d'un nouveau noyau ou le déploiement de patchs pour un noyau existant sont aussi des pratiques fiables pour conserver un système disposant des récentes fonctionnalités et correctifs.

Pour assurer un fonctionnement optimal du serveur LDAP, il est judicieux de disposer d'un espace disque et d'une mémoire physique suffisants afin de garantir un temps de réponse favorable pour toute requête vers l'annuaire.

Il convient de mettre en place des solutions de haute disponibilité ainsi qu'une bonne gestion de la base de données du serveur OpenLDAP, en choisissant judicieusement un système de fichiers performant (ext4 ou Btrfs par exemple) ou encore le déploiement de la technologie RAID assurant la redondance des données en cas d'une défaillance matérielle (disque ou contrôleur de disque).

Voici quelques réglages à effectuer au niveau de la configuration système à travers les fichiers de contrôles de limitations :

- **/proc/sys/kernel/threads-max** : pour définir le nombre maximal de fils d'exécution par processus.
- **/proc/sys/fs/file-max** : pour définir le nombre maximal de descripteurs de fichiers ouverts par processus.
- **/proc/sys/net/ipv4/ip_local_port_range** : pour définir la portée des ports ouvrables sur le serveur.

L'architecture fonctionnelle du serveur LDAP est aussi d'une importance non négligeable, car une architecture bien adaptée et profondément étudiée participe fortement à un gain de performance surtout dans le cas d'une infrastructure à grande envergure (à l'échelle d'un pays par exemple). Dans ce cas il faut assurer :

- Un équilibrage de charge sur des annuaires en lecture.
- L'utilisation du serveur LDAP mandataire avec rôle de cache.
- L'utilisation de backends différents suivant la section de l'arborescence visée.
- La délégation au travers des referrals.
- L'architecture répartie avec minimisation des flux réseaux de lecture.

b. Réglage au niveau OpenLDAP

Plusieurs options dans slapd.conf permettent une optimisation du serveur OpenLDAP. Ses options sont dans la plupart des cas des directives simples au sein du fichier de configuration ou encore des fonctionnalités offertes par les différents modules, qu'il s'agisse d'overlay ou de modules de stockages.

OpenLDAP permet de spécifier des limites en temps de réponse et en nombre d'entrées retournées qui dépendent de l'utilisateur connecté (authentifié ou non) :

- limits <who><limit>+ : nombre d'entrées retournées suivant l'initiateur de la requête identifiée par son DN.
- conn_max_pending <n> : nombre de requêtes simultanées en attente pour une connexion anonyme.
- conn_max_pending_auth <n> : nombre de requêtes simultanées en attente pour une connexion authentifiée.

- maxderefdepth <n> : nombre maximal de dé-référencement au travers d'alias.

Le mode d'authentification anonyme dans OpenLDAP est une porte ouverte potentielle aux attaques par déni de service. La mise en place de limites explicites à l'utilisation des ressources permet de combler cette faiblesse. OpenLDAP fournit deux types de limites : les limites quantitatives gouvernant la quantité maximale d'entrées retournées par une requête, tandis que les limites temporelles gouvernent le temps maximal exprimé en secondes que le démon slapd consacre à une requête. On peut également spécifier à qui s'appliquent ses limites. Ces limites sont de deux types : les limites soft et les limites hard. Les limites soft s'appliquent aux clients qui ne précisent aucune limite dans leur requête et les limites hard s'appliquent aux clients qui spécifient une limite explicite.

Voici des exemples concrétisant la mise en place des limites au sein du fichier de configuration slapd.conf :

- L'utilisateur dont le RDN est cn=replicator dispose d'une limite soft et hard illimitée quantitativement et temporellement :

```
limits      dn="cn=replicator,ou=users,dc=pme,dc=com"
  size.soft=unlimited    size.hard=unlimited
  time.soft=unlimited    time.hard=unlimited
```

- Limite pour les utilisateurs authentifiés :

```
limits      users
size.soft=1024      size.hard=2048      size.unchecked=26000
time.soft=10        time.hard=25
```

- Limite pour les utilisateurs anonymes :

```
limits      anonymous
size.soft=256      size.hard=512       size.unchecked=32000
time.soft=10       time.hard=25
```

D'autres contraintes de limitation sont prises en charge, telles que la limite des opérations étendues, les recherches en suivant les alias ou les referrals. Il est conseillé de limiter les règles d'égalité partielle, et particulièrement sur les attributs longs.

c. Remplacement de slapd.conf par cn=config

Depuis la création d'OpenLDAP, la configuration du démon slapd est réalisée dans le fichier de configuration traditionnel slapd.conf. Cette méthode de configuration présente quelques inconvénients, parmi lesquels le fait que toute modification nécessite un arrêt et redémarrage d'OpenLDAP.

Depuis OpenLDAP 2.4, la configuration peut être stockée dans LDAP, au niveau du backend **cn=config**. Cette nouveauté connaît plusieurs avantages par rapport à l'ancienne. En effet la modification d'un paramètre de configuration revient à faire une modification LDAP à l'aide des commandes clients OpenLDAP usuelles (ldapadd,ldapmodify), ce qui rend possible une configuration du serveur slapd à distance. Les nouveaux changements de configuration sont pris en compte à chaud. Dans le cas d'une réplication via le moteur syncrepl, la synchronisation du fichier de configuration est possible entre serveurs maître/esclave ou maître/maître.

Voici comment est présenté l'arbre cn=config accueillant la configuration d'OpenLDAP :

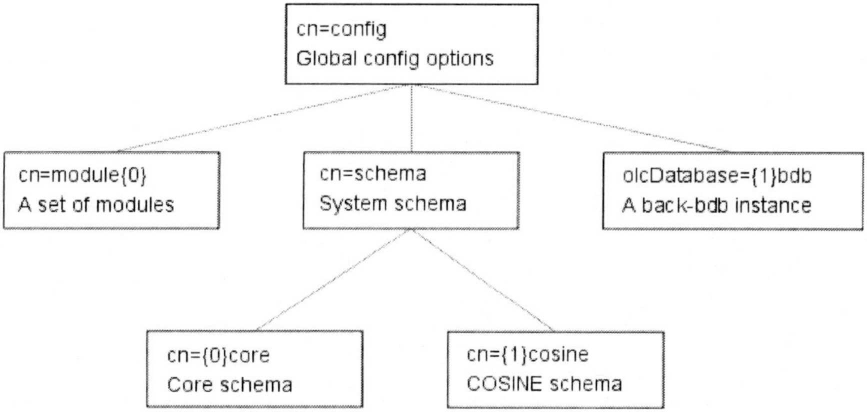

L'exemple qui suit compare une configuration dans slapd.conf et celle dans cn=config pour le changement du niveau de log du démon slapd :

Dans slapd.conf :

```
Loglevel         256
```

Avec cn=config :

```
### Fichier LDIF pour changer le niveau du Log ####
dn : cn=config
changetype : modify
replace : olcLoglevel
olcloglevel : 256
```

Pour exécuter cette modification, il faut faire appel à la commande client ldapmodify à partir de n'importe quel client connecté qui pourra joindre l'annuaire LDAP :

```
# ldapmodify -x -D "cn=manager,cn=config -W
```

Une alternative à la configuration via les fichiers LDIF est de faire appel à un outil graphique pour la configuration.

Un outil graphique accessible par un navigateur pour gérer la configuration du backend cn=config est **LinID OpenLDAP Manager** (LinID OM). C'est une interface Web de configuration pour OpenLDAP développé par la société **Linagora** et distribué sous licence AGPLv3.

Ses principales fonctionnalités sont :

- Gestion des **backends**.
- Gestions des **overlays**.
- Autodétection de la version d'OpenLDAP.
- Gestion du **cn=monitor**.
- Configuration de **plusieurs instances** d'OpenLDAP.
- Gestion du schéma.

d. Description de l'arbre cn=config

L'entrée racine cn=config

Cette entrée contient les paramètres globaux de configuration. Elle est basée sur la classe d'objets **olcGlobal**, qui contient les attributs affectant le fonctionnement global du serveur slapd.

Les attributs ont les mêmes effets que ceux contenus dans le fichier de configuration classique slapd.conf à la différence que chacun de ces attributs commence par OLC (*On-Line Configuration*).

Voici une liste non exhaustive des paramètres de configuration globale du serveur slapd.

- olcArgFile : spécifie le chemin absolu vers le fichier qui contient les arguments en ligne de commande à passer au démon slapd lorsque celui-ci est démarré sans mode de débogage.
- olcLoglevel : définit le niveau de débogage du démon slapd afin de journaliser des événements précis (ACL, connexions...).
- olcPidFile : indique le chemin absolu vers le fichier contenant le process ID du serveur slapd.
- olcToolthreads : définit le nombre maximum de threads à utiliser. Ce nombre ne devra pas être supérieur au nombres de CPU système. La valeur par défaut est 1.
- olcConnMaxPending : spécifie le nombre maximum de requêtes en attente lors d'une session anonyme. La valeur par défaut est 100.
- olcConnMaxPendingAuth : spécifie le nombre maximum de requêtes en attente lors d'une session authentifiée. La valeur par défaut est 1000.
- olclLogFile : définit le fichier d'enregistrement du log.
- olcReadonly : permet de basculer la base de données en mode lecture seule. Les modifications sur les entrées de l'annuaire seront rejetées par un message d'erreur « unwilling to perform ». La valeur par défaut est off.
- olcReferral : définit une référence LDAP (URI LDAP) à joindre lorsque le serveur slapd est dans l'impossibilité de satisfaire les requêtes qui lui sont transmises.
- olcSizeLimit : spécifie le nombre maximum d'entrées retournées lors d'une opération de recherche. La valeur par défaut est de 500 entrées.

Extrait de l'entrée :

```
dn: cn=config
objectClass: olcGlobal
cn: config
olcArgsFile: /var/run/slapd/slapd.args
olcPidFile: /var/run/slapd/slapd.pid
olcToolThreads: 1
structuralObjectClass: olcGlobal
entryUUID: d70a0506-e056-1031-8d94-5b98f276991c
creatorsName: cn=config
createTimestamp: 20121222074211Z
olcLogLevel: Acl
olcLogLevel: Conns
entryCSN: 20121222083325.002390Z#000000#000#000000
modifiersName: cn=config
modifyTimestamp: 20121222083325Z
```

L'entrée cn=module{0},cn=config

Cette entrée est basée sur la classe d'objet **olcModuleList** qui contient la liste des modules chargés dynamiquement par le serveur slapd ainsi que le chemin absolu vers le fichier module. Chaque module est alors référencé par les deux attributs olcModulePath et olcModuleLoad.

Extrait de l'entrée :

```
dn: cn=module{0}
objectClass: olcModuleList
cn: module{0}
olcModulePath: /usr/lib/ldap
olcModuleLoad: {0}back_hdb
structuralObjectClass: olcModuleList
entryUUID: d70c0356-e056-1031-8d9c-5b98f276991c
creatorsName: cn=config
createTimestamp: 20121222074211Z
entryCSN: 20121222074211.352008Z#000000#000#000000
modifiersName: cn=config
```

L'entrée cn=schema,cn=config

Cette entrée est basée sur la classe d'objet **olcSchemaConfig** qui contient des sous-entrées ; chacune d'elles correspond à un schéma de l'annuaire. On trouve par exemple les schémas : cn={0}core.ldif, cn={1}cosine.ldif, cn={2}nis.ldif et cn={3}inetorgPerson.ldif. Le numéro entre accolades correspond à l'ordre de chargement des schémas par le serveur slapd. Il faut que core.ldif soit chargé avant cosine.ldif.

Chaque schéma est défini par les attributs olcAttributeType et olcObjectClasses.

Extrait de l'entrée cn={0}core.ldif,cn=schema,cn=config :

```
dn: cn={0}core
objectClass: olcSchemaConfig
cn: {0}core
olcAttributeTypes: {0}( 2.5.4.2 NAME 'knowledgeInformation' DESC 'RFC2256: kno
 wledge information' EQUALITY caseIgnoreMatch SYNTAX 1.3.6.1.4.1.1466.115.121.
 1.15{32768} )
olcAttributeTypes: {1}( 2.5.4.4 NAME ( 'sn' 'surname' ) DESC 'RFC2256: last
(family) name(s) for which the entity is known by' SUP name )
olcAttributeTypes: {2}( 2.5.4.5 NAME 'serialNumber' DESC 'RFC2256: serial
number of the entity' EQUALITY caseIgnoreMatch SUBSTR caseIgnoreSubstringsMatch
SYNTAX 1.3.6.1.4.1.1466.115.121.1.44{64} )
olcAttributeTypes: {3}( 2.5.4.6 NAME ( 'c' 'countryName' ) DESC 'RFC2256:
ISO-3166 country 2-letter code' SUP name SINGLE-VALUE )
olcAttributeTypes: {4}( 2.5.4.7 NAME ( 'l' 'localityName' ) DESC 'RFC2256:
locality which this object resides in' SUP name )
olcAttributeTypes: {5}( 2.5.4.8 NAME ( 'st' 'stateOrProvinceName' ) DESC
'RFC2256: state or province which this object resides in' SUP name )
olcAttributeTypes: {6}( 2.5.4.9 NAME ( 'street' 'streetAddress' ) DESC
'RFC2256: street address of this object' EQUALITY caseIgnoreMatch
SUBSTR caseIgnoreSubstringsMatch SYNTAX 1.3.6.1.4.1.1466.115.121.1.15{128} )
```

```
olcAttributeTypes: {7}( 2.5.4.10 NAME ( 'o' 'organizationName' ) DESC 'RFC2256
 : organization this object belongs to' SUP name )
olcAttributeTypes: {8}( 2.5.4.11 NAME ( 'ou' 'organizationalUnitName' ) DESC '
 RFC2256: organizational unit this object belongs to' SUP name )
---- Sortie Tronquée --------
```

L'entrée olcDatabase{x}hdb,cn=config

Cette entrée est basée sur la classe d'objet **olcDatabaseConfig**. Cette classe contient les attributs permettant de configurer une base de données de l'annuaire. Parmi les attributs, on trouve :

- olcSuffix : spécifie le DN principal de la base de données (le DN racine).
- olcRootDN : spécifie le DN de l'administrateur de l'annuaire ayant un accès total aux entrées de la base de données.
- olcRootPW : spécifie le mot de passe ou le hash de mot de passe de l'administrateur de l'annuaire défini par la directive olcRootDN.
- olcAccess : définit les listes de contrôles d'accès à appliquer aux entrées et aux attributs de la base de données définie par la directive olcSuffix.
- olcDbConfig : spécifie les directives de configuration de la base de données Berkeley DB à définir dans le fichier DB_CONFIG.
- olcDbDirectory : définit le chemin vers les fichiers de la base de données de l'annuaire.
- olcDbindex : spécifie la définition des index à maintenir ainsi que le type d'indexation passé aux attributs concernés.

Extrait de l'entrée olcDatabase={2}.hdb,cn=config :

```
dn: olcDatabase={2}hdb
objectClass: olcDatabaseConfig
objectClass: olcHdbConfig
olcDatabase: {2}hdb
olcDbDirectory: /var/lib/ldap/pme
olcSuffix: dc=pme,dc=com
olcAccess: {0}to attrs=userPassword,shadowLastChange by self write by
anonymous auth by dn="cn=manager,dc=pme,dc=com" write by * none
olcAccess: {1}to dn.base="" by * read
olcAccess: {2}to * by self write by dn="cn=manager,dc=pme,dc=com" write by *
read
olcLastMod: TRUE
olcRootDN: cn=manager,dc=pme,dc=com
olcDbCheckpoint: 512 30
olcDbConfig: {0}set_cachesize 0 2097152 0
olcDbConfig: {1}set_lk_max_objects 1500
olcDbConfig: {2}set_lk_max_locks 1500
olcDbConfig: {3}set_lk_max_lockers 1500
structuralObjectClass: olcHdbConfig
creatorsName: cn=config
createTimestamp: 20121222074211Z
olcRootPW:: cG9ydG9z
olcDbIndex: sn eq,sub
```

```
olcDbIndex: cn pres,eq,sub
olcDbIndex: objectClass eq
olcSizeLimit: 500
entryCSN: 20121223202724.570402Z#000000#000#000000
modifiersName: cn=config
modifyTimestamp: 20121223202724Z
```

L'entrée olcDatabase={-1}frontend,cn=config

Cette entrée est toujours présente lors de l'installation de slapd. Elle est basée sur la classe d'objets **olcFrontendConfig**, qui contient les paramètres globaux de configuration qui s'appliquent à toutes les bases de données.

Extrait de l'entrée olcDatabase={-1}frontend,cn=config :

```
dn: olcDatabase={-1}frontend
objectClass: olcDatabaseConfig
objectClass: olcFrontendConfig
olcDatabase: {-1}frontend
olcAccess: {0}to * by
dn.exact=gidNumber=0+uidNumber=0,cn=peercred,cn=external
 ,cn=auth manage by * break
olcAccess: {1}to dn.exact="" by * read
olcAccess: {2}to dn.base="cn=Subschema" by * read
olcSizeLimit: 500
structuralObjectClass: olcDatabaseConfig
entryUUID: d70a16cc-e056-1031-8d95-5b98f276991c
creatorsName: cn=config
createTimestamp: 20121222074211Z
olcTimeLimit: 30
entryCSN: 20121223203204.214522Z#000000#000#000000
modifiersName: cn=config
modifyTimestamp: 20121223203204Z
```

L'entrée olcOverlay={2},cn=config

Cette entrée utilise la classe d'objets **olcOverlayConfig** qui contient les attributs nécessaires pour chaque overlay utilisé par une base de données.

Pour ajouter l'overlay de type Auditlog, il faut renseigner les deux attributs :

- olcAuditlogFile pour définir le chemin absolu du fichier qui contiendra le log.
- olcOverlay qui prend comme valeur le type de l'overlay ; dans ce cas, c'est auditlog qu'il faut renseigner.

Convertir une configuration slapd.conf vers cn=config

Après avoir installé OpenLDAP supportant la configuration dynamique cn=config, il est possible de migrer votre ancienne configuration statique basée sur le fichier slapd.conf. Pour cela, il faut passer par les étapes suivantes :

1. Vérification de la version d'OpenLDAP :

```
root@ubuntu:~# slapd -V
@(#) $OpenLDAP: slapd  (Oct 17 2012 19:48:49) $
     buildd@panlong:/build/buildd/openldap-2.4.28/debian/build/servers/
slapd
```

2. Affichage du contenu du nouveau répertoire slapd.d :

```
root@ubuntu:~# ls -l
total 8
drwxr-x--- 3 openldap openldap 4096 déc.  24 14:44 cn=config
-rw------- 1 openldap openldap  496 déc.  22 09:33 cn=config.ldif
```

3. Suppression du contenu du nouveau répertoire :

```
# rm -rf /etc/ldap/slapd.d
```

4. Exécution de slaptest pour vérifier la validité du fichier de configuration (ancien slapd.conf) et pour indiquer le nouveau répertoire de configuration :

```
# slaptest -f /etc/ldap/slapd.conf -F /etc/ldap/slapd.d
```

5. Configuration des permissions sur le nouveau répertoire :

```
# chown -R openldap:openldap /etc/ldap/slapd.d
# chmod -R u+rwx /etc/ldap/slapd.d
```

6. Suppression de l'ancien fichier de configuration :

```
# rm -rf /etc/ldap/slapd.conf
```

e. Installation de LinID OpenLDAP Manager

Vous pouvez télécharger LinID OM à partir du lien suivant : http://www.linid.org/projects/linid-om/files

À la date de l'écriture du livre, la dernière version est la version 0.7.

Pour installer le paquetage, désarchivez le paquet **linid-om-dist.zip**, puis entrez dans le répertoire linid-om-0.7 et exécutez le script suivant :

```
# ./linid-om.sh start
```

Pointez ensuite votre navigateur à l'adresse 127.0.0.1:8080.

☞ *LinID OM contient un serveur Web léger intégré appelé jetty permettant l'accès à la configuration de slapd.*

La première fenêtre de connexion s'affiche :

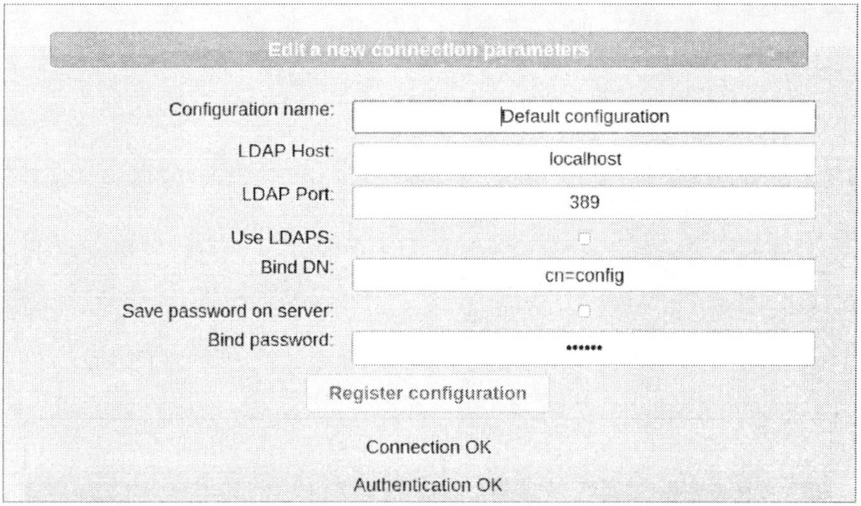

➢ En cliquant sur le bouton **Register configuration**, vous accédez à la configuration globale du serveur slapd (cn=config).

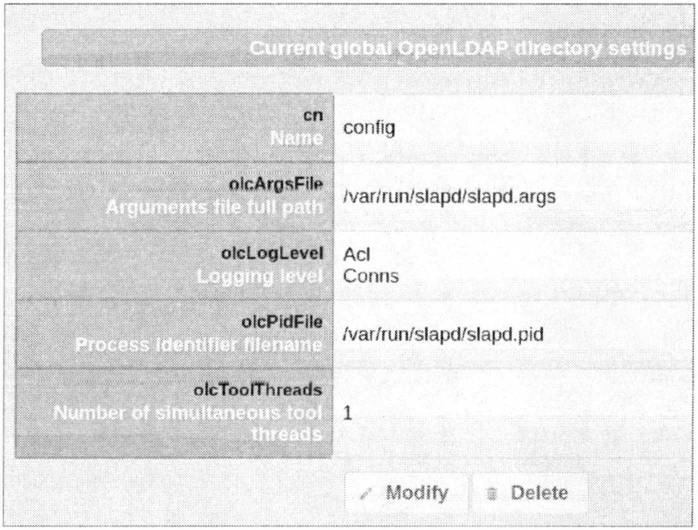

Sur la gauche, un menu permet de sélectionner la fonctionnalité que vous souhaitez configurer.

Sur la gauche, un menu permet de sélectionner la fonctionnalité que vous souhaitez configurer.

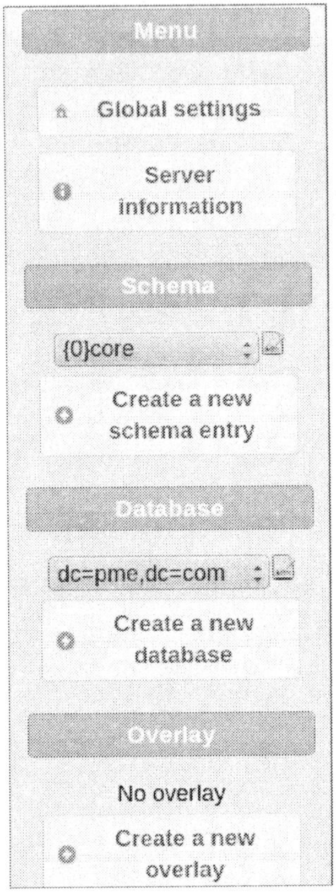

➢Vous pouvez vérifier la configuration d'une base de données en choisissant la base de données souhaitée dans l'onglet **Database** :

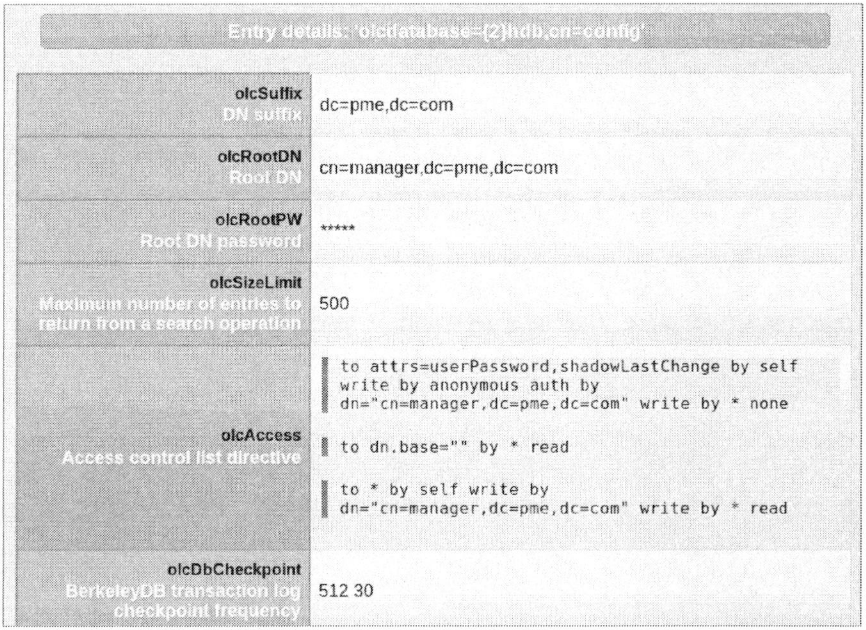

➢Vous pouvez ajouter un overlay à une base de données en choisissant **Create a new overlay** dans l'onglet **Overlay** :

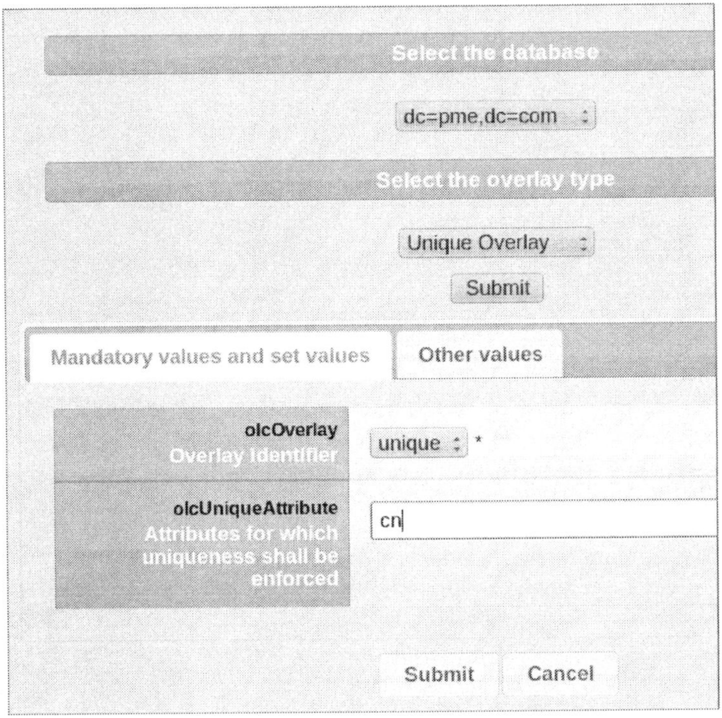

➢Vous pouvez visualiser les propriétés du serveur slapd telles que les overlays ainsi que les backends disponibles :

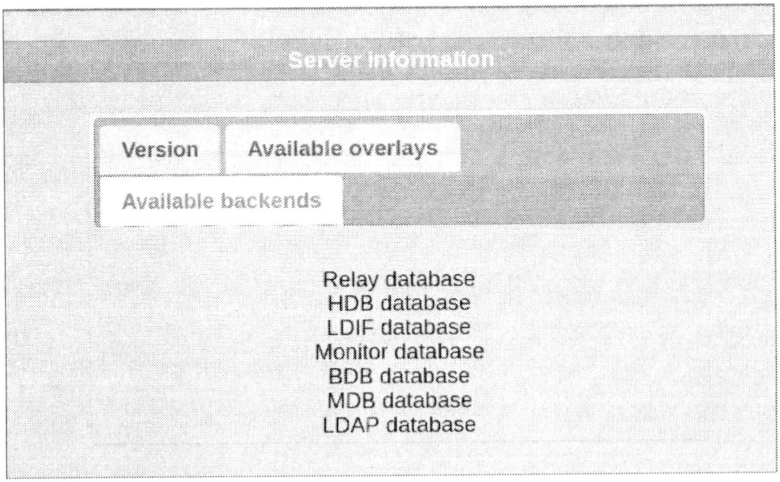

➢Enfin, vous pouvez consulter la définition d'un schéma de l'annuaire dans l'onglet **Schema** :

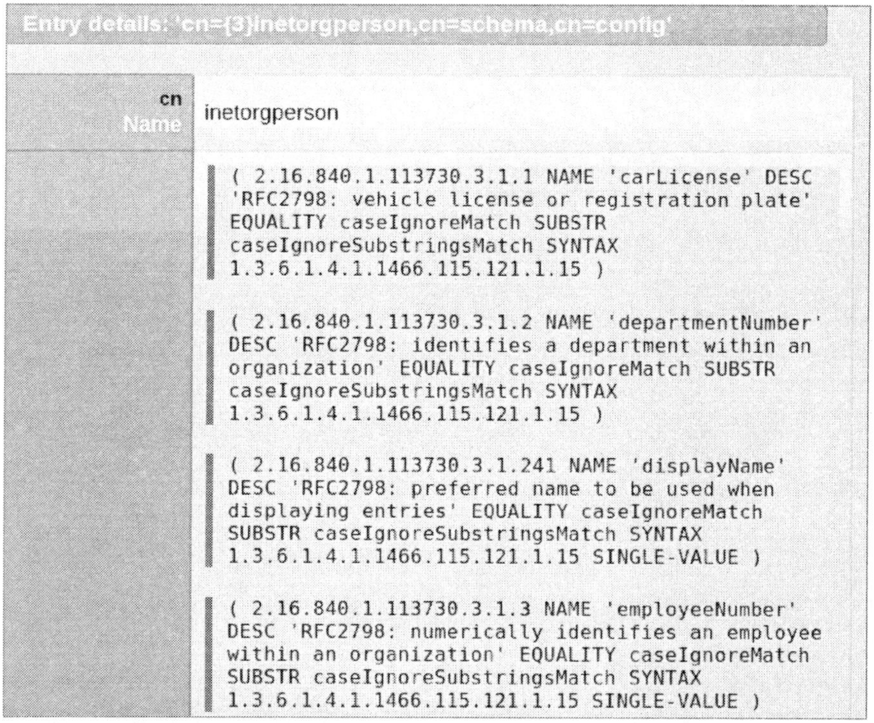

f. Intégrité et cohérence des données

Une autre facette de l'optimisation du serveur OpenLDAP est de garantir la cohérence et l'intégrité des données qu'il stocke. À l'instar des bases de données relationnelles, OpenLDAP propose des mécanismes assurant une cohérence globale ainsi qu'une intégrité référentielle de l'annuaire.

Ces fonctionnalités sont accessibles via les **overlays** disponibles en natif dans OpenLDAP.

Pour mettre en œuvre l'intégrité des données, le standard LDAP impose un contrôle des données grâce à son schéma. En effet les classes d'objets définissent les types d'attributs autorisés dans chaque objet et la syntaxe des attributs définit les valeurs autorisées dans un attribut. Mais ces contrôles sont encore insuffisants et ne répondent pas à un besoin spécifique d'une organisation qui souhaiterait mettre en place d'autres mécanismes de contrôle.

Exemples de contraintes que l'on peut imposer :

- Imposer l'unicité de valeurs à travers l'annuaire (UID, mail...).
- Mettre à jour des références (retirer un utilisateur supprimé de ses groupes...).
- Affiner les valeurs autorisées par attributs (liste de choix...).

Un overlay assurant l'unicité des attributs est "**unique**". Son principe de fonctionnement est d'interdire de créer des valeurs identiques à d'autres déjà existantes. Par exemple, chaque utilisateur doit posséder un identifiant alphanumérique pour son login et un identifiant numérique **uid** distinct.

Il ne peut donc y avoir deux utilisateurs de même login dans une même branche LDAP. Par contre si les utilisateurs sont répartis dans plusieurs branches, on peut éventuellement avoir le même uid de l'utilisateur au sein de l'annuaire LDAP.

La configuration de l'overlay **"unique"** se fait en définissant une recherche par URI qui renvoie les attributs censés être uniques.

```
                    ### Chargement du module   ####
moduleload          unique.la
unique_uri          ldap:///?uid?sub?
overlay                  unique
unique_base          ou=users,dc=pme,dc=com
unique_attributes          uid         uidNumber
```

Un autre overlay, assurant l'intégrité référentielle, s'appelle **refint**. Ce greffon assure qu'en cas de changement de DN ou d'effacement d'objet, tous les attributs pointant vers l'objet en question sont automatiquement mis à jour. Sa configuration se résume à la définition des attributs dans lesquels on cherche lors du nommage ou suppression.

Cette contrainte se configure ainsi :

```
                    #### Chargement de modules ####
moduleload          refint.la
overlay                  refint
refint_attributes        member
```

Cette configuration garantit, en cas d'effacement d'un utilisateur, de supprimer ce même utilisateur des groupes dont il est membre.

Pour imposer des règles strictes sur les valeurs des attributs autres que celles imposées par le schéma, l'overlay **"constraint"** est capable de forcer une valeur personnalisée à un attribut lors de son ajout ou de sa mise à jour dans une entrée de l'annuaire.

Les contraintes possibles sont :

- Par expression régulière (mail ~= ^[[:alnum:]]+@mydomain.com$).
- Limites de longueur (photos de 100 ko max).
- Limite de nombre de valeurs (userPassword multivalué mais limité à 1 password).
- Par recherche de valeurs dans l'annuaire (service = un des services définis).
- Par règles de correspondance (cn=givenName + " " + sn).

Ce greffon se configure ainsi :

```
overlay constraint
constraint_attribute mail regex ^[[:alnum:]]+@mydomain.com$
constraint_attribute service uri
ldap:///ou=services,dc=pme,dc=com?cn?sub?(objectClass=service)
restrict="ldap:///ou=users,dc=pme,dc=com??sub?(objectClass=person)"
```

☞ *Il faut noter que les overlays n'interceptent que les nouvelles opérations et ne corrigent pas les données déjà existantes dans l'annuaire.*

g. Haute disponibilité par mécanismes de réplication

Les mécanismes de réplication permettent de mettre en place une architecture maître/esclave ou multimaître pour des raisons d'amélioration du service ou pour assurer une disponibilité et une tolérance aux pannes.

La réplication avec l'ancien démon slurpd (dans les versions 2.3 d'OpenLDAP) inspecte toutes les modifications effectuées sur le serveur maître et les applique sur chaque esclave en se basant sur un journal de modification (cf. chapitre Réplication LDAP).

Cependant, il est conseillé d'utiliser l'implémentation syncrepl (*LDAP Sync Replication*) qui remplace le mécanisme de réplication avec slurpd depuis la version 2.4 d'OpenLDAP. Ce mécanisme est normalisé par l'IETF par la RFC 4533. Il permet de dupliquer plusieurs serveurs qui peuvent accepter des opérations de lecture et d'écriture à la fois. Chaque serveur peut ainsi accueillir des esclaves appelés consumers permettant d'alléger la charge sur les serveurs les plus sollicités.

Une architecture en mode miroir avec la mise en place d'une solution d'équilibrage de charge (les machines sont reliées à un équipement qui possède une adresse virtuelle et qui dispatche les requêtes suivant la charge de l'un ou de l'autre serveur) garantit une infrastructure autour d'un annuaire hautement disponible (reprise sur échec) et d'une performance acceptable, à moins que les deux nœuds soient hors service en même temps !

☞ *Une solution comme LVS (Linux Virtual Server) peut être déployée pour équilibrer la charge entre deux serveurs LDAP.*

Le schéma suivant donne un aperçu de cette architecture en mode miroir dans laquelle chaque serveur est situé dans un centre de données différent :

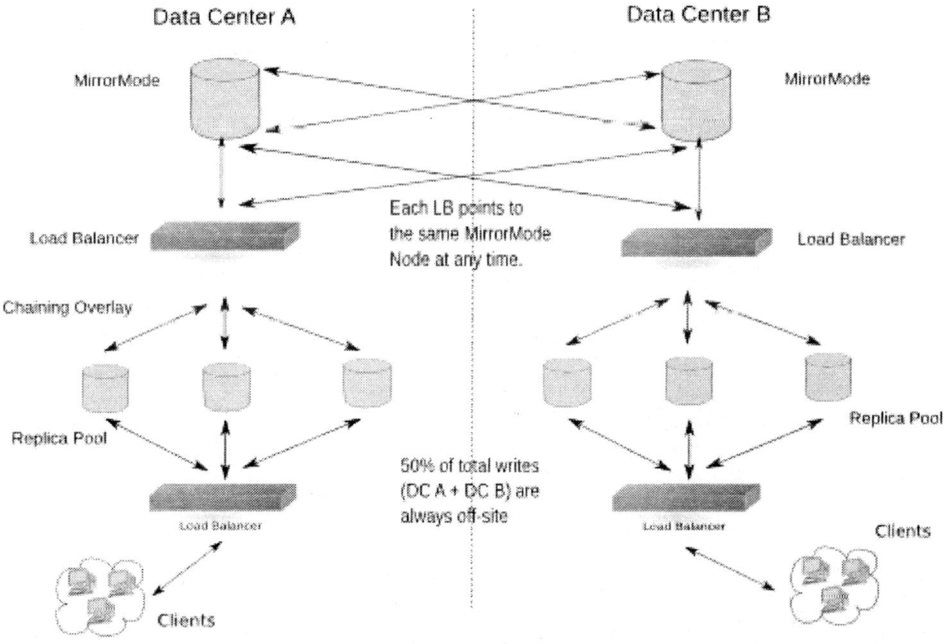

h. Supervision de l'annuaire LDAP

Contrôler les statistiques d'utilisation de l'annuaire LDAP permet d'obtenir un rapport sur le nombre de connexions par jour ou encore le nombre d'opérations effectuées par type d'opération, ce qui permet à l'administrateur de l'annuaire d'agir en conséquence.

La supervision se fait à plusieurs niveaux :

- Supervision spécifique LDAP en se basant sur des vérifications de la disponibilité de l'annuaire LDAP par des opérations LDAP :
  - Recherche simple pour valider que le serveur réponde.
  - Recherche avec authentification pour valider le service d'authentification.
  - Modification d'un attribut de test sur une entrée de test pour valider le service d'écriture.
  - Comptage du nombre d'entrées modifiées dans la dernière heure/journée pour valider les services très sollicités.
  - État de réplication LDAP entre plusieurs serveurs en vérifiant que les serveurs esclaves ont le même niveau de synchronisation que le maître.

☞ *Si Nagios est utilisé comme outil de supervision, des plugins sont disponibles pour intégrer les différentes facettes de monitoring décrites ci-dessus de l'annuaire OpenLDAP.*

Le backend **cn=monitor** rend accessibles des statistiques sur l'utilisation et la configuration d'OpenLDAP par une interface LDAP. La base de stockage de ses informations est cn=monitor, qu'il faut renseigner dans slapd.conf au niveau de la section des bases de données.

Voici à quoi ressemble la configuration de ce backend :

```
 include ./schema/core.schema

access to dn.subtree="cn=Monitor"
             by dn.exact="cn=manager,dc=pme,dc=com" write
             by users read
             by * none

### Section de la base de données ###
database monitor
        rootdn "cn=monitoring,cn=Monitor"
        rootpw monitoring
```

Une recherche au niveau de cette branche donne le résultat suivant :

```
ldapsearch -x -H ldap://localhost:9011 -b 'cn=Monitor'
        # extended LDIF
        #
        # LDAPv3
        # base <cn=Monitor> with scope subtree
        # filter: (objectclass=*)
        # requesting: ALL
        #
```

```
# Monitor
dn: cn=Monitor
objectClass: monitorServer
cn: Monitor
description: This subtree contains monitoring/managing objects.
description: This object contains information about this server.
description: Most of the information is held in operational
attributes, which must be explicitly requested.

# Backends, Monitor
dn: cn=Backends,cn=Monitor
objectClass: monitorContainer
cn: Backends
description: This subsystem contains information about
available backends.
```

- Supervision système standard (non spécifique LDAP) par des indicateurs classiques du serveur :
  - ping
  - espace disque
  - charge
  - mémoire disponible
- Supervision système par des indicateurs pertinents pour OpenLDAP :
  - Disponibilité du service LDAP (vérification simple sur port TCP 389) .
  - Traçage de l'évolution de la taille sur disque du répertoire de données.
  - Traçage de l'évolution du nombre de connexions TCP ouvertes.

2. Optimisation de la base de données BDB

Pour améliorer les performances de la base de données BDB, plusieurs options dans le fichier de configuration slapd.conf doivent être prises en compte :

- cachesize <n> : nombre d'entrées maintenues en mémoire par slapd.
- cachefree <n> : nombre d'entrées à supprimer du cache quand celui-ci est complet.
- checkpoint <size> <time> : la base de données synchronise les historiques sur le disque tous les **<size> kilo-octets** ou toutes les **<time> secondes**.
- dbnosync : évite la synchronisation instantanée à chaque modification de la mémoire sur le disque.
- dirtyread : permet la lecture des données non synchronisées avec le disque.
- idlecachesize <n> : permet de mettre en cache le nombre d'entrées les plus fréquemment utilisées.

D'autres modifications sont à prévoir dans le fichier DB_CONFIG qui se trouve au même endroit que les fichiers de la base de données. Ce fichier contient les directives ci-dessous à adapter selon le besoin :

- set_cachesize **<gbytes> <bytes> <ncache>** : taille du cache :
  - gbytes : nombre de gigaoctets.
  - bytes : nombre d'octets.
  - ncache : nombre de zones mémoire à créer.
- set_flags <flag> : positionne des drapeaux.
- set_lg_max <n> : taille en octets des fichiers d'historique.
- set_lg_bsize <n>: taille en octets de la zone tampon.
- set_lg_regionmax <n> : taille en octets du cache des noms des fichiers d'historique.
- set_lg_dir <n> : répertoire du stockage des fichiers d'historique.

Les outils Berkeley DB permettent de vérifier l'état de la base de données. La commande **db_stat** prend en arguments un fichier *.bdd pour déterminer la taille des données les plus utilisées ainsi que le nombre des pages en cache.

L'indexation des attributs les plus sollicités peut alléger la charge et diminuer le temps de réponse. Cependant il faut identifier, à partir des requêtes effectuées couramment par les différents clients de l'annuaire, quels sont les attributs concernés par une indexation en plus du type d'index.

La commande serveur slapindex évoquée tout au long de ce livre réalise l'opération d'indexation.

3. La sauvegarde

L'administrateur de l'annuaire doit effectuer quotidiennement ou périodiquement les opérations de sauvegarde de la base de l'annuaire. Cette sauvegarde peut être réalisée manuellement ou automatiquement à l'aide des outils dédiés.

La sauvegarde concerne :

- La sauvegarde des données seules à l'aide d'un export LDIF.
- La sauvegarde des données et des informations opérationnelles via un export LDIF.
- La sauvegarde des fichiers de configuration par la copie des fichiers concernés.
- La sauvegarde des fichiers de la base de données par copie.
- La sauvegarde de l'historique de la base de données par copie.
- La sauvegarde des fichiers des traces applicatives par copie de fichiers ou réseau.
- La sauvegarde des fichiers de la réplication.

L'export de la base de données par LDIF peut se faire de deux manières :

- Export à chaud (l'annuaire est en cours d'exécution), réalisé en utilisant la commande ldapsearch. Une sauvegarde à travers le réseau est alors possible. La sauvegarde nécessite des droits sur la base. La sauvegarde des attributs opérationnels est également possible.

  La commande slapcat réalisera uniquement des sauvegardes en local, par contre les attributs opérationnels sont fournis obligatoirement.

- Export avec serveur LDAP en arrêt, réalisé avec la commande slapcat. Pour éviter l'arrêt de l'annuaire, il est conseillé de réaliser ce type de sauvegarde sur un serveur ayant une copie de la base par réplication.

L'import des données sauvegardées dans l'annuaire peut se faire à l'aide de la commande usuelle ldapadd lorsqu'on souhaite réaliser une restauration à distance ou avec slapcat pour une importation LDIF en local.

B. Surveillance des ressources système

L'optimisation d'un serveur LDAP est insuffisante si le matériel sur lequel il est installé ne répond pas aux critères requis pour un fonctionnement optimal.

Le matériel concerne les caractéristiques de la machine qui héberge l'annuaire, jusqu'au câble réseau qui relie le serveur LDAP au reste de l'infrastructure.

Lorsqu'on parle de matériel, cela désigne le processeur, la mémoire physique ainsi que la mémoire swap, l'espace disque, la bande passante réseau.

L'administrateur doit mettre en place la configuration recommandée pour le déploiement d'un système d'exploitation particulier. Il doit également réagir à une baisse de performances s'il a constaté que les ressources mises en place deviennent insuffisantes. Il faut éventuellement établir un plan d'action pour remédier à ces limitations.

Une procédure de surveillance de l'usage des ressources doit être définie par l'administrateur. Plusieurs outils issus du monde du logiciel libre sont dédiés à la surveillance des ressources ainsi qu'à la supervision des systèmes et du réseau.

1. Monitoring du CPU

Le **processeur**, ou **CPU** (*Central Processing Unit*), unité centrale de traitement, est le composant de l'ordinateur qui exécute les programmes informatiques. Dans le cas où le processeur ne satisfait plus au besoin, il est possible de changer de CPU par un plus rapide, ou d'utiliser des processeurs gérant des registres plus grands.

Les informations sur les processeurs existant sur une machine sont accessibles via le pseudo système de fichiers /proc. En effet la commande ci-dessous affiche toutes les caractéristiques du processeur :

```
# cat /proc/cpuinfo
```

```
processor        : 0
vendor_id        : GenuineIntel
cpu family       : 6
model            : 58
model name       : Intel(R) Core(TM) i5-3210M CPU @ 2.50GHz
stepping         : 9
cpu MHz          : 2493.197
cache size       : 3072 KB
fpu              : yes
fpu_exception    : yes
cpuid level      : 13
wp               : yes
flags            : fpu vme de pse tsc msr pae mce cx8 apic sep mtrr pge mca cmov pat
pse36 clflush dts mmx fxsr sse sse2 ss syscall nx rdtscp lm constant_tsc up
```

```
arch_perfmon pebs bts nopl xtopology tsc_reliable nonstop_tsc aperfmperf pni
pclmulqdq ssse3 cx16 sse4_1 sse4_2 x2apic popcnt aes xsave avx f16c rdrand hypervisor
lahf_lm ida arat epb xsaveopt pln pts dts fsgsbase smep
bogomips          : 4986.39
clflush size      : 64
cache_alignment   : 64
address sizes     : 40 bits physical, 48 bits virtual
```

Pour surveiller le processeur, plusieurs outils sont présents par défaut lors d'une installation d'une distribution GNU/Linux.

- **vmstat** : affiche des statistiques sur les ressources du système, dont l'activité du CPU. Les significations des colonnes sont les suivantes :
  - r : nombre de processus en attente du processeur.
  - b : nombre de processus en sommeil non interruptible.
  - swpd : quantité de swap utilisée.
  - free : quantité de mémoire inutilisée.
  - buff : quantité de mémoire utilisée comme buffer.
  - cache : quantité de mémoire utilisée comme cache.
  - si : quantité de mémoire lue du swap par seconde.
  - so : quantité de mémoire écrite dans le swap par seconde.
  - bi : quantité de mémoire lue d'un périphérique de type bloc, en blocs par seconde.
  - bo : quantité de mémoire écrite sur un périphérique de type bloc, en bloc par seconde.
  - in : nombre d'interruptions système par seconde.
  - cs : nombre de changements de contexte par seconde.
  - us : pourcentage de processus en espace utilisateur.
  - sy : pourcentage de processus utilisé par le noyau.
  - id : pourcentage de processus inutilisé.
  - wa : pourcentage de processus passé à attendre une entrée/sortie.

```
mejri@ubuntu: ~
mejri@ubuntu:~$ vmstat 5 3
procs -----------memory---------- ---swap-- -----io---- -system-- ----cpu----
 r  b   swpd   free   buff  cache   si   so    bi    bo   in   cs us sy id wa
 2  0      0 303876  21156 475436    0    0   143    21  260  404  4  2 88  6
 0  0      0 303844  21164 475352    0    0     0     4  255  291  2  0 97  1
 0  0      0 303844  21164 475352    0    0     0     0  257  273  1  1 98  0
mejri@ubuntu:~$
```

☞ *Consultez le manuel de la commande vmstat pour découvrir les différentes options.*

- **ps** : affiche des informations sur les processus ainsi que le taux d'utilisation du CPU par ces processus.

```
mejri@ubuntu: ~
mejri@ubuntu:~$ clear

mejri@ubuntu:~$ ps aux
USER       PID %CPU %MEM    VSZ   RSS TTY      STAT START   TIME COMMAND
root         1  0.0  0.1   3336  1840 ?        Ss   10:46   0:00 /sbin/init
root         2  0.0  0.0      0     0 ?        S    10:46   0:00 [kthreadd]
root         3  0.0  0.0      0     0 ?        S    10:46   0:00 [ksoftirqd/0]
root         5  0.0  0.0      0     0 ?        S    10:46   0:00 [kworker/u:0]
root         6  0.0  0.0      0     0 ?        S    10:46   0:00 [migration/0]
root         7  0.0  0.0      0     0 ?        S    10:46   0:00 [watchdog/0]
root         8  0.0  0.0      0     0 ?        S<   10:46   0:00 [cpuset]
root         9  0.0  0.0      0     0 ?        S<   10:46   0:00 [khelper]
root        10  0.0  0.0      0     0 ?        S    10:46   0:00 [kdevtmpfs]
root        11  0.0  0.0      0     0 ?        S<   10:46   0:00 [netns]
root        12  0.0  0.0      0     0 ?        S    10:46   0:00 [sync_supers]
root        13  0.0  0.0      0     0 ?        S    10:46   0:00 [bdi-default]
```

- **time** : cette commande affiche le temps CPU consommé par un processus.

```
mejri@ubuntu: ~
mejri@ubuntu:~$ time ps
  PID TTY          TIME CMD
 2099 pts/0    00:00:00 bash
 2869 pts/0    00:00:00 ps

real    0m0.022s
user    0m0.012s
sys     0m0.004s
```

- **top** : cette commande affiche en permanence des informations en temps réel sur les ressources système en cours d'utilisation dont l'usage du CPU par les processus.

```
mejri@ubuntu: ~
top - 11:30:51 up 44 min,  1 user,  load average: 0.01, 0.16, 0.19
Tasks: 133 total,   1 running, 132 sleeping,   0 stopped,   0 zombie
Cpu(s):  1.7%us,  1.3%sy,  0.0%ni, 97.0%id,  0.0%wa,  0.0%hi,  0.0%si,  0.0%st
Mem:   1015660k total,   842912k used,   172748k free,    85604k buffers
Swap:  1534200k total,        0k used,  1534200k free,   525944k cached

  PID USER      PR  NI  VIRT  RES  SHR S %CPU %MEM    TIME+  COMMAND
 1373 mejri     20   0  295m  59m  23m S  1.7  6.0   0:52.16 compiz
  776 root      20   0 76724 9592 4696 S  1.0  0.9   0:21.69 Xorg
 2090 mejri     20   0 75668  14m  10m S  1.0  1.5   0:03.36 gnome-terminal
 2848 mejri     20   0  2664 1104  832 R  0.3  0.1   0:00.03 top
    1 root      20   0  3336 1840 1244 S  0.0  0.2   0:00.50 init
    2 root      20   0     0    0    0 S  0.0  0.0   0:00.00 kthreadd
    3 root      20   0     0    0    0 S  0.0  0.0   0:00.47 ksoftirqd/0
    5 root      20   0     0    0    0 S  0.0  0.0   0:00.52 kworker/u:0
```

- **htop** : similaire à top, mais ajoute la possibilité de parcourir l'ensemble des processus verticalement et horizontalement.

```
root@ubuntu: ~

  CPU[|||                    8.6%]     Tasks: 102, 178 thr; 1 running
  Mem[||||||||||||||||||||356/991MB]     Load average: 0.09 0.09 0.11
  Swp[||                149/1498MB]     Uptime: 03:39:59

  PID USER      PRI  NI  VIRT   RES   SHR S CPU% MEM%   TIME+  Command
 8684 root       20   0  5444  1748  1272 R  2.0  0.2  0:00.30 htop
  960 root       20   0   98M 10036  3816 S  2.0  1.0  3:21.36 /usr/bin/X :0 -au
 1398 mejri      20   0  344M 42160 14080 S  1.0  4.2  3:57.56 compiz
  435 root       20   0 26956  3460  3052 S  1.0  0.3  0:11.41 NetworkManager
 1986 mejri      20   0 77400 14256  9676 S  0.0  1.4  0:10.66 gnome-terminal
    1 root       20   0  3328  1288   820 S  0.0  0.1  0:00.59 /sbin/init
  253 root       20   0  2640   516   436 S  0.0  0.1  0:00.14 upstart-udev-brid
  257 root       20   0  3120   728   536 S  0.0  0.1  0:00.11 /sbin/udevd --dae
  412 syslog     20   0 28196   608   596 S  0.0  0.1  0:00.14 rsyslogd -c5
  433 syslog     20   0 28196   608   596 S  0.0  0.1  0:00.01 rsyslogd -c5
  434 syslog     20   0 28196   608   596 S  0.0  0.1  0:00.00 rsyslogd -c5
  409 syslog     20   0 28196   608   596 S  0.0  0.1  0:01.56 rsyslogd -c5
  410 messagebu  20   0  3980  1624   780 S  0.0  0.2  0:11.04 dbus-daemon --sys
  428 root       20   0  7012  1752  1604 S  0.0  0.2  0:00.11 /usr/sbin/modem-m
  430 avahi      20   0  3260  1104   984 S  0.0  0.1  0:00.26 avahi-daemon: run
  431 avahi      20   0  3260   152   136 S  0.0  0.0  0:00.00 avahi-daemon: chr
  442 root       20   0 26956  3460  3052 S  0.0  0.3  0:00.04 NetworkManager
F1Help  F2Setup F3SearchF4FilterF5Tree  F6SortByF7Nice -F8Nice +F9Kill  F10Quit
```

2. Monitoring de la mémoire

Plusieurs commandes assurent une surveillance de la mémoire libre, vive et swap.

- **free** : affiche la quantité totale de mémoire vive et de swap ainsi que la quantité de mémoire libre. Les résultats seront affichés en Ko. Pour simplifier l'affichage, l'argument -m est utilisé.

```
mejri@ubuntu: ~
mejri@ubuntu:~$ free
             total       used       free     shared    buffers     cached
Mem:       1015660     840316     175344          0      86312     522668
-/+ buffers/cache:     231336     784324
Swap:      1534200          0    1534200
mejri@ubuntu:~$
```

- **vmstat** : affiche des informations sur la quantité de mémoire lue à partir du disque, la quantité de mémoire swappée vers le disque, la quantité de mémoire vive libre, la quantité de mémoire utilisée comme tampon et la mémoire swap. Deux arguments peuvent être donnés à cette commande : le premier est le nombre de secondes entre deux mises à jour des données, le second est le nombre de fois ou il faut effectuer l'interrogation. En l'absence de ces arguments, les informations ne sont récupérées qu'une fois.

```
mejri@ubuntu: ~
mejri@ubuntu:~$ vmstat 5 3
procs -----------memory---------- ---swap-- -----io---- -system-- ----cpu----
 r  b   swpd   free   buff  cache   si   so    bi    bo   in   cs us sy id wa
 2  0      0 303876  21156 475436    0    0   143    21  260  404  4  2 88  6
 0  0      0 303844  21164 475352    0    0     0     4  255  291  2  0 97  1
 0  0      0 303844  21164 475352    0    0     0     0  257  273  1  1 98  0
mejri@ubuntu:~$
```

3. Monitoring de l'espace de stockage

La surveillance de l'espace disque disponible sur le système de fichiers peut être réalisée par des commandes préinstallées sur les distributions Linux. Parmi ces commandes on distingue les deux utilitaires **df** et **du**.

- **df** : affiche la quantité d'espace disque libre et utilisé par les différentes partitions du système.

```
mejri@ubuntu: ~
mejri@ubuntu:~$ df -h
Filesystem      Size  Used Avail Use% Mounted on
/dev/sda3        32G  2,2G   28G   8% /
udev            489M  4,0K  489M   1% /dev
tmpfs           199M  776K  198M   1% /run
none            5,0M     0  5,0M   0% /run/lock
none            496M  412K  496M   1% /run/shm
mejri@ubuntu:~$
```

- **du** : permet de visualiser l'espace disque occupé par chaque fichier présent dans le répertoire donné en argument.

```
mejri@ubuntu: ~

mejri@ubuntu:~$ du /home
4       /home/mejri/Téléchargements
8       /home/mejri/.dbus/session-bus
12      /home/mejri/.dbus
4       /home/mejri/Modèles
4       /home/mejri/Public
4       /home/mejri/Bureau
16      /home/mejri/.thumbnails/large
160     /home/mejri/.thumbnails/normal
180     /home/mejri/.thumbnails
8       /home/mejri/.gconf/desktop/gnome/accessibility/keyboard
12      /home/mejri/.gconf/desktop/gnome/accessibility
16      /home/mejri/.gconf/desktop/gnome
20      /home/mejri/.gconf/desktop
8       /home/mejri/.gconf/apps/update-notifier
8       /home/mejri/.gconf/apps/nm-applet
8       /home/mejri/.gconf/apps/metacity/general
8       /home/mejri/.gconf/apps/metacity/window_keybindings
8       /home/mejri/.gconf/apps/metacity/global_keybindings
28      /home/mejri/.gconf/apps/metacity
```

La surveillance des entrées/sorties sur disques est accessible via la commande **iostat** (à installer si elle n'existe pas sur le système, disponible dans le paquet systat).

Voici un extrait de la sortie de cette commande pour le statut du disque /dev/sda :

```
mejri@ubuntu:/home/issam> iostat -d
Linux 3.0.13-0.27-default (ubuntu)     23/01/2013      _x86_64_

Device:            tps   Blk_read/s   Blk_wrtn/s   Blk_read   Blk_wrtn
sda              10,56       475,81        77,14     626018     101488

mejri@ubuntu:/home/issam>
```

Pour effectuer des réglages sur les périphériques disques tels que la modification du mode DMA utilisé ou encore la largeur du bus de transfert, vous pouvez utiliser la commande **hdparm**.

Cette commande permet également de visualiser les caractéristiques d'un disque et en particulier sa géométrie.

Affichage de la géométrie du disque :

```
ubuntu:~ # hdparm -g /dev/sda

/dev/sda:
 geometry      = 2610/255/63, sectors = 41943040, start = 0
ubuntu:~ #
```

4. Monitoring du trafic réseau

a. Monitoring par netstat

La commande **netstat** affiche des informations sur l'utilisation du réseau. Cette commande est développée dans les manuels qui traitent de TCP/IP. La commande netstat propose plusieurs arguments dont :

- -a : affiche l'état des sockets.
- -i : affiche l'état des interfaces configurées sur le système.
- -n : affiche les numéros de port, de réseau et les adresses.
- -s : affiche les statistiques sur les protocoles.
- -r : affiche les tables de routage.

```
mejri@ubuntu:~$ netstat -patune
(Not all processes could be identified, non-owned process info
 will not be shown, you would have to be root to see it all.)
Active Internet connections (servers and established)
Proto Recv-Q Send-Q Local Address           Foreign Address         State
User       Inode      PID/Program name
tcp        0      0 127.0.0.1:631           0.0.0.0:*               LISTEN
0          8072       -
tcp6       0      0 ::1:631                 :::*                    LISTEN
0          8071       -
udp        0      0 0.0.0.0:5353            0.0.0.0:*
106        8026       -
udp        0      0 0.0.0.0:39172           0.0.0.0:*
106        8028       -
udp6       0      0 :::5353                 :::*
106        8027       -
udp6       0      0 :::34116                :::*
106        8029       -
```

b. Monitoring par ntop

L'outil **ntop** est un utilitaire en ligne de commande de supervision et fournit de nombreuses informations sur le réseau. Il est également accessible via une interface Web conviviale et classe les informations sur le réseau par catégorie :

- Statistiques sur le trafic global du réseau.
- Rapport sur le trafic réseau entrant et sortant par l'interface réseau activé.
- Présentation des rapports et des statistiques sous forme de diagrammes.
- Classe le trafic par protocole (TCP et UDP).
- Détection des hôtes distants et locaux ainsi que d'autres informations telles que la géolocalisation.
- Informations sur les serveurs de noms.
- Une interface d'administration permettant d'ajouter les utilisateurs qui peuvent accéder aux informations fournies par l'outil ntop (**127.0.0.1:3000**).
- Supervision du réseau à distance via un navigateur Web.

Voici quelques captures d'écrans de cette interface de supervision :

Statistiques sur les paquets du réseau :

Packets			
	Shortest	42 bytes	
	Average Size	502 bytes	
	Longest	1,454 bytes	
	Size <= 64 bytes	5.9%	284
	64 < Size <= 128 bytes	49.3%	2,388
	128 < Size <= 256 bytes	6.0%	293
	256 < Size <= 512 bytes	4.4%	213
	512 < Size <= 1024 bytes	2.0%	99
	1024 < Size <= 1518 bytes	32.3%	1,566
	Size > 1518 bytes	0.0%	0

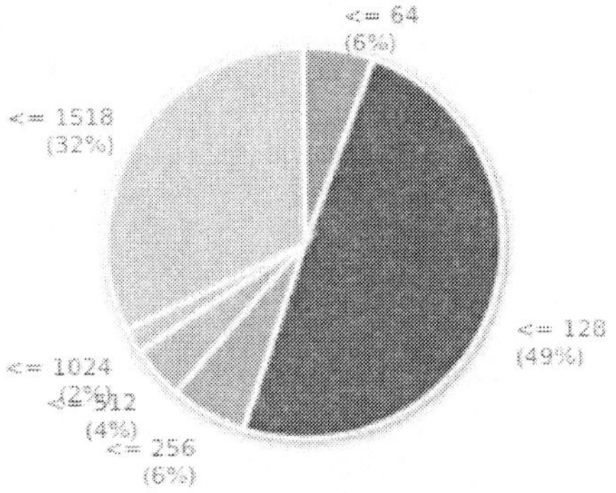

Informations sur le trafic réseau par nom d'hôte :

Statistics for all Domains

Name	Location	TCP/IP								ICMP				Graphs
		Total				TCP		UDP		IPv4		IPv6		
		Sent		Rcvd		Sent	Rcvd	Sent	Rcvd	Sent	Rcvd	Sent	Rcvd	
home		43.3 KBytes	93.5%	16.1 KBytes	94.7%	0	0	42.8 KBytes	15.7 KBytes	0	0	0	0	
1e100.net		3.0 KBytes	6.5%	930	5.3%	3.0 KBytes	930	0	0	0	0	0	0	

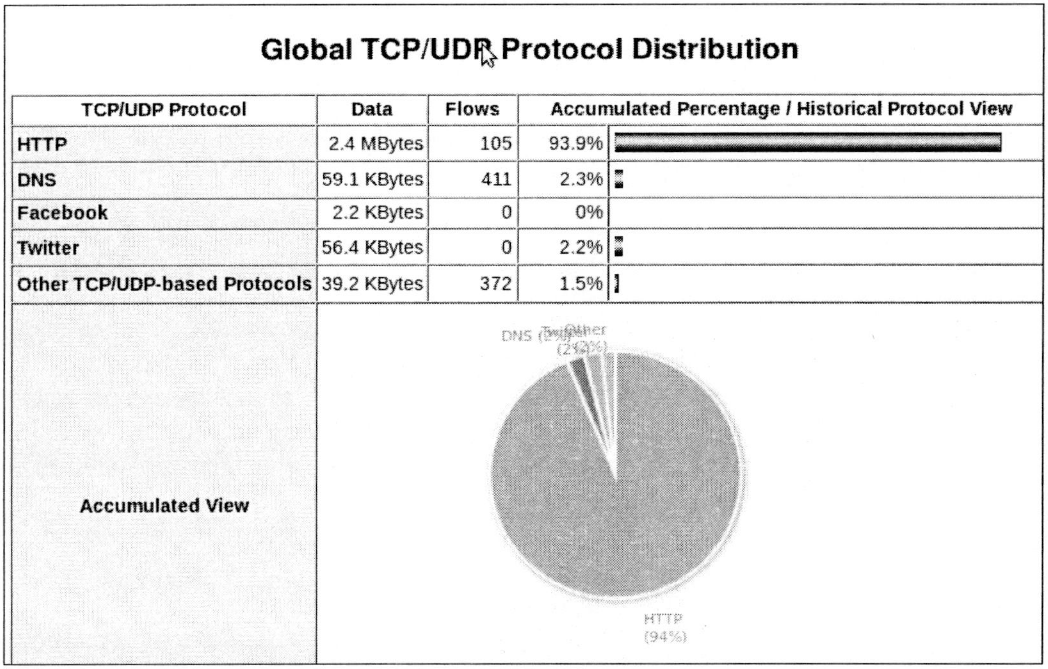

Global TCP/UDP Protocol Distribution

TCP/UDP Protocol	Data	Flows	Accumulated Percentage / Historical Protocol View
HTTP	2.4 MBytes	105	93.9%
DNS	59.1 KBytes	411	2.3%
Facebook	2.2 KBytes	0	0%
Twitter	56.4 KBytes	0	2.2%
Other TCP/UDP-based Protocols	39.2 KBytes	372	1.5%
Accumulated View			

C. Gestion des ressources

La gestion des ressources d'une infrastructure informatique se résume à un suivi quotidien de tous les éléments matériels et logiciels de cette dernière. Parmi les tâches qui garantissent une continuité de service et un gain de performance on trouve :

- L'augmentation des ressources matérielles critiques pour le bon fonctionnement d'un serveur ou d'un service informatique ; un serveur Web par exemple doit être capable de supporter un nombre important de requêtes. Un système disposant d'un processeur bicore au lieu d'un monoprocesseur participe pleinement à la croissance des performances.

  L'augmentation de la mémoire vive est également un élément important responsable d'une amélioration d'un système informatique.

  L'utilisation de la technologie RAID (*Redundant Array of Inexpensive Disks*) assure efficacement l'amélioration de la vitesse de lecture/écriture sur disque en plus de garantir la disponibilité des données.

- L'augmentation et la configuration des ressources logicielles :

  Le système d'exploitation GNU/Linux est réputé pour ses performances. En effet, le noyau Linux, paramétrable selon ses propres besoins, rend l'exploitation du système optimale.

  Les services qui tournent et qui offrent des ressources, qui sont sollicités par des applications ou par les utilisateurs doivent être installés et configurés pour supporter les besoins futurs.

- La diminution de l'usage des ressources inutiles :

  Sensibiliser les utilisateurs à ne pas surcharger leurs espaces disques avec des outils sans intérêt. Forcer les utilisateurs à ne pas dépasser la taille de disque autorisé par l'implémentation des quotas de disque sur le système de fichiers.

  Bien répartir la bande passante réseau, et diminuer celle qui ne nécessite pas un débit important en faveur des services réseau exploitant la bande passante pour fonctionner tel qu'un serveur FTP par exemple.

D. Validation des acquis : questions/réponses

Questions

1 Dans quel fichier peut-on définir des paramètres pour l'optimisation de la base de données Berkeley DB ?

2 Quelle directive dans slapd.conf permet de limiter le nombre des entrées retournées lors d'une opération de recherche dans l'annuaire ?

3 Quelle directive dans slapd.conf permet de limiter le temps maximal dédié à une opération de recherche dans l'annuaire, après lequel il y a déconnexion ?

4 Dans quelle version d'OpenLDAP peut-on configurer slapd à distance ?

5 Quel backend LDAP permet de superviser les statistiques sur l'utilisation du serveur OpenLDAP ?

6 Citez deux overlays (greffons LDAP) permettant la mise en place des règles dans LDAP assurant l'intégrité référentielle et la cohérence des données.

7 Par quelle commande effectuer une sauvegarde des entrées de l'annuaire avec les attributs opérationnels associés ?

8 Dans quel fichier du répertoire /proc les informations sur les processeurs sont-elles accessibles ?

9 Quelle est la commande UNIX permettant d'afficher l'arborescence des processus ?

10 Quel utilitaire permet d'agir sur les disques reliés à des contrôleurs SATA ?

11 Quelle commande permet d'inspecter l'espace disque disponible sur le système ?

12 Quel est l'utilitaire UNIX qui inspecte l'état des entrées/sorties (E/S) sur les disques ?

13 Quelles sont les commandes permettant d'inspecter l'utilisation de la mémoire ?

14 Par quelle commande peut-on visualiser le trafic réseau sur les ports TCP ?

15 Par quels outils peut-on surveiller les disques durs ?

16 Quelle commande permet d'afficher la version du noyau Linux utilisé par le système ?

17 Comment peut-on vérifier qu'un hôte distant est joignable ?

Résultats

Référez-vous aux pages suivantes pour contrôler vos réponses. Pour chacune de vos bonnes réponses, comptez un point.

Nombre de points /17

Pour ce chapitre, votre score minimum doit être de 13 sur 17.

Réponses

1 Dans quel fichier peut-on définir des paramètres pour l'optimisation de la base de données Berkeley DB ?

DB_CONFIG

2 Quelle directive dans le fichier client ldap.conf permet de limiter le nombre des entrées retournées lors d'une opération de recherche dans l'annuaire ?

sizelimit

3 Quelle directive dans slapd.conf permet de limiter le temps maximal dédié à une opération de recherche dans l'annuaire, après lequel il y a déconnexion ?

timelimit

4 Dans quelle version d'OpenLDAP peut-on configurer slapd à distance ?

À partir de la version 2.4 d'OpenLDAP, il est possible de configurer slapd dans un annuaire LDAP. L'entrée de cet annuaire est cn=config et il est stocké dans le dossier /etc/ldap/slapd.d dans le cas d'une installation sous Debian.

5 Quel backend LDAP permet de superviser les statistiques sur l'utilisation du serveur OpenLDAP ?

cn=monitor

6 Citez deux overlays (greffons LDAP) permettant la mise en place des règles dans LDAP assurant l'intégrité référentielle et la cohérence des données.

unique, refint, constraint

7 Par quelle commande effectuer une sauvegarde des entrées de l'annuaire avec les attributs opérationnels associés ?

slapcat.

8 Dans quel fichier du répertoire /proc les informations sur les processeurs sont-elles accessibles ?

/proc/cpuinfo

9 Quelle est la commande UNIX permettant d'afficher l'arborescence des processus ?

pstree

10 Quel utilitaire permet d'agir sur les disques reliés à des contrôleurs SATA ?

hdparm

11 Quelle commande permet d'inspecter l'espace disque disponible sur le système ?

df

12 Quel est l'utilitaire UNIX qui inspecte l'état des entrées/sorties (E/S) sur les disques ?

iostat

13 Quelles sont les commandes permettant d'inspecter l'utilisation de la mémoire ?

vmstat, top, free

14 Par quelle commande peut-on visualiser le trafic réseau sur les ports TCP ?

netstat

15 Par quels outils peut-on surveiller les disques durs ?

SMART (Self-Monitoring, Analysis and Reporting) disponible via le paquet smartmontools.

16 Quelle commande permet d'afficher la version du noyau Linux utilisé par le système ?

uname -a

17 Comment peut-on vérifier qu'un hôte distant est joignable ?

ping IP_HOTE

Chapitre 10

Pré-requis

- ☒Connaissances de base sur le principe de partage de fichiers.
- ☒Connaissances acquises lors de la certification LPIC-2.

Objectifs

À la fin de ce chapitre, vous serez en mesure de :

- ☒Appréhender le protocole SMB.
- ☒Connaître les différents composants du serveur Samba.
- ☒Connaître les différentes versions du serveur Samba.
- ☒Identifier l'utilité de l'intégration du serveur Samba dans un système d'information.

A. Quelques notions générales

Les noms NetBIOS

NetBIOS est un système de nommage équivalent au DNS pour Internet et permet d'identifier des machines, des groupes de travail, des domaines dans le but de rendre opérationnel un voisinage réseau. La totalité des réseaux Windows est basée dessus.

Les domaines Windows NT4

Ce sont des regroupements de plusieurs ressources (fichiers, imprimantes, montages de disques) et acteurs (utilisateurs, groupes, machines). Il permet de centraliser la gestion des droits d'accès de ces ressources par les acteurs.

Les SID

Le **SID** (*Security IDentifier*) est un identifiant unique d'un compte sur un domaine Windows NT. Il est composé de deux parties : le **SID local** qui représente le domaine et le **RID** qui représente un acteur appartenant au domaine.

B. Introduction à Samba

Samba est devenu un outil fondamental dans les infrastructures réseau qui contiennent des systèmes Unix/Linux et Windows. Il présente un ensemble d'applications Unix basées sur le protocole **SMB** (*Server Message Block*) permettant à des systèmes Unix/Linux de communiquer à l'aide du même protocole avec des systèmes Windows. Ceci permet au client Windows d'accéder aux ressources (fichiers, imprimantes) partagées par Linux et réciproquement.

L'utilisation de Samba est devenue répandue dans les entreprises de toutes tailles du monde entier grâce à la fiabilité et la flexibilité du service qu'elle fournit. Le prix de Samba est aussi très avantageux : il est gratuit et ne nécessite aucune licence.

1. Historique

Le projet Samba a été démarré par l'Australien Andrew Trigdell en 1992 sous le nom de **SMBserver**. Ce projet a été développé par rétro-ingénierie grâce à un renifleur de paquet et permet au début de monter des systèmes de fichiers du serveur Unix tout en exécutant simultanément des applications **NetBIOS** (*Network Basic Input/Output System*).

Un peu plus tard Trigdell a constaté qu'il est possible d'interconnecter deux ordinateurs Windows et Unix et a continué le développement de ce projet.

Pour des raisons juridiques, le nom a été changé. Le nom Samba a été donné en choisissant un nom proche de SMB en interrogeant un dictionnaire Unix, par la commande **grep** :

```
#grep ''s.*m.*b'' /usr/share/dict/words
```

Le projet est maintenu par l'équipe **Samba Team** composée d'une quarantaine de personnes de partout dans le monde et qui contribuent régulièrement au développement de Samba.

2. Le protocole SMB

a. Définition

Le protocole **SMB** (*Server Message Block*) permet un échange de données entre un serveur et un client dans le but d'accéder ou bien encore négocier l'accès à des ressources partagées sur le réseau.

Le protocole SMB a évolué plusieurs fois, chaque nouvelle version est compatible avec celle qui la précède. Ainsi, les serveurs et les clients peuvent utiliser en même temps des versions différentes du protocole SMB.

Il a été implémenté en 1985 par IBM sous le nom de **Lan Manager** pour tourner par dessous des implémentations NetBIOS. Par la suite il a été popularisé par Microsoft qui l'intégra à ses stations Windows comme système de partage de fichiers par défaut. À cette étape le protocole a été renommé **CIFS** (*Common Internet File System*). Une version plus rapide SMB2 a été développée avec Windows Vista, et lui suit la dernière version, SMB3, qui est apparue avec Windows 8.

Jusqu'à présent c'est le protocole par défaut qu'utilise Windows pour interfacer les partages et les authentifications des clients Windows. Samba est considéré comme implémentation compatible UNIX du protocole SMB.

b. Les fonctionnalités du protocole SMB

SMB est optimisé pour une implémentation en réseaux et contient toutes les commandes permettant les opérations de gestion des fichiers des travaux d'impression telles que :

- l'ouverture et la fermeture de fichiers ;
- la création, la suppression et la recherche de fichiers ou de répertoires ;
- la lecture et l'écriture de fichiers ;
- la mise en file d'attente et le retrait des travaux d'impression.

SMB fournit aussi deux modes d'authentification : le mode "share", dans lequel il associe un mot de passe à une ressource (espace disque, imprimantes...), et le mode "user", où il associe un mot de passe à un utilisateur. Cet utilisateur peut être aussi propriétaire d'une ressource.

SMB utilise aussi deux modes pour l'envoi de ces mots de passe : encryptés ou non. C'est là que réside toute la faille. C'est le serveur qui donne l'information au client s'il supporte le cryptage ou non.

c. Une connexion élémentaire SMB

Ce protocole est basé sur une architecture client/serveur et fonctionne en mode requête/réponse : le client envoie une requête au serveur et le serveur renvoie une réponse au client. Il est bénéfique de noter qu'une station ou machine peut se comporter une fois comme client, d'autre fois comme serveur et même les deux en même temps en fonction du rôle de la station sur le réseau ou des types de messages SMB qui lui ont été envoyé.

Les serveurs SMB sont en écoute sur les ports 139 et 445.

Le message SMB est composé d'un en-tête de taille fixe et d'une chaîne de commande de taille variable. Il n'est pas nécessaire de comprendre toutes les commandes SMB pour maîtriser le serveur Samba mais ils peuvent être utiles dans certains cas de dépannage.

Un client et un serveur doivent passer par trois étapes pour établir une connexion à une ressource :

1. Établissement d'une session NetBIOS : un canal bidirectionnel entre le client et le serveur sera ouvert permettant l'échange de données.

2. Négociation de la version du protocole à utiliser durant toute la session : le client envoie au serveur une liste des versions SMB qui lui sont compatibles avec la requête **SMBnegprot**. Le serveur répond soit en spécifiant la version acceptée soit en notant qu'aucune version n'est acceptée.

3. Définition des paramètres de session et de connexion : c'est en utilisant la commande **SMBsesssetup** qui contient plusieurs champs permettant de définir plusieurs paramètres tels que le nom d'utilisateur et son mot de passe, le groupe du travail, la taille maximale de données. La réponse du serveur à cette requête sera interprétée par la valeur d'un champ **TID** (*Tree ID*). Si ce dernier a la valeur 1 alors le serveur autorise l'accès de l'utilisateur à cette ressource.

☞*Le TID est un nombre qui spécifie une connexion au partage.*

3. Versions de Samba

L'équipe Samba Team a réussi à développer jusqu'à présent trois versions stables de Samba, chacune présente des limitations qui seront dépassées par la version qui la suit.

La version 2

C'est la plus ancienne version de Samba qui a été remplacée progressivement par la version 3 et s'est stabilisée depuis janvier 1999.

Elle a apporté, à son époque, l'intégration de l'outil d'administration web **SWAT** (*Samba Web Administration Tool*) qui a offert une meilleure gestion des comptes utilisateurs ainsi que l'amélioration du support d'impression. De plus, les deux backends LDAP et NIS sont apparus avec cette version.

La dernière version se nommait 2.2.16.

La version 3

Depuis son lancement en septembre 2003, cette version est régulièrement mise à jour et corrigée par l'équipe Samba Team. Jusqu'à présent, cette version est la plus déployée de Samba et elle sera le sujet de ces chapitres.

Les améliorations qu'apporte cette version se présentent dans :

- L'ajout de nouveaux backends (MySQL et XML) pour une meilleure gestion des comptes utilisateurs.
- L'intégration d'un mécanisme de mapping de groupe qui permet de créer automatiquement une correspondance entre un groupe UNIX et un groupe du domaine. Ceci engendre que tout utilisateur appartenant à un groupe UNIX se trouve appartenir au groupe Windows mappé.
- La possibilité de se comporter comme un contrôleur de domaine primaire ou secondaire dans un environnement NT4.
- L'approbation de domaines en permettant à deux domaines différents de s'accorder confiance. Il est désormais possible d'accéder à un domaine en utilisant un compte provenant d'un autre domaine.
- L'utilisation d'une nouvelle commande « net » similaire à celle de Windows et permet de gérer les comptes et d'administrer intégralement le serveur Samba.
- L'ajout des outils de migration des comptes, des fichiers, des imprimantes ou les partages du serveur NT4 ou Samba vers un autre serveur Samba.
- Un support initial d'Active Directory : il est possible de joindre une machine à un domaine AD.
- La mise en place des procédures de gestion d'accès aux ressources par l'ajout du support des **ACL** (*Access Control List*) et du protocole **NTLM** (*NT Lan Manager*) en sa deuxième version.
- L'ajout de nouveaux attributs d'utilisateurs indiquant les historiques des mots de passe, les tentatives et les horaires de connexions. Aussi des attributs de politique de comptes sont rajoutés tels que la taille et la durée de vie des mots de passe.

☞ *Les ACL sont des listes qui spécifient les droits accordés à un ou plusieurs acteurs sur une ressource.*

NTLM est un protocole d'authentification unique (sso) dans un réseau Windows.

La dernière version est la 3.6.24 et elle a été lancée juin 2014.

La version 4

C'est la version la plus récente de Samba. La toute première se nommait 4.0.0 et a été lancée en décembre 2012. Il s'agit d'une version totalement réécrite de Samba.

Les atouts que présente cette version par rapport à Samba 3 sont :

- Un nouveau backend **ldb** qui se trouve entre la base tdb et Ldap.
- Un produit complètement compatible Active Directory grâce à l'intégration des serveurs LDAP, DNS, Kerberos et NTP.
- Une installation et configuration plus simplifiées : plus de fichier de configuration, pas besoin d'installer un serveur LDAP grâce à ldb, une nouvelle interface de SWAT.

Une description plus détaillée de cette version sera prise en charge dans les chapitres suivants.

C. Les composants de Samba

Comme indiqué précédemment, Samba présente toute une suite de composants faisant de lui un outil performant : il y a les démons ainsi que les utilitaires en ligne de commande.

1. Les démons

Samba possède trois démons principaux : **smbd**, **nmdb** et **winbindd**. Les démons smbd et nmbd fournissent les services de partages et d'établissements de sessions NetBIOS. winbindd permet la connexion à un serveur Windows NT.

smbd

Le démon smbd est considéré comme noyau du serveur Samba : il fournit les services de partage de fichiers et d'impression aux clients SMB sur un ou plusieurs réseaux. Son principal rôle est de gérer toutes les communications entre Samba et ses clients. Il intervient aussi lors de l'authentification des utilisateurs et du verrouillage des fichiers via le protocole SMB.

Ce démon s'exécute en TCP/IP et il est contrôlé automatiquement par le fichier principal de configuration smb.conf qui sera expliqué dans les chapitres suivants.

nmbd

nmbd joue le rôle du serveur de noms NetBIOS et de démon d'exploration de Samba. Il comprend et peut répondre aux requêtes NetBIOS en dessous de TCP/IP produites par les clients SMB/CIFS de tous types (Windows 2000, Windows NT, Windows XP...).

Parmi ses services, nmbd est toujours en écoute de ces types de requêtes et si son nom NetBIOS est évoqué il va répondre par l'adresse IP de sa machine hôte.

Ce démon peut également se comporter comme un serveur **WINS** (*Windows Internet Name Server*). Ceci veut dire qu'il peut créer une base de données dans laquelle seront enregistrées toutes les demandes d'enregistrement de noms qu'il reçoit et les réponses correspondantes.

De plus, nmbd peut agir comme un proxy WINS jouant le rôle d'intermédiaire entre les clients qui ne comprennent pas le protocole WINS et les serveurs WINS.

winbindd

Le démon winbindd gère les connexions aux contrôleurs de domaines particulièrement les serveurs Windows NT présents dans le réseau. Il est basé sur un service qui s'appelle **winbind** et permet la résolution des informations d'utilisateur et groupe à partir d'un serveur Windows NT. Il fournit aussi un service d'authentification via un module PAM associé.

2. Les utilitaires

Les utilitaires sont les programmes binaires qui s'exécutent en ligne de commande et sont utiles généralement pour la gestion et la configuration des paramètres du serveur Samba. Cette gestion peut englober trois parties : gestion du domaine, gestion des utilisateurs et enfin la gestion de la configuration. Les sections suivantes décrivent brièvement les utilitaires les plus connus dans ces sens.

a. Quelques utilitaires de gestion de domaine

findsmb

C'est un programme qui retourne des informations sur les systèmes répondant au protocole SMB sur le réseau tels que l'adresse IP, le nom NetBIOS, le domaine ou le groupe de travail, le système d'exploitation...

Sa syntaxe est comme suit :

```
#findsmb [adresse de diffusion du réseau ]
```

nmblookup

Il permet l'accès en ligne de commande au service de nom NetBIOS afin de résoudre les noms NetBIOS des ordinateurs en adresse IP. Il fonctionne en diffusant des requêtes sur le réseau local jusqu'à ce qu'une machine portant le nom spécifié réponde. Il représente l'équivalent de **nslookup** ou **dig** sous Windows.

```
#nmblookup [option] nom_netbios
```

rpcclient

Cet utilitaire est destiné aux utilisateurs qui comprennent les RPC. Il permet en fait d'accéder aux RPC dont se servent les interfaces graphiques de Windows pour la gestion du système.

```
#rpcclient serveur [option]
```

smbclient

Cet utilitaire joue le rôle d'un client UNIX pour le serveur SMB (implémenté aussi par Samba) permettant les transferts de fichiers, la gestion des imprimantes SMB, l'envoi de messages sur le réseau SMB, l'archivage au format **tar** et aussi l'automatisation des tâches d'administration via des scripts. Toutes ces fonctionnalités sont exécutées interactivement avec des commandes spécifiques de type FTP.

En mode non interactif, la syntaxe de smbclient est comme suit :

```
#smbclient  //serveur/partage [mot_de_passe] [options]
```

Si smbclient est exécuté en mode interactif une boîte de dialogue similaire à celle de FTP sera ouverte.

```
#smbclient //nom_de_ la_machine
added interface ip=192.168.1.10 bcast=192.168.1.255
smb: \>
```

Ci-après, des exemples qui illustrent les fonctionnalités classiques de smbclient sont indiqués.

Exemple 1 : Exploration des machines du groupe du travail avec l'option -L.

Ceci affiche la liste de ressources à partir d'un seul système. Si Samba se comporte comme explorateur maître (à expliquer ultérieurement), il est possible de visualiser aussi l'ensemble des machines du domaine ou groupe de travail.

```
#smbclient -L localhost
```

Exemple 2 : L'authentification.

Comme tout client SMB, smbclient doit fournir un nom d'utilisateur et un mot de passe s'il s'authentifie dans un domaine. Cette commande permet d'accéder au partage **e** de la machine localhost.

```
#smb //localhost/e mot_de_passe_de_l'utilisateur
```

La commande suivante permet de forcer l'accès avec un utilisateur spécifique :

```
#smb //localhost/e  -U  ikram%mot_de_passe_de_ikram
```

Exemple 3 : Quelques commandes de smbclient.

Les commandes smbclient sont aussi simples et classiques :

- help ou ? : sans arguments, elle affiche la liste des commandes de smbclient. Sinon un message d'aide sur l'argument (commandes) spécifié sera affiché.
- open [nom_fichier] : ouvre le fichier spécifié.
- queue : retourne des informations sur la file d'attente d'impression de Samba.
- print [nom_fichier] : lance l'impression du fichier spécifié.
- exit : quitte la boîte de dialogue de smbclient.

D'autres commandes de smbclient seront éventuellement utilisées et expliquées dans d'autres chapitres.

smbcontrol

Cet utilitaire surveille le fonctionnement des processus smbd et nmbd en cours d'exécution tout en envoyant des messages de contrôle.

```
#smbcontrol -i [option]
```

smbcacls

Cet outil fournit une méthode de modifications des ACL de Windows NT via les fichiers de répertoire partagé par Samba.

```
#smbcacls //serveur/partage nom_fichier [option]
```

smbstatus

Cet utilitaire énumère les connexions en cours au serveur Samba et vérifie les ressources NetBIOS utilisées en fonction du nom d'utilisateur, dans un répertoire UNIX.

smbspool

Cet utilitaire fournit une interface compatible avec CUPS pour le système Samba afin de pouvoir envoyer les travaux d'impression à une imprimante SMB (CUPS ou non-CUPS) existante sur le réseau.

```
#smbspool travail utilisateur intitulé copies options nom_fichier
```

smbtar

Cet utilitaire prend en charge les opérations d'archivage au format tar.

```
#smbtar [option]
```

wbinfo

La commande **wbinfo** permet la récupération des informations sur le démon winbindd lorsqu'il fonctionne.

```
#wbinfo [options]
```

b. Quelques utilitaires de gestion d'utilisateurs

pdbedit

Cet utilitaire est utilisé pour gérer les comptes contenus dans une base de données SAM. L'outil pdbedit est indépendant du type de base de données supporté par Samba pour les utilisateurs (fichier smbpasswd, LDAP, NIS ou tdb). Il s'exécute seulement pour le super-utilisateur *root*.

```
#pdbedit [options]
```

☞ ***SAM** (Security Accounts Manager) est une base de données installée sur les serveurs Windows NT et contient les comptes utilisateurs et les données de connexion du serveur local.*

net

Cet utilitaire est similaire à celui de Windows et DOS : il accomplit les diverses fonctions d'administration relative au réseau Windows et s'exécute localement ou à distance.

Son premier argument permet de spécifier le protocole à utiliser lors de l'exécution d'une certaine commande et peut être soit ADS (pour signifier Active Directory), soit RAP pour les anciens clients (Win9x/NT3) ou encore RPC pour les clients NT4 et Windows 2000.

```
#net [méthode] fonction [options_diverses] [options-destination]
```

smbpasswd

L'outil smbpasswd permet de gérer et de conserver les mots de passe chiffrés des utilisateurs. Ses fonctionnalités dépendant du type d'utilisation qui l'exécute :

- Si c'est l'utilisateur ordinaire, il lui permet seulement de modifier son mot de passe chiffré.
- Si c'est le super-utilisateur root, il est possible d'ajouter ou supprimer des utilisateurs, modifier leurs mots de passe et d'autres valeurs d'attributs conservés dans smbpasswd.
- Si aucun utilisateur n'est spécifié, smbpasswd tentera de changer le mot de passe de l'utilisateur actuel sur la machine locale.

Pour que cette commande s'exécute normalement, il faut que le démon smbd soit déjà démarré. Sa syntaxe générale est :

```
#smbpasswd [option] nom_utilisateur
```

c. Utilitaire de gestion de la configuration

testparam

Cet utilitaire vérifie le fichier de configuration de Samba, smb.conf, et s'assure si ce dernier ne contient pas d'erreurs. En fait c'est selon l'architecture du réseau local que la taille de ce fichier varie.

S'il constate une erreur, il renvoie la valeur 1, sinon il retourne la valeur 0 avec tous les paramètres spécifiés au niveau du fichier de configuration.

L'utilitaire graphique SWAT

SWAT (*Samba Web Administration Tool*) est un outil d'administration et de configuration Samba via un navigateur web. Il est régi par le fichier de configuration smb.conf et facilite aux administrateurs la gestion de toutes options configurables de smb.conf.

D. Les capacités de Samba

1. Partage de fichiers et d'imprimantes

La principale finalité de Samba est de permettre aux machines Windows et UNIX de coexister sur un même réseau.

Si les configurations nécessaires ont été bien faites, toute machine Windows peut visualiser et explorer les partages d'une deuxième machine UNIX et Windows bien évidemment. Selon les droits des utilisateurs définis lors de l'étape de configuration, il est possible de lire et écrire sur les fichiers partagés, créer de nouveaux partages ou supprimer des fichiers.

Un serveur peut disposer aussi d'une ou plusieurs imprimantes partageables par les différentes machines sur le réseau. Les données imprimables, envoyées par les clients, seront mises en file d'attente sur le serveur et par la suite imprimées en se basant sur leur ordre d'arrivées (first in, first out).

Cette petite manipulation facilite la gestion et le partage des données surtout qu'elle est une solution totalement gratuite et très déployée surtout dans les entreprises et les établissements.

2. Contrôleur principal de domaine PDC

Un contrôleur principal de domaine **PDC** (*Primary Domain Controller*) est un acteur primordial sur lequel se base un domaine Windows (expliqué dans les chapitres suivants).

Un domaine Windows contient obligatoirement un seul PDC et peut inclure un ou plusieurs contrôleurs secondaires BDC (*Backup Domain Controller*) pour pallier une éventuelle indisponibilité du contrôleur principal. Le PDC stocke les données relatives à tous les objets (machines, comptes utilisateurs, serveurs, imprimantes) et gère l'interaction entre l'utilisateur et le domaine. Il est présent dans les processus d'ouverture de sessions ou de connexion au domaine, d'authentification pour autoriser l'accès aux ressources partagées et pour la gestion des stratégies système et des comptes utilisateurs (profils errants).

Toutes les données gérées par un PDC sont répliquées automatiquement vers des contrôleurs supplémentaires dans le but de garantir la disponibilité des informations en cas de panne.

Faisant partie d'un domaine Windows, Samba peut se comporter comme étant contrôleur principal permettant ainsi, en plus des partages des ressources, une gestion plus étendue du domaine.

3. Contrôleur secondaire de domaine BDC

En plus d'un PDC, Samba peut aussi agir en tant que contrôleur secondaire ou supplémentaire **BDC** (*Backup Domain Controller*) d'un domaine.

Généralement le rôle du BDC dans un domaine est double : il répartit les tâches liées aux authentifications avec le PDC et prend le relais du PDC en cas de panne. C'est pour cette raison que les données sont répliquées automatiquement du PDC.

4. Serveur WINS

Le serveur **WINS** (*Windows Internet Name Service*) est une base de données dynamique jouant le rôle de serveur de noms permettant de faire la correspondance d'un nom NetBIOS avec une adresse IP.

Le serveur Samba inclut aussi un serveur WINS pour fournir une visibilité plus claire du voisinage réseau (browsing) c'est-à-dire de toutes les machines connectées au même domaine que celui de Samba. En effet la présence d'un serveur WINS minimise le système de recherche par diffusion (broadcast) ce qui diminue notablement le trafic réseau.

Ce type de base de données est régulièrement mis à jour, ce qui assure une bonne concordance entre les noms NetBIOS et les adresses IP des machines.

5. Authentification des clients

a. La gestion des comptes

Le rôle principal du serveur Samba est de permettre à des clients Windows de se connecter à des machines UNIX et vice versa. Il établit alors un lien entre les comptes pour pouvoir gérer les droits d'accès aux partages réseau pendant et après la connexion. Une correspondance entre les utilisateurs Windows et UNIX est alors nécessaire.

La gestion des comptes dans Samba est basée sur une dualité : à chaque utilisateur Samba correspond un utilisateur UNIX (Posix). De ce fait, il est remarquable qu'un compte Samba nécessite et complète aussi un compte Posix.

La création d'un compte Samba se fait alors en deux étapes :

1. Ajout d'un compte Posix sur la machine UNIX qui peut être locale ou distante de Samba. Les comptes de ce type peuvent être stockés dans un annuaire LDAP, une base de données, le fichier /etc/passwd (par défaut), etc.

2. Ajout du compte à la base Samba qui se fonde sur un backend. Ce dernier peut être le fichier smbpasswd, le fichier tdb (trial database), un fichier XML, un serveur d'annuaire LDAP ou une base de données.

b. Les modes d'authentification

Le serveur Samba met en place cinq méthodes d'authentification des utilisateurs selon les besoins exigés par l'infrastructure réseau. Ils sont définis par un paramètre de configuration **security** qui peut prendre cinq valeurs : *share*, *user*, *server*, *domain* ou *ads*.

- Le **mode partage** ou **share** : chaque partage dispose d'un ou plusieurs mots de passe. Concernant le client, il suffit qu'il fournisse l'un des mots de passe valides. Dans ce type de sécurité, les règles d'accès du partage sont définies par le mot de passe. Par exemple : un mot de passe autorise l'accès en lecture seule, d'autres autorisent l'accès en lecture et en écriture.
- Le **mode utilisateur** ou **user** : les accès aux partages sont vérifiés par le nom d'utilisateurs et le mot de passe associé. C'est-à-dire que toute connexion au serveur nécessite une authentification pour accéder aux ressources. Ce mode est défini par défaut pour le serveur Samba.
- Le **mode serveur** ou **server** : Samba se réfère à un autre serveur dédié pour l'authentification des clients. Il faut juste bien établir la connexion entre ces deux serveurs.
- Le **mode domaine** ou **domain** : ce mode est utilisé lorsque Samba fait partie d'un domaine Windows NT. En fait il délègue l'authentification à un contrôleur de domaine PDC ou BDC tout en gardant le même principe que le mode **user**.

- Le **mode Active Directory** ou **ads** : si un environnement Active Directory existe, il est possible que Samba en fasse partie en tant que membre natif. Et par conséquent, le serveur peut authentifier les clients en acceptant les tickets Kerberos.

E. Validations des acquis : questions/réponses

Questions

1 Quelles sont les principales fonctionnalités de l'outil Samba ?

2 Dans quel environnement peut-on intégrer Samba ?

3 Énumérez les composants qu'intègre Samba.

4 Quels sont les rôles que peut jouer Samba dans une implémentation hétérogène ?

5 Quels sont les modes d'authentification opérables avec Samba ?

Résultats

Référez-vous aux pages suivantes pour contrôler vos réponses. Pour chacune de vos bonnes réponses, comptez un point.

Nombre de points /5

Pour ce chapitre, votre score minimum doit être de 4 sur 5.

Réponses

1 Quelles sont les principales fonctionnalités de l'outil Samba ?

Samba est un serveur qui permet le partage des ressources (fichiers et imprimantes) avec des machines UNIX et Windows coexistant dans un même réseau local.

2 Dans quel environnement peut-on intégrer Samba ?

Samba peut être intégré dans un environnement hétérogène contenant des stations Windows et Linux en même temps. Il peut aussi opérer dans un milieu purement Linux.

3 Énumérez les composants qu'intègre Samba.

Le serveur Samba contient deux types de composants :

- *Les démons : smbd, nmbd et winbind. smbd prend en charge le partage de ressources. nmbd sert de serveur de résolution de noms NetBIOS. Et enfin winbind permet l'interconnexion avec les contrôleurs de domaines Windows.*
- *Les utilitaires : ce sont plusieurs programmes qui s'exécutent en ligne de commande, permettant la gestion des informations de partages, des données utilisateurs ainsi que les différentes autorisations d'accès au domaine et aux ressources.*

4 Quels sont les rôles que peut jouer Samba dans une implémentation hétérogène ?

Il ne joue pas seulement le rôle de serveur de partage de ressources, mais il peut se comporter aussi comme serveur de noms WINS, comme un contrôleur principal ou secondaire de domaines et enfin, il peut se charger d'authentifications des clients Unix.

5 Quels sont les modes d'authentification opérables avec Samba ?

Les modes d'authentification intégrée par Samba sont :

- *le mode user*
- *le mode share*
- *le mode server*
- *le mode domain*
- *le mode ads*

Chapitre 11

Pré-requis

☒Bien assimiler le chapitre Samba et environnements hétérogènes.

☒La maîtrise de l'éditeur vi.

☒L'installation et la compilation des fichiers sources.

Objectifs

À la fin de ce chapitre, vous serez en mesure de :

☒Installer la version 3 du serveur Samba à partir des sources ainsi que les fichiers binaires.

☒Identifier les principales directives du fichier de configuration du serveur Samba.

☒Démarrer le serveur Samba 3.

☒Créer, en ligne de commande, des partages et monter des ressources sous le serveur Samba.

☒Gérer les utilisateurs et les ressources du serveur Samba en ligne de commande.

☒Partager un service d'impression avec le serveur Samba.

☒Configurer et mettre en place l'interface d'administration web de Samba.

A. Installation de la distribution Samba

1. Installation à partir du code source

La dernière version stable du paquet source de Samba, est Samba 3.6.29. Elle est téléchargeable depuis le lien http://ftp.samba.org/pub/samba/stable.

Après décompression, un répertoire Samba.3.6.29 sera créé et contiendra un sous-répertoire **source3** là où se trouve l'utilitaire de compilation. Il suffit alors de lancer ces commandes successivement.

```
#./configure
#make
#make install
```

Pour vérifier si les paquets sont bien installés, il est possible de lancer les démons **smbd** et **nmbd** et s'assurer par la suite de leurs statuts.

```
#service smb start
#service nmb start
#service smb status
#service nmb status
```

2. Installation binaire

Concernant les fichiers binaires, l'outil Samba est livré avec tous les paquetages utiles et peut être installé sous une distribution CentOS avec la commande :

```
#yum install samba
```

Du côté du poste client, il suffit d'installer le client Samba pour pouvoir accéder aux ressources partagées.

```
#yum install samba-client
```

Le répertoire d'installation se trouve par défaut sous le répertoire **/usr/local/samba** et contient :

- /usr/local/samba/bin : les exécutables
- /usr/local/samba/lib : smb.conf, lmhosts, fichiers de configuration
- /usr/local/samba/man : documentation
- /usr/local/samba/private : fichier de mot de passe chiffré
- /usr/local/samba/swat : fichiers de swat
- /usr/local/samba/var : fichier de journalisation, verrou, liste d'exploration, fichier de mémoire partagé, fichier de numéros de processeur PID installation de SWAT

B. Configuration de Samba

La configuration du serveur Samba est gérée par le fichier **smb.conf** qui se trouve par défaut sous **/etc/samba** s'il s'agit d'une installation par fichiers sources, ou bien sous **/usr/local/samba/lib/** s'il s'agit d'une installation par paquets binaires.

1. Le fichier smb.conf

Le fichier **smb.conf** contient la totalité de la configuration Samba : il précise les comportements des démons **smbd** et **nmbd** et permet de gérer les partages de fichiers et d'imprimantes.

Sa structure est similaire aux fichiers **.ini** de Windows : il est composé par des sections qui définissent les différents partages ainsi que les paramètres globaux du serveur Samba. Ces sections sont elles-mêmes définies par des directives auxquelles sont attribués des paramètres bien déterminés.

Les sections sont distinguées par leurs noms entre crochets **[section]** et correspondent généralement à un partage.

Les directives se présentent par une syntaxe simple qui détermine leurs valeurs : **directive = valeur**

Une directive s'applique à la section à laquelle elle appartient ou à toutes si elle est dans la section **[global]**.

Trois sections spécifiques se trouvent par défaut dans ce fichier :

- la section **[global]** : définit les paramètres globaux de fonctionnement de Samba.
- la section **[homes]** : est le répertoire personnel par défaut des utilisateurs.
- la section **[printers]** : définit les paramètres de partages des imprimantes.

D'autres sections sont réservées à une configuration plus avancée, notamment :

- La section **[profiles]** : détermine les profils itinérants des utilisateurs.
- La section **[print$]** : contient les drivers des imprimantes partagées.

☞*La section qui se termine par $ désigne un partage caché.*

2. Les directives de smb.conf

a. Les directives de la section [global]

Comme c'est noté précédemment, la section [global] est indispensable au fonctionnement de Samba et contient les paramètres globaux. Les directives les plus connues sont listées ci-dessous :

- **Passdb backend** : spécifie le backend à utiliser pour le stockage des comptes utilisateurs autorisés à se connecter au serveur (smbpasswd, tdbsam, ldapsam, mysql, guest).
- **Workgroup** : indique le nom du groupe de travail (ou du domaine) auquel appartient la machine.
- **Netbios name** : spécifie le nom NetBIOS sous lequel le serveur se présentera sur le réseau.
- **Domain logon** : gestion de l'authentification sur le domaine (PDC ou BDC).
- **Encrypt passwords** : permet d'activer le chiffrement des mots de passe.
- **Server string** : permet de spécifier un commentaire qui apparaîtra sur les postes Windows au moment d'accès à un partage (boîte de dialogue d'impression et commande net view principalement). Il est possible d'utiliser avec cette directive deux variables :
  - **%v** remplace la version de Samba utilisée.
  - **%h** qui sera remplacée par le nom NetBIOS du serveur.

Par exemple :

```
server string = Ce partage est hébergé par Samba %v depuis %h
```

- **Security** : cette directive définit le mode ou le niveau d'authentification utilisé. Les valeurs qu'elle prend sont : *user*, *share*, *domain*, *server* et *ads* (expliqués dans le chapitre précédent).

b. Les directives des sections de partages

Pour commencer, les noms des partages sont définis au niveau section. Pour un partage d'un fichier public qui s'appelle **Pub** par exemple, il suffit d'ajouter la section **[Pub]** dans le fichier **smb.conf**, laquelle sera bien évidemment suivie par les paramètres adéquats.

Un partage standard dépend d'une liste de directives classiques pour spécifier leurs emplacements, leurs descriptions, les droits d'accès qui leur sont associés.

Elles sont :

- **path** : permet de spécifier le chemin du partage.
- **comment** : laisse un commentaire ou une description relative au partage.
- **read only** : spécifie si le partage est en lecture seule. La valeur attribuée peut être *yes* ou *no*.
- **browsable** : spécifie s'il est possible de visualiser le partage dans l'explorateur. La valeur attribuée peut être *yes* ou *no*.
- **writable** : indique si l'écriture sur le partage est permise. La valeur attribuée peut être *yes* ou *no*.

Gestion d'accès au partage

D'autres directives sont dédiées aux droits d'accès à la ressource :

- **invalid users / valid users** : autorise ou interdit l'accès de certains comptes utilisateurs ou groupes. Il suffit d'attribuer les noms d'utilisateur à cette directive.

- **force user/group :** réduit l'accès au partage à un seul utilisateur ou groupe. Il suffit d'attribuer les noms d'utilisateur à cette directive.
- **public** : détermine si le partage est public.
- **write/read list** : spécifie une liste d'utilisateurs uniquement autorisés à lire/écrire. Il suffit d'attribuer les noms d'utilisateur à cette directive.

La gestion des accès invités est aussi possible :

- **guest ok** : permet d'activer l'accès invité au partage. La valeur attribuée peut être *yes* ou *no*.
- **guest only** : permet seulement l'accès invité. La valeur attribuée peut être *yes* ou *no*.
- **guest account** : spécifie le compte utilisé pour l'accès invité.
- **map to guest** : détermine la stratégie avec lequel l'accès invité sera détecté. Cette directive peut avoir trois valeurs : *Bad user*, *Bad password* ou *Never*.

3. Mise en place d'un serveur de fichiers

Le serveur Samba sur lequel se basent les parties suivantes du chapitre est installé sur une machine appelée **fileserver**, il appartient au groupe de travail **MYGROUP** et possède l'adresse IP 192.168.10.1 (appartient au réseau 192.168.10.0). Ces paramètres seront mentionnés dans la section [global] comme suit :

```
[global]
      workgroup= MYGROUP
      netbios name = fileserver
      server string= Serveur Samba sur %h
      #paramètres de log
      log file = /var/log/samba/log.%m
      max log size = 1000
```

a. Gestion des utilisateurs

Avant de créer les comptes utilisateurs il faut mentionner à Samba la base des utilisateurs utilisée : smbpasswd (par défaut), base de données triviale tdb, base de données mysql, annuaire ldap. Il vient aussi le choix de type d'authentification (user par défaut) ainsi que la sécurité des mots de passe. Tous ces paramètres sont traduits par les directives suivantes de la section [global] :

```
passdb backend = tdbsam
security = user
encrypt passwords = yes
```

Comme expliqué dans le chapitre précédent, il existe une dualité entre les comptes UNIX et compte Samba : il est nécessaire de créer des comptes UNIX et les faire correspondre par la suite à des utilisateurs Samba en leurs définissant les mots de passe. Pour ce faire il suffit d'exécuter les commandes suivantes :

```
# useradd issam
# smbpasswd -a issam
New SMB password:
Retype new SMB password:
Added user issam.
```

La commande **smbpasswd** permet en premier lieu de définir ou réinitialiser les mots de passe des utilisateurs et de créer, supprimer, activer ou désactiver des comptes utilisateurs. C'est ce mot de passe qu'il faut utiliser pour accéder aux partages depuis n'importe quelle machine.

Avec la commande **pdbedit**, il est possible de lister les utilisateurs de Samba et s'assurer que les comptes ont bien été créés :

```
#pdbedit -L
issam
toto
root
```

La commande pdbedit permet aussi de gérer les comptes utilisateurs (comme smbpasswd) sauf qu'elle ne s'exécute que lorsque le compte utilisateur **root** est connecté.

b. Création de partages

Les fichiers partagés par Samba seront définis dans le fichier de configuration *smb.conf* à travers les différentes directives. Par défaut, ce fichier contient une directive **home** qui décrit le répertoire de l'utilisateur connecté ce qui évite la création de partage une fois qu'un utilisateur est ajouté.

Partages publics

Le partage public est accessible par tous les utilisateurs y compris les visiteurs. Il peut être décrit par une section similaire à ceci :

```
[ALL]
#le chemin du répertoire à partager
      path = /home/all
#brève description du partage
      comment = fichiers accessibles par tous les utilisateurs
#l’accès sans authentification est activé
      public = yes
#l'accès en écriture est autorisé
      writable = yes
#il est possible de lire le contenu du répertoire
      browsable = yes
```

La directive **guest ok** est équivalente à **public** et permet d'autoriser l'accès des invités.

Partages avec authentification

Pour limiter l'accès aux partages, il faut désactiver en premier lieu l'accès invité ou l'option de partage public et définir par la suite la liste des utilisateurs ou des groupes d'utilisateurs autorisés à accéder au partage.

```
[LPI3]
      comment = fichiers pour la certification LPI niveau 3
      path = /var/spool/samba
      writable = yes

# n'autoriser l'écriture que pour l'utilisateur admin
      write list = admin
```

```
        browsable = yes
        browse list = admin, @candidats

#interdire l'accès invité
        guest ok = no

#accès autorisé seulement pour admin et le groupe candidats
        valid users = admin, @candidats
```

Il est possible de forcer l'authentification d'un utilisateur ou groupe bien déterminé en utilisant les directives : **force group** et **force user**.

c. Montages des ressources

Les premières versions de Samba se basaient sur les commandes **smbmount** et **smbumount** pour monter et démonter des ressources partagées. Elles furent par la suite remplacées par la commande UNIX standard **mount**. Cette dernière ne peut pas résoudre les noms d'ordinateurs Windows, il faut utiliser les adresses IP correspondantes à leur place.

Les commandes qui suivent décrivent la méthode pour monter une ressource :

```
#mkdir /mnt/samba
#mount -t cifs //192.168.10.2//share /mnt/samba
Password
#mount
//192.168.10.2//share on /mnt/samba type cifs (rw,mand)
#cd /mnt/samba
#ls -l
total 1
```

Cette série montre que la ressource **share** appartenant à la machine 192.168.10.2 a été bien montée à l'emplacement /mnt/samba.

☞*La commande **mount -t cifs** est équivalente à mount.cifs.*

Pour démonter la ressource, il suffit d'exécuter :

```
#umount /mnt/samba
```

Il y a une deuxième méthode pour monter une ressource : le montage automatique au démarrage. Il suffit d'éditer le fichier /etc/fstab et ajouter la ligne :

```
//192.168.10.2/share /mnt/samba cifs user=issam,password=pwd 0 0
```

Cette méthode est peu adaptée puisque le mot de passe sera présenté en clair dans le fichier.

d. Impression

D'après les estimations de l'équipe SambaTeam, l'impression est la fonctionnalité la plus délicate du serveur Samba à cause du système de file d'attente de Windows.

Samba est parfaitement au point en tant que serveur d'impression puisqu'il permet aux utilisateurs d'imprimer et même de télécharger les pilotes d'impression adaptés à leurs systèmes.

Il y a plusieurs systèmes d'impression UNIX sur lesquels se base Samba et ils sont définis par la directive **printing** de la section **[global]**. Les systèmes les plus classiques sont BSD et le fameux CUPS.

L'impression BSD

C'est la méthode d'impression la plus ancienne et traditionnelle. Le système d'impression BSD est fondé sur la RFC 1179 et utilise des commandes comme lpr pour gérer les travaux d'impression.

La configuration minimale requise pour activer le système d'impression BSD ressemble à :

```
[global]
      printing = bsd
      load printers = yes

[printers]
      path = /var/spool/samba
      printable = yes
      public =yes
      writable = no
```

Puisque BSD utilise des commandes, pour lancer un travail d'impression sur le réseau il suffit de taper en ligne de commande :

```
#lrp -r -Pnom_imprimante fichier
```

Impression CUPS

Le système d'impression le plus adopté de nos jours est **CUPS** (*Common Unix Printing System*). Il permet non seulement la gestion des imprimantes et fichiers partagés mais aussi d'adapter le format du fichier à la nature du système sur lequel se fait l'impression. Les fonctions de CUPS sont générées soit en ligne de commande, soit en accédant à sa plate-forme web dédiée sous l'URL http://localhost:631.

Avant de commencer la configuration il faut s'assurer que CUPS est installé dans le système utilisé, CentOS dans ce cas. Si ce n'est pas le cas, il suffit de l'installer avec une simple commande :

```
#yum install cups
```

Comme deuxième étape de vérification, il faut s'assurer que Samba est relié à la librairie **libcups** en lancant la commande :

```
#ldd `which smbd`
libssl.so.0.9.6 => /usr/lib/libssl.so.0.9.6 (0x4002d000)
libcrypto.so.0.9.6 => /usr/lib/libcrypto.so.0.9.6 (0x4005a000)
libcups.so.2 => /usr/lib/libcups.so.2 (0x40123000)
[.........]
```

Si le résultat est similaire à ceci et la ligne « libcups.so.2 => /usr/lib/libcups.so.2 (0x40123000) » est présente alors un support CUPS est compilé avec Samba.

Configuration de CUPS avec Samba

Il faut définir le système d'impression dans la section **[global]** du fichier smb.conf :

```
printing= cups
printcap name = cups
load printers = yes
```

```
show add printer wizard = yes
printer admin = printadmins
```

Cette configuration montre que le système d'impression utilisé est CUPS (défini dans les directives *printing* et *printcap name*) et que toutes les imprimantes sur le réseau seront chargées et partagées. La directive **show add printer wizard** permet au client de télécharger le driver de l'imprimante via un wizard.

☞ *Les clients Windows sont obligés de télécharger les drivers d'imprimantes partagées et d'adopter le formatage du fichier à imprimer, ce qui peut engendrer un problème de conflit au niveau de format du fichier à imprimer. C'est pour cette raison qu'il est recommandé de configurer toutes les imprimantes en mode « raw » au niveau de la page web CUPS.*

La déclaration des imprimantes est configurée dans la section **[printers]** :

```
[printers]
      comment = Partage d'imprimantes
      path = /var/samba/spool
      printable = yes
      browseable = yes
      guest ok = no
      valid users = samabusers
```

La directive **path** indique le répertoire qui contient tous les fichiers à imprimer en file d'attente. Les directives *printable* et *browseable* indiquent que ces partages sont imprimables et ne peuvent être accessibles que par les utilisateurs appartenant au groupe d'utilisateurs *sambausers*.

Pour permettre un téléchargement automatique des drivers chez les clients, il est nécessaire de définir un partage sous la section **[print$]** contenant les directives suivantes :

```
[print$]
      comment= drivers d'impression
      path= data/samba/drivers
      browseable = yes
      guest ok = yes
      read  only = yes
      write list = admins
```

Cette configuration est considérée minimale, plusieurs autres options peuvent être définies en fonction des exigences de l'environnement utilisé.

e. smb.conf

Pour récapituler, le fichier de configuration *smb.conf* pour que Samba fonctionne en tant que serveur de fichiers ressemble à ceci :

```
[global]
     workgroup= MYGROUP
     netbios name = fileserver
     server string= Serveur Samba

      log file = /var/log/samba/log.%m
```

```
        max log size = 1000
        passdb backend = tdbsam
        security = user
        encrypt passwords = yes

        printing= cups
        printcap name = cups
        load printers = yes
        show add printer wizard = yes
        printer admin = printadmins

[ALL]
        path = /home/all
        comment = fichiers publics
        public = yes
        writable = yes
        browsable = yes

[LPI3]
        comment = fichiers de la certification LPI niveau 3
        path = /home/documents
        writable = yes
        write list = admin
        browsable = yes
        browse list = admin, @candidats
        guest ok = no
        valid users = admin, @candidats

[printers]
        comment = Partage d'imprimantes
        path = /var/samba/spool
        printable = yes
        browseable = yes
        guest ok = no
        valid users = samabusers

[print$]
        comment= drivers d'impression
        path= /data/samba/drivers
        browseable = yes
        guest ok = yes
        read  only = yes
        write list = admins
```

4. Configuration et mise en œuvre de SWAT

a. Configuration de SWAT

L'outil **SWAT** (*Samba Web Administration Tool*) est un démon qui démarre par *inetd* ou *xinetd*. Il permet de créer et de modifier le fichier de configuration de Samba à partir d'une interface web. Ceci afin de faciliter l'accès et la manipulation des paramètres du serveur Samba.

Une simple configuration est nécessaire pour que SWAT fonctionne normalement : il suffit d'ajouter des lignes aux fichiers /etc/services et /etc/inetd.conf (ou bien /etc/xinetd.d/swat). Pour ce faire, il faut procéder comme suit :

1. Vérifier si le fichier /etc/services contient la ligne suivante sinon l'ajouter :

```
swat        901/tcp
```

2. Éditer le fichier de configuration du démon existant dans le système d'exploitation. Si c'est *inetd*, il faut ajouter au fichier /etc/inetd.conf la ligne suivante :

```
swat stream tcp nowait root  /usr/local/samba/bin/swat swat
```

Si c'est *xinetd*, il faut créer un fichier *swat* sous le répertoire */etc/xinetd.d* dont le contenu sera :

```
# description: swat is the Samba Web Administration Tool, which
#       allows an administrator to configure Samba using a web
#       browser interface, with the URL http://localhost:901
service swat
{
        socket_type             = stream
        wait                    = no
        protocol                = tcp
        only_from               = localhost
        user                    - root
        log_on_failure          += USERID
        server                  = /usr/local/samba/bin/swat
        port                    = 901
        disable                 = no
}
```

Ce code définit les paramètres principaux au fonctionnement de SWAT tels que le chemin du démon, le protocole et le port (901) et aussi l'utilisateur par défaut.

☞*Il faut s'assurer que la valeur de l'attribut disable est no.*

Forcer les démons à relire leurs fichiers de configuration pour prendre en compte les modifications apportées. En ce qui concerne *inetd* lancer la commande :

```
# /bin/kill -HUP -a inetd
```

De même pour *xinetd* :

```
#/bin/kill -HUP -a xinetd
```

b. Démarrage de SWAT

Après cette configuration il faut accéder avec le navigateur web à la page http://localhost:901 sans oublier bien sûr de s'assurer que le serveur web est fonctionnel.

Une page d'authentification est affichée en premier lieu pour s'assurer de l'identité de l'utilisateur.

L'interface SWAT contient des onglets permettant de gérer le serveur Samba :

- **Home** : la page d'accueil de SWAT permet de naviguer entre les différents fichiers man de Samba.
- **Global** : permet de définir et de modifier tous les paramètres globaux de Samba, définis dans la section [global] du fichier smb.conf.
- **Shares** : permet de créer et de lister les partages définis dans smb.conf.
- **Printers** : contient toutes les directives propres à la section [printers].
- **Wizard** : cet onglet permet de choisir une configuration complète permettant au serveur Samba de jouer des rôles différents sans avoir besoin de modifier le fichier smb.conf manuellement.
- **Status** : il est possible à partir de cet onglet de voir l'état des démons smbd, nmbd et winbindd et même les démarrer et les arrêter. Il permet aussi de voir les différentes connexions actives.
- **View** : permet de visualiser le contenu complet du fichier de configuration smb.conf actuel.
- **Password** : permet de gérer (définir, réinitialiser) les mots de passe des utilisateurs.

☞ *Après chaque application effectuée à partir de SWAT il faut redémarrer le serveur Samba ou lancer la commande testparm pour enregistrer les modifications.*

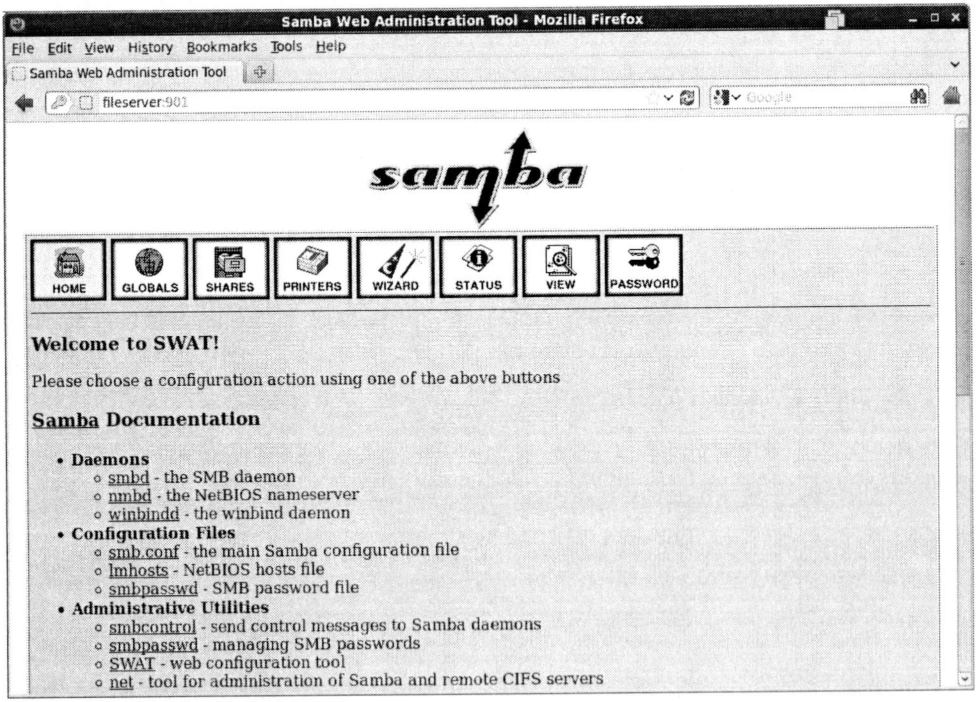

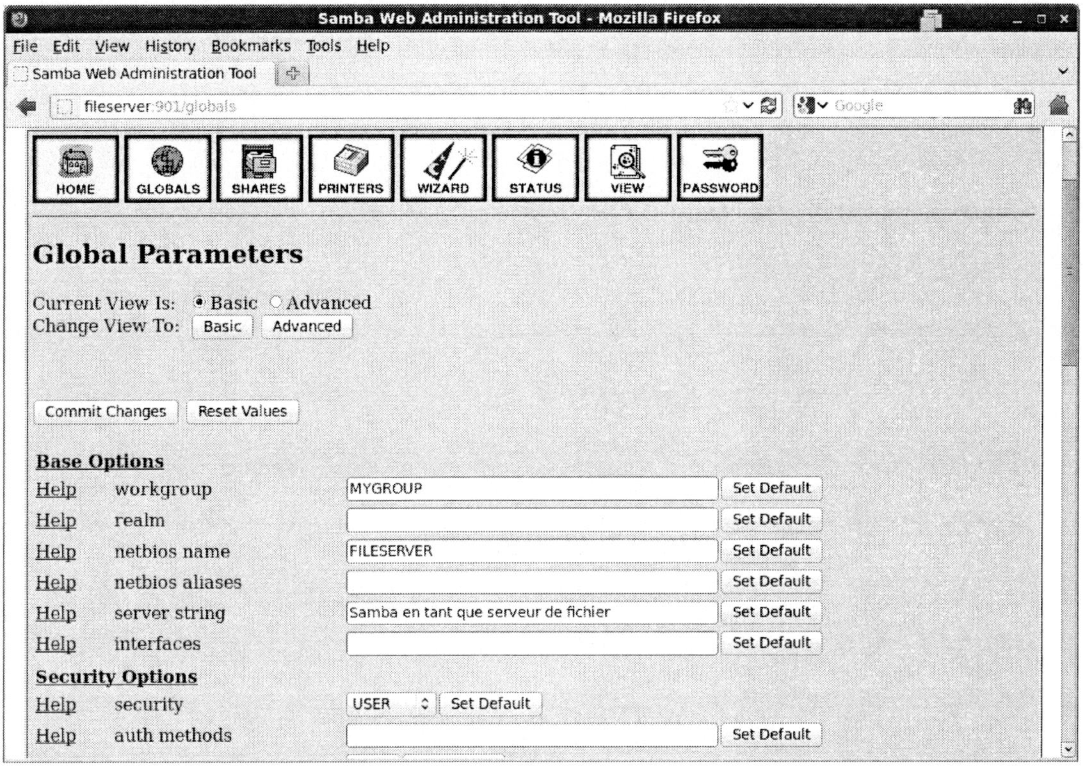

5. Test et validation de la configuration

Les tests suivants sont appliqués sur le fichier de configuration défini dans les paragraphes précédents.

a. testparm

La commande **testparm** vérifie s'il y a des informations erronées ou des paramètres mal configurés dans smb.conf. Pour valider la configuration adoptée, il suffit de lancer la commande **testparm** et obtenir un résultat similaire à :

```
#testparm
Load smb config files from /etc/samba/smb.conf
rlimit_max : increasing rlimit_max (1024) to minimum Windows limit
Processing section "[ALL]"
Processing section "[LPI3]"
Processing section " [printers]"
Loadede services file OK.
Server role : ROLE_STANDALONE
Press enter to see dump of your service definitions
```

Le résultat montre que les partages ALL et LPI3 sont bien chargés ainsi que les paramètres globaux sont bien validés. Il est possible de visualiser la totalité du fichier de configuration après un appui sur la touche [Entrée].

☞ *Après chaque modification du fichier smb.conf il faut lancer testparm pour que Samba les prenne en considération.*

b. Gestion des partages : smbclient

Visualiser la liste des partages

Pour mieux tester le fonctionnement de Samba en tant que serveur de fichiers, rien n'est mieux que de tester l'accès aux partages déjà définis. Ceci est possible avec l'utilitaire *smbclient*. Il suffit de renseigner le nom d'utilisateur ainsi que la machine sur laquelle existe le partage.

```
# smbclient -U toto -L fileserver
Enter toto's password:
Domain=[MYGROUP] OS=[Unix] Server=[Samba 3.6.9-169.el6_5]

 Sharename    Type      Comment
 ---------    ----      -------
 IPC$         IPC       IPC Service (Serveur Samba sur fileserver)
 ALL          Disk      fichiers publics

Domain=[MYGROUP] OS=[Unix] Server=[Samba 3.6.9-169.el6_5]

 Server               Comment
 ---------            -------
 FILESERVER           Serveur Samba sur fileserver

 Workgroup            Master
 ---------            --------
 MYGROUP              FILESERVER
 MYGROUP              UBUNTU
```

Ici l'utilisateur toto n'a accès qu'au partage ALL qui est défini comme partage public.

☞ *Pour accéder en tant qu'invité, il suffit de ne rien mentionner dans le champ mot de passe (touche [Entrée]).*

L'utilisateur root appartient au groupe d'administrateurs, il a d'autres partages accessibles :

```
# smbclient -U root -L fileserver
Enter root's password:
Domain=[MYGROUP] OS=[Unix] Server=[Samba 3.6.9-169.el6_5]

 Sharename    Type      Comment
 ---------    ----      -------
 IPC$         IPC       IPC Service (Serveur Samba sur fileserver)
 ALL          Disk      fichiers publics
```

```
 LPI3         Disk       fichiers de la certification LPI niveau 3
 printers     Disk       Partage d'imprimantes

Domain=[MYGROUP] OS=[Unix] Server=[Samba 3.6.9-169.el6_5]

 Server                Comment
 ---------             -------
 FILESERVER            Serveur Samba sur fileserver

 Workgroup             Master
 ---------             --------
 MYGROUP               FILESERVER
 MYGROUP               UBUNTU
```

Accès et manipulation des partages

L'utilitaire *smbclient* fonctionne aussi en mode texte et contient un ensemble de commandes similaires à celles de FTP.

Il suffit de mentionner le nom de la machine du partage concernée et bien sûr l'utilisateur. La commande **help** de smb permet de lister toutes les commandes spécifiques à smbclient. Un exemple est illustré ci-après :

```
#smbclient //fileserver/All -U toto
Enter toto's password :
Domain =[MYGROUP]        OS=[UNIX]        Server=[Samba 3.6.9-169.el6?]
smb:\>pwd
Current Directory is //fileserver/All
smb:\>!pwd
/home/all
smb:\> quit
#
```

☞*Il est possible de renseigner l'adresse IP au lieu du nom NetBIOS de la machine.*

c. Liste des ordinateurs

La commande **findsmb** permet de visualiser la liste des ordinateurs appartenant au même groupe de travail. Pour le moment seulement des stations Unix sont définies :

```
#findsmb
                   *=DMB
                   +=LMB
IP ADDR            NETBIOS NAME        WORKGROUP/OS/VERSION
-----------------------------------------------------------
192.168.10.2       fileserver          [MYGROUP][UNIX][CENTOS 6.4]
192.168.10.3       ubuntu              [MYGROUP][UNIX][UBUNTU 14.4]
```

Il y a aussi la commande **smbstatus** qui permet de lister les différentes connexions au serveur Samba.

C. Validations des acquis : questions/réponses

Questions

1 Quel est le répertoire d'installation par défaut de Samba ?

2 Comment démarrer le service Samba après son installation ?

3 Quels sont les types de sections que possède le fichier smb.conf ?

4 Comment définir un partage sur Samba ?

5 Qu'est-ce que SWAT ? Comment peut-on l'exécuter ?

6 Quelles sont les fonctionnalités de la commande smcbclient ?

7 Avec quelle commande tester la configuration de Samba ?

8 Quel est le rôle de la commande findsmb ?

Résultats

Référez-vous aux pages suivantes pour contrôler vos réponses. Pour chacune de vos bonnes réponses, comptez un point.

Nombre de points /8

Pour ce chapitre, votre score minimum doit être de 6 sur 8.

Réponses

1 Quel est le répertoire d'installation par défaut de Samba ?

Le répertoire d'installation est /usr/local/samba. Les fichiers de configuration (smb.conf, lmhosts) se trouvent sous /etc/samba.

2 Comment démarrer le service Samba après son installation ?

Après son installation, le service Samba est actif une fois ses démons démarrés. Ces derniers seront lancés directement par les commandes :

```
#service smbd start
#service nmbd start
```

Il est possible de les activer à partir du fichier binaire Samba :

```
#cd /usr/local/samba/bin/
#smbd
#nmbd
```

3 Quels sont les types de sections que possède le fichier smb.conf ?

Le fichier de configuration smb.conf possède deux types de sections : une seule section [global] contient toutes les caractéristiques propres au serveur et plusieurs sections de partages permettant de définir plusieurs types les ressources partagées ainsi que leurs caractéristiques.

4 Comment définir un partage sur Samba ?

Il suffit d'ajouter une section au niveau du fichier smb.conf qui porte le nom du partage et contient les paramètres de ce dernier. Il est indispensable d'indiquer le chemin du partage avec la directive path et les autres directives de sécurité et de gestion d'accès.

5 Qu'est-ce que SWAT ? Comment peut-on l'exécuter ?

SWAT est l'abréviation de Samba Web Administration Tool. C'est une interface web qui permet la gestion et la configuration du serveur sans recours à la ligne de commande. Une fois configurée et activée, cette interface est accessible depuis le navigateur web sur l'URL : http://localhost:901.

6 Quelles sont les fonctionnalités de la commande smbclient ?

L'utilitaire ou la commande smbclient fournit à l'utilisateur l'accès et la gestion des ressources partagées. Il est considéré comme étant un client du serveur Samba.

7 Avec quelle commande tester la configuration de Samba ?

La vérification du fichier de configuration smb.conf est le rôle principal de la commande testparm. Elle vérifie s'il y a des directives erronées et permet de visualiser la totalité du fichier smb.conf.

8 Quel est le rôle de la commande findsmb ?

La commande findsmb permet de lister tous les ordinateurs qui sont au voisinage réseau du serveur Samba.

D. Travaux pratiques

1. Mise en place du serveur de fichiers Samba 3

Commandes utiles

- make, make install
- smbd, nmbd
- vim
- testparam

Manipulations

1. Installez le serveur Samba.
2. Premier démarrage de Samba.
3. Configurez Samba en tant que serveur de fichiers.
   - Le serveur est hébergé par la machine « LPI » et appartient au groupe de travail CLPI3.
   - La description sera « Serveur Samba (version) hébergé par (Nom de l'hôte) ».
   - Le mode de sécurité est user et utilise les mots de passe cryptés.
   - Le serveur partage un répertoire « TD » public et un répertoire « CorrectionTD » en lecture seule.
   - Les imprimantes sont partagées et utilisent le système d'impression CUPS.
4. Testez la configuration.

Résumé des commandes et résultat à l'écran

1. Installez le serveur Samba.
   - Téléchargement du paquet depuis le lien ftp.samba.org/.
   - Sous le répertoire source de la distribution installée, exécutez les commandes suivantes en tant que ***root***.

```
#./configure
#make
#make install
```

2. Premier démarrage de Samba.

Lancez la commande :

```
#/etc/rc.d/init.d/smb start
Starting SMB services
Starting NMD services
```

Ou bien sous le chemin /usr/local/samba/sbin/ lancez :

```
./smbd
./nmbd
```

Pour s'assurer que les démons sont bien démarrés, lancez :

```
#/etc/rc.d/init.d/smb status
smbd (pid 1085) is running…
nmbd (pid 1087) is running...
```

3. Pour que le serveur Samba fonctionne en tant que serveur de fichiers avec les paramètres demandés, le fichier de configuration *smb.conf* doit contenir :

```
[global]
      workgroup = CLPI3
      netbios name = LPI
      comment = Serveur Samba%v hebergé par%h

      security = user
      encrypt passwords = yes

      printing = cups
      printcap name = cups
      load printers = yes

[TD]
      comment = Travaux dirigés de la certification LPI3
      path= /home/TD
      public = yes
      writable = no
      browseable = yes
```

```
        printable = yes

[CorrectionTD]
        comment = correction des TD de la certification LPI3
        path = /home/Correction
        public = no
        writable = no
        browseable = yes
        write list = admin
        printable = no

[printers]
        path = var/samba/spool
        printable = yes
        browseable = yes
        guest ok = no
```

4. Testez la configuration :

Sous le répertoire /usr/local/samba/bin, lancez la commande :

```
#testparam
load smb config files from /etc/samba/smb.conf
rlimit_max : increasing rlimit_max (1024) to minimum Windows limit
Processing section "[TD]"
Processing section "[CorrectionTD]"
Processing section " [printers]"
Loadede services file OK.
Server role : ROLE_STANDALONE
Press enter to see dump of your service definitions

[global]
      workgroup = CLPI3
      netbios name = LPI
      comment = Serveur Samba%v hebergé par%h
      security = user
      encrypt passwords = yes
      printing = cups
      printcap name = cups
      load printers = yes
[TD]
      comment = répertoire des travaux dirigés de la certification LPI3
      path= /home/TD
      public = yes
      writable = no
      browseable = yes
```

```
      printable = yes
[CorrectionTD]
      comment = correction des travaux dirigés de la certification LPI3
      path = /home/Correction
      public = no
      writable = no
      browseable = yes
      write list = admin
      printable = no
[printers]
      path = var/samba/spool
      printable = yes
      browseable = yes
      guest ok = no
```

2. Gestion des utilisateurs et des partages

Commandes utiles

useradd

smbpasswd

vim

mkdir

mount

smbclient

Manipulations

1. Créez les utilisateurs ikram et issam.
2. Réduisez l'accès au répertoire TD seulement à l'utilisateur Ikram et ceux du groupe Students.
3. Montez le répertoire CorrectionTD sur la machine hôte Samba.
4. Accédez au partage TD en utilisant le compte utilisateur issam et puis le compte ikram.
5. Listez les fichiers accessibles par l'utilisateur Ikram.

Résumé des commandes et résultat à l'écran

1. Il suffit de créer les utilisateurs sur le système puis de les ajouter à Samba.

```
# useradd ikram
# smbpasswd -a ikram
New SMB password:
Retype new SMB password:
Added user ikram.
```

```
# useradd issam
# smbpasswd -a issam
New SMB password:
Retype new SMB password:
Added user issam.
```

2. Plusieurs paramètres peuvent gérer l'accès aux différents partages, il faut seulement les définir dans la section du partage. La section [TD] du fichier de configuration *smb.conf* ressemblera à :

```
[TD]
      comment = Travaux dirigées de la certification LPI3
      path= /home/TD
      public = no
      write list = Ikram, Students
      printable = yes
```

3. Monter le répertoire CorrectionTD sur la machine hôte Samba.

```
#mkdir /mnt/samba
#mount -t cifs //192.168.10.2/CorrectionTD /mnt/samba
Password :
#mount
//192.168.10.2/CorrectionTD on /mnt/samba type cifs (rw,mand)
#cd /mnt/samba
#ls -l
total 1
```

4. Accès au partage TD en utilisant le compte utilisateur Issam et puis le compte Ikram.

```
#smbclient //lpi/TD -U issam
Connection refused

#smbclient //lpi/TD -U ikram
Enter ikram's password :
Domain = [CLPI3]      OS-[UNIX]      Server=[Samba 3.6.9-169.el6?]
smb:\> pwd
Current Directory is //lpi/TD
smb:\>ls
total 0
```

5. Lister les fichiers accessibles par l'utilisateur Ikram.

```
#smbclient -U ikram -L LPI
Enter ikram's password :
Domain=[CLIP3] OS=[Unix] Server=[Samba 3.6.9-169.el6_5]

Sharename      Type      Comment
---------      ----      -------
 IPC$          IPC       IPC Service (Serveur Samba sur fileserver)
 CorrectionTD  Disk      Correction des TD de la certification LPI3
 TD            Disk      Travaux dirigés de la certification LPI3
 printers      Disk

Domain=[CLPI3] OS=[Unix]  Server=[Samba 3.6.9-169.el6_5]

Server                   Comment
---------                -------
LPI                      Serveur Samba 3.6.9 hébérgé par LPI

Workgroup                Master
---------                --------
CLPI3                    LPI
```

Chapitre 12

Pré-requis

☒Connaissances de bases sur les systèmes d'exploitation Windows.

☒Maîtrises des environnements hétérogènes.

☒Bien assimiler le chapitre Installation et configuration de Samba.

Objectifs

À la fin de ce chapitre, vous serez en mesure de :

☒Assimiler la notion des domaines Windows NT.

☒Joindre les ordinateurs Windows au serveur Samba 3.

☒Configurer le serveur Samba 3 en tant que contrôleur principal d'un domaine Windows NT.

☒Comprendre l'utilité du démon winbindd de Samba 3.

☒Configurer l'authentification Winbind.

A. Les domaines Windows NT

Les domaines en informatique sont des regroupements de ressources et d'utilisateurs et matériels qui offrent un contrôle centralisé sur un réseau. Les administrateurs définissent des stratégies (ou *policies*) qui fixent les droits d'accès et les autorisations accordés aux différents utilisateurs et ordinateurs sur le réseau.

1. La notion de domaines Windows NT

L'objectif de Windows avec NT était de concurrencer les autres éditeurs sur les marchés des systèmes d'exploitation réseau et aussi développer un serveur de fichiers, d'impression et d'application.

Microsoft a pu déployer les domaines Windows NT avec ses systèmes d'exploitation depuis le lancement de son équipe de développement NT (*New Technology*) en 1988. Le but principal de ce projet est d'apporter une solution robuste plus sécurisée, fiable et permettant une portabilité multiplate-forme.

Les acteurs qui composent un domaine NT sont des utilisateurs, des groupes d'utilisateurs et des ordinateurs. Les ressources sur lesquelles est centralisée la gestion d'accès sont des fichiers de différents formats ou bien des imprimantes.

Les serveurs dans un domaine Windows NT peuvent avoir trois rôles différents :

- Le contrôleur de domaine principal **PDC** (*Primary Domain Controller*) : c'est un élément primordial et spécifique à chaque domaine qui gère l'authentification et les informations des utilisateurs et des groupes d'utilisation. Il maintient tous les paramètres du domaine et permet de gérer les accès aux différentes ressources. Il permet aussi de répartir la tâche de contrôle sur d'autres contrôleurs du domaine.
- Le contrôleur de domaine secondaire **BDC** (*Backup Domain Controller*) : il est également un contrôleur de domaine mais servant de sauvegarde. En fait chaque BDC conserve une copie de la base de données du PDC qui est dupliqué périodiquement.

- Les serveurs indépendants ou **Stand-Alone Server** : ce sont des serveurs appartenant au domaine ou non. Ils ne jouent ni le rôle de PDC ni celui du BDC mais permettent d'intégrer les différentes applications à partager dans le domaine et peuvent même tirer avantage d'autres bases d'utilisateurs d'un autre domaine.

2. Windows NT Server

Windows **NT** (*New Technology*) est une branche des produits Microsoft composée de deux types de versions :

- **Windows NT WK** (*workstation*) : cet OS est destiné plus particulièrement aux postes de travail clients. Il peut gérer un petit réseau local et ne dispose pas de toutes les fonctionnalités que possède la version SR pour gérer un grand réseau. Son développement commençait avec Windows NT 3.1 en juillet 1993 jusqu'à Windows 8.1 de nos jours.
- **Windows NT SR** (*Server*) : le système d'exploitation destiné à gérer de grands réseaux en intégrant les fonctions client-serveur. Il est considéré plus performant que la version WK puisqu'il exécute particulièrement pour les professionnels un déploiement de système de fichiers et de système d'application. Les versions ont commencé à partir de Windows NT3.1 depuis 1993 jusqu'à nos jours avec Windows Server 2012 R2 qui a été commercialisé en octobre 2013.

Plusieurs versions de Windows Server se sont succédées depuis l'année 1985, le tableau suivant présente brièvement les apports de chacune d'elles.

Nom	Année	Nouveautés
Windows 1.0	1985	Le premier OS développé par Microsoft.
Windows 2.0	1987	Des fenêtres superposables.
--	1988	L'équipe de développement NT est créée chez Microsoft.
Windows 3.0	1990	Gestion des programmes et des fichiers, 16 couleurs.
Windows NT 3.1	Juillet 1993	Architecture 32 bits, support multiprocesseurs, système de fichiers NTFS.
Windows NT 3.5	Septembre 1994	Architecture plus robuste et solide avec le support de TCP/IP.
Windows NT 3.51	1995	Support des applications Windows 95.
Windows NT 4.0	Juillet 1996	Interface de Windows 95 et support du service d'internet **IIS** (*Internet Information Server*).
Windows 2000	Février 2000	Prise en charge des clusters, des fonctions APM. Chiffrement des données dans NTFS. La gestion des annuaires avec le service Active Directory.
Windows Server 2003	Avril 2003	Intégration améliorée d'Active Directory. Version améliorée de l'IIS 6.

Nom	Année	Nouveautés
Windows Server 2008	Février 2008	Mise à jour majeure de Windows Server 2003. Facilité d'administration de la plateforme, possibilité d'administration graphique et par scripts. La disponibilité, la sécurité et la virtualisation. Gestion améliorée des contrôleurs de domaines.
Windows Server 2008 R2	Juillet 2009	Existe seulement pour les plateformes 64 bits en plus d'un design simple et intuitif. Nouvelle console d'administration Active Directory basée sur PowerShell v2. Sécurité et haute disponibilité. Administration centralisée et prise en charge des services bureau distants.
Windows Server 2012	Octobre 2012	Nouvelles fonctionnalités pour rendre les serveurs évolutifs. Virtualisation.
Windows Server 2012 R2	Octobre 2013	Favorise les évolutions vers les clouds privés et publics.

3. Les services d'annuaires de Windows NT

a. Le modèle utilisé jusqu'à Windows NT 4.0

Dans un domaine Windows NT 4.0 les différents serveurs partagent une base de données d'utilisateurs commune : l'annuaire. Le PDC se charge de la saisie et de la modification des données d'une façon centralisée et permet également leur duplication vers les contrôleurs de domaine secondaire BDC.

Toutefois, face à la progression des services d'annuaire modernes et au développement des infrastructures entrepreneuriales le modèle de domaine est devenu de plus en plus inutile :

- Il est difficile, voire impossible, d'intégrer des applications sur ce service à cause de l'absence des schémas évolutifs.
- Il est difficile de modéliser les structures complexes d'une organisation puisque le modèle du domaine n'est structuré hiérarchiquement que sur deux niveaux (maîtres et ressources).
- Les mécanismes de duplication et d'accès entre BDC sont propriétaires, également les délégations d'autorisation d'accès sont très limitées.

b. L'Active Directory AD

Le serveur Windows 2000 fournit un service d'annuaire plus prolifique et plus performant que le modèle de domaine : l'*Active Directory* **AD basé** sur la norme LDAP.

Microsoft définit **Active Directory** comme une collection de services utilisés pour gérer les identités et les accès aux ressources sur un réseau.

Les services qu'offre AD sont :

- Le service des domaines **AD DS** (*AD Domain Services*) : c'est le service le plus important puisqu'il contrôle la totalité des services de l'Active Directory. AD DS assure la gestion, la sécurité et l'interopérabilité entre les différents acteurs du domaine à savoir les serveurs Windows, les utilisateurs, les applications ainsi que les périphériques réseau. Il se charge non seulement de gérer et d'authentifier les comptes internes des domaines mais aussi de définir les autorisations et les politiques d'accès.
- Service de fédération **AD FS** (*AD Federation Services*) : ce service offre une fédération d'identité simple et sécurisée ainsi que les capacités d'authentification unique SSO. AD FS est largement utilisé au niveau des entreprises multifiliales ou multisites étant donné qu'il donne accès à des applications entre organisations ayant établi des relations de confiance et fournit une authentification unique entre deux annuaires différents pour les applications web.
- Service de certification **AD CS** (*AD Certificate Services*) : c'est l'implémentation Microsoft du concept des **PKI** (*Public Key Infrastructure*) qui fournit des services personnalisables pour la délivrance et la gestion des certificats numériques.
- Service de gestion des droits **AD RMS** (*AD Rights Management Services*) : c'est une technologie de protection de l'information numérique qui permet aux administrateurs de spécifier les autorisations d'accès aux ressources où qu'elles se trouvent.
- Service d'annuaire **AD LDS** (*AD Lightweight Directory Services*) : c'est le service d'annuaire qui fournit un soutien flexible pour les applications et qui permet l'interopérabilité avec des serveurs LDAP externes. Il se présente comme source d'informations d'annuaire et rend cette dernière disponible et utilisable.

B. Les comptes d'utilisateurs et d'ordinateurs

Les comptes d'utilisateurs ou de machines représentent dans un domaine NT des entités physiques. Ils sont aussi considérés comme entités de sécurité ayant des ID de sécurité leur permettant l'accès aux ressources du domaine.

Le rôle de ces comptes dans un domaine est trivial puisqu'il contribue à :

- Authentifier des utilisateurs et des machines.
- Accepter ou interdire les accès aux ressources du domaine.
- Gérer d'autres entités de sécurité.
- Aider à auditer les actions exécutées.

1. Les comptes d'utilisateurs

a. Les comptes prédéfinis

Lors de la création d'un domaine AD trois comptes d'utilisateurs sont générés automatiquement : Administrateur, invité et HelpAssistant. Chacun d'entre eux possède ses propres droits et autorisations.

Administrateur

Ce compte est similaire au super-utilisateur des OS Linux (root) : il dispose d'un contrôle total du domaine et peut gérer les droits des utilisateurs et les contrôles d'accès du domaine en fonction des besoins. Il doit être bien sécurisé en lui attribuant un fort mot de passe.

Ce type de compte accomplit l'intégralité des tâches administratives et appartient à tous les groupes du domaine par défaut. Il est aussi le premier compte créé lors de la création d'un nouveau domaine.

☞ *Un mot de passe fort doit être composé d'au minimum 8 caractères et contenir au moins une lettre minuscule, une lettre majuscule, des symboles et des chiffres.*

Compte invité

Ce type de compte est utilisé par les personnes n'ayant pas leurs propres comptes dans le domaine et ne nécessite pas de mot de passe. Il appartient par défaut au groupe prédéfini Invités. Dans la plupart des cas, ce type de compte utilisateur est désactivé par défaut parce qu'il présente une menace pour les informations du domaine si les règles d'accès sont faibles ou pas encore définies.

Compte HelpAssisstant

C'est un compte installé avec une session d'assistance à distance. Il permet d'établir une session d'assistance à distance et dispose d'un accès limité à l'ordinateur.

b. La protection des comptes utilisateur

Tout utilisateur n'ayant pas de restrictions d'accès au domaine présente une menace pour la sécurité du domaine puisqu'il aura la possibilité de se connecter illégalement en tant qu'administrateur ou invité du domaine. Afin d'assurer une sécurité d'authentification, il est conseillé de :

- Créer un compte séparé pour chaque utilisateur.
- Définir des mots de passe forts pour protéger les comptes : un compte protégé équivaut à un domaine protégé.
- Mettre en œuvre une stratégie de verrouillage de comptes ce qui diminue les risques d'attaques par tentatives successives d'ouverture de session. Il faut pour se faire limiter le nombre d'échecs d'ouverture de session par comptes d'utilisateur. Une fois ce nombre atteint, le compte sera désactivé.

Options de comptes

Chaque compte utilisateurs possède des options qui lui permettent de déterminer les méthodes d'authentification et de configurer les paramètres du mot de passe ainsi que les informations de sécurité spécifique au compte.

L'administrateur du domaine gère les options de comptes suivantes afin de configurer les paramètres des mots de passe et répondre aux exigences de sécurité du domaine :

- L'utilisateur doit changer son mot de passe à la prochaine connexion.
- L'utilisateur ne peut pas changer de mots de passe.
- Le mot de passe n'expire jamais.
- Enregistrement des mots de passe en utilisant un chiffrement réversible.
- Le compte est désactivé.
- Utilisation des puces électroniques pour ouvrir des sessions.

2. Les comptes d'ordinateurs

Tout ordinateur qui rejoint un domaine possède un compte d'ordinateur unique. Les comptes d'ordinateurs présentent un moyen d'authentification et d'audit des accès de l'ordinateur aux réseaux et aux ressources du domaine.

Chaque compte d'ordinateur possède des paramètres spécifiques qui le caractérisent des autres :

- Un nom unique relatif **SID** défini lors de la création du compte.
- Un nom de compte **SAM** (*Security Account Manager*) pour permettre la compatibilité des versions antérieures à Windows 2000.
- Un suffixe **DNS** principal qui correspond généralement au nom du domaine.
- Un nom d'hôte **DNS**, ou nom complet de machine, qui est la concaténation du nom d'ordinateur et du suffixe **DNS** principal.
- Un nom principal de service **SPN** (*Service Principal Name*) créé à partir du nom DNS de la machine, il permet l'authentification mutuelle entre le client et la machine qui héberge un service particulier.

C. Jonction des stations Windows à Samba

Le but principal de la mise en place d'un serveur Samba 3 est de déployer un environnement hétérogène contenant des clients UNIX ainsi que des clients Windows. Cette partie est dédiée à la configuration des clients Windows.

1. Pré-requis des systèmes d'exploitation

Avant de commencer les manipulations qui permettent la jonction des stations Windows à Samba 3, il faut indiquer les éléments et les concepts communs à tous les types de systèmes Windows.

Il est recommandé que le système d'exploitation Windows utilisé remplisse les conditions suivantes :

- La prise en charge des protocoles TCP/IP sur lequel reposent les réseaux SMB et la possibilité de leur gestion.
- L'intégration d'un serveur de noms WINS (ou l'utilisation du fichier *lmhost* si ce dernier ne peut pas être installé) qui permettra la résolution des noms de machines NetBIOS en adresses IP.
- La prise en charge d'un serveur de noms DNS qui résoudra les noms de stations sur le réseau en adresses IP.
- L'intégration de notions de groupes de travail et la possibilité de changement des noms de machines.

Toutes les versions professionnelles des OS Windows répondent à ces conditions. La deuxième partie de ce paragraphe décrit la configuration de deux types de station Windows : Windows XP et Windows 7

2. Configuration des stations Windows

La version de la machine utilisée est Windows XP professionnel. La configuration de cette machine se fait en quatre grandes étapes :

1. Vérification des composants réseau.
2. La configuration des paramètres TCP/IP.
3. La définition du nom d'ordinateur et du groupe du travail.

4. La connexion au serveur Samba.

Chacune de ces étapes est décrite par les manipulations correspondantes dans les paragraphes qui suivent.

Vérification des composants réseau

Cette étape consiste à s'assurer du bon fonctionnement de la machine avant d'entamer les configurations.

- Accédez à l'outil **Connexion réseau et accès à distance** dans le **Panneau de configuration**, clic droit sur l'icône **Connexion au réseau local** et choisissez **Propriétés**.
- Assurez-vous que les deux composants **Clients pour les réseaux Microsoft** et **Protocole Internet TCP/IP** figurent dans la liste des composants et sont cochés sinon ajoutez-les avec le bouton **Installer**.

La configuration TCP/IP

Ces étapes présentent la configuration TCP/IP de la machine Windows XP.

- Toujours au niveau de la même fenêtre sélectionnez **Protocole Internet TCP/IP** et cliquez sur le bouton **Propriétés** pour ouvrir la fenêtre **Propriété de protocole internet (TCP/IP)**.
- Cochez **Obtenir une adresse IP dynamiquement** s'il existe déjà un serveur DHCP sinon saisissez l'adresse IP de la machine et le masque du réseau.
- Choisissez **Utiliser l'adresse de serveur DNS suivante** et saisissez l'adresse IP du serveur DNS du domaine.
- Cliquez sur le bouton **Avancé...** pour ouvrir la fenêtre **Paramètres TCP/IP avancés** et accédez à l'onglet **WINS**.
- Saisissez l'adresse IP du serveur WINS dans la section **Adresse WINS**
- Choisissez **Activer NetBIOS avec TCP/IP** dans la section **Paramètres NetBIOS**.
- Dans le même onglet, cliquez sur le bouton **Importer LMHOSTS** pour installer le fichier *lmhosts* et cherchez le sous *\system32\drivers\etc*. Cochez ensuite la case **Activer la recherche LMHOSTS**.

À ce stade, la configuration TCP/IP doit être terminée, il reste à valider ces modifications en appuyant sur le bouton **OK** dans chaque fenêtre ouverte.

Configuration de nom de machine et de groupe de travail

La deuxième étape consiste à définir le nom de machine et de groupe de travail :

- Dans l'outil **Système** du **Panneau de configuration**, cliquez sur **Paramètres système avancés** et accédez à l'onglet **Nom de l'ordinateur**. Cliquez sur le bouton **Modifier...** pour ouvrir la fenêtre **Modification du nom d'ordinateur**.
- Définissez le nom de la machine et saisissez le nom du groupe du travail défini dans le fichier *smb.conf* dans les champs adéquats.
- Cliquez sur le bouton **Autres...** et indiquez le nom du domaine dans le champ **Suffixe DNS principal de cet ordinateur**. Le nom complet de l'ordinateur s'affiche automatiquement dans le champ **Nom NetBIOS de l'ordinateur**. Appuyez sur le bouton **OK** et redémarrez l'ordinateur.

➢Connectez-vous après le redémarrage avec un compte d'administrateur.

Jusqu'ici, l'ordinateur Windows appartient au groupe de travail Samba, il ne reste qu'à le connecter au serveur Samba.

Connexion au serveur Samba

Pour connecter la machine au serveur Samba il faut tout d'abord disposer d'un compte utilisateur. Le compte administrateur a été ajouté automatiquement, les étapes suivantes décrivent l'ajout d'un utilisateur déjà déclaré dans Samba :

➢Accédez au **Panneau de configuration** puis à l'outil **Comptes d'utilisateurs**.

➢Cliquez sur **Créer un nouveau compte** et saisissez le nom de l'utilisateur puis cliquez sur **Suivant**.

➢Choisissez le type d'utilisateur (limité) et cliquez sur le bouton **Créer un compte**. Suite à ceci, le nom d'utilisateur apparaîtra. Cliquez sur le nom du compte puis sur **Créer un mot de passe**.

➢Saisissez le mot de passe dans l'emplacement adéquat. Il doit être le même défini pour l'utilisateur pour se connecter au serveur Samba. Et enfin, cliquez sur le bouton **Créer un mot de passe**.

Le client Windows est prêt à communiquer avec le serveur Samba déjà opérationnel. Il suffit de suivre les manipulations suivantes pour établir cette communication.

➢Dans la partie gauche du poste de travail se trouve le cadre **Autres emplacements**. Cliquez sur **Favoris réseau**.

➢Cliquez sur **Voir les ordinateurs du groupe de travail** dans le cadre **Gestion du réseau**. Le serveur Samba doit apparaître comme membre du groupe de travail. Cliquez sur son icône pour se connecter au serveur.

➢Si Samba n'apparaît pas dans la liste, choisissez **Exécuter...** dans le menu **Démarrer**. Saisissez le nom ou l'adresse IP du serveur Samba et le nom du partage à ouvrir. Ils doivent être sous le format **\\nom_Samba\nom_partage** ou bien **\\192.168.1.10\nom_partage**.

D. Samba 3 en tant que PDC

1. Déploiement du domaine Samba

Pour promouvoir le serveur Samba 3 en contrôleur de domaine principal, il est nécessaire d'appliquer de simples modifications sur la configuration globale, les partages ainsi que les comptes.

a. Configuration

Dans le fichier de configuration *smb.conf* il faut ajouter les directives qui indiquent que le serveur Samba joue le rôle d'un PDC. Ce sont :

- **domain logons** : permet d'activer le contrôle de domaine.
- **wins support** : permet d'activer le serveur de noms Wins sur Samba.

- **domain master** et **local master** : les *master browser* permettent de collecter les noms d'ordinateurs existant sur le domaine et sont enregistrés sur le serveur Wins afin de se faire connaître des Ordinateurs. Il y a deux types :
  - Le **LMB** (*local master browser*) : liste des noms d'ordinateurs présents sur le réseau local (domaine de diffusion).
  - Le **DMB** (*domain master browser*) : collecte les listes des local master browser (un seul par domaine).
- **OS level** : le master browser est élu au démarrage en fonction de plusieurs paramètres d'OS y compris l'*os level*. Ce dernier permet de différencier un PDC d'un BDC. Pour que Samba gagne les élections, l'*os level* Samba aura une valeur de 65 et force une élection au démarrage tout en ayant la directive *preferred master* activé.

```
[global]
#nom du domaine et nom netbios
      workgroup = mydomain
      netbios name = fileserver

#activation du domaine
      domain logons = yes
      wins support = yes

      domain master = yes
      local master = yes
      preferred master = yes

      os level = 60
      passdb backend = tdbsam:/var/lib/samba/mypassdb.tdb
```

Il est trivial d'indiquer à Samba le nom du domaine qu'il va contrôler dans la directive workgroup ainsi que son nom NetBIOS.

b. Les partages spécifiques

D'une façon générale, un PDC possède par défaut trois partages de base :

- **Le partage [homes]** : peut figurer dans n'importe quel poste du domaine et contient les répertoires spécifiques des utilisateurs. Il est considéré comme partage virtuel puisqu'il est créé dynamiquement, une fois l'utilisateur connecté.
- **Le partage [netlogon]** : doit figurer dans la même machine que le PDC et contient les scripts de connexions qui sont exécutés sur les machines clientes une fois les utilisateurs authentifiés.
- **Le partage [profiles]** : contient les profils itinérants des utilisateurs. Ils permettent un stockage centralisé de l'environnement du travail (fond d'écran, bureau, options Internet...), des documents personnalisés et des paramètres de chaque utilisateur du domaine.

Au niveau du fichier de configuration, ces partages sont définis par les sections correspondantes :

```
[homes]
      path = /var/share/samba/home/%u
      comment = Répertoires Homes
      valid users = %s
      guest ok = no
      browsable = no
      writeable = yes

# Partage Netlogon en lecture seule
[netlogon]
      path = /var/share/samba/netlogon
      comment = Network Logon Service
      guest ok = no
      browseable = no
      read only = yes

# Partage Profiles Itinérants
[profiles]
      path = /var/share/samba/profiles
      comment = Répertoires des Profiles Itinérants
      guest ok = no
      writeable = yes
      browsable = no
```

Il ne reste qu'à créer les répertoires correspondants aux partages avec la spécification des droits d'accès en utilisant les commandes classiques *mkdir*, *chmod* et *chown*.

Exemple du partage [netlogon]

Le répertoire /va/share/samba/netlogon est accessible par tous les utilisateurs authentifiés, en mode lecture seule, puisqu'il contient des scripts de connexion des utilisateurs. Les droits correspondants seront définis par les commandes suivantes :

```
#mkdir /var/share/samba/netlogon
#chmod 555 /var/share/samba/netlogon
```

c. La gestion des comptes

Même si le serveur Samba 3 a changé de rôle, les opérations de création et de gestion de comptes sont les mêmes. Il y a toujours la dualité des comptes Posix et Samba. Une nouvelle notion s'ajoute : *le mapping des groupes*.

Le mapping des groupes

Certains comptes et groupes d'utilisateurs sont prédéfinis dans les domaines NT4 avec des SID bien particuliers. Samba en tant que PDC doit réutiliser ces SID pour les comptes du domaine. Ainsi pour que les utilisateurs soient de vrais "utilisateurs de domaines" au sens Windows du terme, il faut l'indiquer explicitement à Samba.

Le mapping des groupes est l'association d'un groupe Unix à un groupe Windows pour ne pas avoir de conflits. Techniquement c'est tout simplement l'ajout des caractéristiques Samba aux caractéristiques Posix du groupe, particulièrement le SID du groupe.

Pour le mapping d'un groupe nommé *smbusers* ayant un SID = 520 par exemple, il faut exécuter :

```
#net groupmap add sid=520 unixgroup=smbusers
```

Les paramètres avancés des comptes

Pour qu'un utilisateur bénéficie des partages homes, profiles et netlogon il faut modifier ces informations dans son compte. L'utilisation de la commande **pdbedit** pour ceci est fastidieuse, il est préférable d'ajouter des directives aux fichiers de configuration. Les directives suivantes permettent de définir les paramètres des utilisateurs par défaut dès son authentification au domaine :

```
logon path = \\%h\%U\profile
logon home = \\%h\%U
logon script =%U.cmd
```

2. Migration vers le PDC Samba 3

Pour migrer d'un PDC NT4 à un PDC Samba 3 il faut procéder comme suit :

- Préparer les serveurs PDC NT4 et Samba 3.
- Copier toutes les données du PDC : les comptes, les fichiers partagés ainsi que les droits d'accès des fichiers.
- Passer le relais au contrôleur principal Samba 3.

Les sections qui suivent apportent une description plus détaillée de la migration vers un PDC Samba 3.

a. Préparation des serveurs

Préparation du serveur NT

Le problème majeur dans cette migration est la compatibilité des noms de comptes UNIX et NT. En fait le serveur NT accepte les caractères spéciaux, les accents, les espaces (...) dans les noms d'utilisateurs, ce qui n'est pas le cas pour UNIX. Pour éviter ces soucis, il est préférable de modifier les noms de comptes (utilisateurs et groupes) n'ayant pas rempli les conditions requises pour la migration.

☞*Les groupes NT une fois créés ne peuvent pas changer. Il est possible d'utiliser un outil tiers (Ultraadmin de Doriansoft) qui offrirait cette fonctionnalité.*

Il faut aussi sur le serveur NT, ajouter un compte de BDC pour le serveur Samba 3. Ceci lui accordera le droit de copier les données du PDC actuel.

Préparation du serveur Samba

Les manipulations suivantes décrivent la procédure de préparation du serveur Samba 3 pour la migration :

➢La modification du fichier *smb.conf* pour passer Samba en BDC.

```
os level = 40
domain logons = yes
domain master = no
local master = no
```

➢La spécification des scripts de gestion des comptes. En fait les comptes utilisateurs et leurs données ne seront plus en local sur la machine mais sur le réseau en entier. Il faut alors ajouter dans *smb.conf* les scripts permettant la gestion des comptes.

```
add machine script = /usr/local/sbin/useradd -N -g machinesmb -w  -c
"Machine Samba" -d /var/lib/samba -s /bin/false '%u'

add user script = /usr/local/sbin/useradd -g usersmb -c "Utilisateur Samba"
-d /var/lib/samba -s /bin/false '%u'

add group script = /usr/local/sbin/groupadd '%g'
add user to group script  =/usr/local/sbin/gpasswd -a '%u' '%g'
delete user script  = /usr/local/sbin/userdel '%u
delete group script = /usr/local/sbin/groupdel '%g'

delete user from group script = /usr/local/sbin/gpasswd -d '%u' '%g'

set primary group script = usermod -g '%g' '%u'
```

Les deux premières lignes permettent de créer des comptes utilisateurs et machines et de les ajouter d'une façon automatique aux groupes *usersmb* et *machinesmb* respectivement.

➢La jonction du serveur Samba au domaine NT4 est exécutée par la commande :

```
net rpc join -S fileserver -w mydomain -U admin
```

Ici *fileserver* fait référence au nom NetBIOS du serveur Samba 3 et *mydomain* est le nom du domaine NT. Le serveur Samba est encore éteint et ne sera démarré que pour prendre le relais du PDC.

➢L'attribution du SID à Samba : il faut réinitialiser le SID local de Samba BDC et le mettre égal à celui du PDC actuel afin de conserver le domaine intègre.

Les commandes nécessaires pour récupérer d'abord le SID du domaine et le forcer ensuite à Samba 3 sont :

```
#net getlocalsid MYDOMAIN
#net setlocalsid <sid du domaine>
```

➢L'ajout de deux groupes pour l'import des comptes utilisateurs et comptes machines :

```
#groupadd -g 515 machinesmb
#groupadd -g 513 usersmb
```

Il ne faut pas oublier d'ajouter les mappings correspondants :

```
#net groupmap add sid= 515 unixgroup=machinesmb ntgroup="Groupes du Domaine"
#net groupmap add sid =513 unixgroup=usersmb ntgroup="Utilisateurs du Domaine"
```

➢Définir un compte d'administrateur Samba 3 avec la commande **useradd**.

b. Importation des ressources

Migration des comptes

Une fois les serveurs Samba 3 préparés, il faut commencer par migrer les comptes. La commande suivante permet de copier tous les comptes d'utilisateurs et de machines dans le backend Samba 3.

```
net rpc vampire -S serveur -w domaine -U Administrateur
```

Copie des fichiers partagés

Les partages *netlogon*, *homes* et *profils* doivent exister dans le fichier *smb.conf* sinon il faut les créer.

Pour pouvoir copier les partages, il faut utiliser un compte ayant le droit de lecture sur toute l'arborescence à copier. Ces commandes permettent de copier les trois partages du PDC NT4 ayant PDCserv comme nom NetBIOS :

```
#smbclient -U admin -c "tar c /export/profiles.tar" //PDCserv/profiles
#smbclient -U admin -c "tar c /export/netlogon.tar" //PDCserv/netlogon
#smbclient -U admin -c "tar c /export/homes.tar" //WinPDCserv/homes
```

Ces commandes ont créé trois archives situées dans les répertoires exportés, il reste maintenant à les décompresser :

```
#cd /export/profiles && tar xvf profiles.tar
#cd /export/netlogon && tar xvf netlogon.tar
#cd /export/homes && tar xvf homes.tar
```

Copie des ACL/droits des fichiers

Après l'aspiration des fichiers partagés de l'ancien PDC, l'intégralité des ACL est perdue. Il n'y a pas une méthode simple destinée uniquement à les copier. Il y a plutôt le choix entre trois procédures :

- La commande **smbcacl** permet de manipuler les ACL au format NTFS d'un fichier partagé. Il faut par la suite développer un script qui mémorise les ACL de l'arborescence partagée.
- Des commandes tierces (**scopy** et **robocopy**) permettent de copier les fichiers et les ACL en même temps.
- La réécriture à la main des droits d'accès en ligne de commande avec les commandes **chmod -R** et **chown -R**.

c. Prise de relais du serveur par Samba

Le serveur Samba 3 est prêt à prendre le relais et jouer réellement le rôle d'un PDC. Il suffit de suivre les étapes suivantes :

➢ Éteindre le contrôleur de domaine NT actuel.

➢ Changer le rôle de Samba en contrôleur de domaine principal et modifier le nom NetBIOS du serveur Samba 3 en prenant celui de l'ancien PDC.

➢ Démarrer Samba.

Le fichier de configuration complet ressemble à celui ci-dessous.

```
[global]
      workgroup = MYDOMAIN
      netbios name = PDCserv
      server string = PDC Samba 3

      security = user
      encrypt passwords = true
      unix password sync = yes
      map to guest = bad user

      domain logons = yes
      local master = yes
      domain master = yes
      preferred master = yes
      os level = 255

      logon path = \\%N\%U\profile
      logon home = \\%N\%U
      logon script =%U.cmd

      add machine script = /usr/sbin/useradd -N -g machinesmb -w  -c
"Machine Samba" -d /var/lib/samba -s /bin/false '%u'
     add user script = /usr/sbin/useradd -g usersmb -c "Utilisateur Samba"
-d /var/lib/samba -s /bin/false '%u'
      add group script = /usr/sbin/groupadd '%g'
      add user to group script  =/usr/sbin/gpasswd -a '%u' '%g'
      delete user script  = /usr/sbin/userdel '%u
      delete group script = /usr/sbin/groupdel '%g'
      delete user from group script = /usr/sbin/gpasswd -d '%u' '%g'
      set primary group script = /usr/sbin/usermod -g '%g' '%u'

      printing = cups
      printcap name = cups
      load printers = yes

[homes]
      path = /var/share/samba/home/%u
      comment = Répertoires Homes
      valid users = %s
      guest ok = no
      browsable = no
      writeable = yes

[netlogon]
      path = /var/share/samba/netlogon
```

```
        comment = Network Logon Service
        guest ok = no
        browseable = no
        read only = yes

[profiles]
        path = /var/share/samba/profile
        comment = Répertoires des Profils Itinérants
        guest ok = no
        writeable = yes
        browsable = no

[printers]
        comment = Partage d'imprimantes
        path = /var/samba/spool
        printable = yes
        browseable = yes
        guest ok = no
        valid users = sambausers

[print$]
        comment= drivers d'impression
        path= data/samba/drivers
        browseable = yes
```

E. Authentification Samba 3 / Winbind

Depuis la version 2.2, Samba intègre le démon **winbindd** lui permettant de s'intégrer dans un domaine contrôlé par un système Windows NT.

Une des difficultés de déploiement d'un environnement hétérogène, est que les systèmes Windows et UNIX possèdent des modèles différents pour représenter les utilisateurs et utilisent des technologies différentes pour les interconnecter.

Du côté machines UNIX, trois problématiques se présentent :

- Récupération des utilisateurs Windows NT et des informations de groupes.
- Authentification des clients Windows.
- Changement de mots de passe pour les utilisateurs Windows.

La solution la plus utilisée pour y remédier est de créer des utilisateurs UNIX et Windows avec des noms identiques. Cette solution est loin d'être parfaite, même si deux ensembles de mots de passe sont requis, ceci peut conduire à des problèmes de conflit entre les machines et de confusion des utilisateurs.

Winbind présente une solution simple et élégante pour faire face à ces problèmes de connexions.

1. Le démon winbindd

a. Définition et fonctionnalités

winbindd est l'un des démons qu'intègre Samba depuis sa version 2.2. Il normalise la gestion des clients UNIX et Windows NT en permettant à une machine UNIX de devenir un membre à part entière d'un domaine NT. Une fois ceci fait, UNIX voit les utilisateurs et groupes Windows comme s'ils étaient des utilisateurs et groupes natifs.

Le résultat final est qu'à chaque fois qu'un service sur la machine UNIX demande la recherche d'un utilisateur ou d'un groupe, la requête sera résolue en demandant au PDC du domaine NT de faire la recherche.

Il permet également à des organisations ayant un domaine Windows NT d'y intégrer des systèmes UNIX dans le but d'éviter le déploiement d'un domaine supplémentaire et de minimiser les frais des expertises.

Winbind offre un service d'authentification qui s'accroche au système PAM et fournit une authentification via un domaine NT à toutes les applications PAM activées. Cette fonctionnalité permet de résoudre le problème de synchronisation de mots de passe entre les systèmes, puisqu'ils seront stockés dans un emplacement unique.

b. Configuration et démarrage

Configuration de NSS

NSS (*Name Service Switch*) ou **nsswitch** est une API intégrée dans la plupart des systèmes UNIX et permet de résoudre les informations système (nom d'hôte, données utilisateurs...) à partir de plusieurs sources. Nsswitch permet à winbind de se présenter comme source d'information sur le domaine lors de la résolution des noms d'utilisateurs et de groupes UNIX.

La configuration de **nsswitch** se résume dans les étapes suivantes :

- Copier la bibliothèque *libnss_winbind* sous le répertoire */lib*. L'emplacement par défaut de cette bibliothèque est *../samba/sources/nsswitch* mais cela diffère d'un système Linux à un autre.

```
#cp /usr/local/samba/source/nsswitch/libnss_winbind.so  /lib
```

- Créer le lien symbolique comme suit

```
#ln -s /lib/libnss_winbind.so /lib/libnss_winbind.so.2
```

- Modifier les lignes *group* et *passwd* au niveau du fichier /etc/nsswitch.conf pour que les entrées des utilisateurs et groupes soient visibles par le démon Winbindd.

```
passwd:       files winbind
group :       files winbind
```

- Activer les changements apportés.

```
#/sbin/ldconfig -v | grep winbind
```

Cette configuration rend la bibliothèque *libnss_winbind* disponible pour que **winbind** puisse voir les utilisateurs et groupes du domaine.

Configuration du fichier smb.conf

Pour contrôler le comportement du démon **winbindd** certains paramètres du fichier *smb.conf* sont nécessaires. Un exemple de section [global] est présenté ci-après.

```
[global]

#utiliser les uids et les gids entre 1000 et 2000 pour les utilisateurs
#et les groupes
      idmap uid = 1000-2000
      idmap gid = 1000-2000

#permettre l'énumération des utilisateurs et groupes winbindd
      winbind enum users = yes
      winbind enum groups = yes

      winbind separator = /
```

Divers paramètres sont disponibles sur le manuel d'utilisation de winbindd (man 8 winbindd) et sont à adapter selon les exigences de l'environnement.

Configuration de PAM

PAM (*Pluggable Authentication Modules*) est une suite de bibliothèques qui permet de spécifier plusieurs méthodes d'authentification pour différentes applications sans avoir à les recompiler. Il est configuré en fournissant des fichiers de contrôle dans le répertoire **/etc/pam.d** pour chacun des services qui nécessite une authentification. Lors d'une requête d'authentification, le code de PAM cherche le fichier de contrôle afin de déterminer les modules à charger pour effectuer l'authentification.

Winbind utilise PAM pour pouvoir intégrer les utilisateurs Windows NT dans un système UNIX. Cela permet aux utilisateurs de Windows NT de se connecter sur une machine UNIX et être authentifiés sur le PDC convenable. Ils peuvent également changer leurs mots de passe tout en s'assurant que ces changements seront aussi valides sur le PDC.

Les étapes suivantes décrivent la configuration du module PAM pour Winbind :

- Compiler le module PAM fourni avec Samba 3, dans le répertoire source de Samba et la copier dans le bon emplacement.

```
#make nsswitch/pam_winbind.so
#cp nsswitch/pam_winbind.so /lib/security
```

- Vérifier le résultat de la copie.

```
#ls /lib/security/pam_winbind.so
lib/security/pam_winbind.so
```

- Ajouter les lignes suivantes au niveau du fichier **/etc/pam.d/login** pour pouvoir charger le support winbind.

```
auth        sufficient      /lib/security/pam_winbind.so
account     sufficient      /lib/security/pam_winbind.so
```

Démarrage de Winbind

Pour démarrer Winbind, il faut tout simplement l'exécuter par la commande :

```
# /usr/local/samba/sbin/winbindd
```

Afin de s'assurer qu'il est bien démarré, la commande suivante doit retourner un résultat similaire :

```
# ps -ae |grep winbindd
5889?      00:00:00:winbind
```

Pour bien s'assurer de son fonctionnement, il est possible de consulter la liste des utilisateurs appartenant au domaine :

```
#/usr/local/samba/bin/wbinfo
DOMAIN/admin
DOMAIN/toto
DOMAIN/Ikram
```

Le démon winbindd est toujours à l'écoute des sockets UNIX en attente des requêtes. Ces dernières sont générées par **nsswitch** et les clients PAM et sont traitées de manière séquentielle.

☞ *Le démon winbindd ne peut s'exécuter que lorsque les démons nmbd et smbd sont démarrés. De fait, il vaut mieux modifier les scripts de démarrage du système. Ces derniers se trouvent sous /etc/init.d/smb pour les systèmes Red Hat Linux.*

2. Ouverture de session sur un domaine Windows

Joindre Samba à un domaine NT

Une fois Winbind fonctionnel, il suffit de lancer une simple commande pour joindre le serveur Samba à un domaine NT. Dans cette ligne de commande « PDC » fait référence au nom du PDC du domaine, et « admin » est un compte d'administrateur.

```
# /usr/local/samba/bin/net rpc join -S PDC -U administrateur
Joined the domain DOMAIN
```

La réponse doit être similaire à ce qui est affiché, où DOMAIN est le nom de domaine à joindre.

F. Validations des acquis : questions/réponses

Questions

1 Qu'est-ce qu'un domaine Windows NT ?

2 Quelle est la différence entre les workstations et les serveurs Windows NT ?

3 Quelle est la différence entre LDAP et Active Directory ?

4 Est-ce que Samba peut être intégré dans un Windows NT ? Si oui, quels sont les rôles qu'il peut remplir ?

5 Quel est l'intérêt de configurer Samba en tant que PDC ?

6 Que veut-on dire par mapping de groupes et par quelle commande est-il exécuté ?

7 Quel est l'intérêt d'utiliser Winbind ?

8 Qu'est-ce que NSS et PAM ?

9 À quoi sert la commande net rpc ?

Résultats

Référez-vous aux pages suivantes pour contrôler vos réponses. Pour chacune de vos bonnes réponses, comptez un point.

Nombre de points /9

Pour ce chapitre, votre score minimum doit être de 7 sur 9.

Réponses

1 Qu'est-ce qu'un domaine Windows NT ?

Un ensemble de serveurs et d'ordinateurs Windows qui partagent la même base de compte utilisateurs et les mêmes stratégies de sécurité. Plusieurs autres ressources peuvent être partagées et spécifiées à un type bien déterminé de gestion d'accès.

2 Quelle est la différence entre les workstations et les serveurs Windows NT ?

Les workstations Windows NT sont des systèmes d'exploitation dédiés aux clients pour des usages bien déterminés. Le client peut gérer son petit réseau local mais ne dispose pas de toutes les fonctionnalités d'administration et de gestion des systèmes et des grands réseaux d'entreprise.

3 Quelle est la différence entre LDAP et Active Directory ?

Active Directory est un ensemble de technologies qui fournissent des services d'authentification, de gestion de politique d'accès ainsi qu'un service d'annuaire. LDAP est un protocole pour l'intégration et la modification des éléments de prestataires de services d'annuaire prenant en charge la forme LDAP.

AD est une base de données des services d'annuaire et LDAP est l'un des protocoles utilisés pour l'implémenter.

4 Est-ce que Samba peut être intégré dans un domaine Windows NT ? Si oui, quels sont les rôles qu'il peut remplir ?

Oui, le serveur Samba peut joindre un domaine Windows en tant que serveur indépendant (jouant le rôle de serveur de fichiers par exemple) ou en tant que contrôleur de domaine principal ou secondaire.

5 Quel est l'intérêt de configurer Samba en tant que PDC ?

Déployer Samba en tant que PDC permet tout d'abord de réduire les coûts d'implémentation d'autres serveurs contrôleurs, et facilite l'intégration et l'interopérabilité des stations Linux avec les stations Windows.

6 Que veut-on dire par mapping de groupes et par quelle commande est-il exécuté ?

C'est le fait de faire correspondre des groupes UNIX à des groupes Windows afin d'éviter les conflits des noms de groupes. La commande correspondante est :

```
#net groupmap
```

7 Quel est l'intérêt d'utiliser Winbind ?

Winbind est un service Samba qui permet d'établir un lien avec un contrôleur principal de domaine Windows NT. Ceci permet de récupérer la base de clients du domaine et de les authentifier sans avoir besoin de les déclarer sur le serveur Samba.

8 Qu'est ce que NSS et PAM ?

NSS ou Name Service Switch est une application utilisée par défaut par les systèmes UNIX, il permet de déterminer les sources des informations de services de noms.

PAM ou Pluggable Authentication Module est une collection de bibliothèques qui spécifie différents modes d'authentification pour diverses applications sans avoir à les recompiler.

9 À quoi sert la commande net rpc ?

La commande `net rpc` permet de faire joindre Samba à un domaine Windows NT après avoir défini la configuration adéquate.

G. Travaux pratiques

1. Configuration de Samba en tant que PDC

Commandes utiles

yum

mkdir

chmod

net getlocalised

net groupmap add

net rpc

Manipulations

1. Préparez le serveur Samba.
2. Passez Samba en serveur BDC.
3. Joignez le serveur Samba au domaine Windows NT4.
4. Réinitialisez le SID local de Samba.
5. Importez les ressources.
6. Ajoutez les groupes d'utilisateurs et les comptes de machines ainsi que leurs mapping correspondants.
7. Migrez Samba définitivement.

Résumé des commandes

1. Préparez le serveur Samba :

- Ajoutez les options adéquates au fichier **smb.conf** :

```
domain master = yes
local master = yes
prefered master = yes
```

- Définissez les partages *netlogon* et *profiles* :

```
[netlogon]
      path = /var/share/samba/netlogon
      comment = Network Logon Service
      guest ok = no
      browseable = no
      read only = yes

[profiles]
      path = /var/share/samba/profiles
      comment = Répertoires des Profiles Itinérants
      guest ok = no
      writeable = yes
      browsable = no
```

- Créez les répertoires correspondants sur le système en spécifiant les droits d'accès :

```
#mkdir /var/share/samba/netlogon
#chmod 555 /var/share/samba/netlogon
#mkdir /var/share/samba/profiles
#chmod 555 /var/share/samba/profiles
```

- Effectuez le mapping des groupes :

```
#net groupmap add sid=520 unixgroup=smbusers
```

2. Passez Samba en serveur BDC :

- Modifiez les options dans **smb.conf** :

```
os level  = 40
domain logons = yes
domain master = no
local master = no
```

- Spécifiez les scripts de gestions des comptes dans **smb.conf** :

```
add machine script = /usr/local/sbin/useradd -N -g machinesmb -w  -c
"Machine Samba" -d /var/lib/samba -s /bin/false '%u'

add user script = /usr/local/sbin/useradd -g usersmb -c "Utilisateur Samba"
-d /var/lib/samba -s /bin/false '%u'
```

```
add group script = /usr/local/sbin/groupadd '%g'
add user to group script  =/usr/local/sbin/gpasswd -a '%u' '%g'
delete user script  = /usr/local/sbin/userdel '%u
delete group script = /usr/local/sbin/groupdel '%g'

delete user from group script = /usr/local/sbin/gpasswd -d '%u' '%g'

set primary group script = usermod -g '%g' '%u'
```

3. Joignez le serveur Samba au domaine Windows NT4 :

```
net rpc join -S fileserver -w mydomain -U admin
```

4. Réinitialisez le SID local de Samba :

```
#net getlocalsid MYDOMAIN
#net setlocalsid <sid du domaine>
```

5. Ajoutez les groupes d'utilisateurs et les comptes de machines ainsi que leurs mapping correspondants :

```
#groupadd -g 515 machinesmb
#groupadd -g 513 usersmb
#net groupmap add sid= 515 unixgroup=machinesmb ntgroup="Groupes du Domaine"
#net groupmap add sid =513 unixgroup=usersmb ntgroup="Utilisateurs
du Domaine"
```

6. Importez les ressources :

- Migrez les comptes :

```
net rpc vampire -S serveur -w domaine -U Administrateur
```

- Copiez les fichiers partagés :

```
#smbclient -U admin -c "tar c /export/profiles.tar" //PDCserv/profiles
#smbclient -U admin -c "tar c /export/netlogon.tar" //PDCserv/netlogon
#smbclient -U admin -c "tar c /export/homes.tar" //WinPDCserv/homes
```

7. Migrez Samba définitivement :

- Éteignez le serveur Windows NT.
- Changez le rôle de Samba en celui du PDC.
- Démarrez Samba.

Chapitre 13

Pré-requis

☒Connaissances de base sur le service d'annuaire Active Directory de Microsoft.

☒Gestion du serveur d'authentification Kerberos.

☒Connaissances de base sur les serveurs de noms BIND et DNS.

Objectifs

À la fin de ce chapitre, vous serez en mesure de :

☒Connaître les atouts du serveur Samba dans sa quatrième version.

☒Installer la version 4 du serveur Samba.

☒Identifier les composants du serveur Samba 4.

☒Installer et configurer le serveur de noms BIND.

☒Démarrer le serveur Samba 4.

☒Provisionner un domaine Samba AD.

☒Configurer le serveur Samba 4 en tant que AD.

☒Gérer en ligne de commande les utilisateurs et les ressources de Samba AD.

☒Administrer Samba AD à distance à partir d'un ordinateur Windows 7.

A. Introduction à Samba 4

Dans Samba 3 certains éléments de support d'Active Directory sont déjà présents et permettent la connexion et l'interaction avec un contrôleur de domaine Windows. Cependant il est encore impossible de se comporter comme un serveur Active Directory.

Après dix ans de développement, Samba 4 vient rapprocher les fonctionnalités de Samba AD avec ceux de Windows : il supporte le côté serveur dans un environnent AD utilisé par Windows2000 et plus. Cette dernière version de Samba inclus dans sa propre implémentation non seulement les indispensables au fonctionnement d'un AD mais aussi un serveur LDAP, un serveur d'authentification Kerberos et un serveur DNS interne sans oublier la possibilité d'intégrer d'autres types de serveurs de noms.

Ce chapitre décrit en détail les fonctionnalités assurées par Samba AD, les méthodes d'installation et de configuration de ce serveur ainsi que les manipulations classiques de contrôle de domaine.

B. Fonctionnalités de Samba 4 / Samba AD

Samba 4 est utilisé dans le but de gérer d'une manière sécurisée et fiable l'ensemble des utilisateurs et des ordinateurs dans un domaine Samba AD ainsi que des règles de sécurité et d'accès aux ressources et aux applications partagées. Ceci est assuré par les différents services qu'implémente Samba AD et se présente dans :

- Le stockage des objets de domaine tels que les données des comptes utilisateurs et les ressources partagées d'une manière hiérarchique en se basant sur un annuaire LDAP : l'Active Directory.

- L'authentification des utilisateurs du domaine assurée par le serveur Kerberos KDC (*Key Distribution Center*). Ce dernier présente un élément essentiel pour la confidentialité et l'intégrité des données d'une part et pour le confort des utilisateurs d'autre part.
- La résolution dynamique et sécurisée des noms de domaine assurée par un serveur DNS interne.
- Le support de la nouvelle mouture du protocole SMB pour le partage des fichiers, la version SMB 3.0 embarquée dans les nouvelles versions de Windows.
- La gestion des communications entre clients et serveurs et d'éventuels intermédiaires sur des ordinateurs distincts par le serveur RPC (*Remote Procedure Call*).
- L'horodatage sur l'ensemble du domaine à partir du serveur NTP (*Network Time Protocol*).
- La prise en charge des stratégies de groupe ou GPO (*Group Policy Object*).
- La configuration à distance de Samba 4 depuis un client Windows via l'outil Remote Server Administration Tools (*RSAT*).

L'administration simple et classique du domaine Samba par l'intermédiaire de la ligne de commandes à l'aide de l'utilitaire **samba-tool**.

Tous ces services sont activés simultanément au démarrage d'un utilitaire nommé **samba**. Passons à la pratique, la section suivante décrira les méthodes d'installation et de configuration de Samba 4 sous une machine CentOS 6.

C. Installation et configuration sous CentOS 6

Parmi les avantages de l'utilisation de Samba 4, la facilité de son installation : elle ne dépend pas d'autres paquets pour fonctionner.

À ce jour la version la plus stable est Samba-4.1.7 et sera utilisée dans ce livre.

Pour exploiter convenablement les fonctionnalités de Samba 4, il est nécessaire que le système de fichiers prenne en charge les ACL et les attributs étendus. Sinon il est recommandé de monter la partition racine comme suit :

```
# mount / -o remount,acl,user_xattr,barrier=1
```

Puis éditer le fichier /etc/fstab en ajoutant cette ligne :

```
/dev/sda1    /    ext4    defaults,user_xattr,acl,barrier=1 1 1
```

1. Installation à partir des binaires

En tant que root, il suffit d'installer le package **samba4**.

```
# yum install samba4
```

Avec cette première méthode, tous les services de Samba 4 et les dépendances correspondantes sont installés. Samba AD est facile à récupérer avec les fichiers binaires mais on ne bénéficie pas de la dernière version.

☞ *Il est possible que la version utilisée de CentOS (6.4 dans notre cas) intègre par défaut le serveur Samba 3. Ceci va empêcher l'installation de Samba AD : il suffit alors de supprimer l'ancienne version soit avec la commande **yum remove** ou bien directement avec le gestionnaire de logiciels.*

2. Installation à partir des paquets sources

En suivant ce type d'installation, il est obligatoire de préparer l'environnement logiciel adéquat à l'installation et la configuration du serveur Samba 4.

Les paquets de dépendances de Samba 4 sont disponibles sur le site wiki.samba.org et il est possible de les récupérer directement à partir des fichiers binaires en tapant :

```
# yum install gcc libacl-devel libblkid-devel gnutls-devel readline-devel
python-devel gdb pkgconfig krb5-workstation zlib-devel setroubleshoot-server
libaio-devel  setroubleshoot-plugins policycoreutils-python libsemanage-python
setools-libs-python setools-libs popt-devel libpcap-devel sqlite-devel
libidn-devel libxml2-devel libacl-devel libsepol-devel libattr-devel
keyutils-libs-devel cyrus-sasl-devel cups-devel bind-utils
```

L'environnement logiciel est bien installé, il suffit alors de télécharger le fichier binaire depuis le lien www.samba.org/ftp/samba/stable/.

Jusqu'à ce jour la version Samba-4.1.7 est la plus stable.

L'étape suivante consiste à décompresser l'archive téléchargée, générer et compiler le make file correspondant et enfin l'installer.

```
//Téléchargement du paquet source
# wget  http://www.samba.org/ftp/samba/stable/samba-4.1.7.tar.gz
//Décompression de l'archive
# tar xvf samba-4.1.7.tar.gz
//Sous le répertoire samba-4.1.7 obtenue Génération du fichier makefile
# ./configure
//Compiler et installer
# make && make install
```

3. Le répertoire /usr/local/samba

Par défaut tous les fichiers et répertoires de configuration se trouvent sous **/usr/local/samba**. Il contient :

- Le répertoire **/bin** : contient les exécutables spécifiés à l'administration de Samba 4 tels que l'utilitaire **samba-tool** qu'on utilisera par la suite. Il comporte aussi tous les utilitaires permettant la gestion et la configuration des serveurs implémentés par Samba 4. À titre d'exemple :
  - Les utilitaires client de LDAP : ldbedit, ldbmodify, ldbsearch, ldbadd, ldbedit...
  - Les utilitaires des démons *winbindd*, *smbd* et *nmbd* de Samba 3 : smbclient, smbclient4, smbstatus, smbget, nmblookup4,wbinfo.
  - Les fonctions RPC côté client : rpclient.
- Le répertoire **/etc** : contient le fichier de configuration smb.conf qui permet la déclaration des partages d'imprimantes et de dossiers.
- Les répertoires **/lib** et **/lib64** : contiennent toutes les bibliothèques nécessaires au fonctionnement des différents serveurs implémentés par Samba AD.
- Le répertoire **/include** : contient les fichiers d'en-têtes nécessaires au bon fonctionnement de Samba AD.

- Le répertoire **/private** : créé simultanément avec le domaine principal, ce répertoire contiendra la base de données du serveur et les fichiers de configuration du domaine AD.
- Le répertoire **/var** : contient la configuration annexe du serveur telle que la stratégie du groupe, la politique des comptes utilisateurs, la configuration des ACL (*Access Control List*), des partages, ainsi que le cache de la base de données du domaine.
- Le répertoire **/sbin** : contient en plus du démon principal samba qui permet le démarrage du serveur Samba 4, les démons connus winbindd, smbd et nmbd indispensables aux services de partage Samba.
- Le répertoire **/share** : contient les fichiers d'initialisation du domaine, à l'instar des fichiers LDIF pour la création de l'arbre de l'annuaire AD.

D. Les composants de Samba 4

1. Le serveur DNS

a. La terminologie DNS

L'utilisation d'un contrôleur de domaine Samba AD est fortement basée sur le serveur DNS, non seulement pour résoudre les adresses IP en noms d'hôtes et inversement mais aussi pour permettre aux clients de joindre leurs contrôleurs de domaines et d'autres services AD à partir des requêtes DNS.

Zones DNS

À chaque serveur DNS est attribué une ou plusieurs **zones** dans lesquelles sont renseignées les adresses IP et les noms des machines hôtes correspondantes. Du fait que la résolution DNS est en double sens (IP $\leftrightarrow$ Nom), deux types de zones sont nécessaires :

- **Zone directe** : permettant la résolution Nom $\longrightarrow$ adresse IP
- **Zone inverse** ou **reverse zone** : permet la résolution adresse IP $\longrightarrow$ Nom

Par exemple pour le domaine **pme.com** il existe par défaut une zone directe pme.com qui contiendra les informations sur les adresses IP des machines de types **machine.pme.com**. La zone inverse correspondante sera **72.168.192.in-addr.arpa** où **72.168.192** présente l'identifiant réseau inversé dans l'adresse IP **192.168.72**.2 du serveur DNS.

Enregistrements DNS

Les informations relatives aux adresses IP et noms d'hôtes sont appelées des enregistrements et sont de plusieurs types :

- Type **A** (*Address*) : permet d'associer un nom d'hôte à une adresse IP.
- Type **PTR** (*Pointer*) : associe une adresse IP à un nom d'hôte.
- Type **NS** (*Name Server*) : spécifie le ou les serveur(s) de noms spécifiques à une zone.
- Type **SOA** (*Start Of Authority*) : contient le nom d'hôte et l'adresse IP du serveur DNS qui héberge la zone actuelle. C'est un enregistrement unique par zone DNS.
- Type **SRV** : désigne les serveurs offrant les services réseau et permettant de les localiser rapidement lors des requêtes clients.
- Type **MX** (*Mail eXchanger*) : spécifie un ou plusieurs serveur(s) de messagerie dans une zone.

b. Changement du backend DNS

Le choix d'un backend DNS pendant le provisioning du domaine est inévitable mais peut être modifié : s'il s'avère que le choix primaire ne correspond pas aux besoins de l'environnement il est possible de changer le backend sans avoir pour autant à réinstaller tous les serveurs.

Migration du serveur DNS interne Samba vers le serveur BIND

Pour ce fait, il faut suivre les étapes suivantes :

➢ Installez et configurez BIND (décrit dans la section Configuration et test du serveur DNS de ce chapitre).

➢ Arrêtez Samba et transférez les fichiers de zones dans le backend BIND_DLZ.

```
#/usr/local/samba/sbin/samba_upgradedns  --dns-backend=BIND_DLZ
```

➢ Supprimez au niveau du fichier **smb.conf** l'option "dns" du paramètre "server services" ou bien changez-le par "-dns".

➢ Démarrez Samba.

Migration du serveur BIND vers le serveur DNS interne Samba

Les étapes correspondantes sont :

➢ Arrêtez Samba et BIND.

➢ Transférez les fichiers zones dans le backend SAMBA_INTERNAL :

```
#/usr/local/samba/sbin/samba_upgradedns  --dns-backend=SAMBA_INTERNAL
```

➢ Ajoutez au niveau du fichier **smb.conf** l'option "dns" au paramètre "server services".

➢ Démarrez Samba et BIND.

2. Le serveur Kerberos

Le serveur Kerberos assure dans un environnement Samba AD l'authentification des utilisateurs lors de l'ouverture des sessions sur le domaine et lors de l'accès à des ressources réseau. C'est un composant essentiel pour l'intégrité et la confidentialité des données d'une part et pour le confort des utilisateurs du domaine d'autre part.

a. L'authentification Kerberos

L'implémentation du protocole Kerberos dans un environnement SAMBA AD force ce dernier à se comporter comme un tiers de confiance : le centre de distribution de clé ou KDC (*Key Distribution Center*). Le rôle de KDC est d'authentifier l'utilisateur lors de l'ouverture de session et l'attribution des tickets de services lors de l'accès aux ressources incluses dans le domaine. Il y a deux types de tickets mis en jeu :

- **Le ticket d'octroi** ou **ticket initial TGT** (*Ticket Granting Ticket*) : il est délivré par le KDC à l'utilisateur lors de l'authentification et se caractérise par une durée de vie limitée. Ce ticket permet à l'utilisateur de demander l'accès aux différentes ressources le long de la durée de validité. Dans ce cadre AS-REQ est la requête pour demander un TGT et AS-REP pour l'acceptation de cette demande.

- **Le ticket de service ST** (*Service Ticket*) : un utilisateur ayant un TGT peut demander l'accès à un service en envoyant le TGT avec une requête TGS-REQ au KDC. La réponse sera traitée suivant les droits d'accès de l'utilisateur avec la requête TGS-REP accompagné du ticket de service TS.

Le fonctionnement de ce type d'authentification se résume dans deux étapes :

1. Si un utilisateur souhaite ouvrir une session il contacte un KDC (c'est SAMBA AD dans notre cas). Ce dernier lui attribue un TGT si son identité est valide.

2. Lorsque l'utilisateur possède un TGT, il peut demander l'accès à une ressource dans le domaine. Il demande alors un ticket de service ST en présentant son TGT. Il reçoit ainsi son ticket de service sans s'authentifier à nouveau.

b. La terminologie Kerberos

Au domaine **pme.com** correspond un royaume kerberos PME.COM dirigé par le KDC. En fait chaque utilisateur et service se voient attribuer des identifiants uniques permettant leurs accès :

- Pour les utilisateurs on parle de principale unique. Il est de la forme **utilisateurs@PME.COM**.
- Pour les services on parle de principal aussi mais appelé SPN (*Service Principal Name*). Il est de la forme **service/hote@PME.COM**. Par exemple, le partage d'une ressource LDAP hébergée sur la machine centos.pme.com se présente par **ldap/centos.pme.com@PME.COM**.

Lors du provisioning du domaine un compte utilisateur **krbtgt** est créé automatiquement : c'est un compte qui ne peut être utilisé d'une façon interactive ni renommé mais il permet le chiffrement des tickets TGT avec une clé qui dérive du mot de passe du compte administrateur.

3. Le serveur LDAP

Samba AD s'appuie sur le standard LDAP pour stocker les objets de domaine (comptes utilisateurs et ordinateurs et aussi les ressources réseau) et pour effectuer aussi des opérations au sein de l'annuaire comme l'ajout, la modification, la mise à jour et la recherche des entrées.

Le backend sur lequel se base Samba pour ces buts est un moteur de base de données compatible LDAP : c'est **ldb**. Le rôle de ldb dans Samba est de fournir une base de données intégrée et rapide avec une API LDAP. Il regroupe les avantages d'une base de données LDAP (hiérarchiques, chaînes de recherches très puissantes, structure facilement modifiée...) et d'un backend TDB (*Trivial DataBase*) (recherches rapides, sauvegarde facile).

Il est aussi intégré avec un ensemble complet d'utilitaires dédiés pour la gestion des données relatives à tout objet du domaine. Ce sont à titre indicatif : ldbsearch, ldbedit, ldbadd, ldbdelete, ldbrename...

E. Samba 4 en tant que AD

1. Initialisation du domaine ou « provisioning Samba »

Pour mettre en évidence les fonctionnalités de Samba ainsi que les serveurs intégrés, il est indispensable de disposer d'un domaine Samba AD. Cette étape consiste à créer le domaine et à paramétrer implicitement les services associés (DNS et Kerberos principalement).

En lançant la commande **samba-tool** avec les paramètres **domain provision**, nous initialisons le domaine :

```
# /usr/local/samba/bin/samba-tool  domain provision
```

Dans cette boîte de dialogue interactive, il faut indiquer :

- REALM qui est le royaume défini pour le serveur Kerberos, c'est le même nom de domaine en majuscule, **PME.COM** dans notre cas.
- Domain : nom de domaine **pme**.
- Server Role : le serveur est utilisé en tant que Contrôleur de domaine ou Domain Controller **dc**.
- DNS backend : le choix du serveur de noms : DNS interne à Samba ou BIND. Par défaut c'est celui interne à Samba donc **SAMBA_INTERNAL** (pour BIND, écrire au niveau de ce champ **BIND9_DLZ**).
- DNS forwarder IP address : adresse de diffusion du serveur DNS qui est par défaut l'adresse IP de la machine sur laquelle est installé Samba 4, 192.168.72.2 dans notre cas.
- Administrator password : le mot de passe de l'administrateur du serveur doit respecter la règle d'au moins une lettre majuscule, au moins une lettre minuscule et au moins un caractère non alphabétique : [P@ssw0rd].

En fin de provisioning du domaine, la boîte de dialogue retourne :

```
Once the above files are installed, your Samba4 server will be ready to use
Server Role: active directory domain controller
Hostname: centos
NetBIOS Domain: PME
DNS Domain: pme.com
DOMAIN SID: S-1-5-21-2056764163-2462734621-1332718355
```

Suite à cette initialisation, le fichier smb.conf sous /user/local/samba/etc est modifié et des fichiers de base de données sont créés sous /usr/local/samba/private.

☞ *Si on se trouve dans l'obligation de recréer un domaine, suite à une erreur de mot de passe ou de nom de domaine par exemple, il suffit de supprimer le fichier smb.conf ainsi que les fichiers de base de données relatifs à Samba s'ils sont déjà générés.*

```
# rm  -rf  /usr/local/samba/etc/smb.conf /usr/local/samba/private/*
```

2. Démarrage Samba AD

Une fois le domaine créé, il est possible de démarrer le serveur Samba en utilisant le démon principal **samba**. Pour une simple utilisation il suffit de lancer :

```
#/usr/local/samba/sbin/samba
```

Pour visualiser les différentes requêtes et communications de Samba avec les autres serveurs, il est recommandé de le démarrer en mode unique et de fixer ou non le niveau de débogage souhaité :

```
#/usr/local/samba/sbin/samba -i -M single -d3
```

Pour nous assurer de l'installation de la bonne version de Samba nous testons avec les deux commandes suivantes qui doivent retourner le même résultat (4.1.7 dans notre cas) :

```
#/usr/local/samba/sbin/samba -V
#/usr/local/samba/bin/smbclient -V
```

3. Tests de connectivité à Samba AD DC

a. Test de partages administratifs de Sysvol et Netlogon

Les partages Sysvol et Netlogon sont des partages par défaut configurés lors de l'installation et l'initialisation du domaine Samba AD. Leur existence sur le domaine peut être vérifiée par la commande :

```
# /usr/local/samba/bin/smbclient -L localhost -U%
Domain=[PME] OS=[Unix] Server=[Samba 4.1.7]
      Sharename            Type        Comment
      ---------            ----        -------
      netlogon             Disk
      sysvol               Disk
      IPC$                 IPC         IPC Service (Samba 4.1.7)
```

Si une réponse similaire ne s'affiche pas, il est recommandé de redémarrer Samba AD.

b. Test d'authentification

Ce test nous permettra de vérifier l'authentification du compte administrateur et son accès aux fichiers partagés, **sysvol** par exemple.

```
# smbclient //localhost/sysvol -U Administrator -c 'ls'
Enter Administrator's password:
Domain=[PME] OS=[Unix] Server=[Samba 4.1.6]
  .                                     D        0  Wed Apr 16 02:17:23 2014
  ..                                    D        0  Wed Apr 16 02:19:33 2014
  pme.com                               D        0  Wed Apr 16 02:18:00 2014
```

Avec ce test nous constatons que l'utilisateur "Administrator" est bien valide et les partages sont accessibles. À cette étape Samba fonctionne convenablement, il reste la configuration des serveurs DNS et Kerberos.

4. Configuration et test du serveur DNS

Une adaptation des paramètres du serveur DNS est primordiale au fonctionnement de Samba AD DC. Avec des paramètres erronés de DNS, Kerberos et les fonctionnalités de base ne fonctionnent pas.

Selon les exigences de l'infrastructure réseau et les fonctionnalités à déployer, il est possible de choisir le serveur DNS adéquat : serveur interne à Samba (SAMBA_INTERNAL) ou serveur de noms BIND (*Berkeley Internet Name Domain*).

a. Serveur DNS interne à Samba AD

Le serveur DNS interne à Samba AD est une nouvelle implémentation qui permet un déploiement facile et rapide du service DNS.

Dans le cas où le serveur DNS est choisi par défaut lors du privisionning, aucune manipulation supplémentaire n'est nécessaire. Il suffit d'adapter le nom de domaine utilisé pour que ce dernier soit reconnu par le serveur DNS. Il faut éditer le fichier /etc/resolv.conf comme suit :

```
domain pme.com
search pme.com
nameserver 192.168.72.2
```

Si la configuration IP du serveur est dynamique avec DHCP, une mise à jour automatique sera appliquée au fichier resolv.conf. Il faut dans ce cas procéder à une configuration statique de l'adresse IP.

b. Serveur de noms BIND

L'utilisation de serveur BIND est fortement recommandée si l'infrastructure réseau exige des paramètres DNS plus au moins complexes ou si des fonctionnalités avancées du serveur de noms qui ne sont pas déployées actuellement par Samba AD sont requises.

☞*La description du mode de fonctionnement de ce serveur sort de l'objectif de ce cours, mais nous décrivons dans les paragraphes suivants son installation et sa configuration dans le cadre d'un environnement Samba AD.*

Installation BIND 9.8 et plus

Le backend DNS de Samba AD peut être implémenté par le serveur BIND9 à partir des versions égales ou supérieures à 9.8.0. Ce dernier est disponible à l'adresse ftp://ftp.isc.org/isc/bind9/cur.

Lors de l'étape de configuration, il faut mentionner d'abord le chemin vers la bibliothèque de l'API **gssapi** permettant un accès sécurisé au service. Et ensuite activer la fonction **dlopen** qui sert de chargeur dynamique de bibliothèques.

```
#./configure -with-gssapi=/usr/include/gssapi -with-dlopen=yes
#make
#make install
```

Configuration de BIND

Le démon qui permet l'implémentation du serveur BIND est **named**. Son fichier de configuration **named.conf** se trouve par défaut sous le répertoire **/etc** et contient des déclarations de plusieurs types. Les plus courantes sont :

- La déclaration **zone** permet de définir les caractéristiques d'une zone telles que l'emplacement des fichiers de configuration et ses options spécifiques.
- La déclaration **options** définit les paramètres globaux de configuration serveur et spécifie aussi l'emplacement du répertoire **named** ainsi que les types de requêtes autorisées.

Une configuration minimale du serveur BIND indépendante des paramètres Samba est décrite dans le fichier **named.conf** comme suit :

```
# Global options
options  {
// activer une réponse autoritaire de BIND
        auth-nxdomain yes ;
// le chemin du répertoire
        directory  "/var/named" ;
// la liste des adresses IP des serveurs de noms et auxquelles les requêtes
// seront envoyées
        forwarders {8.8.8.8 ; 8.8.4.4 }
// Notications des serveurs esclaves lorsqu'une zone est mise à jour
    notify no
    empty-zones-enables no ;
```

```
// liste d'adresses IP autorisées à émettre des requêtes au serveur
   allow-query {
            10.1.1.0/24 ;
      } ;
// liste d'adresses IP autorisées à émettre des requêtes récursives
// au serveur
      allow-recursion {
            10.1.1.0/24 ;
      } ;
};
# Root servers (required zone for recursive queries)
zone "." {
// type de zones qui permet de diriger des transactions vers le serveur de
// nom racines qui résolvent des requêtes lorsqu'une zone n'est pas connue.
      type hint;
      file "named.root";
};
// Declaration de la zone locale localhost ainsi que la zone inverse
// correspondante
zone "localhost" {
      type master;
      file "master/localhost.zone";
};
zone "0.0.127.in-addr.arpa" {
      type master;
      file "master/0.0.127.zone";
};
```

Pour une première étape de configuration il est surtout essentiel d'indiquer le chemin du répertoire **named** ; sous **/var/named** dans notre cas.

L'étape suivante consiste à créer les fichiers de configuration de la zone de diffusion ainsi que la zone inverse correspondante avec le nom et dans l'emplacement indiqués dans **named.conf**.

Et comme dernière étape de configuration, il faut accorder les permissions d'accès aux fichiers de zones créés, à l'utilisateur **root**.

```
# chown named:root /var/named/master/*.zone
# chmod 640 /var/named/master/*.zone
```

Une procédure de changement d'utilisateur de **named** ainsi que des fichiers de zone sont disponibles sur le site Samba Wiki sous le lien https://wiki.samba.org/index.php/DNS_Backend_BIND.

Démarrage de BIND

Démarrer Bind en tant qu'utilisateur **root** :

```
#named -u root
```

Ensuite avec la commande **host**, il est possible de vérifier le serveur de noms par défaut :

```
#host localhost 127.0.0.1
Name: 127.0.0.1
Address: 127.0.0.1#53
Aliases:
localhost has address 127.0.0.1
```

De même pour la zone inverse

```
#host  127.0.0.1 127.0.0.1
Name: 127.0.0.1
Address: 127.0.0.1#53
Aliases:
1.0.0.127.in-addr.arpa domain name pointer localhost.
```

BIND avec Samba AD

Si le serveur BIND est choisi lors du provisioning comme backend DNS, le fichier **named.conf** sera créé automatiquement sous /usr/local/samba/private.

Samba AD a la possibilité de gérer le serveur de noms Bind et ceci en mettant à jour des fichiers de zones DNS via Kerberos d'une façon dynamique, robuste et facile à configurer. Pour cela, il suffit d'ajouter l'option **tkey-gssapi-keytab** sous la rubrique **Options** du fichier **named.conf** comme suit :

```
Options {
        [...]
        tkey-gssapi-keytab "/usr/local/samba/private/dns.keytab";
        [...]
};
```

c. Tester les enregistrements DNS

Les serveurs LDAP et Kerberos sont par défaut enregistrés par le serveur DNS, on peut les vérifier pour s'assurer du bon déploiement du serveur de noms DNS.

Pour le serveur LDAP on aura :

```
#  host -t SRV _ldap._tcp.pme.com.
_ldap._tcp.pme.com has SRV record 0 100 389 localhost.pme.com.
```

Pour le serveur Kerberos :

```
#  host -t SRV _kerberos._udp.pme.com.
_kerberos._udp.pme.com has SRV record 0 100 88 localhost.pme.com.
```

Pour le nom d'hôte du serveur Samba AD :

```
# host -t A localhost.pme.com.
localhost.pme.com has address 192.168.72.145
```

Si les résultats sont similaires à ce qui est mentionné ci-dessus, le serveur DNS est alors bien fonctionnel.

5. Configuration et test du serveur Kerberos

a. Configuration du fichier krb5.conf

Pour le serveur Kerberos, il est nécessaire d'adapter le fichier de configuration aux caractéristiques du domaine utilisé. Le fichier concerné est **krb5.conf** et se trouve sous **/etc**. Un exemplaire de ce fichier est généré lors de la création du domaine et se trouve sous /usr/local/samba/share/setup/. Le fichier pris en compte par Samba AD est **/etc/krb5.conf**. Sa section [libdefaults] doit contenir :

```
[libdefaults]
      default_realm = ${REALM}
      dns_lookup_realm = false
      dns_lookup_kdc = true
```

b. Test du serveur Kerberos

L'authentification Kerberos s'effectue à partir de la demande d'un ticket d'accès TGT (*Ticket Granting Ticket*) avec l'utilitaire **kinit** :

```
# kinit administrator@PME.COM
Password for administrator@PME.COM:
Warning: Your password will expire in 41 days on Fri Jun  18 02:43:58 2014
```

L'utilitaire **klist** permet de lister les tickets accordés.

```
# klist
Ticket cache: FILE:/tmp/krb5cc_0
Default principal: administrator@PME.COM
Valid starting     Expires              Service principal
05/1/14 02:54:30  05/1/14 12:54:30    krbtgt/PME.COM@PME.COM
```

Ce résultat montre que l'utilisateur "administrator" possède un ticket TGT dont la durée de validité est de 10H. Il est bien authentifié sur le domaine et peut accéder aux services et ressources existants.

6. Configuration de la synchronisation NTP

Le protocole NTP (*Network Time Protocol*) permet de synchroniser l'horloge d'un ordinateur avec celle d'un serveur de référence.

Généralement, dans un AD, la tolérance maximale de temps est de 5 minutes : si l'écart avec un hôte est supérieur, l'accès au serveur n'est plus possible. Pour cette raison la configuration d'une synchronisation horaire entre les hôtes et les contrôleurs du domaine est fortement recommandée. Ceci permettra à Samba AD DC de se comporter comme un serveur de temps pour toutes les machines incluses dans le domaine.

Samba AD requiert la version 4.2.6 ou supérieure du serveur NTP, disponible sur www.ntp.org. Pour activer l'interaction avec Samba AD DC il faut compiler les fichiers binaires ou source avec l'option **--enable-ntp-signd**.

Il est aussi indispensable de s'assurer des droits d'accès de l'utilisateur **root** au socket **ntp** :

```
#ls -ld /usr/local/samba/var/lib/ntp_signd/
drwxr-x--- 2 root ntp 4096 1. May 09:30 /usr/local/samba/var/lib/ntp_signd/
```

a. Configuration du côté contrôleurs de domaine

La configuration de la synchronisation NTP consiste à éditer le fichier **/etc/ntp.conf** pour renseigner certains paramètres comme indiqué ci-dessous :

```
// Horloge locale
server 127.127.1.0
fudge  127.127.1.0 stratum 10

// La source à travers de laquelle nous recevons le temps
server 0.pool.ntp.org     iburst prefer

// l'emplacement des fichiers de configuration
driftfile       /var/lib/ntp/ntp.drift
logfile         /var/log/ntp
ntpsigndsocket  /usr/local/samba/var/lib/ntp_signd/

// Le contrôle d'accès

// Restriction par défaut
restrict default kod nomodify notrap nopeer mssntp

// Permettre toutes les requêtes du localhost
restrict 127.0.0.1

// Restreindre le rôle du serveur à la synchronisation de l'horloge seulement
restrict 0.pool.ntp.org   mask 255.255.255.255    nomodify notrap nopeer noquery
```

b. Configuration du côté hôtes

De même sur les machines hôtes, il faut installer le serveur NTP et ajouter au fichier de configuration **/etc/ntp.conf** les lignes :

```
server 127.127.1.0
fudge  127.127.1.0 stratum 10
server     centos.pme.com     iburst prefer
driftfile /var/lib/ntp/ntp.drift
logfile   /var/log/ntp
restrict default ignore
restrict 127.0.0.1
restrict centos.pme.com   mask 255.255.255.255    nomodify notrap nopeer noquery
```

c. Test du serveur NTP

Sur la machine serveur, pour nous assurer que la synchronisation est bien établie, nous pouvons visualiser la liste des machines synchronisées avec la commande :

```
# ntpd -c peers
 remote       local              st poll reach  delay  offset  disp
*LOCAL(0)     LOCL.              10 64        1 0.068  0.089   0.012
win7.pme.com 192.168.72.15       10 64        1 0.074  0.009   0.037
```

Le nom de machine précédé par une étoile est celui du serveur de référence. Les hôtes Windows, une fois inclus dans le domaine seront synchronisés par défaut et ne nécessitent pas de configuration supplémentaire.

F. Administration en ligne de commande

Malgré les apports de Samba AD, il est toujours possible de l'administrer en ligne de commande grâce au démon **samba-tool**. Ce dernier est en fait un outil complet, puissant et couvre tous les angles d'administration d'un domaine en partant du provisioning du domaine jusqu'à la gestion des stratégies d'accès.

Les fonctionnalités qu'intègre **samba-tool** permettent globalement la gestion des domaines, des serveurs DNS, des utilisateurs et groupes, des bases LDAP, des stratégies de sécurité, des principaux Kerberos (SPN) et des sites. Il implémente aussi les procédures de réplications et de délégations de serveurs.

1. Gestion des utilisateurs dans Samba 4

La gestion des utilisateurs dans Samba 4 est possible avec la commande **samba-tool** en spécifiant son paramètre **user**. Le paramètre user contient lui-même plusieurs options permettant d'exécuter les différentes actions de gestion des comptes utilisateurs.

- **add ou create** : ajouter un nouveau compte utilisateur dans le domaine et qui sera enregistré par défaut sous le conteneur **cn=user** de la base LDAP par défaut. Il faut ajouter tout simplement le nom d'utilisateur et puis saisir le mot de passe associé.

```
#./samba-tool user add toto
New password :
Retype password :
User 'toto' created successfully
```

- **disable/ enable** : désactiver ou activer l'accès d'un compte client au domaine sans le supprimer complètement.

```
#./samba-tool user disable toto
```

- **list** : ne demande pas de paramètres supplémentaires et permet de lister tous les utilisateurs présents dans le domaine.

```
#./samba-tool user list
Administrator
krbtgt
Guest
toto
```

☞ *Nous trouvons par défaut les comptes clients **Administrator** créés lors de l'initialisation du domaine, **krbtgt**, évoqué précédemment, qui ne peut pas être utilisé pour un accès interactif au domaine et le compte **Guest** sans mot de passe, dédié aux utilisateurs n'appartenant pas au domaine ou ayant des comptes désactivés.*

- **password** : permet de modifier le mot de passe d'un compte client dans le domaine en indiquant le nom de l'utilisateur en question.

```
#./samba-tool user password -U toto
Password for [toto@PME.COM]:
New password :
Retype password :
Changed password OK
```

Ou bien :

```
#./samba-tool user password -U toto --newpassword=P@ssw0rd -password=Secret123$
Changed password OK
```

☞ *Si l'option **-U** ou **--username=toto** n'est pas mentionnée, la modification du mot de passe s'appliquera sur le dernier client authentifié au niveau du serveur Kerberos.*

- **setpassword** : réinitialiser le mot de passe d'un compte utilisateur dans le cas où ce dernier l'oublie par exemple.

```
#./sambba-tool  user setpassword –newpassword= P@ssw0rd
Changed password ok
```

- **setexpiry** : fixer ou désactiver l'expiration d'un compte client. Pour indiquer une période précise :

```
#./samba-tool user setexpiry toto –days=8
Expiry for user 'toto' set to 8 days
```

Pour la désactivation de cette option :

```
#./samba-tool user setexpiry toto
Expiry for user 'toto' is disabled
```

- **delete** : supprimer un compte utilisateur.

```
#./samba-tool user delete toto
```

2. Gestion des groupes dans Samba 4

Les différentes méthodes de gestion de groupe par la ligne de commande sont étudiées dans ce paragraphe. C'est à partir du paramètre **group** de la commande **samba-tool** toujours. Les options qui lui appartiennent sont :

- **add** : permet de créer un nouveau groupe dans l'AD.

```
#./samba-tool group add Students
Added group Students
```

- **addmembers** : permet l'ajout à un groupe déterminé d'un ou plusieurs membres pouvant être d'autres groupes du domaine AD, des comptes utilisateurs ou des comptes ordinateurs appartenant au domaine.

```
#./samba-tool group addmembers Students GP1,toto
Added members to group Students
```

GP1 est un groupe ajouté au domaine :

- **list** : affiche tous les groupes existant dans le domaine.

```
#./samba-tool group list
```

- **listmembers** : liste les membres d'un groupe de l'AD.

```
#./samba-tool group listmembers Students
GP1
toto
```

- **removemembers** : supprime un ou plusieurs membres d'un groupe déterminé.

```
#./samba-tool group removemembers Students GP1,toto
Removed members from group Students
```

- **delete** : permet de supprimer un groupe de l'AD.

```
#./samba-tool group delete Students
Removed group successfully
```

3. Administration du serveur DNS avec Samba AD

Samba AD est fourni avec des outils permettant la gestion de son serveur de noms. C'est à partir de la commande samba-tool que nous pouvons administrer le serveur de noms de Samba AD et plus précisément à partir de la commande dns. La liste des actions que l'on peut enchaîner avec ces outils s'affiche si on lance la commande :

```
#./samba-tool dns
Usage: samba-tool dns <subcommand>
Domain Name Service (DNS) management.
Available subcommands:
      add          - Ajouter un enregistrement DNS
      delete       - Supprimer un enregistrement DNS
      query        - Établir une requête
      roothints    - Requête de type roothints
      serverinfo   - Requête d'informations sur le serveur de noms
      update       - Mettre à jour un enregistrement DNS
      zonecreate   - Créer une zone.
      zonedelete   - Supprimer une zone.
      zoneinfo     - Inspecter les informations sur une zone
      zonelist     - Afficher les zones disponibles
```

Création de zones

Pour la création de zones, il faut utiliser le binaire **zonecreate** en indiquant le nom de la zone et l'adresse du serveur de noms correspondant.

La commande suivante permet d'ajouter une zone inverse :

```
#./samba-tool dns zonecreate 192.168.72.2  72.168.192.in-addr.arpa
Password for [administrator@PME.COM] :
Zone 72.168.192.in-addr.arpa created successfully
```

Suppression de zones

Pour la suppression des zones il suffit de remplacer le binaire **zonecreate** par **zonedelete** :

```
#./samba-tool dns zonedelete 192.168.72.2  72.168.192.in-addr.arpa
Password for [administrator@PME.COM] :
Zone 72.168.192.in-addr.arpa delete successfully
```

Ajout d'enregistrements

Chaque machine appartenant au domaine pme.com doit faire l'objet d'un enregistrement de type A et PTR pour pouvoir contacter le domaine avec leurs noms pleinement qualifié.

Pour un enregistrement de type A, il suffit de renseigner au niveau de la commande l'adresse du serveur de noms utilisé, la zone correspondante, le nom de la machine et enfin l'adresse IP comme suit :

```
#./samba-tool  dns  add  192.168.72.2  pme.com machine1  A  192.168.72.10
```

De même pour un enregistrement de type PTR, mais ces derniers doivent s'ajouter à une zone inverse en mentionnant l'identifiant d'hôte dans le réseau :

```
#./samba-tool dns add 192.168.72.2 72.168.192.in-addr.arpa 10 PTR
machine1.pme.com
```

Pour ajouter un enregistrement de type SRV dans la zone _tcp.pme.com la commande est :

```
#./samba-tool dns add 192.168.72.2 pme.com_machine1._tcp SRV
'machine1.pme.com 8080 0 100'
```

Concernant le dernier champ de données, il contient dans l'ordre le nom de l'hôte, le port la priorité et enfin le poids entre quotes.

☞*Dans le cas d'ajout d'une station Windows au domaine Samba AD, les enregistrements sont automatiquement ajoutés dans la zone. Mais ce n'est pas le cas pour les stations Linux : il faut les ajouter manuellement.*

Suppression d'enregistrements

Pour la suppression des enregistrements il suffit de remplacer le binaire add par delete dans les commandes précédentes :

```
#./samba-tool dns delete 192.168.72.2 72.168.192.in-addr.arpa 10 PTR
machine1.pme.com
Password for [administrator@PME.COM] :
Record deleted successfully
```

G. Administration par l'outil RSAT (Remote Server Administration Tools) de Windows 7

Dans cette partie nous évoquerons l'administration du domaine Samba AD à partir d'une machine Windows distante. Ceci facilitera la tâche des administrateurs, toute la gestion étant réalisée par une interface graphique.

1. Joindre un client Windows au domaine

Pour exploiter les données et les fonctionnalités AD à distance il faut que l'édition du client Windows soit différente de l'édition familiale. La machine « Win7 » qui est ajoutée au domaine **pme.com** appartient par défaut à un groupe de travail « WORKGROUUP ». Il suffit de procéder par les étapes suivantes :

➢ Ajoutez l'adresse IP du serveur DNS défini lors de l'initialisation du domaine dans la configuration TCP/IP de la carte réseau.

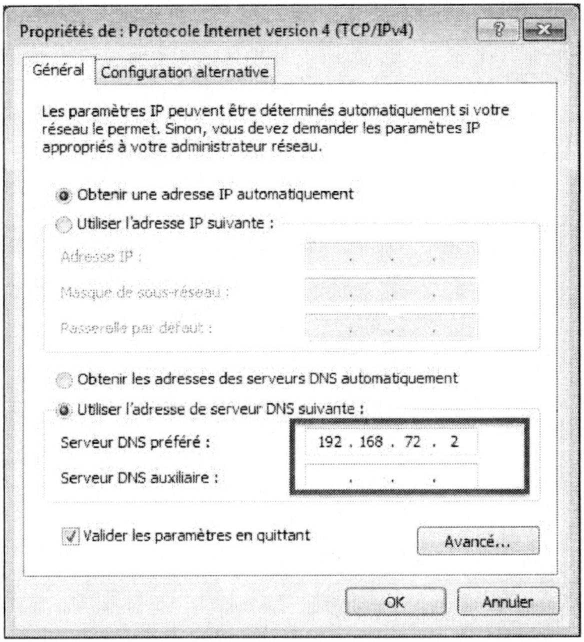

➢ Dans **Systèmes** puis **Propriétés Système**, situez-vous sous l'onglet **Nom de l'ordinateur** et cliquez sur **modifier**. Renseignez ensuite le nom de l'ordinateur, cochez le bouton **Domaine** puis saisissez le nom du domaine en majuscule PME.COM et enfin validez avec le bouton **OK**.

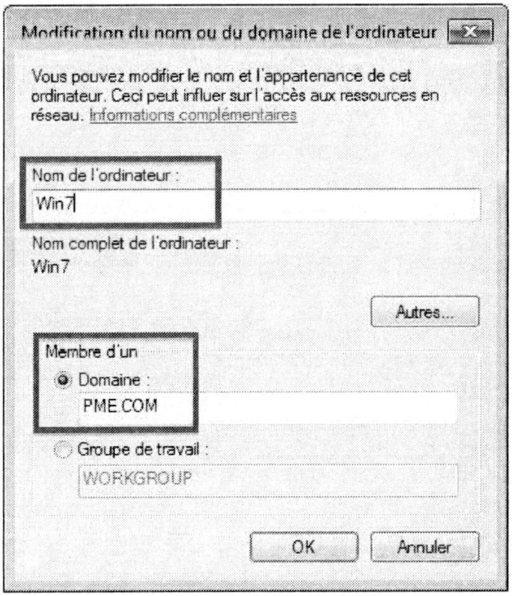

➢Si le client Win7 réussit à joindre le domaine PME.COM alors une fenêtre d'authentification apparaît. Renseignez le nom de l'utilisateur « Administrator » et le mot de passe associé. Une fenêtre de bienvenue au domaine s'affiche.

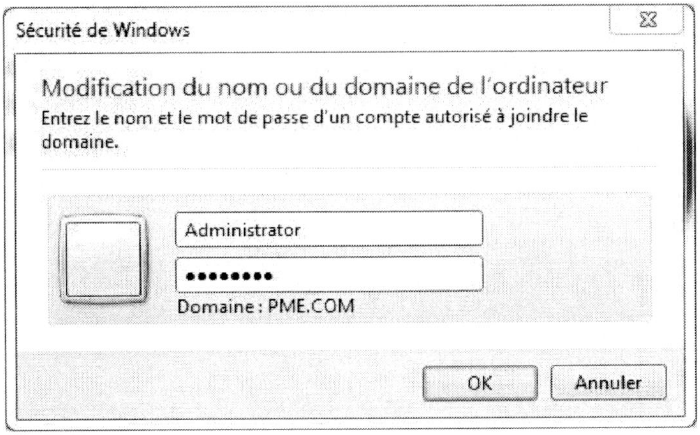

☞*Si le client Windows n'arrive pas à trouver le domaine à la bonne adresse, il faut désactiver les services Firewall et SElinux de la machine serveur (CentOS).*

Pour plus de vérifications, à partir de la ligne de commande côté serveur, lancer :

```
#nslookup win7.pme.com
Server:       192.168.72.2
Address:      192.168.72.2#53
Name:         win7.pme.com
Address:      192.168.72.151
```

Le compte ordinateur Win7 est bien reconnue par le serveur DNS : il appartient désormais au domaine **pme.com**.

2. L'outil Remote Server Administration Tools (RSAT)

RSAT (*Remote Server Administration Tools*) est un ensemble d'outils conçu pour permettre l'administration des rôles et des fonctionnalités de Windows Server 2003 et plus à partir d'un ordinateur distant. Également, dans un environnement Samba AD (puisqu'il est une alternative AD) il est aussi possible d'administrer la totalité de l'environnement à partir d'un ordinateur Windows distant comportant RSAT.

Cet outil est gratuit et peut être téléchargé à l'adresse suivante :
http://www.microsoft.com/en-us/download/details.aspx?id=7887

Une fois installé, il est possible de choisir les composants à utiliser et les activer de la manière suivante :

➢Dans **Panneau de configuration**, allez sur **Programmes** puis **Activer ou désactiver des fonctionnalités**.Il suffit de cocher la liste de fonctionnalités à activer et de valider par **OK** à la fin.

Un dossier **Outils d'administration** contenant tous les outils désormais activés se trouve automatiquement sur le menu **Démarrer**.

➤ Il est possible aussi de l'ajouter avec un clic droit sur **Démarrer** puis **Propriétés**. Dans la fenêtre **Propriétés de la barre des tâches et du Menu Démarrer**, il y a l'onglet **Menu Démarrer**. Cliquez sur **Personnaliser**. Dans la rubrique **Outils d'administration système**, cochez **Afficher sur le menu Tous les programmes et le menu Démarrer**.

3. Administration par RSAT

L'administration à distance est régie principalement par l'outil **Utilisateurs et ordinateurs Active Directory** qui est exécuté en tapant «dsa.msc» sur la barre de recherche des programmes Windows.

À partir de cette interface, il est possible de visualiser l'architecture et les composants du serveur LDAP et d'administrer le serveur.

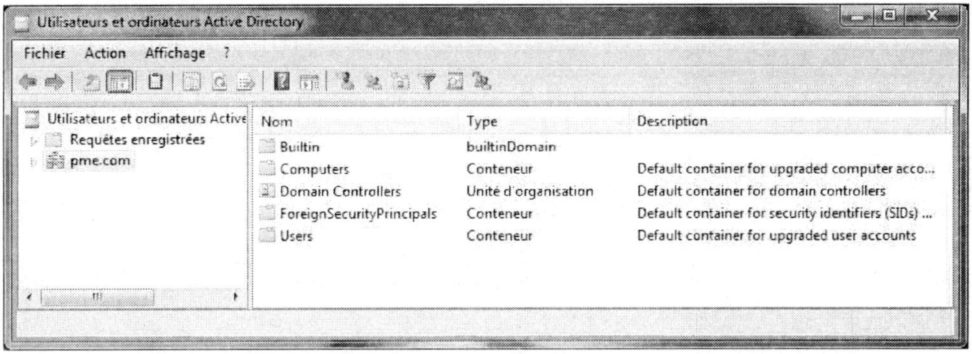

Cet outil permet d'exécuter les mêmes tâches que **samba-tool** mais en mode graphique, comme par exemple l'ajout des nouveaux objets (conteneur, utilisateur, unité d'organisation, ordinateur...) et aussi la gestion des domaines et des contrôleurs de domaines.

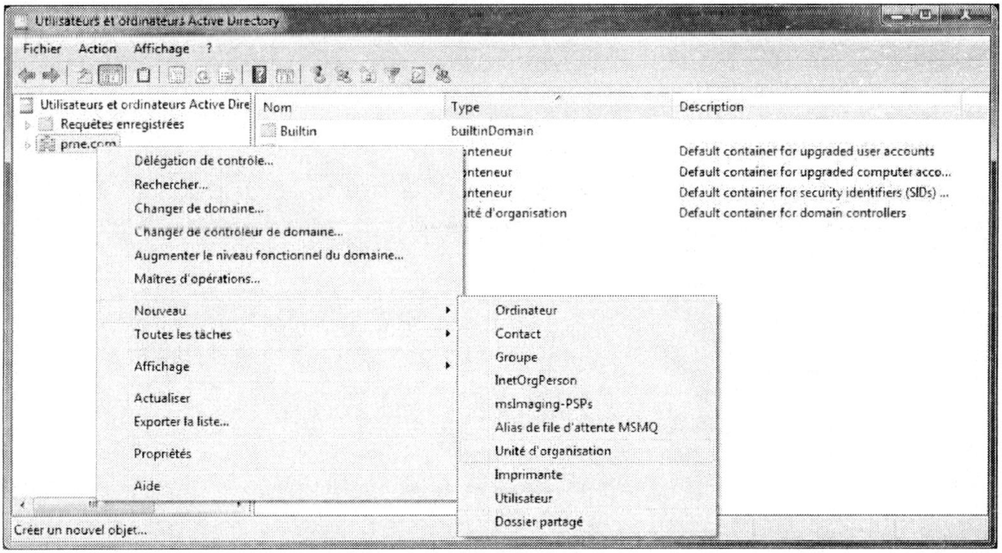

Il est possible aussi de gérer les comptes utilisateurs en les ajoutant à des groupes par exemple. On peut aussi activer ou désactiver un compte utilisateur, réinitialiser le mot de passe.

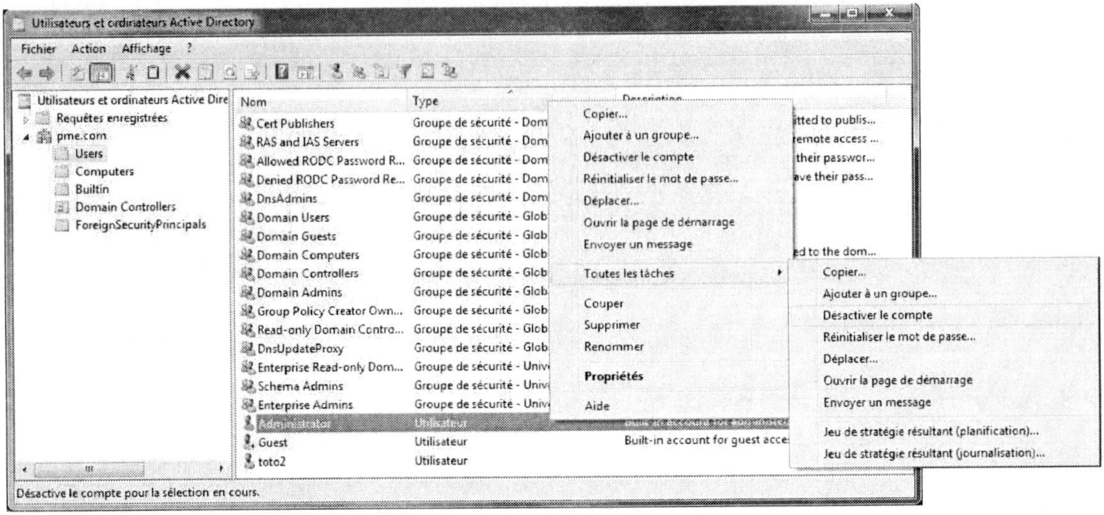

Un clic droit sur un objet, puis **Propriétés**, ouvre une fenêtre contextuelle permettant d'accéder et de manipuler les propriétés de celui-ci.

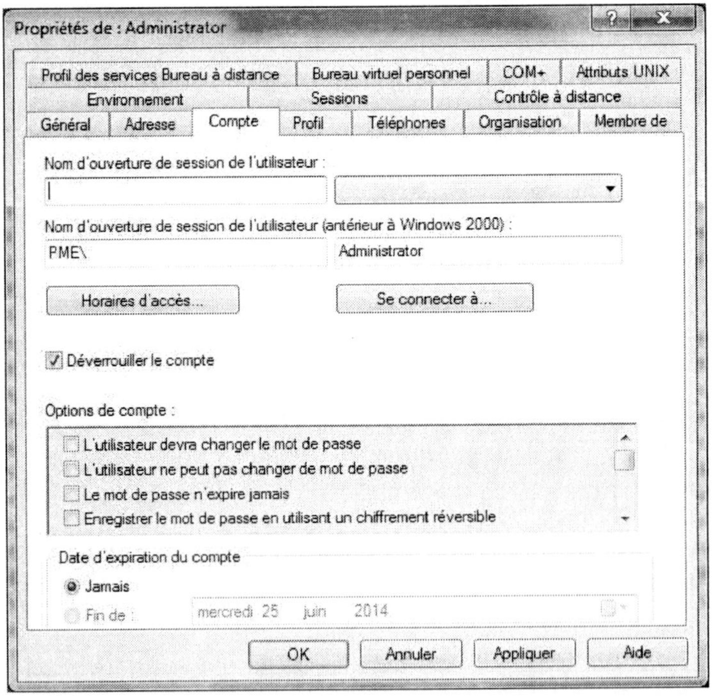

H. Validations des acquis : questions/réponses

Questions

1 Quels sont les apports de Samba AD (ou Samba 4) par rapport à Samba 3 ?

2 Quelle est la méthode d'installation qui permet d'avoir la dernière version de Samba ?

3 En quoi consiste le provisioning du domaine et quand est-il exécuté ?

4 Comment adapter une configuration du serveur DNS de Samba AD ?

5 Que doit-on trouver dans le fichier krb5.conf pour que Samba AD fonctionne normalement ?

6 Quelle est la commande qui permet l'administration de Samba AD et est-il possible de le faire graphiquement ? Si oui avec quel outil ?

7 Quelle commande permet d'afficher la liste des tickets Kerberos attribués ?

8 Est-ce que Samba AD peut fonctionner avec n'importe quels serveurs de noms DNS ?

9 Quelle est la commande qui permet de gérer les enregistrements DNS dans un environnement Samba AD ?

Résultats

Référez-vous aux pages suivantes pour contrôler vos réponses. Pour chacune de vos bonnes réponses, comptez un point.

Nombre de points /9

Pour ce chapitre, votre score minimum doit être de 7 sur 9.

Réponses

1 Quels sont les apports de Samba AD (ou Samba 4) par rapport à Samba 3 ?

Samba AD est la dernière implémentation du serveur de partage Samba et permet en plus des fonctionnalités classiques Samba 3 (partage des ressources et imprimantes, interopérabilité des différents systèmes d'exploitation) la création et la gestion d'un ou plusieurs domaine AD et intègre les serveurs DNS, Kerberos, LDAP et NTP.

2 Quelle est la méthode d'installation qui permet d'avoir la dernière version de Samba ?

L'installation du serveur Samba AD à partir des paquets sources permet d'obtenir la dernière version développée.

3 En quoi consiste le provisioning du domaine et quand est-il exécuté ?

Le provisioning ou aussi l'initialisation du domaine consiste à créer un domaine AD en définissant son nom, à fixer le rôle du serveur Samba AD par rapport au domaine et à définir le backend DNS choisi ainsi que l'adresse IP du serveur.

4 Comment adapter une configuration du serveur DNS de Samba AD ?

La configuration du serveur DNS se présente par la définition du nom du domaine ainsi que son adresse IP au niveau du fichier /etc/resolv.conf.

```
domain pme.com
search pme.com
nameserver 192.168.72.2
```

5 Que doit-on trouver dans le fichier krb5.conf pour que Samba AD fonctionne normalement ?

```
[libdefaults]
default_realm =  ${REALM}
dns_lookup_realm =  false
dns_lookup_kdc = true
```

6 Quelle est la commande qui permet l'administration de Samba AD et est-il possible de le faire graphiquement ? Si oui avec quel outil ?

Samba AD intègre la commande ***samba-tool****, c'est elle qui permet l'administration et la gestion des composants implémentés par Samba AD, comme par exemple les serveurs DNS et LDAP. Il permet aussi la gestion des groupes et des utilisateurs appartenant au domaine. Ces fonctionnalités sont exécutées en ligne de commande, il est toutefois possible de le faire à partir d'une interface graphique.*

En joignant une machine Windows au domaine Samba AD nous pouvons utiliser l'outil de gestion de serveurs à distance propriétaire Windows : RSAT (Remote Server Administration Tools). Cet outil permet à un administrateur de gérer son serveur Samba AD à partir d'une machine Windows distante et d'une manière dynamique avec des interfaces graphiques.

7 Quelle commande permet d'afficher la liste des tickets Kerberos attribués ?

```
#klist
```

8 Est-ce que Samba AD peut fonctionner avec n'importe quels serveurs de noms DNS ?

Le backend DNS de Samba AD peut être choisi selon les exigences de l'infrastructure réseau et les fonctionnalités à exploiter à partir de celle-ci. Il y a deux choix : soit l'utilisation du serveur DNS interne à Samba AD (qui est une exclusivité pour ce serveur), soit l'utilisation du serveur de noms Bind qui contrairement au DNS interne exige des configurations supplémentaires pour s'intégrer dans l'environnement Samba AD.

9 Quelle est la commande qui permet de gérer les enregistrements DNS dans un environnement Samba AD ?

```
#samba-tool dns
```

I. Travaux pratiques

1. Mise en place d'un serveur Samba AD

Commandes utiles

- yum
- vi
- samba-tool
- host
- klist
- kinit

Manipulations

1. Préparez l'environnement CentOS.
2. Installez le serveur Samba AD.
   - Téléchargez le paquet et installez-le.
   - Lancez le provisioning du domaine.
3. Configurez les serveurs DNS et Kerberos.
4. Testez les fonctionnalités de Samba AD.
   - Testez le serveur DNS.
   - Testez le serveur Kerberos.
5. Démarrez Samba AD.

Résumé des commandes et résultat à l'écran

1. Installer les paquets de dépendances de Samba AD.

```
#yum install gcc libacl-devel libblkid-devel gnutls-devel readline-devel
python-devel gdb pkgconfig krb5-workstation zlib-devel setroubleshoot-
server libaio-devel setroubleshoot-plugins policycoreutils-python
libsemanage-python setools-libs-python setools-libs popt-devel libpcap-
devel sqlite-devel libidn-devel libxml2-devel libacl-devel libsepol-devel
libattr-devel libcap-devel sqlite-devel libidn-devel libxml2-devel
libacl-devel libsepol-devel libattr-devel keyutils-libs-devel cyrus-
sasl-devel cups-devel bind-utils
```

2. Pour installer le serveur Samba AD :
   - Télécharger le paquet source à partir du site officiel www.samba.org.
   - En tant que root :

```
# tar xvf samba-4.1.7.tar.gz
# cd samba-4.1.7
# ./configure
#make && make install
```

   - Le provisioning permet la création du domaine Samba AD et définit les propriétés essentielles du serveur :

```
#/usr/local/samba/bin/samba-tool domain provision
REALM : PME.COM
Domain [pme] : pme
Server Role (dc, member, standalone) [dc] : dc
DNS backend (SAMBA_INTERNAL, BIND9_FLATFILE, BIND9_DLZ, NONE [SAMBA_INTERNAL] :
DNS forwarder IP adress (write 'none' to disable forwarding) [192.168.72.10] :
Administrator password :
...
...
...
Once the above files are installed, your Samba4 server will be ready to use
Server Role: active directory domain controller
Hostname: centos
NetBIOS Domain: PME
DNS Domain: pme.com
DOMAIN SID: S-1-5-21-2056764163-2462734621-1332718355
```

3. Pour la configuration du serveur DNS il faut éditer le fichier /etc/resolv.conf.

```
domain pme.com
search pme.com
nameserver 192.168.72.145
```

La configuration du serveur Kerberos est définie dans le fichier /etc/krb5.conf :

```
[libdefaults]
      default_realm = ${REALM}
      dns_lookup_realm = false
      dns_lookup_kdc = true
```

4. Pour tester le bon fonctionnement du serveur Samba AD, il suffit de tester les serveurs DNS et Kerberos.

- Le test du serveur DNS se présente par la vérification des principaux et des SPN relatifs aux services implémentés par SAMBA AD :

```
#  host -t SRV _ldap._tcp.pme.com.
_ldap._tcp.pme.com has SRV record 0 100 389 localhost.pme.com.
#  host -t SRV _kerberos._udp.pme.com.
```

```
_kerberos._udp.pme.com has SRV record 0 100 88 localhost.pme.com.
# host -t A localhost.pme.com.
localhost.pme.com has address 192.168.72.145
```

- La commande **kinit** permet d'attribuer à un utilisateur le ticket TGT :

```
# kinit administrator@PME.COM
Password for administrator@PME.COM:
Warning: Your password will expire in 41 days on Fri Jun  6 02:43:58 2014
```

5. Pour démarrer le serveur Samba AD :

```
#usr/local/samba/sbin/samba -i -M single -d2
params.c:pm_process() - Processing configuration file
"/usr/local/samba/etc/smb.conf"
samba version 4.1.7 started.
Copyright Andrew Tridgell and the Samba Team 1992-2013
... .
... .
... .
... .
Calling DNS name update script
Calling SPN name update script
/usr/local/samba/sbin/smbd: smbd version 4.1.7 started.
/usr/local/samba/sbin/smbd: Copyright Andrew Tridgell and the Samba Team 1992-2013
Child /usr/local/samba/sbin/samba_spnupdate exited with status 0 - Success
Completed SPN update check OK
Child /usr/local/samba/sbin/samba_dnsupdate exited with status 0 - Success
Completed DNS update check OK
```

2. Gestion des groupes et des utilisateurs en ligne de commande

Dans ce TP nous utilisons le binaire **samba-tool** exécutable sous le chemin /usr/samba/local/bin/.

Commandes utiles

samba-tool user

samba-tool group

Manipulations

1. Ajoutez les utilisateurs « toto1 » et « toto2 » au domaine et affichez-les.
2. Modifiez le mot de passe d'un utilisateur.
3. Ajoutez les groupes «LPIC3» et «Auteurs» au domaine avec leurs descriptions et leurs adresses mails et affichez-les.
4. Ajoutez « toto1 » et « Auteurs » au groupe « LPIC3 » et l'utilisateur « toto2 » au groupe « Auteurs ».
5. Listez les membres du groupe LPIC3.

6. Supprimez l'utilisateur toto2 du groupe Auteur.
7. Supprimez le groupe Auteur et l'utilisateur « toto1 ».

Résumé des commandes et résultat à l'écran

1. Ajout des utilisateurs toto1 et toto2 :

```
#./samba-tool user add toto1
New password :
Retype password :
User 'toto1' created successfully
```

Ajout de l'utilisateur toto2 :

```
#./samba-tool user add toto2
New password :
Retype password :
User 'toto2' created successfully
```

Afficher la liste des utilisateurs :

```
#./samba-tool user list
Administrator
krbtgt
Guest
toto1
toto2
```

2. Modification du mot de passe de l'utilisateur toto1 :

```
#./samba-tool user password -U toto
Password for [toto@PME.COM]:
New password :
Retype password :
Changed password OK
```

3. Ajout des groupes LPIC3 et Auteurs :

Ajout du groupe LPIC3 :

```
#./samba-tool group add LPIC3 --description='groupe de tous les
collaborateurs de la certification LPIC3' --mail-address='lpic3@lpi.com'
Added group LPIC3
```

Ajout du groupe Auteurs :

```
#./samba-tool group add Auteurs --description='groupe des auteurs de
l'ouvrage de formation de la certification LPIC3' -mail-address =
'lpic3_auteurs@lpi.com'
Added group Auteur
```

Liste des groupes existants :

```
#./samba-tool group list
Domain Admins
Domain Guests
Schema Admins
Domain Users
Replicator
IIS_IUSRS
DnsAdmins
Guests
Users
Auteurs
LPIC3
```

4. Ajout de toto1 et Auteurs au groupe LPIC3 et l'utilisateur toto2 au groupe Auteurs :

```
#./samba-tool group addmembers LPIC3 toto1,Auteurs
Added members to group LPIC3

#./samba-tool group addmembers Auteurs toto2
Added members to group Auteurs
```

5. Affichage des membres du groupe LPIC3 :

```
#./samba-tool group listmembers LPIC3
Auteurs
toto1
```

6. Suppression de l'utilisateur toto2 du groupe Auteurs :

```
#./samba-tool group removemembers Auteurs toto2
Removed members from group Auteurs
```

7. Suppression du groupe Auteurs et de l'utilisateur toto1 :

```
#./samba-tool group delete Auteurs
Removed group successfully
#./samba-tool user delete toto1
Deleted user toto1
```

3. Gestion des enregistrements DNS

Le but de ce TP est de pouvoir gérer les zones et les enregistrements dns en ligne de commande avec l'utilitaire **samba-tool dns**.

Commandes utiles

samba-tool dns

nslookup

Manipulations

1. Ajoutez une station Linux au serveur DNS :
   - Ajout de l'enregistrement A
   - Création d'une zone inverse
   - Ajout de l'enregistrement PTR
2. Recherchez les enregistrements DNS de la station ajoutée.
3. Supprimez l'enregistrement PTR de la zone inverse.
4. Supprimez la zone inverse.

Résumé des commandes et résultat à l'écran

1. Une station Linux de nom d'hôte centos3 et d'adresse IP 192.168.72.5 peut être ajoutée à la zone pme.com en suivant les étapes suivantes :

- Ajout de l'enregistrement A :

```
#./samba-tool dns add 192.168.72.2 pme.com centos3 A 192.168.72.5
Password for [administrator@PME.COM]
Record added successfully
```

- La création de la zone inverse permet d'ajouter par la suite les enregistrements de type PTR qui permettent de distinguer les machines avec leurs adresses IP. La zone inverse créée est 72.168.192.in-addr.arpa :

```
#./samba-tool dns zonecreate 192.168.72.2 72.168.198.in-addr.arpa
Password for [administrator@PME.COM]
Zone 72.168.198.in-addr.arpa created successfully
```

- Ajout de l'enregistrement PTR :

```
#./samba-tool dns add 192.168.72.2 72.168.198.in-addr.arpa 5 PTR centos2.pme.com
Password for [administrator@PME.COM]
Record added successfully
```

2. Recherche DNS de la station centos3 :

```
#nslookup centos3.pme.com
Server :        192.168.72.2
Address :       192.168.72.2#53
Name :          centos3.pme.com
Address :       192.168.72.5

#nslookup       192.168.72.5
Server :        192.168.72.2
Address :       192.168.72.2#53
72.168.192.in-addr.arpa name = centos3.pme.com
```

3. Suppression de l'enregistrement PTR :

```
#./samba-tool dns delete 192.168.72.2  72.168.192.in-addr.arpa 5 PTR
centos3.pme.com
Password  for [administrator@PME.COM] :
Record deleted successfully
```

4. Suppression de la zone inverse :

```
#./samba-tool dns zonedelete 192.168.72.2 72.168.192.in-addr.arpa
Password  for [administrator@PME.COM] :
Zone 72.168.192.in-addr.arpa deleted successfully
```

Chapitre 14

Pré-requis

☒Connaissances de base sur les systèmes de fichiers supportés par Linux.

☒Maîtrise des opérations et des manipulations d'un système de fichiers standard sous Linux.

Objectifs

À la fin de ce chapitre, vous serez en mesure de :

☒Gérer les ACL et les attributs étendus sous Linux.

☒Configurer et paramétrer les partages NTFS.

☒Configurer les partages Samba avec la prise en charge des ACL et des attributs étendus.

A. Rappel sur les systèmes de fichiers

À la naissance du noyau Linux, Linus Torvalds a pris comme base le système de fichiers Minix, et pour cette raison le noyau Linux souffrait des limitations de Minix à cette époque. En effet il s'agit d'un filesystem de 64 Mo maximum ne supportant pas les dates d'accès et de dernière modification de l'inode (atime et ctime) qu'on retrouve aujourd'hui sur la plupart des systèmes de fichiers évolués.

Un développeur français chevronné, Rémy Card, a pu améliorer Minix en créant l'ancêtre du système de fichiers ext2, le extfs est alors né. Ce dernier annulait certaines de ces limitations, cependant les performances étaient encore déplorables.

La première version de ext2fs est alors apparue en janvier 1993, qui s'est vite améliorée pour offrir des performances dignes d'un système de fichiers.

En 1993, ext2fs est devenu le système de fichiers standard de Linux puis apparut ext3 qui n'est autre qu'un ext2 supportant la journalisation.

Plusieurs serveurs en production utilisent ext3 jusqu'à aujourd'hui grâce à sa stabilité et à sa robustesse.

Le noyau Linux supporte désormais d'autres systèmes de fichiers plus performants et plus évolués qui disposent de fonctionnalités avancées telles que le LVM et le RAID.

1. Le système de fichiers ext2

La structure physique de ext2 a été largement inspirée par le système de fichiers FFS créé à l'université de Berkeley.

Dans le cas général, tous les systèmes de fichiers disposent d'au moins trois tables système :

- Le super-bloc qui contient les informations de base sur le système de fichiers.
- La table des inodes, c'est-à-dire la table des descripteurs de fichiers. Chaque fichier fait référence à un numéro d'inode unique.
- Les répertoires appelés encore la table des catalogues qui fait correspondre un nom de fichier à un numéro d'inode.

Dans le cas du système de fichiers ext2 et donc ext3, chaque partition est découpée en blocs de taille identique, cette segmentation augmente considérablement les performances d'allocation et de libération de l'espace disque, qui est calculé en nombre entier de blocs.

Le premier bloc de la partition contient le chargeur de démarrage (bootloader), c'est celui qui permet d'initialiser et de lancer le système. Le reste de la partition est organisé en groupes de blocs de taille identique.

Chaque groupe de bloc est structuré de la manière suivante :

- Une copie du super-bloc qui contient les informations clés concernant le système de fichiers.
- Les descripteurs de groupe.
- La table bitmap d'état d'allocation des blocs de groupe.
- La table bitmap d'état d'allocation des inodes du groupe.
- La table des inodes de groupe.
- Les blocs de données.
- Les répertoires.

a. Le super-bloc

Le super-bloc contient des informations cruciales sur le système de fichiers, c'est pour cette raison qu'il est recopié de manière redondante dans chaque groupe de blocs du système de fichiers. Il est donc impératif qu'il ne soit pas corrompu.

Le super-bloc contient également les informations suivantes :

- La taille des blocs.
- La taille en blocs du système de fichiers.
- Le nombre de blocs libres.
- Le nombre de blocs réservés au super-utilisateur root.
- Le nombre des inodes.
- Le nombre d'inodes libres.
- L'état du système de fichiers à un instant donné.
- Le nombre de blocs par ensemble de blocs.
- Le nombre d'inodes par ensemble de blocs.
- Le nombre maximal de montages avant de réaliser une vérification système via la commande fsck.
- Le nombre de montages réalisés depuis le dernier lancement de la commande fsck.
- La date de dernière exécution de la commande fsck.
- Temps maximum entre deux fsck.

La commande **debugfs** permet d'afficher toutes ses informations.

```
[root@squid ~]# debugfs /dev/sda2

debugfs 1.41.12 (17-May-2010)
debugfs:  stat /dev/sda2/dev/sda2: File not found by ext2_lookup
debugfs:  stats
```

```
Filesystem volume name:   <none>
Last mounted on:          /
Filesystem UUID:          bb28af88-1308-43e7-a74a-45833384c1c0
Filesystem magic number:  0xEF53
Filesystem revision #:    1 (dynamic)
Filesystem features:      has_journal ext_attr resize_inode dir_index
filetype needs_recovery extent flex_bg sparse_super large_file huge_file
uninit_bg dir_nlink extra_isize
Filesystem flags:         signed_directory_hash
Default mount options:    user_xattr acl
Filesystem state:         clean
Errors behavior:          Continue
Filesystem OS type:       Linux
Inode count:              1163264
Block count:              4649728
Reserved block count:     232486
Free blocks:              1947725
Free inodes:              921638
First block:              0
Block size:               4096
Fragment size:            4096
Reserved GDT blocks:      1022
Blocks per group:         32768
Fragments per group:      32768
Inodes per group:         8192
Inode blocks per group:   512
Flex block group size:    16
Filesystem created:       Fri Mar  8 10:53:45 2013
Last mount time:          Thu Jun  5 18:52:47 2014
Last write time:          Fri Mar  8 10:18:45 2013
Mount count:              44
Maximum mount count:      -1
Last checked:             Fri Mar  8 10:53:45 2013
Check interval:           0 (<none>)
Lifetime writes:          25 GB
Reserved blocks uid:      0 (user root)
Reserved blocks gid:      0 (group root)
First inode:              11
Inode size:               256
Required extra isize:     28
Desired extra isize:      28
Journal inode:            8
First orphan inode:       793110
Default directory hash:   half_md4
Directory Hash Seed:      20e73263-a155-45f0-bca2-0f6c799dc56f
Journal backup:           inode blocks
Directories:              21750
```

b. Les descripteurs de groupe

Chaque groupe de blocs possède son propre descripteur. Ces descripteurs sont regroupés dans une liste résidant physiquement derrière le super-bloc. Ils localisent sur le disque les informations essentielles de chaque groupe de blocs tel que la localisation de la table des inodes.

c. Les tables bitmaps de blocs et d'inodes

Les tables bitmaps de blocs et d'inodes permettent au système de garder une trace des blocs/inodes alloués dans un groupe de blocs. Une table bitmap est en fait une séquence de bits ou chaque bit est associé à un objet.

Dans le cas d'ext2/3, c'est soit un bloc de données, soit un inode, mais toujours dans le groupe où se situent ces tables. Lorsque ce bit est à 1, cela signifie que le bloc/inode est utilisé, et inversement, il est libre à 0. Ce qui veut dire qu'à la création d'un fichier, et par conséquent à la création d'un inode, le système de fichiers va utiliser le premier bit nul qui se trouve dans la table bitmaps du groupe de blocs qui aura été sélectionné. La sélection du groupe de blocs se fait en fonction de la présence ou non d'inodes libres.

d. La table des inodes de groupe

La table des inodes est la dernière structure définie dans un groupe de blocs, mais c'est la plus importante pour l'utilisateur et pour l'administrateur. Chaque fichier est associé un inode unique, cela peut être un répertoire, un lien symbolique ou autre type de fichier. Chaque inode est désigné par un numéro unique. Les numéros allant de 1 à 10 sont réservés, l'inode 11 représente le premier inode utilisable.

☞ *La taille de la table des inodes est un paramètre statique important d'un système de fichiers, car elle détermine le nombre maximal de fichiers que l'on peut créer sur une partition.*

L'inode contient toutes les informations sur un fichier donné, sauf son nom ; ces informations sont :

- Droits d'accès et type de fichier ;
- UID du propriétaire ;
- GID du groupe du fichier ;
- Taille en octets ;
- Date et heure de création ;
- Date et heure de dernier accès ;
- Nombre de liens matériels ;
- Nombre de blocs ;
- Nombre de fragments ;
- Drapeaux ;
- Réservé;
- Fichier ACL ;
- Répertoire ACL ;
- Adresse de fragments ;
- Nombre de fragments ;

- Les adresses des blocs de données.

L'option -i de la commande **ls** permet de lister les fichiers et leur numéro d'inodes respectifs, l'option -la affiche tous les fichiers y compris les fichiers cachés avec les informations correspondantes.

```
# ls -ali /root
924454 drwx------   3 root root     4096 Aug 16  2013 pbis-open-
7.1.1.1221.linux.x86.rpm
936120 drwxr-xr-x.  2 root root     4096 Mar  9  2013 Pictures
936117 drwxr-xr-x.  2 root root     4096 Mar  9  2013 Public
936135 drwx------.  2 root root     4096 Apr 17  2013 .pulse
936134 -rw-------.  1 root root      256 Mar  9  2013 .pulse-cookie
281179 drwxr-xr-x.  2 root root     4096 Mar 16  2013 raid
940084 -rw-------   1 root root      804 Sep 30 18:47 .recently-used.xbel
932056 -rw-------.  1 root root     1024 Jun 23 21:01 .rnd
275095 drwxr-xr-x. 10 root root     4096 Apr  1  2013 samba
924665 drwxr-xr-x. 35 root root     4096 Apr  1  2013 samba-4.0.4
940085 drwxr-xr-x  33 root root     4096 Aug 16  2013 samba-4.1.0rc2
940057 -rw-r--r--   1 root root 94740480 Aug 16  2013 samba-4.1.0rc2.tar
936131 drwxr-xr-x.  2 root root     4096 Mar  9  2013 .spice-vdagent
940055 -rw-r--r--   1 root root  1286144 Jun 11  2013 squid.pme.com
936136 drwx------.  2 root root     4096 Oct 30  2013 .ssh
936265 -rw-r--r--   1 root root      618 Mar 11  2014 sso.ldif
```

e. Les répertoires

Les répertoires sont un cas particulier des fichiers et ont donc un numéro d'inode. Un répertoire est appelé également table de catalogue. Un répertoire contient un ensemble de fichiers et d'autres répertoires ainsi que leur numéro d'inode respectif plutôt que de contenir des données. Dans la section précédente, on a indiqué que l'inode contenait l'identité d'un fichier sauf son nom, le nom existe alors comme une entrée dans le répertoire contenant ce fichier et il contient aussi la taille du nom de fichier.

2. Le système de fichiers ext3

Le système de fichiers ext3 est journalisé et donc assure une tolérance aux pannes. Le journal est l'endroit dans lequel sont stockés les logs d'activité de la journalisation ; il peut prendre deux formes :

- Soit c'est un inode invisible par le système de fichiers.
- Soit c'est un fichier caché à la racine du système.

Les informations enregistrées dans le journal dépendent des paramètres de montage de la partition ext3. Il est toujours possible de revenir à un FS ext2 puisque ext3 est compatible ascendant/descendant avec ce dernier.

La structure d'un système de fichiers ext3 est la même que celle d'un ext2.

Parmi ses caractéristiques :

- La taille supportée est de 16 To.
- La taille d'un fichier est limitée à 2 To.
- Le nombre des fichiers est limité lors de la création du système de fichiers puisqu'il dépend du nombre d'inodes.

- Il est redimensionnable à chaud.
- Il dispose de commandes de sauvegarde et de restauration ainsi que de plusieurs options de montage.

3. Les systèmes de fichiers ext4/btrfs

Le système de fichiers ext4 a remplacé ext3 dans la plupart des distributions Linux. Il reste cependant compatible avec ext3. En effet, il est possible de migrer ext3 vers ext4, par contre, pour qu'une partition ext4 revienne en ext3, il faut que cette dernière ne soit pas créée avec l'allocation d'extent.

L'allocation par extent est certes la principale nouveauté de ext4, qui fournit une préallocation de blocs pour les données afin de minimiser la fragmentation et par conséquent elle assure un accès rapide au système de fichiers en améliorant les performances d'entrée/sortie.

Ext4 n'est autre qu'une étape intermédiaire devant mener au système de fichiers btrfs.

Btrfs (*B-Tree File System*) prononcé ButterFS est un système de fichiers développé principalement par la firme Oracle ainsi que d'autres contributeurs tel que Red Hat, Intel et Suse. Les dernières versions du noyau intègrent en natif ce système de fichiers. Il est basé sur la notion d'extent, mais aussi dispose de fonctionnalités révolutionnaires dont :

- La copy-on-write : si des données sont écrites sur un bloc de mémoire alors ce dernier sera copié à un autre endroit du disque dur et les nouvelles données seront enregistrées sur la copie au lieu de l'être sur l'original.
- Les sous-volumes (*subvolumes*) : une technique permettant d'avoir au niveau du système de fichiers ou au sein d'une partition, un arbre séparé contenant des répertoires et des fichiers, ce qui permet de créer plusieurs arborescences simultanément et donc une indépendance totale par rapport au système principal. On aura ainsi la possibilité de créer un sous-volume et le monter ensuite pour l'utiliser pour un besoin précis.
- L'instantané (*snapshot*) : il s'agit de créer une image du système de fichiers à un instant donné, c'est une sorte de sauvegarde d'une partition. Elle est utile par exemple lorsqu'on est amené à effectuer une mise à jour importante. À l'aide de cette fonctionnalité, on pourra désormais effectuer une restauration par l'instantanée dans le cas d'un problème majeur.
- RAID et LVM : il ne s'agit pas du vrai RAID (le RAID logiciel ou matériel), mais btrfs permet de simuler la technologie du RAID, ce qui permet de crée des RAID0, RAID1 ou même RAID5 d'une simple commande. Il en est de même pour le LVM, en effet et par analogie au LVM, on peut ajouter ou supprimer des disques ou des partitions vierges pour augmenter de l'espace disque à chaud.

Le détail du système de fichiers BTRFS sort de l'objectif de cet ouvrage, mais il est recommandé de le connaître en détail, puisqu'il est le futur FS de Linux.

☞ *Un extent est une zone de stockage attribuée d'avance lors de la création d'un fichier sur le système de fichiers. La taille de cette zone peut atteindre des centaines de Mo.*

B. Les attributs des fichiers

Les systèmes de fichiers ext2 et ext3 disposent d'une caractéristique permettant d'ajouter des attributs étendus aux fichiers et répertoires, ce sont des informations supplémentaires qui viennent s'ajouter pour préserver la sécurité des données.

Selon la norme POSIX, tout fichier possède des permissions en lecture, écriture et exécution. On peut leur adjoindre des attributs supplémentaires, ce sont les attributs étendus. À l'inverse des attributs réguliers, les attributs étendus ne sont pas interprétés par le système de fichiers, mais sont stockés et gérés séparément. Tout attribut étendu est identifié par une paire (nom:valeur) qui permet la manipulation des informations stockées.

La fonctionnalité des attributs étendus, abrégée en **xattr**, est supportée par les systèmes de fichiers ext2/ext3/ext4 et btrfs, cependant il faut nécessairement que le noyau Linux soit compilé avec la prise en charge de cette fonctionnalité.

Tout fichier régulier peut disposer d'attributs étendus, chacun d'entre eux étant constitué d'un nom et de données associées. Le nom doit être une chaîne de caractères se terminant par un octet nul, et fait partie d'un espace de nommage parmi : utilisateur (user), sécurité (trusted), système (system).

1. Listes des attributs

Voici une liste non exhaustive des attributs couramment utilisés :

- A : l'heure et la date de dernier accès ne sont plus modifiées si cet attribut est positionné.
- a : protège le fichier contre la suppression de contenu, un fichier qui possède cet attribut ne peut, en écriture, qu'être ouvert en ajout. Réservé uniquement à root.
- c : le fichier est automatiquement compressé. La décompression lors de la lecture et la compression des données ajoutées au fichier par la suite se font à la volée, de manière transparente à l'utilisateur.
- d : le fichier ne sera pas sauvegardé par la commande dump.
- i : c'est un attribut réservé à root, protège le fichier contre toute modification, il est également impossible de créer des liens sur ce fichier. Seule la modification des attributs étendus est permise à son propriétaire et seul root peut enlever l'attribut i (immuable) d'un fichier.
- s : quand le fichier est détruit, les blocs de données libérés sont remis à 0 pour éviter qu'on puisse récupérer les données malgré l'effacement.
- u : lors d'un effacement, les références vers l'espace du système de fichiers qui contient les données sont détruites, mais pas les données. Cet attribut permet de préserver les blocs qui contenaient les données de façon à ce qu'on puisse les récupérer si besoin.

2. Les commandes de gestion d'attributs

Pour manipuler les attributs, il existe deux commandes, une pour l'affichage des attributs positionnés sur un fichier ou un répertoire et une deuxième pour l'affectation, qui sont **lsattr** et **chattr**.

La commande **lsattr** fonctionne comme ls et dispose de plusieurs options :

- -R : comme dans de nombreuses commandes, permet de visualiser les attributs de toute une arborescence.
- -a : de la même manière que celle de ls, permet de visualiser les attributs des fichiers cachés.
- -d : lister les répertoires.

- -v : affichage de la version des fichiers.

La commande **chattr** s'utilise quasiment comme un chmod (voir la section suivante) simplifié. Les attributs ne peuvent être indiqués que sous forme symbolique et non en notation octal.

Pour affecter ou enlever un attribut, on utilise respectivement chattr suivi de + ou de - et du code correspondant.

Les options sont :

- -R : modifier récursivement les attributs des répertoires et de leur contenu.
- -v : être bavard dans la sortie de la commande et afficher la version du programme.
- -f : supprimer la plupart des messages d'erreur.
- -V : fixer la version ou génération du fichier.

Exemple :

En tant qu'utilisateur sans privilège, ajouter l'attribut « **a** » à un fichier :

```
$ chattr +a pme.ldif
chattr : Operation non permise lors de l'initialisation des drapeaux sur
pme.ldif
```

Le message d'erreur est tout à fait normal puisque cet attribut ne sera positionné que par root.

En tant que root :

```
# chattr +a pme.ldif
# lsattr pme.ldif
# lsattr hpme.ldif
-----a-------e- pme.ldif
```

L'attribut « a » est désormais positionné.

Essayer de supprimer ce fichier :

```
# rm -f pme.ldif
rm: cannot remove `/home/issam/pme.ldif': Operation not permitted
```

Un fichier ayant l'attribut a (archive) peut augmenter de taille mais tout ou partie de son contenu ne peut être supprimé, ni le fichier lui-même.

C. Droits sur les fichiers et les répertoires

Chaque fichier ou répertoire dispose de droits. Ces droits assurent un contrôle d'accès aux fichiers pour l'ensemble d'utilisateurs du système.

Le système Linux répartit les utilisateurs en trois catégories :

1. Le propriétaire.
2. Les membres du groupe associés au fichier.
3. Les autres, ce sont tous les utilisateurs autres que le propriétaire et les membres du groupe.

À chaque catégorie, on peut affecter trois droits d'accès :

1. Le droit de lecture symbolisé par la lettre r (read).
2. Le droit d'écriture symbolisé par la lettre w (write).
3. Le droit d'exécution symbolisé par la lettre x (Execute).

La signification de ces droits dépend de la nature du fichier : ordinaire ou répertoire.

Pour un fichier ordinaire :

- Le droit de lecture permet d'ouvrir et de visualiser le contenu d'un fichier.
- Le droit d'écriture permet d'ouvrir et de modifier le contenu d'un fichier.
- Le droit d'exécution permet d'exécuter un fichier lorsque celui-ci est un script ou un binaire.

En revanche pour un répertoire :

- Le droit de lecture permet de connaître la liste des fichiers du répertoire et donc de lancer la commande ls sur ce répertoire pour afficher son contenu.
- Le droit d'écriture permet de créer ou de supprimer des fichiers d'un répertoire.
- Le droit d'exécution permet d'accéder aux fichiers dans le répertoire.

1. Les droits d'endossement

Le droit d'endossement est privilégié lorsqu'on souhaite augmenter les autorisations des utilisateurs, par exemple, pour l'exécution d'une commande avec l'identité de son propriétaire. Ce droit est déjà positionné sur quelques commandes système à l'instar de passwd qui permet de changer ou d'attribuer un mot de passe à un compte utilisateur. Puisque chaque utilisateur a le droit de changer son mot de passe, si ce n'est pas la politique de sécurité du système qui le force à le changer, la commande **passwd** dont le propriétaire, est root, est accessible à tout utilisateur à des fins de gestion de son mot de passe.

Ce droit d'endossement est noté Set-UID ou couramment SUID et il est symbolisé par la lettre s en notation symbolique et 4000 en notation numérique.

```
# ls -l /usr/bin/passwd
-rwsr-xr-x. 1 root root 25980 Feb 22  2012 /usr/bin/passwd
```

En plus du droit SUID, on a également le droit Set-GID ou SGID qui permet d'endosser les droits du groupe auquel appartient l'exécutable ou la commande. Ce droit est symbolisé aussi par la lettre s et numériquement par 2000.

2. Le sticky bit

Avec le droit de sticky bit, qui ne concerne que les répertoires, il est possible qu'un répertoire soit accessible en écriture à plusieurs utilisateurs, mais aucun d'entre eux n'a la possibilité de supprimer les fichiers d'autrui. Seul le propriétaire d'un fichier peut le supprimer.

On peut considérer l'exemple du répertoire /tmp :

```
# ls -l /
drwxrwxrwt.  19 root root  4096 Oct  6 11:20 tmp
```

Le sticky bit est symbolisé par la lettre t positionnée à la place du droit d'exécution x de la catégorie des autres utilisateurs.

3. Les commandes de gestion des droits

Pour manipuler les droits évoqués dans la section précédente, il existe les commandes suivantes :

- chown : change le propriétaire d'un fichier.
- chmod : modifie les droits d'un fichier.
- chgrp : change le groupe d'un fichier.
- umask : fixe les droits retirés automatiquement lors de la création d'un fichier. La validité de cette commande est limitée à la session shell où elle a été exécutée.

Exemple 1 : permissions par défaut

Lors de la création d'un répertoire, le système donne en permissions le complément à 1 de umask.

```
# umask 050
```

- 0 en octal pour l'utilisateur soit en binaire 000.
- 5 en octal pour le groupe soit en binaire 101.
- 0 en octal pour les autres soit en binaire 000.

Le complément à 1 de 000 101 000 est 111 010 111 (rwx-w-rwx), ce qui se traduit en octal par 727.

La création d'un répertoire avec umask à 050 donnera à ce répertoire les permissions rwx-w-rwx.

Lors de la création d'un fichier, le système fait de la même manière que pour un répertoire mais en supprimant le droit d'exécution. Ce qui donne pour un umask de 050, les permissions 110 010 110 (rw-w-rw-), soit en octal 626.

Exemple 2 : modification des permissions

```
# ls -l My_Prog
-rwxrw-rw-1 albert etudes 48201 Nov 2 1999 My_Prog
# chmod +x My Prog
```

My_Prog peut être exécuté par tout le monde :

```
-rwxrwxrwx 1 albert etudes 48201 Nov 2 1999 My_Prog
```

```
# chmod o-w My_Prog
```

My_Prog ne peut plus être modifié par "les autres" :

```
-rwxrwxr-x 1 albert etudes 48201 Nov 2 1999 My_Prog
```

```
#chmod g=o My_Prog
```

Les membres de mon groupe obtiennent sur My_Prog les mêmes droits que "les autres" :

```
-rwxr-xr-x 1 albert etudes 48201 Nov 2 1999 My_Prog
```

D. Les ACL POSIX

1. Présentation

Le système Linux dispose en plus des droits évoqués plus haut d'autres permissions assurant une flexibilité considérable lors du positionnement des droits : les ACL permettent de positionner une liste de contrôle d'accès associée à un fichier, un répertoire ou une arborescence.

Au moyen des ACL, on peut étendre le nombre d'utilisateurs et de groupes ayant des droits sur un même fichier.

À titre d'exemple, lorsqu'un groupe d'utilisateurs possède des permissions sur un fichier, on peut affecter explicitement à un utilisateur appartenant à ce groupe des droits spécifiques en dehors des permissions déjà positionnées sur son groupe par défaut. On peut ainsi ajouter ou retirer des permissions à un utilisateur en particulier

De ce fait, on se rapproche du système de permissions existant sur les plates-formes Windows.

Il est également indispensable de se servir des ACL dans les environnements mixtes Windows/Linux s'appuyant sur Samba.

2. Les commandes de gestion des ACL

Il existe deux commandes essentielles pour gérer les listes de contrôle d'accès, l'une pour manipuler une ACL et l'autre pour la consulter et qui sont respectivement **setfacl** et **getfacl**.

La syntaxe de setfacl est :

setfacl -m type_acl:valeur:droits fichier

La syntaxe de getfacl est :

getfacl fichier

Le masque ACL est une synthèse des valeurs les plus permissives que possède un fichier doté d'une ACL. Les droits fondamentaux de l'utilisateur ne sont cependant pas pris en compte.

Il faut noter qu'un fichier comportant une ACL qu'on désire lister par ls -l n'affiche qu'un + à la suite de ses permissions ce qui ne permet pas de savoir les détails des ACL positionnées.

Le partage **sysvol** du serveur Samba 4 comporte des ACL, avec ls -l on aura :

```
# ls -l /usr/local/samba/var/locks
total 1348
-rw-------  1 root root    421888 Aug 16  2013 account_policy.tdb
-rw-------  1 root root    528384 Aug 16  2013 registry.tdb
-rw-------  1 root root    421888 Aug 16  2013 share_info.tdb
drwxrwx---+ 3 root 3000000   4096 Aug 16  2013 sysvol
```

La commande getfacl affiche les détails des ACL :

```
# getfacl /usr/local/samba/var/locks/sysvol/
getfacl: Removing leading '/' from absolute path names
# file: usr/local/samba/var/locks/sysvol/
# owner: root
# group: 3000000
user::rwx
```

```
user:root:rwx
group::rwx
group:3000000:rwx
group:3000001:r-x
group:3000002:rwx
group:3000003:r-x
mask::rwx
other::---
default:user::rwx
default:user:root:rwx
default:group::---
default:group:3000000:rwx
default:group:3000001:r-x
default:group:3000002:rwx
default:group:3000003:r-x
default:mask::rwx
default:other::---
```

E. Pré-requis d'un système de fichiers dans Samba 4

À partir de la version 4 de Samba, on peut désormais configurer les partages sur un serveur Linux à partir d'une station Windows, et c'est généralement la méthode la plus recommandée. En effet, il suffit de créer un partage Samba et configurer les permissions avancées en utilisant les ACL Windows.

Lors de l'installation de Samba 4 et particulièrement à partir du code source, il faut s'assurer que le support des ACL est activé, il faut également que le système de fichiers supporte les ACL et les attributs étendus (voir figure ci-dessous) au niveau du noyau.

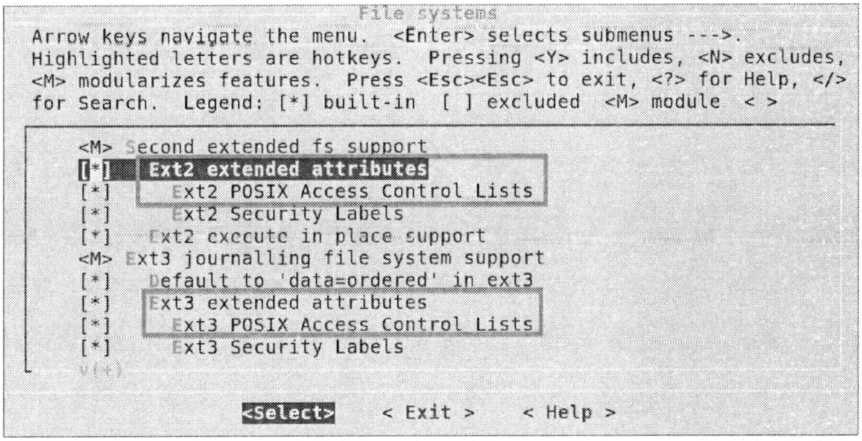

Lorsqu'il s'agit d'un système de fichiers ext3/ext4, il faut monter la partition avec l'option de montage **acl** et **user_xattr**.

Ceci est valable aussi lorsqu'on souhaite déployer Samba en tant que contrôleur de domaine Active Directory.

Pour partager le répertoire /usr/local/samba/partage, il faut ajouter l'entrée suivante dans /etc/fstab :

```
/dev/sda1 /usr/local/samba/partage ext4 user_xattr,acl,barrier=1 1 1
```

1. Permissions sur les partages

Les partages seront définis dans le fichier smb.conf du serveur Samba, les permissions doivent être positionnées pour chaque partage. Le rechargement de la configuration est requis.

Exemple

```
[partage]
      comment = partage active Directory
      path = /mnt/pub
      broweable = yes
      public = yes
      read only = no
      valid users = isabelle,smb
      guest ok = no
```

Les utilisateurs isabelle et smb doivent exister dans la base LDAP de l'annuaire Active Directory (voir figure ci-dessous) :

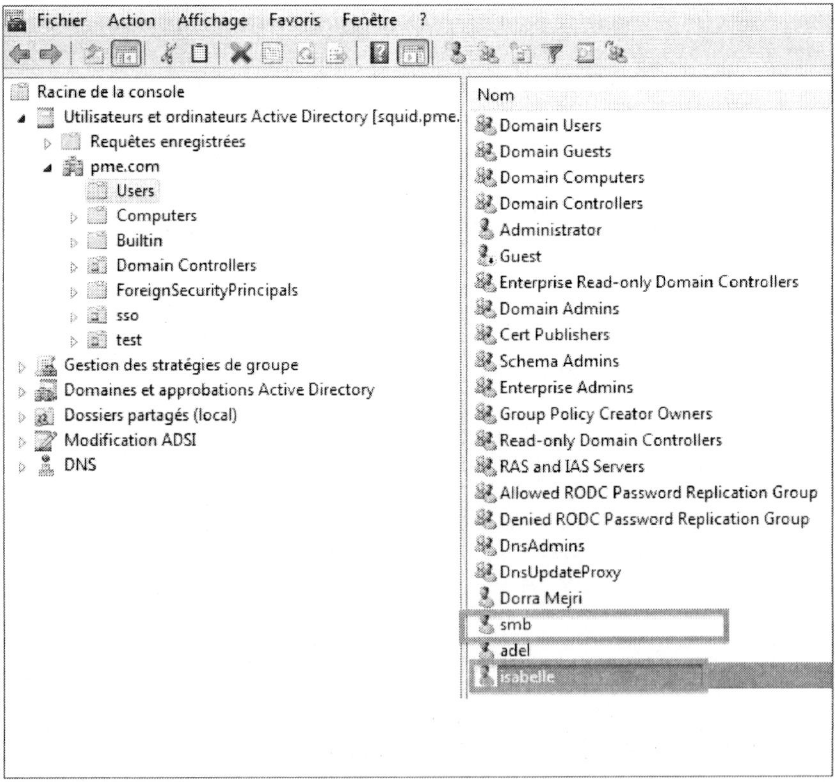

Une fois que le partage a été créé, on peut se connecter à travers une station Windows avec un compte habilité à ajouter des ACL sur ce dernier. On peut désormais ajouter des permissions NTFS sur le partage.

L'utilisateur isabelle ouvre une session et se connecte au partage (voir figure ci-dessous) :

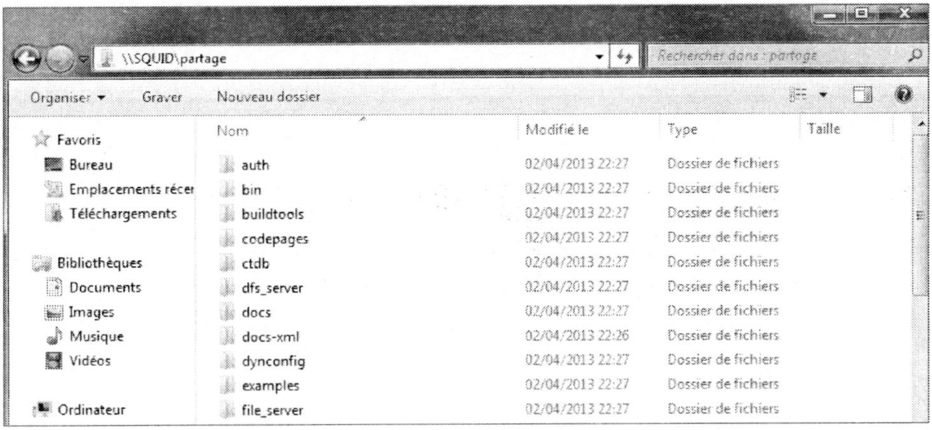

2. Ajout des permissions NTFS

Pour chaque partage créé sur le serveur Samba, il est possible d'ajouter les permissions propres à l'univers Windows que sont les permissions NTFS.

Dans l'exemple ci-dessous nous ajoutons le groupe Active Directory « support » à la liste des entités autorisées à accéder au partage créé dans la section précédente.

On crée tout d'abord l'unité d'organisation support et on lui ajoute des utilisateurs et un groupe d'utilisateurs, à partir de l'outil RSAT de Windows 7 en se connectant avec le compte administrateur.

- Création de l'unité d'organisation « support » et ajout des utilisateurs :

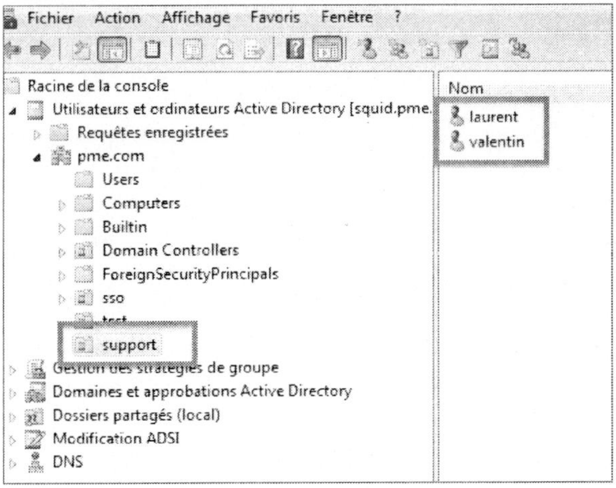

- Ajout du groupe de sécurité "technique" dans lequel les utilisateurs "valentin" et "laurent" seront membres :

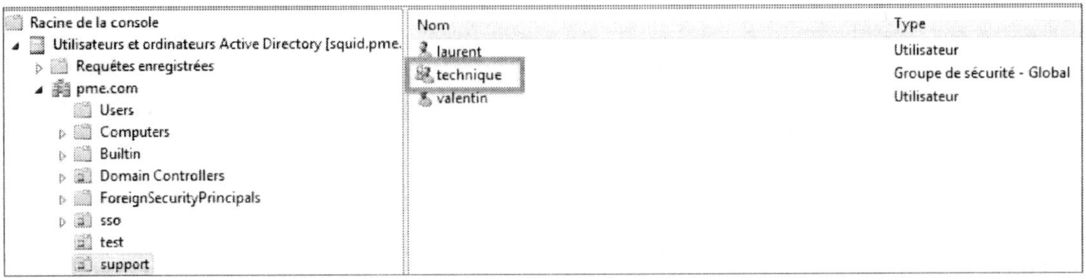

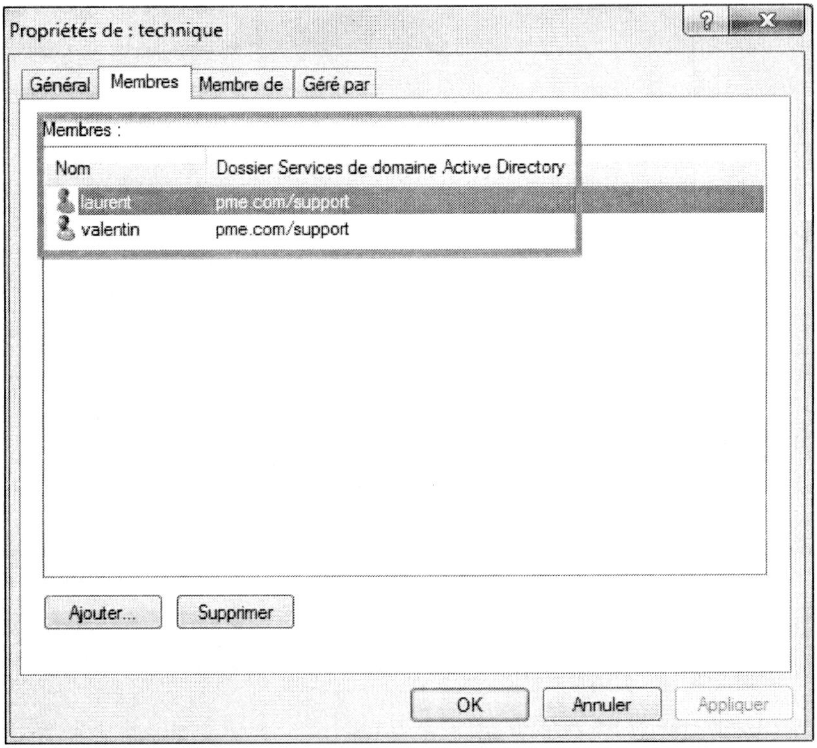

- Attribuer un contrôle total pour le groupe d'utilisateurs "technique" sur le partage "partage" :

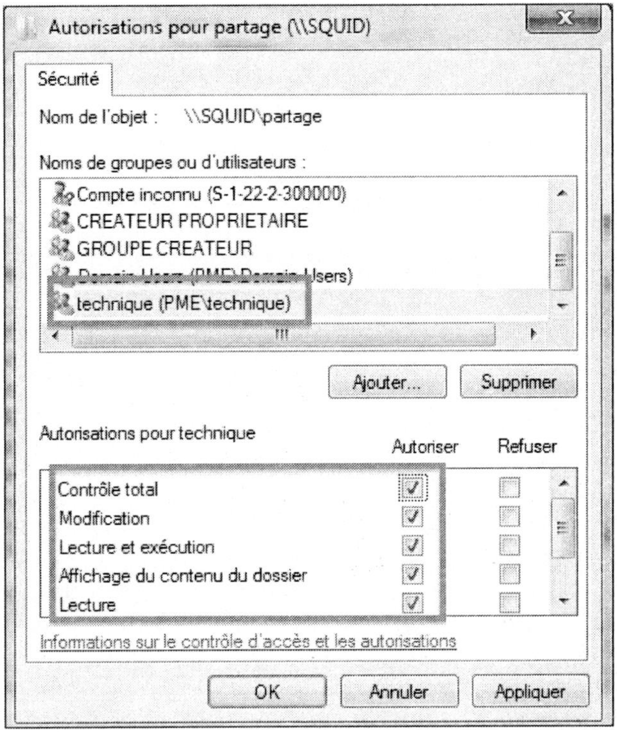

F. Validation des acquis : questions/réponses

Questions

1 Pourquoi est-il préférable d'utiliser un système de fichiers journalisé ?

2 Donnez des exemples de systèmes de fichiers journalisés supportés par le noyau Linux ?

3 Donnez une définition en bref d'un inode.

4 Que contient le super-bloc dans un système de fichiers ext4 ?

5 Quelles sont les options de montage d'une partition pour l'installation de Samba 4 ?

6 Quelle commande permet l'affichage des ACL pour un fichier ou un répertoire ?

7 Quelle est la directive de smb.conf validant les utilisateurs autorisés à accéder à un partage ?

8 Quelle est la commande permettant d'appliquer une liste de contrôle d'accès à un répertoire ?

9 Que signifie le + positionné à la fin des attributs d'un fichier lors de l'exécution de la commande ls -l ?

10 Quelle est la signification de la directive : create mask = 0777 ?

Résultats

Référez-vous aux pages suivantes pour contrôler vos réponses. Pour chacune de vos bonnes réponses, comptez un point.

Nombre de points /10

Pour ce chapitre, votre score minimum doit être de 8 sur 10.

Réponses

1 Pourquoi est-il préférable d'utiliser un système de fichiers journalisé ?

Un système de fichiers journalisé permet principalement de diminuer la durée de contrôle et de réparation d'un système de fichiers ainsi que d'assurer l'intégrité des données en cas de rupture de courant électrique.

2 Donnez des exemples de systèmes de fichiers journalisés supportés par le noyau Linux ?

Les systèmes de fichiers ext3, ext4, btrfs, reiserfs sont des systèmes de fichiers qui supporte la journalisation.

3 Donnez une définition en bref d'un inode.

Un inode est une structure de données représentant un fichier : elle contient toutes les métadonnées de celui-ci (permissions, date d'accès et de dernière modification, propriétaire...) à l'exception du nom du fichier, stocké de manière indépendante. Il indique également les séquences de blocs correspondant à son contenu sur le disque.

4 Que contient le super-bloc dans un système de fichiers ext4 ?

Le super-bloc contient les informations clés concernant le système de fichiers à savoir :

la taille des blocs, le nombre des blocs libres, le nombre des blocs réservés à root, le nombre d'inodes, le nombre d'inodes libres, l'état du système de fichiers, le nombre de montages, la date de dernière vérification du système de fichiers.

5 Quelles sont les options de montage d'une partition pour l'installation de Samba 4 ?

Pour installer Samba 4, il faut choisir une partition montée avec les options acl et user_xattr surtout lorsqu'il s'agit de déployer un contrôleur de domaine Active Directory.

6 Quelle commande permet l'affichage des ACL pour un fichier ou un répertoire ?

getfacl.

7 Quelle est la directive de smb.conf validant les utilisateurs autorisés à accéder à un partage ?

valid users.

8 Quelle est la commande permettant d'appliquer une liste de contrôle d'accès à un répertoire ?

setfacl.

9 Que signifie le + positionné à la fin des attributs d'un fichier lors de l'exécution de la commande ls -l ?

Sur ce fichier sont positionnés des ACL.

10 Quelle est la signification de la directive : create mask = 0777 ?

Cette directive permet de fixer les droits par défaut sur les fichiers et les répertoires à l'instar de la commande usuelle umask, les droits en octal 0777 impliquent l'attribution de tous les droits pour le propriétaire et rien pour les autres.

G. Travaux pratiques

1. Mise en place d'un système de fichiers supportant les ACL et les attributs étendus

Manipulations

1. Vérifiez que le noyau Linux en cours d'exécution supporte les ACL et les attributs étendus.
2. Créez sur la partition /dev/sda2 le système de fichiers ext4.
3. Montez la partition créée avec la prise en charge des ACL et des attributs étendus.
4. Ajoutez l'entrée dans le fichier /etc/fstab en utilisant l'UUID de la partition au lieu du nom de périphérique.

Résumé des commandes et résultat à l'écran

1. Vérifiez que le noyau Linux en cours d'exécution supporte les ACL et les attributs étendus.

```
# cat /usr/src/kernel/versio-noyau| grep ACL
CONFIG_EXT2_FS_POSIX_ACL=y
CONFIG_EXT3_FS_POSIX_ACL=y
CONFIG_EXT4_FS_POSIX_ACL=y
CONFIG_FS_POSIX_ACL=y
CONFIG_BTRFS_FS_POSIX_ACL=y
CONFIG_GENERIC_ACL=y
CONFIG_TMPFS_POSIX_ACL=y
CONFIG_JFFS2_FS_POSIX_ACL=y
CONFIG_NFS_V3_ACL=y
CONFIG_NFSD_V2_ACL=y
CONFIG_NFSD_V3_ACL=y
CONFIG_NFS_ACL_SUPPORT=m
CONFIG_CIFS_ACL=y
```

2. Créez sur la partition /dev/sda2 le système de fichiers ext4.

```
# mkfs -t ext4 /dev/sda2
```

3. Montez la partition créée avec la prise en charge des ACL et des attributs étendus.

```
# mount -t ext4 -o acl,user_xattr /dev/sda2 /mnt/point-de-montage
```

4. Ajoutez l'entrée dans le fichier /etc/fstab en utilisant l'UUID de la partition et non le nom de périphérique.

```
# cat /etc/fstab
#
# /etc/fstab
# Created by anaconda on Tue Jun 25 16:28:06 2013
#
# Accessible filesystems, by reference, are maintained under '/dev/disk'
# See man pages fstab(5), findfs(8), mount(8) and/or blkid(8) for more info
#
UUID=11b67ef3-051d-4eba-b7ca-472b28db8c10 /
ext4    defaults        1 1
UUID=39b4b7c4-7984-4356-b822-75b8e9240324 /boot
ext4    defaults        1 2
UUID=e6a0dc71-6ffb-49bd-bb3f-1bad14eda690 swap
swap    defaults        0 0
tmpfs                   /dev/shm                tmpfs   defaults        0 0
devpts                  /dev/pts                devpts  gid=5,mode=620  0 0
sysfs                   /sys                    sysfs   defaults        0 0
proc                    /proc                   proc    defaults        0 0
UUID=8391c851-0175-42ce-9dbf-ed30626bb2ef /mnt/point-de-montage ext4
acl,user_xattr, default 0 0
```

2. Création des partages et positionnement des ACL

Manipulation

1. Créez un répertoire nommé DATA dans l'arborescence /mnt/point-de-montage en tant qu'utilisateur root.
2. Créez les fichiers fic1, fic2 dans le répertoire DATA.
3. Fixez les permissions suivantes :
   - sur fic1 : 660
   - sur fic2 : 640
4. Fixez les ACL suivantes :
   - Le groupe support peut accéder au fichier fic1 en lecture écriture mais pas l'utilisateur stagiaire appartenant à ce groupe.
   - L'utilisateur pierre peut accéder en lecture écriture au fichier fic2.
5. Créez le partage /mnt/point-de-montage et autoriser en accès uniquement les utilisateurs pierre et stagiaire.

Résumé des commandes et résultat à l'écran

1. Créez un répertoire nommé DATA dans l'arborescence /mnt/point-de-montage en tant qu'utilisateur root.

```
# mkdir /mnt/point-de-montage/DATA
# ls -l /mnt/point-de-montage/
drwxr-xr-x. 2 root root 4096 28 oct.  05:56 DATA
```

2. Créez les fichiers fic1, fic2 dans le répertoire DATA.

```
# cd DATA
# touch fic1 fic2
# ls -l
total 0
-rw-r--r--. 1 root root 0 28 oct.  05:58 fic1
-rw-r--r--. 1 root root 0 28 oct.  05:58 fic2

# getfacl fic1 fic2
# file: fic1
# owner: root
# group: root
user::rw-
group::r--
other::r--

# file: fic2
# owner: root
# group: root
user::rw-
group::r--
other::r--
```

3. Fixez les permissions suivantes :

sur fic1 : 660

```
# chmod 660 fic1
```

sur fic2 : 640

```
# chmod 640 fic2
# getfacl fic1 fic2
# file: fic1
# owner: root
# group: root
user::rw-
group::rw-
other::---
```

```
# file: fic2
# owner: root
# group: root
user::rw-
group::r--
other::---
```

4. Fixez les ACL suivantes :

- Le groupe support peut accéder au fichier fic1 en lecture écriture mais pas l'utilisateur stagiaire appartenant à ce groupe.

```
# setfacl -m user:stagiaire :---,group:support:rw fic1
# getfacl fic1
      file: fic1
      owner: root
      group: root
      user::rw-
      user:stagiaire:---
      group::rw-
      group:support:rw-
      mask::rw-
      other::---
```

- L'utilisateur pierre peut accéder en lecture écriture au fichier fic2.

```
# setfacl -m user:pierre:rw fic2
      getfacl fic2
      file: fic2
      owner: root
      group: root
      user::rw-
      user:pierre:rw-
      group::r--
      mask::rw-
 other::---
```

5. Créez le partage /mnt/point-de-montage et autoriser en accès uniquement les utilisateurs pierre et stagiaire.

```
# Global parameters
[global]
      workgroup = PME
      realm = PME.COM
      netbios name = SQUID
      server role = active directory domain controller
      idmap_ldb:use rfc2307 = yes
```

```
[netlogon]
      path = /usr/local/samba/var/locks/sysvol/pme.com/scripts
      read only = No

[sysvol]
      path = /usr/local/samba/var/locks/sysvol
      read only = No

[partage]
         comment = partage active directory
         path = /mnt/pub/samba
         browseable = yes
         public = yes
      guest ok = no
      valid users = isabelle, smb

[Partage TP 2]
      comment = Partage Samba TP
      path = /mnt/point-de-montage
      read only = no
      valid users = pierre, stagiaire
      guest ok = no
```

Chapitre 15

Pré-requis

☒Avoir passé la certification LPIC-2.

☒Avoir suivi les précédents chapitres.

Objectifs

À la fin de ce chapitre, vous serez en mesure de :

☒ Appréhender les outils de sauvegarde du serveur Samba.

☒Maîtriser la journalisation du serveur Samba.

☒Gérer la restauration du serveur Samba.

☒Diagnostiquer et résoudre les pannes classiques du service Samba.

A. Sauvegarde de Samba

1. Techniques de sauvegarde de Samba 3

La sauvegarde du serveur Samba 3 s'effectue en utilisant des programmes externes dédiés à ce type de tâches. Cette section décrira les différentes techniques utilisées pour sauvegarder le serveur Samba.

a. BackupPC

BackupPC est un logiciel libre distribué sous licence GNU GPL, à haute performance, basé sur le langage Perl et permet la sauvegarde Linux, UNIX et Windows PC et ordinateurs portables. BackupPC est largement configurable et facile à installer et à entretenir grâce à son interface web. Elle lui permet de configurer, lancer et parcourir des sauvegardes et restaurer des fichiers.

Plusieurs protocoles sont utilisés pour extraire les données des clients y compris **SMB** (via smbclient), **TAR** via rsh/ssh et enfin **rsync/rsyncd** qui utilise respectivement le logiciel rsync et le démon rsyncd.

Une de ses principales caractéristiques est qu'il mutualise des fichiers identiques ce qui permet une économie en espace disque du serveur.

b. rsync

rsync est un programme flexible qui permet de copier efficacement des fichiers ou des arborescences de répertoires. Il a beaucoup d'options qui permettent de sélectionner les fichiers à copier et déterminer la manière de les traiter. Il peut être utilisé comme une alternative à ftp, http, scp ou rcp.

Le protocole de mise à jour à distance de rsync permet de transférer seulement la différence entre deux ensembles de fichiers à travers un lien réseau et en utilisant un algorithme de contrôle-recherche efficace. Le manuel technique de rsync décrit davantage cette fonctionnalité.

Certaines fonctionnalités supplémentaires sont offertes par rsync :

- Prise en charge de la copie des liens, des dispositifs, des propriétaires, des groupes et des autorisations.
- Peut utiliser n'importe quel shell distant transparent, y compris rsh ou ssh.
- Ne nécessite pas de privilèges root.
- Pipeline des transferts de fichiers pour minimiser les coûts de latence.
- Prise en charge des serveurs rsync anonymes ou authentifiés.

c. Amanda

AMANDA ou *Advanced Maryland Automatic Network Disk Archiver*, est un système de sauvegarde qui permet à l'administrateur d'un réseau local de mettre en place un seul serveur maître de sauvegarde de plusieurs hôtes et équipé d'un seul lecteur de grande capacité. Il peut également sauvegarder un grand nombre de postes de travail exécutant plusieurs distributions d'UNIX. Les versions récentes peuvent aussi utiliser Samba pour sauvegarder les hôtes Windows.

d. BOBS

BOBS ou *Browseable Online Backup System* est un système complet de sauvegarde en ligne. Il utilise les gros disques durs pour le stockage de sauvegarde et permet aux utilisateurs de parcourir les fichiers à l'aide d'un navigateur web.

2. Sauvegarde et restauration de Samba 4

Parmi les nouveautés qu'apporte Samba 4 par rapport à Samba 3, on trouve un script de sauvegarde dédiée, facile à exécuter et simple à restaurer. Il est possible aussi de définir son propre script de sauvegarde sans avoir recours à des parties tierces.

a. La sauvegarde

Sauvegarde intégrée par Samba

Samba fournit un script shell très simple de sauvegarde pour ses bases de données qui se trouve par défaut sous l'archive source **source4/scripts/bin/samba_backup**. Ce script n'est installé que lorsqu'il est compilé à partir des fichier sources.

Les manipulations suivantes décrivent la procédure de sauvegarde du serveur Samba 4 :

➤ Copiez le script de sauvegarde sur un répertoire système (/usr/sbin par exemple) et définissez les autorisations correspondantes :

```
# cp ..../source4/scripting/bin/samba_backup /usr/sbin
# chown root:root /usr/sbin/samba_backup
# chmod 750 /usr/sbin/samba_backup
```

➤ Adaptez les variables du script aux paramètres du système.

```
FROMWHERE=/usr/local/samba
WHERE=/usr/local/backups
DAYS=90
```

➢Créez le répertoire de destination défini au niveau de la variable WHERE ainsi que les permissions d'accès.

```
# mkdir /usr/local/backups
# chmod 750 /usr/local/backups
```

➢Lancez le script de sauvegarde pour un premier test :

```
# /usr/sbin/samba_backup
```

Si cette commande s'est exécutée sans erreurs, trois fichiers seront créés dans le répertoire de destination :

- etc.{date&heure}.tar.bz2
- samba4\private.{date&heure}.tar.bz2
- sysvol.{date&heure}.tar.bz2

➢Une fois la sauvegarde réussie, configurez une sauvegarde quotidienne en utilisant l'utilitaire **crontab**.

```
# crontab -e
```

➢Ajoutez la ligne suivante dans le fichier ouvert pour définir une sauvegarde chaque jour à 1h du matin par exemple.

```
0 1 * * *        /usr/sbin/samba_backup
```

☞ ***crontab*** *est un programme utilisé pour installer, désinstaller ou lister les tables utilisées par le démon* ***cron****. Ce dernier est un planificateur de tâche spécifique au système UNIX.*

Sauvegarder les fichiers LDB et TDB

Si le script de sauvegarde est personnalisé en modifiant le script samba_backup ou en créant un nouveau script, il est primordial de récupérer la base de données.

Sachant que les bases de données ne peuvent pas être copiées lorsque le serveur est en cours d'exécution, la sauvegarde des fichiers *.ldb et *.tdb s'effectue en ligne de commande avec utilitaire **tdbbackup**.

Tdbbackup fait l'extraction en toute sécurité et crée des fichiers formatés en .tdb directement. Les sauvegardes des fichiers */ldb peuvent être simplement renommées (enlever le *.bak) à leurs anciens noms.

b. La restauration

Dans cette section il est considéré que la sauvegarde **samba_backup** a bien réussi, il suffit de suivre les étapes correspondantes pour effectuer la restauration du serveur.

Avant d'entamer les étapes de restauration, il faut prendre en considération les affirmations suivantes :

- Il ne faut jamais faire une restauration et un changement de version à la fois. Il faut toujours restaurer un système qui utilise la même version de Samba sur laquelle la restauration est effectuée.
- Il faut restaurer le serveur sur un système ayant la même adresse IP et nom d'hôte que celui de la sauvegarde, sinon il y aura des problèmes DNS et Kerberos. Il est recommandé de restaurer sur le même système de sauvegarde.

- Le plus important est de ne faire fonctionner le système qu'à la fin de la restauration. S'il y a des changements à apporter, il faut attendre jusqu'à la fin, la restauration et la modification ne s'exécutent jamais en parallèle.

La procédure de restauration du serveur Samba 4 est décrite par les manipulations suivantes :

➢ Commencez par effacer les répertoires à restaurer, tout en éteignant le serveur Samba.

```
# rm -rf /usr/local/samba/etc
# rm -rf /usr/local/samba/private
# rm -rf /usr/local/samba/var/locks/sysvol
```

➢ Décompressez les derniers fichiers de sauvegarde à leurs anciens emplacements.

```
# cd /usr/local/backups
# tar -jxf etc.{Timestamp}.tar.bz2 -C /usr/local/samba/
# tar -jxf samba4_private.{Timestamp}.tar.bz2 -C /usr/local/samba/
# tar -jxf sysvol.{Timestamp}.tar.bz2 -C /usr/local/samba/
```

➢ Renommez les fichiers *.ldb.bak du répertoire private en *.ldb en utilisant la commande **find** et un script bash en même temps.

```
# find /usr/local/samba/private/ -type f -name '*.ldb.bak' -print0 | while
read -d $'\0' f ; do mv "$f" "${f%.bak}" ; done
```

➢ Si la restauration ne contient pas d'ACL étendues, exécutez :

```
# samba-tool ntacl sysvolreset
```

➢ Si BIND est utilisé en tant que serveur DNS, fixez les hardlinks de la base de données DNS comme suit :

```
# samba_upgradedns dns-backend=BIND9_DLZ
```

À la fin de cette étape, le serveur Samba peut être démarré et testé si la restauration a réussi.

B. Journalisation

1. Définition

La journalisation ou "logging" en anglais est une procédure qui permet d'enregistrer tous les mécanismes de communication et les activités effectuées par un serveur, un système d'informations ou une organisation, dans des fichiers appelés "journaux" ou "log file".

Pour le cas du serveur Samba, la journalisation permet de diagnostiquer la plupart des problèmes auxquels sont confrontés les administrateurs. En effet, lorsque Samba effectue une action inattendue ou ne fonctionne plus, il faut consulter les fichiers log pour comprendre la cause de ces réactions.

2. Les options de journalisation

Samba contient des options qui permettent aux utilisateurs de décrire comment et où les informations de journalisation doivent être écrites. Chacune de ces options sont des options globales du fichier **smb.conf** et ne peut pas apparaître à l'intérieur d'une section d'un partage. Ce sont :

- log file
- log level

- max log size
- debug timestamp
- sysvol et sysvol only

a. Le fichier log

Les fichiers log sont placés par défaut dans le répertoire */usr/local/samba/var* pour les deux types de versions Samba (version 3.x et version 4.x).

Pour définir un autre répertoire des fichiers il faut utiliser l'option -l lors du démarrage des démons Samba comme ci-après :

```
#smbd -l /var/log/samba
#nmbd -l /var/log/samba
```

L'emplacement des fichiers logs peut être vérifié en utilisant soit la commande **testparm -v** pour les versions 3.x soit **samba-tool testparm -v** pour les versions 4.x. Il est préférable d'ajouter |grep "log file".

```
#samba-tool testparm -v | grep "log file"
```

L'option **log file** permet de spécifier aussi le répertoire des fichiers logs et/ou leurs formats. Pour pouvoir distinguer les différents fichiers log, il est possible de créer des fichiers logs par client connecté ou par partage en utilisant les variables de substitutions respectivement **%m** et **%S** de Samba.

```
#fichier log par utilisateurs connecté
log file =%m.log

#fichier log par partage
log file =%S.log
```

b. Les niveaux de journalisation

Le niveau de journalisation permet de contrôler le volume d'information enregistré et est défini par l'option globale **log level** ou **debug level**. Sa valeur varie de 0 à 10.

Le niveau 0 désactive la journalisation et plus le niveau est élevé plus la journalisation est volumineuse. Pour le niveau 1, par exemple, seule la connexion est mémorisée. Le niveau 3 fournit des informations plus détaillées et est considéré comme suffisant pour les administrateurs. Les niveaux supérieurs sont utilisés pour le débogage.

Les niveaux supérieurs à 3 ralentissent considérablement le serveur. C'est pour cette raison qu'ils doivent être réservés à la résolution de problèmes du serveur Samba. En fait chaque message de journalisation produit une écriture sur le disque et pour les niveaux élevés les données sont volumineuses.

Une fois la journalisation activée ou désactivée, ou le niveau de journalisation modifié dans le fichier smb.conf, il faut redémarrer Samba ou bien forcer les démons à relire le fichier de configuration en envoyant des signaux HUP.

c. Taille maximale des fichiers

L'option **max log size** permet de préciser la taille maximale (en kilobits) que peut avoir un fichier log. Si un fichier dépasse cette taille, son contenu sera déplacé vers un autre fichier de même nom complété du suffixe **.old**. Si le fichier **.old** existe déjà, il sera écrasé et son contenu sera effacé. Le fichier d'origine est effacé en attendant des nouvelles informations de journalisation. Cela empêche le disque dur d'être rempli avec les fichiers journaux de Samba.

d. L'horodatage

L'horodatage est activé par défaut par l'option **debug timestamp**. Cela consiste à placer le temps d'exécution exact de chaque message dans le fichier log ce qui les rend plus facile à lire surtout dans le cas d'un débogage lourd.

```
12/08/14 12:03:34 ikram (192.168.10.1) connect to server network as
user Samba
```

e. L'utilisation de syslog

Syslog est un protocole qui définit un système de journalisations des événements pour n'importe quel système informatique. Samba fournit des options pour utiliser ce type de protocole.

Pour utiliser syslog, il faut s'assurer tout d'abord que Samba a été compilé avec l'option **--with-syslog**. Une fois que c'est fait il faut configurer le fichier **/etc/syslog.conf** pour qu'il accepte les fichiers de journalisation de Samba. Il suffit d'ajouter la ligne suivante si elle n'existe pas :

```
daemon. * /var/log/daemon.log
```

Ceci indique que toutes les informations de connexion des démons système seront stockées dans le fichier **/var/log/demon.log**. C'est là où les informations Samba seront stockées aussi.

Au niveau du fichier **smb.conf**, deux options sont à définir **syslog** et **syslog only** :

- L'option **syslog** permet d'envoyer les messages récupérés à l'enregistreur du système Unix. Comme l'option **log level**, **syslog** prend des valeurs entre 0 et 10. Les messages de journalisation avec un niveau de journalisation inférieur à **syslog**, seront envoyés à l'enregistreur système. Cependant celles égales ou supérieures au niveau **syslog** et inférieur au niveau **log level** seront toujours envoyées aux fichiers standards de Samba.

  Exemple :

```
log level = 3
syslog = 1
```

  Avec ces paramètres, toutes les informations ayant un niveau de journalisation 0 seront envoyées aux journaux standards Samba et l'enregistreur de système à la fois, tandis que les informations de niveaux 1, 2 et 3 seront envoyées uniquement aux journaux de Samba standards. Les niveaux supérieurs à 3 ne sont pas journalisés du tout.

  Pour contourner ce problème, il faut utiliser l'option **syslog only**.

- L'option **syslog only** permet d'enregistrer les informations de journalisation au niveau du système UNIX seulement et ne plus avoir recours à ceux de Samba. Elle prend une valeur booléenne *yes* ou *no*.

3. Journalisation distincte de clients ou d'utilisateurs

Parfois un diagnostic exige l'attribution d'un niveau de journalisation à un utilisateur distinct. C'est un moyen excellent qui permet de diagnostiquer un problème sans pénaliser les autres utilisateurs. Il suffit d'ajouter la stratégie suivante à la section globale.

```
[global]
      log level = 0
      log file = /usr/local/samba/var/log.%m
      include = /usr/local/samba/lib/smb.conf.%m
```

Ces lignes permettent à Samba d'utiliser des fichiers de configuration et des journaux spécifiques à chaque client connecté.

C. Dépannage des services liés à Samba 3

1. La configuration TCP/IP

Les dépannages TCP/IP sont dits de bas niveau et permettent de s'assurer de la bonne configuration des adresses IP et des services de noms. La commande **ping** est primordiale en ce qui concerne la configuration IP et permet d'effectuer des tests sur plusieurs niveaux :

- Test de la carte réseau : en effectuant un simple ping à l'adresse **127.0.0.1**. Si des messages du type "ping : no answer from 127.0.0.1" ou "100% packet loss" s'affichent alors TCP/IP n'est pas installé ou configuré sur l'ordinateur.
- Test des services de noms locaux : permet d'exécuter une commande ping localhost sur le serveur Samba. Deux types de messages d'erreurs peuvent apparaître :
  - "unknown host : localhost" : un problème réside dans la résolution du nom localhost en adresse IP.
  - "ping : no answer" ou "100% packet loss" : la résolution de noms renvoie une adresse incorrecte. Il faut vérifier dans ce cas le contenu du fichier **/etc/hosts**.
- Test du matériel réseau : ce test consiste à envoyer un ping à l'adresse IP du serveur Samba à partir de lui même.

  ```
  #ping 192.168.10.1
  ```

  Si ce test échoue alors qu'il réussit sur 127.0.0.1 alors le problème lié à TCP/IP est présent sur la carte réseau Ethernet de la machine.
- Test des connexions : ce test consiste à utiliser ping avec le nom du serveur Samba et non pas son adresse IP. Si le test échoue, plusieurs causes sont décelables selon le message affiché.
  - "ping : no answer" ou "100% packet loss" : la machine n'est pas connectée ou l'adresse est incorrecte.
  - "network unreachable" ou "ICMP Host unreachable" : pas de réponse reçue, le problème provient du réseau.
  - "ICMP Administratively Prohibited" : le cheminement dans le réseau est empêché par un routeur mal configuré ou un pare-feu.
  - "unknown host nom_hôte" : le nom d'hôte n'est pas enregistré et ceci revient à un problème du service de noms.

2. Les démons du serveur Samba 3

Une fois TCP/IP bien configuré, il faut s'assurer que les trois démons opèrent normalement sur le serveur en vérifiant leur démarrage, les ports avec lesquels ils sont enregistrés et enfin leur écoute du réseau.

Vérification du démarrage

Si les démons sont bien démarrés, les fichiers de journalisations contiendront des messages de type :

```
smbd 3.26.9 started
```

Sinon les démons doivent redémarrer. Une deuxième méthode est possible : il faut vérifier la présence des processus correspondants avec la commande **ps**.

```
#ps ax | grep "smbd|nmbd"
```

Vérification des liaisons avec les ports

Pour pouvoir accéder aux ports TCP/IP, les démons doivent être enregistrés sur le système. Ceci peut être visualisé avec la commande **netstat -a**, son résultat doit afficher les ports 139 ou 137 avec le nom NetBIOS du serveur

```
#netstat -patune | egrep "137|139"
Active Internet Connections (including servers)
Proto   Rev-Q   Sen-Q   Local Adress    Foreign Adress   State
udp     0       0       *.137           *.*
tcp     0       0       *.139           *.*              LISTEN
tCP     8395    8395    server.139      *.*              ESTABLISHED
```

Test avec testparm

Comme expliqué dans les chapitres précédents, la commande **testparm** permet de vérifier et de s'assurer de la validité du fichier de configuration. En fait si tout s'est bien déroulé, le message "Loaded Services File OK" s'affiche.

```
 # testparm
Load smb config file from /etc/samba/smb.conf
Processing section "[homes]"...
Processing section "[printers]"...
Loaded services file OK....
```

Sinon des messages d'erreurs seront émis dans les fichiers logs :

- *"Allow/Deny connection from account (n) to service"* : ce message n'est affiché que lorsque le fichier smb.conf contient des options **valid user** ou **invalid user**. Il faut s'assurer que l'utilisateur qui exécute testparm figure dans la liste des utilisateurs valides.
- *"Warning : You have some share names that are longer than eight chars"* : ce message s'affiche particulièrement pour les clients Windows parce qu'ils sont incapable de se connecter aux partages ayant des noms de plus de huit caractères.
- *"Warning : [share_name] service MUST be printable !"* : ceci indique l'option **printable=yes** n'existe pas dans la section de partage d'imprimante.
- *"No path in service name using [share_name]"* : le chemin d'accès à un partage est absent par conséquent un partage ne sait pas déterminer quel répertoire fournir à l'utilisateur.

- *"Note : ServiceName is flagged unvailable"* : ce message indique qu'une section de partage contient l'option **available=no**.
- *"Global parameter <paramètre> found in service section"* : ceci signifie qu'une option globale a été définie dans une section de partage.

3. Les connexions SMB

Cette partie est dédiée aux paramètres du protocole SMB et les différentes connexions. Elle est basée sur le fichier de configuration élémentaire suivant :

```
[global]
      workgroup = group
      security = user
      browsable = yes
      local master = yes

[homes]
      browsable = yes
      guest ok = no

[pub]
      path= /home/pub
      public = yes
```

Test local

Les chapitres précédents contiennent plusieurs tests utilisant smbclient, avec le fichier **smb.conf** désormais défini un test affichera :

```
# smbclient -L localhost -U%
Enter toto's password:
Domain=[GROUP] OS=[Unix] Server=[Samba 3.6.9-169.el6_5]

 Sharename       Type      Comment
 ---------       ----      -------
 IPC$            IPC       IPC Service (Samba 3.6.9)
 homes           Disk      Home directories
 pub             Disk

This machine does not have a browse list
```

Cet affichage montre que tout fonctionne normalement, dans le cas contraire des messages de ce type s'affichent :

- *"Get_Hostbyname: unknown host localhost"* : un problème de service de noms est survenu ou bien le nom d'hôte est mal orthographié.
- *"Connect error : Connection refused"* : le démon nmbd ne s'exécute pas. Il faut revenir à la section précédente.

- *"Your Server Software is being unfriendly"* : une réponse erronée est envoyée par le serveur pour l'ouverture de session. Ceci veut dire que le serveur est en panne ou ne fonctionne pas correctement, il faut vérifier les fichiers logs.
- *"SMBtconX failed. ERRSRV-ERRaccess"* : une option **host allow** ou **host deny** qui a été définie dans le fichier de configuration et n'a pas autorisé l'accès au serveur.

Test de connexion à un partage

Pour rappel, l'accès réussi à un partage affiche un résultat similaire lors de l'exécution de la commande :

```
#smbclient '\\server\pub'
smb:\> quit
```

Si le shell smb est ouvert, l'accès au partage a réussi. Dans le cas contraire, les messages d'erreurs suivants peuvent s'afficher :

- *"Get_Hostbyname: unknown host localhost"*, *"Connect error : Connection refused"* ou *"Your Server Software is being unfriendly"*. Ces messages sont expliqués dans le paragraphe précédent.
- *"servertemp: Not enough `\` characters in service"* : les caractères «\» ont été éliminés par le système UNIX.
- *"SMBtconX failed. ERRSRV-ERRinvnetname"* : si ce message s'affiche, plusieurs causes sont à l'origine :
  - Le mode de sécurité **share** est défini dans smb.conf, il faut mentionner le nom d'utilisateur au niveau de la commande smbclient en utilisant l'option -U.
  - Le nom d'utilisateur ou le mot de passe est erroné.
  - L'utilisateur n'est pas autorisé à se connecter ce qui doit être dû à des options **valid user** ou **invalid user** dans smb.conf.
  - Le cryptage de mots de passe est défini dans smb.conf avec l'option **encrypt passwords = yes** mais aucun mot de passé chiffré n'est placé dans *smbpasswd*.
  - Le fichier *smbpasswd* ou */etc/passwd* contient un champ mot de passe vide.

4. L'exploration

Les problèmes d'exploration sont difficiles à détecter, surtout si les autres services présentent des problèmes. Les principaux utilitaires utilisés dans le diagnostic de l'exploration du système sont **smbclient** et **nmblookup**.

a. Tester avec smbclient

Le fichier smb.conf défini précédemment est utilisé dans cette partie. La commande **smbclient -L server** affiche alors les partages classiques si tout va bien (server est le nom du serveur Samba).

```
# smbclient -L server
Enter toto's password:
Domain=[GROUP] OS=[Unix] Server=[Samba 3.6.9-169.el6_5]

 Sharename       Type      Comment
 ---------       ----      -------
 IPC$            IPC       IPC Service (Samba 3.6.9)
 homes           Disk      Home directories
```

```
pub            Disk

Server         Comment
--------       --------
SERVER         Samba 3.6.9


Workgroup      Master
---------      --------
GROUP          SERVER
```

Les erreurs qui correspondent à l'exploration des machines :

- Si la liste des partages est vide ou absente, alors le serveur n'autorise pas le parcours de ses partages.
- Si la liste d'exploration est absente, le serveur ne peut pas fournir des informations sur les hôtes du réseau. Pour définir Samba en tant qu'explorateur local principal il suffit d'ajouter l'option **local master = yes** dans smb.conf.
- Si le groupe de travail n'apparaît pas dans la liste d'exploration, alors il est mal défini dans le fichier de configuration.
- Si la liste d'exploration ne contient aucun groupe de travail, il faut vérifier l'existence de l'option globale workgroup dans smb.conf.

b. Utilisation de nmblookup

nmblookup est un utilitaire intégré par Samba qui permet d'explorer la totalité des ressources sur le réseau. Il est aussi utilisé pour effectuer certains tests.

Test du serveur

La commande suivante permet de tester le serveur à partir de lui-même en mentionnant le nom NetBIOS ainsi que le paramètre __SAMBA__ comme clé de recherche.

```
# nmblookup -B server __SAMBA__
Added interface ip=192.168.10.1 bcast=192.168.10.1 nmask=255.255.255.0
Send queries to 192.168.10.1 192.168.10.1 __SAMBA__
```

Ce résultat montre que le service __SAMBA__ est disponible et que le service de nom NetBIOS est bien fonctionnel.

En cas d'échec, il faut s'assurer que nmbd est actif et vérifier le nom attribué à l'option -B. Sinon il est recommandé de tester avec l'adresse IP du serveur au lieu de son nom.

Test du réseau

En associant l'option -d2 et le paramètre '*' avec la commande nmblookup, un test de connectivité de toutes les machines sera effectué en utilisant l'adresse de diffusion. Le résultat est similaire à :

```
#nmblookup -d 2 '*'
Added interface ip=192.168.10.1 bcast=192.168.10.1  nmask=255.255.255.0
Send queries to 192.168.10.1
Get a positive name querry response from 192.168.10.5 (192.168.10.5)
Get a positive name querry response from 192.168.10.9 (192.168.10.9)
```

```
Get a positive name querry response from 192.168.10.3 (192.168.10.3)
Get a positive name querry response from 192.168.10.6 (192.168.10.6)
Get a positive name querry response from 192.168.10.4 (192.168.10.4)
192.168.10.1 *
```

Si des adresses bien spécifiques n'apparaissent pas, il faut alors vérifier les fichiers logs pour rechercher des indications supplémentaires.

5. Les services de noms

La mauvaise configuration de serveur de noms peut être à l'origine de problématiques très courantes dans l'administration du serveur Samba 3. Ces problématiques se présentent sur plusieurs plans, comme l'identification des services de noms, la résolution des noms d'hôtes et le temps de réponse du serveur.

Plusieurs types de services de noms peuvent être intégrés dans Samba 3 : le serveur DNS, le serveur de noms WINS, les fichiers Hosts et NIS/NIS+. Dans les parties suivantes, quelques problématiques sont citées en décrivant le diagnostic adéquat à chaque service de nom.

a. Le serveur DNS

Résolution impossible des noms d'hôtes

Pour connaître l'origine de cette situation, il faut commencer par exécuter :

```
#nmblookup nom_hôte
```

En cas d'échec de la commande, l'erreur peut provenir du fichier de configuration du serveur DNS **resolv.conf**. Pour diagnostiquer la problématique de près, il est nécessaire de suivre les étapes suivantes :

- Consultez le fichier **/etc/resolv.conf**. Une ou plusieurs lignes de définition de serveurs de noms avec leur adresse IP doivent apparaître.
- Exécutez une commande **ping** sur chaque adresse. Si elle échoue sur une seule adresse, suspectez la machine locale. Si toutes les adresses échouent, alors suspectez le réseau.
- Répétez la même commande avec le nom complet du domaine (server.group.com par exemple). Si les résultats changent, alors passez à la section suivante (noms courts et noms complets de domaine).

Nom court et nom complet de domaine

Dans le cas où la forme FQDN (longue) d'un nom d'hôte est opérante, le nom **host.group.com** est accepté alors que c'est le contraire pour le nom **host**. Ceci est dû systématiquement au fait qu'un nom de domaine n'a pas été déclaré par défaut. Il faut alors vérifier dans le fichier **/etc/resolv.conf** l'existence d'une ligne **domain** définissant un domaine ou une ligne **search** définissant une liste de domaines.

Localhost

Si l'adresse de bouclage 127.0.0.1 n'est pas attribuée à *localhost*, il est probable que l'enregistrement adéquat n'existe pas. Il faut dans ce cas l'ajouter ainsi que son enregistrement inverse.

b. Le serveur WINS

Résolution impossible des noms d'hôtes

Pour le cas du serveur WINS, les noms au format FQDN ne sont pas supportées.

La commande suivante permet d'afficher toutes les informations enregistrées par diffusions sur le nom du serveur :

```
#nmblookup -S server
looking up status of 192.168.10.10
received 4 names
      SERVER          <00> -       M <ACTIVE>
      SERVER          <1d> -       M <ACTIVE>
      GROUP           <20> -       M <ACTIVE>
      GROUP           <1e> -       M <ACTIVE>
```

Si Server <00> ne figure pas dans la liste et le nom de groupe n'est affiché aucune fois alors la diffusion WINS est incapable de résoudre les noms. En fait, Server <00> permet d'identifier **server** comme nom NetBIOS de l'ordinateur local.

Longueur excessive de temps de réponse

Si le temps de réponse du client est plus rapide lors de l'exécution d'une commande **nmblookup**, il s'agit alors d'un problème de protocoles.

D. Dépannage des services liés à Samba 4

1. Démarrage Samba AD

Pour s'assurer que le serveur Samba AD a bien été démarré il faut consulter le résultat de la commande suivante :

```
#ps axf | egrep "samba|smbd|nmbd|winbindd"
 1581 ?       Ss     0:00 samba
 1572 ?       S      0:00  \_ samba
 1577 ?       S      0:00  |   \_ /usr/local/samba/sbin/smbd -D
--option=server role check:inhibit=yes -foreground
 1582 ?       S      0:00  |       \_ /usr/local/samba/sbin/smbd -D
--option=server role check:inhibit=yes -foreground
 1576 ?       S      0:00  \_ samba
 1578 ?       S      0:00  \_ samba
 15729 ?      S      0:00  \_ samba
```

2. Serveur DNS

Le serveur DNS interne à Samba ne démarre pas

Si le serveur DNS interne à Samba ne démarre pas, le fichier log doit afficher une erreur de ce type :

```
Failed to listen on 127.0.0.1:53 - NT_STATUS_ADDRESS_ALREADY_ASSOCIATED
```

Typiquement ce type de problème est dû au fait qu'un autre serveur DNS est sous écoute du port 53. Alors il faut vérifier qu'aucun autre service n'écoute le port 53 en utilisant la commande :

```
#netstat -tulpn | grep ":53"
```

Configuration DNS ou entrées DNS incorrectes

Il ne faut pas avoir des serveurs définis au niveau des entrées SRV de DNS qui n'existent plus dans le système ou qu'ils sont éteints. Ceci peut causer un conflit d'entrée, il suffit de lancer cette commande pour vérifier ça :

```
#host -al $(nomdomainedns)| grep "SRV"
```

3. Serveur Kerberos

Le serveur Kerberos est complètement dépendant du serveur DNS, si ce dernier fonctionne normalement alors le serveur Kerberos fonctionne aussi. Des problèmes peuvent survenir, dus à l'absence du serveur Kerberos sur le système. C'est pour cette raison qu'il faut commencer par installer les paquetages nécessaires cités au chapitre Contrôleur de domaine Samba 4 avant d'installer Samba AD.

Si seulement klist et/ou kinit n'existe plus sur le système, il est possible de les réinstaller.

```
# yum install krb5-workstation
```

4. Installer Python 2.6.5 pour Samba

Si des problèmes apparents liés à la distribution Python installé apparaissent, il est recommandé d'installer la version Python 2.6.5 à partir du script d'installation de Samba. Pour ce faire, il faut exécuter la commande suivante :

```
# sh install_with_python.sh /usr/local/samba  --enable-debug
--enable-selftest
```

Pour qu'il soit installé proprement, il faut ajouter la ligne suivante à la fin du fichier **~/.bashrc**.

```
export PATH=/usr/local/samba/python/bin:/usr/local/samba/bin:/usr/local/
samba/sbin :$PATH
...
```

5. Vérification des ports utilisés par Samba 4

Pour vérifier les ports qu'écoute le serveur Samba, il suffit de comparer le résultat de la commande suivante avec le tableau des ports écoutés par Samba illustré ci-dessous.

```
#netstat -tulpn | egrep "samba|smbd|nmbd|winbindd"
```

Les ports définis pour les services qu'implémente Samba :

Service	Port	Protocole
DNS	53	TCP/UDP
Kerberos	88	TCP/UDP
NetBIOS Name Service	137	UDP
NetBIOS Datagram	138	UDP
NetBIOS Session	139	TCP
LDAP	389	TCP/UDP
SMB over TCP	445	TCP
Kerberos kpasswd	464	TCP/UDP
Ports RPC dynamiques	1024-5000	TCP
Multicast DNS	5353	TCP/UDP

Si Samba n'est pas sous écoute du port concerné, il faut vérifier les fichiers logs pour plus d'informations.

Limiter les écoutes de Samba

Certains hôtes ne veulent pas que Samba écoute sur toutes leurs interfaces, surtout s'ils sont connectés à Internet. Par conséquent, il faut limiter l'écoute de Samba seulement sur l'interface réseau interne en ajoutant la ligne suivante à la section globale dans **smb.conf** pour la lier à l'interface eth0 et l'interface loopback (lo).

```
bind interfaces only = yes
interfaces = lo eth0
```

Le paramètre "interfaces" permet différentes méthodes de restriction, il faut voir la page de manuel pour plus de détails.

E. Validation des acquis : questions/réponses

Questions

1 Citez des techniques utilisées pour la sauvegarde de Samba 3.

2 Quelle est la nouveauté apportée par Samba 4 concernant la sauvegarde ?

3 Que faut-il faire pour bien restaurer Samba 4 ?

4 Qu'est-ce que la journalisation ?

5 Quel est le répertoire de journalisation par défaut de Samba 4 ?

6 Citez les options de journalisation ainsi que le rôle de chacune.

7 Quelle est la commande qui permet de vérifier la configuration TCP/IP d'un système informatique ?

8 Est-ce que le message « ping : no answer » indique que la résolution du nom est correcte ?

9 Quelles sont les commandes utilisées pour la vérification de la liste d'exploration dans Samba 3 ?

10 Quel est le rôle du paramètre interfaces dans le fichier smb.conf ? Est-il global ?

Résultats

Référez-vous aux pages suivantes pour contrôler vos réponses. Pour chacune de vos bonnes réponses, comptez un point.

Nombre de points /10

Pour ce chapitre, votre score minimum doit être de 8 sur 10.

Réponses

1 Citez des techniques utilisées pour la sauvegarde de Samba 3.

Amanda, BackupPC et rsync.

2 Quelle est la nouveauté apportée par Samba 4 concernant la sauvegarde ?

Samba 4 fournit un script spécifique de sauvegarde avec ses fichiers sources. Ce script est simple à utiliser et peut être modifié selon les besoins. Ceci évite le recours à des solutions externes à Samba.

3 Que faut-il faire pour bien restaurer Samba 4 ?

- *Ne pas effectuer un changement de version du système en même temps que la sauvegarde.*
- *Utiliser la même adresse IP et nom d'hôte que ceux du système de sauvegarde. Restaurer sur le même système si possible.*
- *Ne pas effectuer de modifications en cours de restauration, il faut attendre jusqu'à la fin de la procédure.*

4 Qu'est-ce que la journalisation ?

C'est une procédure qui permet d'enregistrer tous les mécanismes de communication et les activités effectuées par un serveur, un système d'informations ou une organisation, dans des fichiers appelés "journaux" ou "log file".

5 Quel est le répertoire de journalisation par défaut de Samba 4 ?

/usr/local/samba/var

6 Citez les options de journalisation ainsi que le rôle de chacune.

- *log file : permet de définir le répertoire de journalisation. Il spécifie aussi un critère de journalisation en utilisant les variables. Comme par exemple %m qui permet d'effectuer une journalisation par client connecté.*
- *log level : indique le niveau de journalisation souhaité. Il contrôle ainsi le volume des données enregistrées.*
- *debug timestamp : permet d'activer ou non l'horodatage des activités enregistrées.*
- *max log size : option qui permet de limiter la taille du fichier log.*
- *syslog : option utilisée lorsque le programme syslog est défini pour la journalisation et définit le niveau de journalisation par rapport au système.*
- *syslog only : indique à Samba que c'est seulement syslog qui va se charger de la journalisation.*

7 Quelle est la commande qui permet de vérifier la configuration tcp/ip d'un système informatique ?

ping

8 Est-ce que le message « ping : no answer » indique que la résolution du nom est correcte ?

Non, ceci veut dire que la résolution a renvoyé une adresse incorrecte.

9 Quelles sont les commandes utilisées pour la vérification de la liste d'exploration dans Samba 3 ?

nmblookup et smbclient.

10 Quel est le rôle du paramètre interfaces dans le fichier smb.conf ? Est-il global ?

Interfaces est un paramètre global qui permet de définir des restrictions d'écoute sur les interfaces hôtes.

(1) Ces objectifs ont été traités d'une manière pratique dans la partie cours du chapitre.

	Chapitre	Travaux pratiques
Exam 300 (Mixed Environment) : Detailed Objectives		
Topic 390 : Configuration d'OpenLDAP		
390.1 Réplication avec OpenLDAP	6-A, 6-B, 6-C, 6-D	6-F
390.2 Sécurité de l'annuaire	5-A, 5-B, 5-C, 5-D, 5-E	5-H
390.3 Paramétrage	3-B, 9-A	(1)
Topic 391 : OpenLDAP en tant que base d'authentification		
391.1 Intégration de LDAP avec PAM et NSS	7-A, 7-B, 7-C	7-J
391.2 Intégration de LDAP avec Active Directory et Kerberos	5-D, 8-G	(1)
Topic 392 : Fondamentaux sur Samba		
392.1 Architecture et concepts de Samba	10-A, 10-B, 10-C, 10-D 13-A, 13-B	(1)
392.2 Configuration de Samba	11-A, 11-B 13-C, 13-D	11-D, 13-I
392.3 Maintenance courante de Samba	15-A, 15-B	15-F
392.4 Résolution des problèmes avec Samba	15-C	(1)
392.5 Internationalisation		
Topic 393 : Configuration des partages Samba		
393.1 Partages de fichiers	11-B	11-D
392.2 Permissions sur le système de fichiers Linux et les partages	11-B, 14-C	11-D, 14-G
393.3 Services d'impression	11-B	11-D
Topic 394 : Gestion des utilisateurs et des groupes Samba		
394.1 Gestion des comptes utilisateurs et des groupes	11-B, 12-A, 13-F	11-D, 13-I
394.2 Authentification, autorisation et Winbind	12-E	(1)
Topic 395 : Samba et domaines Windows		
395.1 Samba en tant que contrôleur de domaine principal (PDC) ou contrôleur de domaine secondaire (BDC)	12-A, 12-D	12-G
395.2 Contrôleur de domaine compatible AD avec Samba 4	13-E	13-I

	Chapitre	Travaux pratiques
395.3 Configuration de Samba en tant que Serveur membre du domaine	12-E	(1)
Topic 396 : Service de nom Samba		
396.1 NetBIOS et WINS	10-D	(1)
396.2 Résolution de nom Active Directory	13-C, 13-D	13-I
Topic 397 : Travail avec les clients Linux et Windows		
397.1 Intégration CIFS	14-A, 14-B, 14-D	14-G
397.2 Travail avec les clients Windows	12-C, 13-G	(1)

B

C

D

M

N

R

Z